Kombi BUCH Deutsch

10

Lese- und Sprachbuch für den Sekundarunterricht
Ausgabe Luxemburg

Erstellt auf der Basis von
KombiKOMPAKT

Erarbeitet von
Tanja Klingbeil
Rolande Linden
Christiane Schmitz
Ursula Spichale
Mady Weydert

in Zusammenarbeit mit dem
Ministerium für Erziehung und
Berufsausbildung Luxemburg

C.C.Buchner

Kombi-Buch Deutsch 10
Lese- und Sprachbuch für den Sekundarunterricht
Ausgabe Luxemburg

Erarbeitet von
Tanja Klingbeil
Rolande Linden
Christiane Schmitz
Ursula Spichale
Mady Weydert

1. Auflage, 2. Druck 2019
Alle Drucke dieser Auflage sind, weil untereinander unverändert, nebeneinander benutzbar.

Dieses Werk folgt der reformierten Rechtschreibung und Zeichensetzung. Ausnahmen bilden Texte, bei denen künstlerische, philologische oder lizenzrechtliche Gründe einer Änderung entgegenstehen.

www.ccbuchner.de

Gestaltung: ARTBOX Grafik und Satz GmbH, Bremen
Druck: creo Druck & Medienservice GmbH, Bamberg

ISBN 978-3-7661-3670-1

1 Verschiedene Aspekte von Sprache untersuchen

10 **Sprache im Wandel – wandelbare Sprache**
10 Zitate zur Sprache von Johann Wolfgang Goethe, Wilhelm von Humboldt, Germaine de Staël, Peter Gilles, vom Europäischen Parlament sowie ein tschechisches Sprichwort

12 **Einführung**

13 **1 Sprachvarietäten und Sprachtheorien kennenlernen**

13 **1.1 Sprachvarietäten als Ausdruck gesellschaftlicher Vielfalt erfahren**
13 Jana Zeh, Äh, voll fett, Digger! – Jugendliche spielen mit Sprache, 15 Das Kreuz mit der Justiz, 16 Paul Middelhoff, Ann-Katrin Müller, Leicht kompliziert

17 **1.2 Sprache mit verschiedenen Methoden und Theorien untersuchen und beschreiben**
17 Martin Vieweg, Sprachforschung: Global verständliche Frage-Ausdrücke, 18 Sebastian Löbner, Sprache als ein System von Zeichen, 18 Petra Kipphoff, Mit den Augen denken

20 **2 Die Entstehung der Sprache und ihre Veränderungen untersuchen**

20 **2.1 Die Entstehung des Deutschen und des Luxemburgischen verstehen**
20 Johannes Balve, Die Sprachen der Welt, 21 Die Entstehung und Entwicklung des Deutschen, 22 Grafik „Die Sprachen der Erde"

27 **2.2 Vom Dialekt zur Sprache**
27 Jean-Louis Scheffen, Der Dialekt, der eine Sprache wurde, 28 **Projekt**: Luxemburgisch als moderne Literatursprache

29 **2.3 Die Veränderung der Sprache als ständigen Prozess begreifen**
29 Bastian Sick, Kommt „ausgepowert" aus dem Französischen?

2 Sachtexte analysieren und erörtern

34 **Glücksfantasien: Schönheit und andere Ideale**
35 Zitate von Mahatma Gandhi, Robert Musil, Walther Rathenau und eine lateinische Lebensweisheit

36 **Einführung**

37 **1 Sich mit Sachtexten zum Thema Schönheit auseinandersetzen**

37 **1.1 Die kommunikativen Intentionen von Sachtexten unterscheiden**
37 Schönheit ist ein abstrakter Begriff, 37 Jugendliche im Schönheitswahn, 39 Catrin Jardin, Körperkult – ein gefährlicher Trend, 40 Wie es uns gefällt, 41 **Projekt**: Umfragen zum Schönheitsempfinden

42 **1.2 Inhalte von Sachtexten erfassen und zusammenfassen**
42 Wilhelm Trapp, Rätsel der Schönheit, 44 **Methode**: Anwenden verschiedener Lesestrategien, 45 **Methode**: Einen Sachtext zusammenfassen

46 **1.3 Die sprachliche Gestaltung von Sachtexten analysieren**
46 **Methode**: Die sprachliche Gestaltung eines Sachtextes analysieren

47 **1.4 Sachtexte analysieren und Stellung nehmen**
47 Niklas Maak, Sharing Economy: Du musst es unbedingt mit allen teilen
48 **Methode**: Verfassen einer Sachtextanalyse, 49 **Methode**: Eine Pro- und Kontra-Diskussion führen, 50 **Methode**: Eine Debatte führen

51 **2 Schriftlich argumentieren**
51 Susanne Schäfer, Unsere zweite Haut, 57 Jens Uelecke, Schluss mit dem Geschnatter

3 Prosatexte analysieren

58 **Das seh' ich anders**
59 Mascha Kaléko, Mit zunehmendem Alter

60 **Einführung**
60 Jan Weiler, Das Pubertier

61 **1 Am Leben sein – Erzählende Texte gestaltend interpretieren**
61 Sybille Berg, Hauptsache weit, 63 Nils Mohl, Tanzen gehen

67 **2 Zwischenmenschliches – Erzählende Texte analysieren**
67 **2.1 Die Gestaltung von Raum und Zeit analysieren**
67 Gabriele Wohmann, Denk immer an heut nachmittag
70 **2.2 Erzählstrukturen erschließen**
71 **2.3 Die Gestaltung von Beziehungen und die Bildlichkeit von Texten analysieren**
71 Zoë Jenny, Die Fähre, 76 **Methode**: Eine Figurenkonstellation erstellen
77 **2.4 Erzählende Texte schriftlich analysieren**
77 Bertolt Brecht, Die unwürdige Greisin, 81 **Methode**: Einen Prosatext schriftlich analysieren

4 Umgang mit literarischen Langformen einüben

82 **Gesellschaftsbilder – Lebenswelten**

84 **Einführung**

86 **1 Literarische Figuren charakterisieren**
86 **1.1 Das äußere Erscheinungsbild wiedergeben**
86 Thomas Mann, Buddenbrooks (Auszug 1)
88 **1.2 Direkte und indirekte Charakterisierung erkennen**
88 Thomas Mann, Buddenbrooks (Auszug 2)
91 **1.3 Den Charakter einer Figur analysieren**
91 Thomas Mann, Buddenbrooks (Auszug 3)
95 **1.4 Räume als Kulisse der Handlung wahrnehmen**
95 Thomas Mann, Buddenbrooks (Auszug 4)
98 **1. 5 Die Figuren in ihrem gesellschaftlichen Umfeld betrachten**
100 **Projekt**: Die Verfilmung einer Romanszene untersuchen

101 2 Ein Leseportfolio zu einem Roman anlegen
101 **2.1 Das Portfolio zum Roman „Das Blütenstaubzimmer" vorbereiten**
101 Methode: Ein Portfolio anlegen
102 **2.2 Gestaltende Schreibaufträge zum Roman bearbeiten**
102 Zoë Jenny, Das Blütenstaubzimmer (Auszug 1)
104 **2.3 Analytische Schreibaufträge zum Roman bearbeiten**
104 Zoë Jenny, Das Blütenstaubzimmer (Auszug 2, 3 und 4),
108 Christine Clausen, Schönheitssuche in der zerfetzten Welt

5 Gedichte interpretieren und vergleichend analysieren

110 **Die Auseinandersetzung des Dichters mit der Welt**
111 Silbermond, Irgendwas bleibt
112 **Einführung**
113 **1 Lyrik begegnen**
113 **1.1 Erste Vorstellungen zu Inhalten eines Gedichtes entwickeln**
113 Werner Bergengruen, Die heile Welt
114 **1.2 Politische Lyrik im Wandel der Zeit**
114 Walther von der Vogelweide, Der Reichston, 115 Christian Friedrich Daniel Schubart, Freiheit, 115 Friedrich Schiller, Freiheit, 115 August Heinrich Hoffmann von Fallersleben, Lied der Deutschen, 116 Kurt Tucholsky, Beschlagnahmefreies Gedicht, 117 Marion Poschmann, die breite masse, 117 Kurt Marti, vorzug von parlamentswahlen, 118 Methode: Ein Gedicht schriftlich analysieren und interpretieren
119 **2 Ein Thema – unterschiedliche Sichtweisen**
119 **2.1 Themengleiche Gedichte kennenlernen**
119 Hugo von Hofmannsthal, Siehst du die Stadt, 119 Paul Wühr, Sehr gern, 120 Ernst Jandl, Wien : heldenplatz
121 **2.2 Themengleiche Gedichte schriftlich vergleichen**
121 Erich Fried, Gespräche über Bäume, 122 Marie Luise Kaschnitz, Hiroshima, 123 Methode: Zwei Gedichte miteinander vergleichen
124 **3 Interpretieren, nicht spekulieren**
124 Johann Wolfgang Goethe, Das Veilchen, 124 Doris Maurer, Nur ein einziger Kuss, 126 Hans Schill, Ein traditionelles Frauenschicksal, 127 Luise F. Pusch, Goethe und sein lesbisches Veilchen, 127 Methode: Spekulieren ist nicht interpretieren
128 **4 Aspekte moderner Lyrik entdecken**
128 **4.1 Poetry-Slam**
128 Bas Böttcher, Dran glauben, 129 Bas Böttcher und Wolf Hogekamp, Vom Slam zum Clip
130 **4.2 Alltagslyrik**
130 Jan Wagner, giersch, 130 Wiebke Poromka, Der Dichter auf verlorenem Posten

6 Dramenauszüge analysieren und interpretieren

132 **Frühlings Erwachen**

134 **Einführung**

135 **1 Eine Dramenszene analysieren**

135 **1.1 Charakterzüge und Positionen von Figuren wahrnehmen**
135 Frank Wedekind, Frühlings Erwachen (Erster Akt, Erste Szene), 136 Frühlings Erwachen (Erster Akt, Zweite Szene – Auszug), 139 Frühlings Erwachen (Erster Akt, Fünfte Szene – Auszug)

141 **1.2 Die Gesprächsführung untersuchen**
141 Frühlings Erwachen (Zweiter Akt, Zweite Szene), 144 Sigmund Freud, Kleine Schriften: Zur sexuellen Aufklärung der Kinder (Offener Brief an Dr. M. Fürst – Auszug)

146 **1.3 Formen der Komik erkennen**
146 Frühlings Erwachen (Dritter Akt, Erste Szene – Auszug)

150 **1.4 Die Argumentationsweise analysieren**
150 Frühlings Erwachen (Dritter Akt, Dritte Szene – Auszug)

154 **1.5 Eine Dramenszene schriftlich analysieren**
154 **Methode**: Eine Dramenszene schriftlich analysieren

155 **1.6 Eine Theaterkritik analysieren und schreiben**
155 Peter Hans Göpfert, Hans Otto Theater Potsdam: „Frühlings Erwachen" (Auszug)

7 Zugänge zur Literatur im Mittelalter finden

158 **Rittertugend und Minnedienst**

158 **Einführung**
159 Sehnsucht in Zeiten des Umbruchs, 160 Die Wurzeln des Begriffs *Mittelalter*

161 **1 Literatur als Instrument der Idealisierung erkennen**

161 **1.1 Die Protagonisten eines Heldenepos kennenlernen**
161 Nibelungenlied, 1. Âventiure und Inhaltszusammenfassung

164 **1.2 Die Charakterzüge eines mittelalterlichen Helden skizzieren**
164 Nibelungenlied, 2. Âventiure (Auszug), 164 Nibelungenlied, 3. Âventiure (Auszug), 166 Nibelungenlied, 16. Âventiure (Auszug), 167 **Projekt**: Rund um die Nibelungen

168 **1.3 Sich mit der politischen Vereinnahmung eines literarischen Werkes auseinandersetzen**
169 Judith Rauch, Umstrittener Nationalmythos (Auszug)

170 **2 Literatur als Ausdruck einer Wertegemeinschaft wahrnehmen**

170 **2.1 Ritterstand und ritterlich-höfische Dichtung aus heutiger Sicht kennenlernen**
170 Simon Demmelhuber, Die Ritter: Gezähmte Gewalt (Auszug)

172 **2.2 Die Ideale eines Standes in seiner Literatur aufspüren**
172 Wolfram von Eschenbach, Parzival (Auszug 1), 175 Wolfram von Eschenbach, Parzival (Auszug 2)

177 **3 Sich mit der Entstehung eines literarischen Genres befassen**

177 **3.1 Die Gründe für die Entstehung der Liebeslyrik erfassen**
177 Unbekannte Verfasserin, Dû bist mîn, 177 Eva-Maria Schnurr, „Die Frau wurde idealisiert"

179 **3.2 Die unterschiedlichen Formen der Minnelyrik kennenlernen**
179 Reinmar von Hagenau, Ich wirbe umb allez daz ein man (Auszug), 180 Walther von der Vogelweide, Under der linden

8 Die Epoche des Barock kennenlernen

182 **Zwischen Lebensgenuss und Weltabkehr**
183 Zitate von Angelus Silesius, Andreas Gryphius, Georg Philipp Harsdörffer

184 **Einführung**

186 **1 Das Lebensgefühl einer Epoche kennenlernen**

186 **1.1 Kriegserfahrungen**
186 Andreas Gryphius, Tränen des Vaterlandes, anno 1636, 187 Friedrich von Logau, Abgedankte Soldaten, Des Krieges Buchstaben, 187 Hans Jakob Christoph von Grimmelshausen, Der Abentheuerliche Simplicissimus Teutsch (Inhalt), 188 Der Abentheuerliche Simplicissimus Teutsch (4. Kapitel)

191 **1.2 Weltabkehr und Diesseitsbejahung**
191 Andreas Gryphius, Menschliches Elende, 192 Zitate von Johann Martin Miller, Peter Rühmkorf und Hugo von Hofmannsthal, 192 Christian Hofmann von Hofmanns-Waldau, Die Welt, 193 Martin Opitz, Carpe diem

194 **1.3 Bildlichkeit im Barock**
194 Theodor Kornfeld, Die Sanduhr, 194 Eugen Gomringer, Schweigen, 195 Emblem „Sic orbis iter"

196 **2 Ein Gedicht interpretieren**

196 **2.1 Die Texterschließung**
196 Andreas Gryphius, Es ist alles eitel, 199 **Methode**: Lyrische Texte erschließen

200 **2.2 Eine Gedichtinterpretation schreiben**
201 **Methode**: Eine Gedichtinterpretation schreiben

202 **2.3 Gedichte zum Thema Krieg vergleichen**
202 Georg Heym, Nach der Schlacht, 203 Erich Kästner, Stimmen aus dem Massengrab, 204 **Projekt**: Carpe Diem 3.0 und Barock

9 Die Ideen der Aufklärung erfassen

206 **Visionen der Vernunft**
207 Georg Christoph Lichtenberg, Man spricht viel von Aufklärung ...

208 **Einführung**

209 **1 Die Welt im Lichte der Vernunft betrachten**

209 **1.1 Einen Epochenbegriff genauer untersuchen**
209 Immanuel Kant, Beantwortung der Frage: Was ist Aufklärung? (Auszug 1 und 2), 211 **Methode**: Ein Strukturbild erstellen, 211 Immanuel Kant, Der Kategorische Imperativ, 212 Christoph Martin Wieland, Was ist Aufklärung? Sechs Antworten auf sechs Fragen (Auszug)

213 **1.2 Verkleidete Wahrheiten entschlüsseln**
213 Christian Fürchtegott Gellert, Das Kutschpferd, 213 Gotthold Ephraim Lessing, Der Esel mit dem Löwen, 214 Gotthold Ephraim Lessing, Fabel-Abhandlungen, 215 Gotthold Ephraim Lessing, Der Besitzer des Bogens, 215 Gotthold Ephraim Lessing, Über die Wahrheit, 216 **Projekt**: Fabeln in der Aufklärung

217 **2 Leitgedanken der Aufklärung und ihr Weiterwirken erfassen**

217 **2.1 Toleranz und Menschlichkeit als zentrale Motive der Aufklärung erkennen**
217 Zu Lessings „Nathan der Weise“, 218 Gotthold Ephraim Lessing, Die Ringparabel aus dem Drama „Nathan der Weise“ (Auszug 1), 220 Gotthold Ephraim Lessing, Die Ringparabel aus dem Drama „Nathan der Weise“ (Auszug 2)

222 **2.2 Bürgerliche Wertvorstellungen im Drama erkennen**
222 Friedrich Schiller, Kabale und Liebe (Auszug 1), 224 Friedrich Schiller, Kabale und Liebe (Auszug 2), 226 Friedrich Schiller, Kabale und Liebe (Auszug 3)

227 **2.3 Die Bedeutung der Aufklärung in unserer Zeit erfassen**
227 Herbert Schnädelbach, Aufklärung heute?(Auszug), 228 Thomas Schulz, Das Morgen-Land (Auszug)

Wissensspeicher

230 **Sprechen und Zuhören**
232 **Umgang mit Texten und Medien**
247 **Schreiben**
255 **Reflexion über Sprache**

Anhang

271 **Originalgedichte zum Nachlesen**
273 **Autoren- und Quellenverzeichnis**
277 **Textsortenverzeichnis**
279 **Bildnachweis**
280 **Sachregister**

1 Verschiedene Aspekte von Sprache untersuchen

Sprache im Wandel – wandelbare Sprache

Wer fremde Sprachen nicht kennt,
weiß nichts von seiner eigenen.

Johann Wolfgang Goethe
(1749–1832)

Die Sprache ist gleichsam die äußerliche
Erscheinung des Geistes der Völker;
ihre Sprache ist ihr Geist und ihr Geist ihre Sprache,
man kann sich beide nie identisch genug denken.

Wilhelm von Humboldt
(1767–1835)

Ein Mensch, der vier Sprachen kann,
hat den Wert von vier Menschen.

Germaine de Staël
(1766–1817)

Sprachen sind eine der größten, wenn nicht die größte Errungenschaft der Menschheit. Sie sind nicht nur Mittel zur Kommunikation, sondern bergen auch eine große Palette an Werten und Weltanschauungen, sie sind ein Fenster, durch das wir aus vielen verschiedenen Blickwinkeln auf unsere Welt schauen können.

Themenpapier des Europäischen Parlaments, 2013

Solange eine Sprache lebendig ist, ist keine Nation tot.

Tschechisches Sprichwort

D'Sprooch ass méi wéi Grammaire a Literatur: Et ass och d'Kommunikatioun am Alldag – sech ausdrécken ze kënnen a sech dobäi wuelzefillen – privat a beruflech. Dowéinst ass et och déi éischt Sprooch, déi ee schwätzt, déi déi meescht positiv Sympathien a Valeure kritt.

Peter Gilles, Professer fir Linguistik, Luxemburger Wort, 19.04.2014

Einführung

BASIS-INFO

Die eigene Sprache ist ein erstaunliches **Werkzeug**, das – richtig eingesetzt – dabei helfen kann, das eigene Leben positiv zu gestalten. Wer sich situationsangemessen ausdrücken kann und die richtigen Worte wählt, handelt häufig erfolgreicher und kommt in seinem sozialen Umfeld besser zurecht.

Die **Sprachwissenschaft** (**Linguistik**) untersucht, welche Merkmale von Sprache bei ihrer mündlichen und schriftlichen Verwendung eine Rolle spielen können. Sie beschreibt diese Merkmale und formuliert Regeln, wie sie richtig eingesetzt werden können.

Die Sprache wandelt sich, bedingt durch äußere Einflüsse und historische sowie gesellschaftliche Veränderungen. Sprachhistoriker befassen sich mit der Entstehung und Entwicklung der einzelnen Sprachen und den Einflüssen anderer Sprachen auf diesen Prozess. Sie zeichnen auch den Übergang von einem Dialekt zu einer eigenständigen Sprache nach.

Innerhalb einer Sprachgemeinschaft können sich zudem **Gruppensprachen** herausbilden, die einzelnen Wörtern besondere Bedeutungen zuordnen, sodass sie häufig nur noch von den Mitgliedern dieser Gruppen verstanden werden (Jugendsprache, Fachsprache ...).

Sprachnormen bestimmen den konkreten Sprachgebrauch. Regeln der Rechtschreibung, Zeichensetzung und Grammatik sind dabei – genau wie die Sprache selbst – einem ständigen Wandel unterworfen. Sie sind das Ergebnis eines breiten Konsenses innerhalb einer Sprachgemeinschaft.

1 Führt in eurer Klasse eine Umfrage zum Thema Sprachen durch:
- Welche Sprache/Sprachen sprecht ihr zuhause?
- Welche weiteren Sprachen lernt ihr in der Schule?
- Welche Vor- und Nachteile hat die für Luxemburg typische Mehrsprachigkeit?

Findet für die Präsentation eurer Umfrageergebnisse eine anschauliche Art der Darstellung.

2 Sucht Beispiele aus eurem Alltag, die belegen, dass sich Sprachen gegenseitig beeinflussen. Überlegt, aus welchen Sprachen die Wörter übernommen wurden, und erläutert die Ursachen dafür.

3 Lest und deutet die Eingangszitate zu diesem Kapitel (☞ S. 10 f.). Welcher Aussage würdet ihr am ehesten zustimmen? Warum?

4 Informiert euch darüber, welche Sprachen weltweit die am meisten verbreiteten sind und welche vom Aussterben bedroht sind. Sucht Gründe dafür, warum das so ist.

1 Sprachvarietäten und Sprachtheorien kennenlernen

1.1 Sprachvarietäten als Ausdruck gesellschaftlicher Vielfalt erfahren

Jana Zeh

Äh, voll fett, Digger! – Jugendliche spielen mit Sprache (2011) *Auszug*

Jugendsprache ist für erwachsene Menschen meist ein Buch mit sieben Siegeln. Was ein Buch mit sieben Siegeln ist, darüber rätseln wiederum viele Jugendliche. Sprache entwickelt sich ständig weiter. Dabei helfen Jugendliche ganz unbewusst durch ihre außerordentliche Art und Weise der Kommunikation mit. Schon vor hunderten Jahren haben Heranwachsende in manchen Situationen versucht, sich anders miteinander zu unterhalten, als es unter Erwachsenen üblich war.

Dieser Versuch lässt auf Funktionen der Jugendsprache schließen, die bis heute aktuell sind. Der Jargon der Jugend dient dazu, sich einerseits von älteren Generationen, heute vor allem von Eltern und Lehrern, und andererseits auch von Gleichaltrigen und Jüngeren abzugrenzen. Jugendsprache soll identitätsstiftend sein und

Zugehörigkeitsempfinden auslösen. Sie ist ein wichtiger Bestandteil der Selbstinszenierung von Heranwachsenden. Jugendsprache ist ein Phänomen, das weltweit zu beobachten ist.

Jugendliche im Alter zwischen 11 und 21 Jahren sind auf der Suche. Sie befinden sich sowohl biologisch als auch sozial in Zwischenstadien. Sie leben in verschiedenen Wertewelten – in der ihrer Eltern, in der ihrer gleichaltrigen Freunde und auch noch in der der Medien. Für jede Wertewelt existieren besondere Sprachstile. Die Heranwachsenden können zwischen den Stilen meist ohne viel Mühe hin- und herspringen, je nachdem, mit wem sie gerade kommunizieren.

Wenn hier von Jugendsprache die Rede ist, dann muss bemerkt werden, dass es die eine Jugendsprache nicht gibt. „Es gibt vielmehr ganz verschiedene Jugendsprachen", betont die Sprachwissenschaftlerin Helga Kotthoff, die an der Albert-Ludwigs-Universität in Freiburg lehrt. Jugendsprachen sind sowohl regional als auch in unterschiedlichen Altersgruppen verschieden. Manchmal unterscheiden sich Jugendsprachen sogar von Clique zu Clique oder von Jahrgang zu Jahrgang. Manche sagen schon wieder „dufte", andere noch „voll fett". Es geht immer wieder um Abgrenzung, Selbstdefinition und das Brechen von Normen, auch kurzlebiger Normen einer Jugendkultur.

Wenn es auch keine Jugendsprache an sich gibt, so konnten Wissenschaftler doch einige Gemeinsamkeiten von Jugendsprachen ausmachen. Dazu gehören Wortneuschöpfungen, Wortverfremdungen, Übertreibungen und die Benutzung von Wörtern in neuen Kontexten, um nur einige Beispiele zu nennen – zum Beispiel „checken" im Sinne von „verstehen". Solche Sprachbasteleien werden von Jugendlichen zu Jugendlichen sowohl sprechend als auch schreibend verwendet. Die Jugendlichen gehen dabei kreativ vor.

Jugendliche in Deutschland verwenden gern abgewandelte Anglizismen. Das liegt nicht zuletzt daran, dass die englische Sprache in Deutschland durchgängig als Prestigesprache angesehen wird. „Ein neues Phänomen von Jugendsprache ist das sogenannte Turkdeutsch, das auch von Jugendlichen, deren Muttersprache Deutsch ist, übernommen wird", erzählt Kotthoff. „Ey Alder, gehen wir nachher Edeka", hört man durchaus auch von nichttürkischen Jungs.

Die meisten Begriffe aus den Jugendsprachen sind sehr kurzlebig. Einige wenige wie „cool" schaffen es dagegen sogar in den allgemeinen Sprachgebrauch. Manche Wörter werden bis ins Erwachsenenalter weiter benutzt. Es ist wohl so, dass man sich so selbst ein Stück Jugend bewahren möchte. Es könnte aber auch sein, dass damit andere als Gleichaltrige identifiziert werden können und wiederum ein Gefühl der Zugehörigkeit entstehen kann. Die meisten Menschen jedoch legen die Jugendsprache, die sie eh nie durchgehend gesprochen haben, mit dem Eintritt ins Erwerbsleben ab.

1 Erläutere die unterschiedlichen Bedeutungen des Adjektivs *fett* in den Karikaturen und im Titel des Textes (☞ S. 13).
2 Erkläre den Ausdruck „Ein Buch mit sieben Siegeln“ (Z. 1).
3 Skizziere in eigenen Worten die Funktionen der Jugendsprache.
4 Beschreibe ausgehend vom Text, wie neue Begriffe in der Jugendsprache entstehen. Suche passende Beispiele.
5 Benenne Gründe, warum die meisten Menschen die Jugendsprache ablegen, wenn sie ins Berufsleben einsteigen.

Das Kreuz mit der Justiz
Die alte Dame traute ihren Ohren kaum, als sie ihr Urteil hörte. Der Richter verkündete, sie habe lediglich grundsätzlich falsch gehandelt. Sie hätte sich unverzüglich beim Fundbüro melden sollen und da sie dies bei ihrem nächsten Besuch in der Großstadt nach sechs Tagen getan hätte, sei ihr kein Vorwurf zu machen. Dies sei damit ein regelmäßiges Verhalten: Freispruch!

6 Innerhalb der Rechtsprechung sind einzelnen Wörtern des Deutschen klar definierte Bedeutungen zugewiesen.
→ Wähle aus den vorgegebenen Möglichkeiten jeweils diejenige aus, die dir im Textzusammenhang des Artikels „Das Kreuz mit der Justiz“ sinnvoll erscheint.

a) **grundsätzlich** (Z. 2)
- ☐ 1. in jedem Fall
- ☒ 2. dem Grundsatz nach

b) **unverzüglich** (Z. 3)
- ☐ 1. ohne jedes Versäumnis
- ☒ 2. ohne selbstverschuldete Verzögerung, aber im Rahmen der eigenen Möglichkeiten

c) **regelmäßig** (Z. 6)
- ☒ 1. in wiederkehrenden Abständen
- ☐ 2. entsprechend fester Regeln und Gesetze

7 Schlage die Begriffe *Totschlag*, *Mord* und *fahrlässige Tötung* nach und erkläre anhand der gefundenen Definitionen, warum die Existenz von Fachsprachen notwendig ist.
8 Erläutere die Bedeutung des Titels „Das Kreuz mit der Justiz“ und stelle einen Zusammenhang zum nachfolgenden Text „Leicht kompliziert“ (☞ S. 16) her.

Paul Middelhoff, Ann-Katrin Müller
Leicht kompliziert (2014) *Auszug*

Gabi würde sich gern politisch informieren. Doch die 40-Jährige, die ihren Nachnamen lieber nicht nennen möchte, ist geistig behindert, hat Lernschwierigkeiten und kann nur einfache Sätze verstehen. Abkürzungen, Fremdwörter, Schachtelsätze, all dies bereitet ihr Probleme. In politischen Texten kommen die jedoch fast immer vor. „Ich will wissen, was in der Politik los ist, aber es ist wirklich schwer für mich, das herauszufinden“, sagt sie. Sie versteht lediglich die sogenannte *Leichte Sprache*. Kurze Sätze, möglichst keine Konjunktive, höchstens eine Aussage pro Satz.
7,5 Millionen Menschen zwischen 18 und 64 Jahren können wie Gabi nicht richtig lesen und schreiben. Das ermittelte eine Studie der Universität Hamburg aus dem Jahr 2011. Als ein solch „funktionaler Analphabet“ gilt, wer zwar einzelne kurze Sätze lesen oder schreiben kann, nicht jedoch zusammenhängende Texte. Ihnen soll die *Leichte Sprache* helfen – aber auch vielen Bürgern ohne Behinderung, die Probleme haben mit dem Bürokratenkauderwelsch der Ministerien.
Eine Verordnung von 2011 regelt, dass alle Bundesministerien und -behörden ihre Internetauftritte in *Leichter Sprache* und in Gebärdensprache anbieten müssen. Die Übersetzung ist nicht teuer, obwohl der Weg zur *Leichten Sprache* viel aufwendiger ist als eine klassische Übersetzung etwa ins Englische oder Französische. Experten vereinfachen den Text, den beispielsweise ein Ministerium eingesandt hat. 135 Kriterien liegen dabei zugrunde. Eine „Prüfgruppe“ von fünf bis acht Behinderten bekommt anschließend diesen Text. Sie lesen jeden Satz laut vor und erklären sich gegenseitig, was sie verstanden haben. Gibt es keine Fragen mehr, wird der Text ans Ministerium zurückgeschickt. Das prüft, ob der Sinn richtig wiedergegeben wird. In der Regel gibt es dann noch einmal Korrekturen, die wieder in den Gruppen geprüft werden.

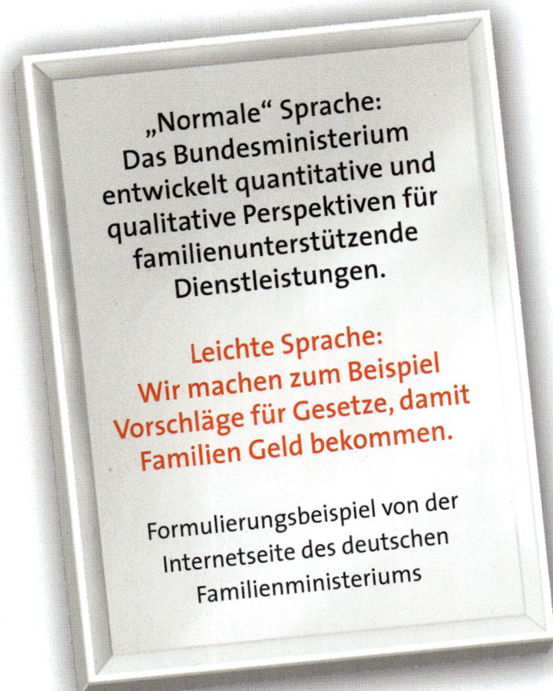

9 Liste die Kriterien auf, die laut Text zur Vereinfachung komplexer sprachlicher Sachverhalte beitragen, und informiere dich im Internet über weitere Kriterien der sogenannten *Leichten Sprache*. Wähle drei Kriterien aus und erläutere, wie sie dazu beitragen, das Verständnis zu erleichtern.

1.2 Sprache mit verschiedenen Methoden und Theorien untersuchen und beschreiben

Martin Vieweg
Sprachforschung: Global verständliche Frage-Ausdrücke (2013)

UNIVERSALFRAGEWORT MIT H

„Wie bitte?" So fragt man höflich nach, wenn man etwas nicht verstanden hat – doch in der deutschen Umgangssprache erfüllt diesen Zweck oft nur ein simples „He?" oder das etwas ordinärere „Hä?". Niederländischen Forschern zufolge würden Menschen auf der ganzen Welt den Sinn dieser Lautäußerungen verstehen, denn überall nutzt man ähnliche Frage-Silben, zeigen ihre sprachlichen Analysen. Im Englischen ist es beispielsweise ein „Huh?", im Spanischen ein „E?" und in Mandarin-Chinesisch ein „A?".

Sprache ist die Vermittlung von Informationen durch spezielle Lautäußerungen. Dazu müssen jeweils alle Gesprächspartner das Gesagte deutlich hören und die Bedeutung der Wörter begreifen. Hapert es bei einem dieser beiden Aspekte, sind problematische oder schlicht peinliche Kommunikationspannen die Folge. Deshalb sind Sprachelemente des Nachfragens ein wichtiger Bestandteil jeder Kommunikation, betonen Mark Dingemanse vom Max Planck Institute for Psycholinguistics in Nijmegen und seine Kollegen. Aus diesem Grund haben sich die Forscher detailliert mit den simplen Kurzformen des „Wie bitte?" in verschiedenen Sprachen aus allen Teilen der Welt beschäftigt.

Sie konnten zeigen: Überall nutzen Menschen kurze Sprachelemente mit nahezu identischem Klang und Funktion wie beim englischen „Huh?". Dies sei ungewöhnlich, da Wörter in nicht verwandten Sprachen normalerweise deutlich anders klingen. Beispielsweise heißt Hund im Französischen „Chien", im Japanischen „Inu" und im Englischen „Dog".

Man könnte nun meinen, eine Äußerung wie „Huh?" sei ja kein richtiges Wort. Doch den Analysen der Forscher zufolge ist es das offenbar doch: Obwohl ähnlich, unterscheiden sich die Frage-Ausdrücke in systematischer Weise zwischen den Sprachen. Es handelt sich demnach nicht um eine Art angeborenen Laut wie beim Lachen oder Weinen. Die Ausdrücke sind Wörter, deren jeweilige sprachliche Form gelernt werden muss.

Doch warum haben sich in allen Sprachen so ähnliche Kurzelemente zur Nachfrage entwickelt? Den Forschern zufolge hat dies mit dem Kontext zu tun, in denen sie Menschen benutzen. In der Regel dienen sie als Notbehelf, wenn lange Formulierungen zur Nachfrage zu umständlich erscheinen. Deshalb handelt es sich um einfache, schnell zu produzierende Laute, die das Gespräch kaum unterbrechen, aber dennoch verdeutlichen, dass der jeweils aktive Sprecher das Gesagte wiederholen soll. Da diese Anforderungen in allen Sprachen gleich sind, entwickelten sich ähnliche Lösungen, so die Forscher.

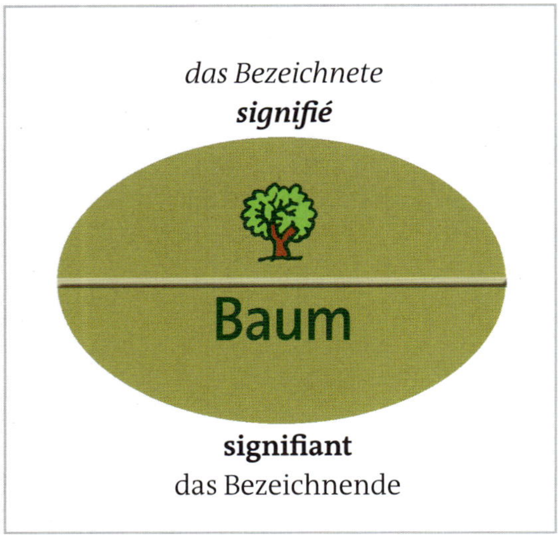

Sebastian Löbner
Sprache als ein System von Zeichen (2003) *Auszug*

Der Ansatz des Strukturalismus ist mit dem Namen des Schweizer Linguisten Ferdinand de Saussure verknüpft (1857–1913). Die Grundzüge seiner Theorie wurden 1916 unter dem Titel „Cours de linguistique générale“ (dt. „Grundlagen der allgemeinen Sprachwissenschaft“) auf der Basis von Vorlesungen, die Saussure um das Jahr 1910 gehalten hat, postum veröffentlicht.

Für Saussure ist eine Sprache ein komplexes abstraktes System von Beziehungen und Regeln, das allen Gesetzmäßigkeiten zugrundeliegt, die im tatsächlichen Sprachgebrauch zu beobachten sind. Dieses System wird von Zeichen gebildet, die in vielfältiger Weise zueinander in Beziehung stehen. Ein Zeichen in diesem Sinne, zum Beispiel ein Wort, besteht aus zwei Komponenten. Die eine ist seine Form, die Lautgestalt, die andere seine Bedeutung, in Saussures Terminologie *signifiant* (das Bezeichnende, die Form) und *signifié* (das Bezeichnete, die Bedeutung). Die Verknüpfung einer Lautgestalt mit einer Bedeutung beruht auf Konvention. Sie ist arbiträr[1]: Ein Zeichen könnte ebenso gut eine andere Bedeutung haben und die Bedeutung könnte ebenso gut mit einer anderen Lautgestalt verknüpft sein – wenn die sprachlichen Konventionen andere wären. [...]

[1] *arbiträr:* willkürlich

Petra Kipphoff
Mit den Augen denken (1982) *Auszug*

Im Jahr 1929 schrieb und zeichnete René Magritte ein auf den Kopf gestelltes Elementarbilderbuch, eine Art „Struwwelpeter“ für Erwachsene, das er „Die Wörter und die Bilder“ nannte und in dem er die Zuverlässigkeit sprachlicher und optischer Vereinbarungen kurz und kräftig bezweifelte. Magritte zeichnete ein Blatt, schrieb darunter das Wort „Kanone“ und erklärte im Text: „Kein Gegenstand ist so mit seinem Namen verbunden, dass man ihm nicht einen anderen geben könnte, der besser zu ihm passt.“ Er zeichnete eine Ziegelmauer und schrieb: „Manches Objekt suggeriert uns, dass hinter ihm noch andere existieren.“ Er zeichnete zwei identisch aussehende Häuser, nannte das eine das wirkliche und das andere das dargestellte Objekt und schrieb: „Alles deutet darauf hin, dass kaum eine Beziehung besteht zwischen dem Gegenstand und dem, was ihn repräsentiert." Er zeichnete ein Pferd und stellte daneben ein Bild von einem Pferd und daneben einen Mann, der das Wort „Pferd" ausspricht, und schrieb: „Ein Objekt hat nie die gleiche Wirkung wie sein Name oder sein Abbild." An insgesamt achtzehn ebenso verwirrenden wie einleuchtenden Beispielen machte Magritte klar, dass das, was wir, auf der Suche nach einer Orientierung, Realität nennen und zur besseren Handhabung in seine Einzelteile zerlegt und mit Wörtern etikettiert haben, eine sehr fragwürdige Größe ist, ein Fass ohne Boden für den, der sich den Zweifel erlaubt.

Maler sichtbarer Gedanken: Der belgische Künstler *René Magritte* (1898–1967) schuf Ende der 1920er, Anfang der 1930er Jahre rund 40 Sprach-Bilder, in denen er die Beziehung zwischen einem realen Gegenstand, seinem Abbild und seiner sprachlichen Bezeichnung untersuchte. Dabei hinterfragte er die herkömmliche Vorstellung, die den realistisch gemalten Gegenstand mit der Sache selbst gleichsetzt, und entlarvte so die Wahrnehmungen des Betrachters als stillschweigend akzeptierte Übereinkünfte.

1 Unterstreiche in den beiden ersten Texten von Vieweg (☞ S. 17) und Löbner (☞ S. 18), was an Grundsätzlichem über Sprache gesagt wird. Formuliere auf der Grundlage der Markierungen in deinen eigenen Worten eine Definition von Sprache.

2 Erkläre die Rolle von Sprachelementen des Nachfragens und begründe, wieso sie sich in allen Sprachen ähneln.

3 In seinen Sprach-Bildern setzt sich der belgische Maler René Magritte künstlerisch mit den Sprachtheorien seiner Zeit, insbesondere jener Ferdinand de Saussures, auseinander.

→ Untersuche, wie Magritte Saussures Verständnis von Sprache theoretisch aufgreift und gestalterisch umsetzt.

René Magritte: „Trahison d'image" und „Le masque vide"

2 Die Entstehung der Sprache und ihre Veränderungen untersuchen

2.1 Die Entstehung des Deutschen und des Luxemburgischen verstehen

Der Turmbau zu Babel von Pieter Bruegel

Johannes Balve

Die Sprachen der Welt (2006) *Auszug*

Die Sprache ist das Orientierungssystem einer Kultur, sie formt das Denken und die Realität einer Sprachgemeinschaft. Oberflächlich betrachtet scheinen Sprachen relativ zu sein, denn ein und derselbe Gegenstand kann mit Wörtern verschiedener Sprachen bezeichnet werden. Das, was wir im Deutschen z. B. mit Schnee bezeichnen, kann in den Eskimosprachen durch sehr verschiedene Wörter bezeichnet werden, da die Inuit bestimmte Arten von Schnee unterscheiden. Viel größer noch sind die Unterschiede bei abstrakten Gegenständen. Das liegt daran, dass Wörter Teile komplexer Sprachsysteme sind.

Wörter werden meist in Ordnungen integriert, indem sie nach den Regeln der Grammatik lautlich verändert werden. Auf der Ebene der Sätze ermöglicht die Grammatik verschiedene Varianten, etwas zu begreifen und das Begriffene zu schildern.

Wie Subjekte und Objekte im Satz sich zueinander und zum Verb verhalten, wird durch die Wort- und Satzbildung geregelt. Dabei sind diese Kompositionsformen nicht in allen Sprachen gleich. In unterschiedlichen Sprachen bilden sich verschiedene Schattierungen heraus, die sehr viel mit der jeweiligen Wirklichkeitswahrnehmung zu tun haben. Es gibt Verwandtschaften, aber auch große Unterschiede, die mit den unterschiedlichen Denkweisen verschiedener Völker zusammenhängen. Selbst so scheinbar klare Sachverhalte wie Einzahl oder Mehrzahl, die im „Singular" oder „Plural" der Substantive ausgedrückt werden, stimmen in verschiedenen Sprachen nicht überein. Unsere Vorstellung von Zeit gibt es in einigen Sprachen, so etwa in der Sprache der nordamerikanischen Hopi-Indianer, gar nicht. Zeitliche Distanz wird dort durch räumliche Abstände, z. B. das Wandern von einem zum anderen Ort, ausgedrückt.

Die Mitglieder einer Sprachgemeinschaft nehmen alle diese besonderen Regeln sozusagen mit der Muttermilch auf und stecken damit den Horizont ihres Denkens und ihrer Wahrnehmung ab. Der Philosoph Ludwig Wittgenstein sagte einmal: „Die Grenzen meiner Sprache bedeuten die Grenzen meiner Welt." Deshalb ist es auch fast unmöglich, nach dem Kindesalter noch eine fremde Sprache muttersprachlich zu lernen.

1 Informiere dich über den Turmbau zu Babel und erläutere den Zusammenhang zwischen Text und Bild.

2 Gliedere den Text in Sinnabschnitte und fasse die Hauptaussagen in einem Satz zusammen.

3 Erläutere in eigenen Worten, was mit dem Satz gemeint ist: „Die Sprache ist das Orientierungssystem einer Kultur, sie formt das Denken und die Realität einer Sprachgemeinschaft." (Z. 1ff.) Suche Belege für diese These.

4 Erkläre, in welcher Form es die Grammatik ermöglicht, Sachverhalte in unterschiedlicher Weise „zu begreifen und das Begriffene zu schildern" (Z. 15f.). Berücksichtige dabei, was du im Grammatikunterricht gelernt hast. Führe Beispiele an, um deine Darstellung zu untermauern.

Die Entstehung und Entwicklung des Deutschen

ERKLÄRUNG

Eine **Sprachfamilie** ist eine Gruppe von Sprachen, die sich auf eine gemeinsame Ursprache zurückführen lassen. Die menschliche Sprache ist wohl um 10 000 v. Chr. entstanden.

Am Anfang der Entstehung des Hochdeutschen steht die indoeuropäische Sprachfamilie, zu der ungefähr 140 Sprachen gehören, die heute von ca. 2 Milliarden Sprechern gesprochen werden. Während die Beziehungen zwischen den einzelnen Sprachen dieser Familie relativ gut erforscht worden sind, herrscht bis heute Uneinigkeit darüber, wo die Ursprünge der indoeuropäischen Sprachen zu suchen sind, die sich ab dem zweiten Jahrtausend vor Christus herausbilden. Einige Theorien nehmen ein Gebiet in der Gegend des Iran, andere Theorien jedoch Gebiete im Süden Russlands oder der Ukraine an.

Innerhalb der indoeuropäischen Sprachen bilden die germanischen Sprachen einen eigenen Zweig, dessen Ursprünge im Gebiet der westlichen Ostsee, also im Bereich des heutigen Dänemarks, Skandinaviens und der norddeutschen Küste, liegen dürften. Als Ursache für die Ausgliederung der germanischen Sprachen gelten heute Wanderungen einzelner Völker, die bei ihrem Vordringen nach Westen in Kontakt mit dort ansässigen Stämmen kamen und ganze Gebiete neu besiedelten.

Am Übergang vom Indoeuropäischen zum Germanischen ergaben sich einige besondere Lautverschiebungen: Anders als in anderen indoeuropäischen Sprachen wird im Germanischen meist die Stammsilbe betont. Zudem veränderten sich bestimmte Konsonanten, in erster Linie die Laute /p/, /t/ und /k/, die im Althochdeutschen zu stimmlosen Reibelauten f, đ und h, im Englischen zu f, th und h wurden (z.B. lateinisch *pater* zu althochdeutsch *Fater*, englisch *father*, neuhochdeutsch *Vater*, plattdeutsch *Vadder*, dänisch *far*), während sich die Laute /b/, /d/ und /g/ zu /p/, /t/ und /k/ wandelten (= 1. Lautverschiebung).

So heißt es im Griechischen *kardia*, im Englischen dagegen *heart*, neuhochdeutsch *Herz* und plattdeutsch *Hart*.

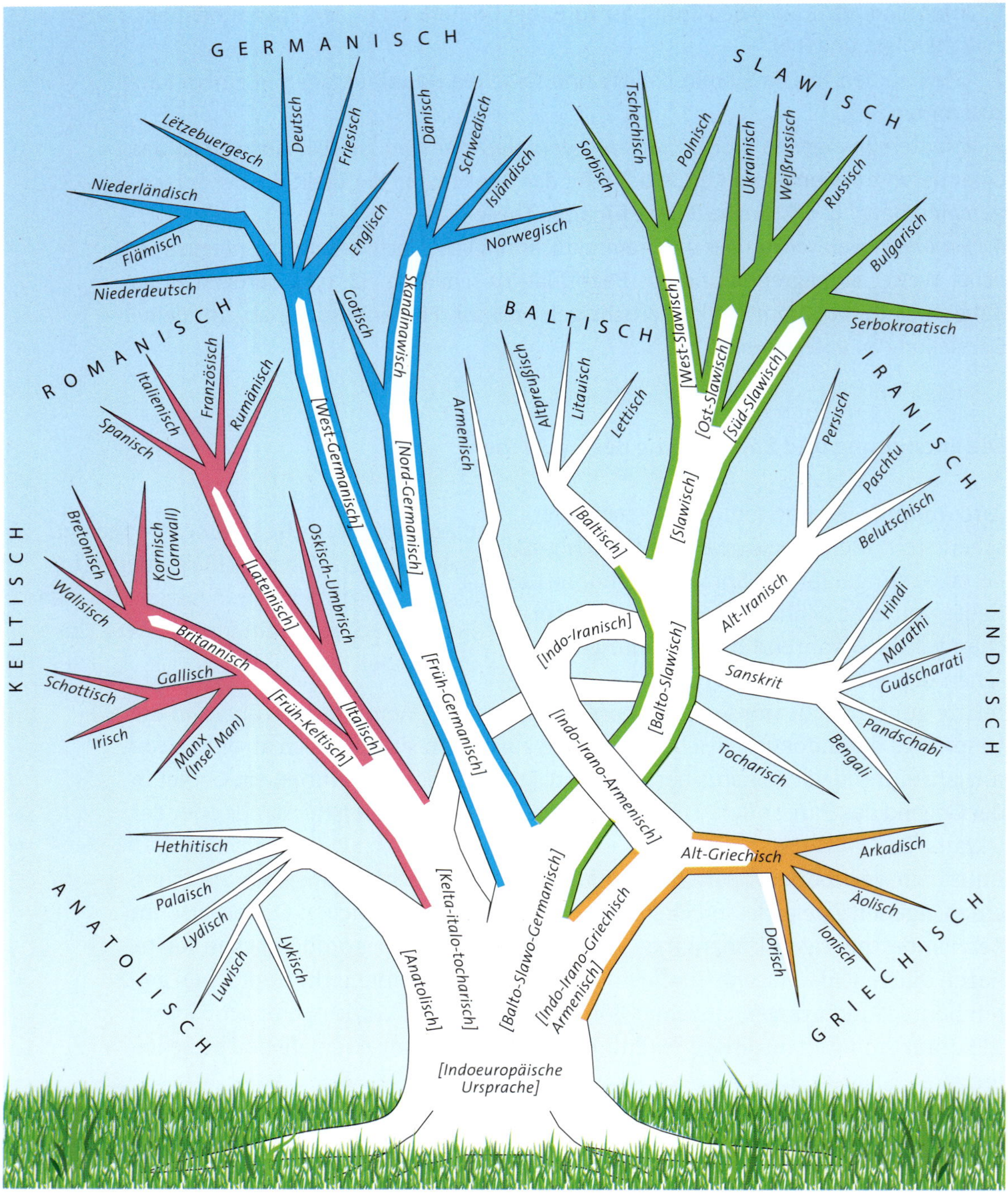

Auf diese Zeit geht auch der Umstand zurück, dass sich bei den starken Verben der Vokal im Wortstamm ändert, was erklärt, dass es heute sowohl im Deutschen als etwa auch im Englischen unregelmäßige Verben gibt.

Diese Veränderungen waren abgeschlossen, bevor die Germanen ihre ersten Kontakte mit den Römern hatten, von denen sie zahlreiche Wörter in ihre Sprache übernahmen.

Eine Grenzbefestigung mit Folgen:
Mit dem Bau des Limes zwischen Rhein und Donau (= grüne Linie) schützten die Römer ihr Reich vor Überfällen durch die germanischen Stämme. Damit aber schotteten sie Germanien auch von der Sprachentwicklung in den romanischen Ländern ab – auch wenn der Austausch zwischen den Sprachen nicht völlig unterbunden war.

Überreste des Germanischen finden sich im heutigen Deutsch etwa in den Bezeichnungen der Wochentage *Donnerstag* (von Thor, dem Göttervater der Germanen) und *Freitag* (von Freya, der germanischen Liebes- und Fruchtbarkeitsgöttin). Auch das Wort *deutsch* hat seine Wurzeln im Germanischen. Aus *diot* (= Volk) entstand das Adjektiv *diutisk* (= zum Volk gehörig), woraus sich das heutige Wort *deutsch* entwickelt hat.
Im weiteren Verlauf spalteten sich von den Germanen einzelne Stämme ab, aus denen die verschiedenen Völker und Sprachen Europas hervorgingen. So eroberten Stämme aus Angeln (= heutiges Schleswig-Holstein) und Sachsen im 5. Jahrhundert große Teile Britanniens. Im 6. Jahrhundert begannen neue Veränderungen, die aus dem Germanischen das Althochdeutsche entstehen ließen: Innerhalb dieser 2. Lautverschiebung wurden zum einen in vielen Fällen die Vokale /a/, /o/ und /u/ zu den Umlauten /ä/, /ö/ und /ü/ umgewandelt. Daher heißt das gotische *fulljan* im heutigen Deutsch *füllen*. Zum anderen veränderten sich auch die Konsonanten erneut: Aus /p/, /t/ und /k/ wurden /f/, /s/ und /x/ oder in einigen Fällen auch /pf/, /ts/ und /ks/. Das Wort *persicum*, das die Germanen von den Römern für eine ihnen nicht bekannte Frucht entlehnt haben, heißt daher im heutigen Deutsch *Pfirsich*.

ERKLÄRUNG

Wenn Sprachwissenschaftler von **Hochdeutsch** sprechen, meinen sie damit das einst in Süddeutschland gesprochene Oberdeutsch oder Althochdeutsch, das zur Ursprungssprache des Deutschen wurde. Im allgemeinen Sprachgebrauch ist Hochdeutsch dagegen ein Synonym für Standarddeutsch.

„Die Namen der Winde“: Namensgeber der Himmelsrichtungen, wie sie heute sowohl in den meisten germanischen als auch romanischen Sprachen verwendet werden, ist Karl der Große. Er tauft sie in seiner fränkischen Sprache: *Nordroni, Ostroni, Sundroni, Vuestroni.*
Das fränkische Suffix *-roni* hat die Bedeutung *wehen von.* Während die Herkunftsgeschichte von *Nord* unklar ist, weiß man, dass *Ost* für *Ort des Leuchtens* (= die Morgendämmerung) steht, während *Sund* von *Sun-tha* (= *der sonnenbeschienene Ort*) hergeleitet ist und *Vuest* von *Vues-tha* (= *Wohnstätte, Ort der abendlichen Ruhe*).

Diese zweite Lautverschiebung beginnt im Süden (heutige Schweiz, Süddeutschland) und setzt sich unterschiedlich weit nach Norden durch. In zahlreichen Dialekten des Niederdeutschen (= heutiges Norddeutschland) heißt es deshalb immer noch *op* oder *up*, aber nicht *auf*. Auch andere germanische Sprachen haben diese Lautveränderung nicht vollzogen, z.B. das Englische: Während es im Hochdeutschen *Schiff, Buch* und *Fuß* heißt, spricht der Engländer von *ship, book* und *foot*. Das Moselfränkische, aus dem das Luxemburgische hervorgegangen ist, hat diese 2. Lautverschiebung nur teilweise vollzogen, was erklärt, warum es im Luxemburgischen zwar *op, Apel, Pond* (ohne 2. Lautverschiebung), aber eben auch *ech, zéng, sëtzen, maachen* (mit 2. Lautverschiebung) heißt.
Aus dem Althochdeutschen entwickelte sich später zunächst das Mittelhochdeutsche (das Deutsch im Mittelalter, 1050–1450), um schließlich zum heutigen Hochdeutsch bzw. Neuhochdeutsch zu führen.

ohne 2. Lautverschiebung			**mit 2. Lautverschiebung**	
Niederländisch	**Englisch**	**Luxemburgisch**	**Luxemburgisch**	**Deutsch**
pond	pound	Pond		Pfund
appel	apple	Apel		Apfel
hopen	hope		hoffen	hoffen
tien	ten		zéng	zehn
zitten	sit		sëtzen	sitzen
uit	out		aus	aus
ook	eke (altengl.)		och	auch
ik	I		ech	ich
maken	make		maachen	machen

Beim Übergang vom Mittelhochdeutschen zum Frühneuhochdeutschen kommt es zu weiteren Veränderungen im Vokalsystem. Aus den Vokalen *î, iu* und *û* werden nun die Diphtonge *ei, eu* und *au*: *mîn nîuwes hûs* → *mein neues Haus* (Diphthongierung). Umgekehrt werden einige Diphthonge nun als lange Vokale ausgesprochen: *liebe guote brüeder* → *liebe gute Brüder*. Auch steht jetzt das Verb im Aussagesatz meistens an zweiter Stelle.
Im 15. Jahrhundert entwickeln sich die Städte zu neuen Lebenszentren, neue Schulen und Universitäten werden gegründet. Durch die Erfindung des Buchdrucks im Jahr 1440 werden immer mehr Bücher zunächst auf Lateinisch, dann auf Deutsch gedruckt. Dadurch wird auch die sprachliche Vereinheitlichung vorangetrieben.
Martin Luther gelingt es mit seiner Bibelübersetzung, seinen Tischreden und anderen Schriften, eine größere Anzahl an Lesern zu erreichen. Allein von seiner Bibelübersetzung erscheinen bis zu seinem Tod über 400 Auflagen. Der Reformator „schaut dem Volk aufs Maul", bedient sich in seinen Texten also der Volkssprache, um verständlicher zu wirken. Luther war überzeugt: „... man mus nicht die buchstaben inn der lateinischen sprachen fragen, wie man sol Deutsch reden, wie diese esel thun, sondern, man mus die mutter jhm hause, die kinder auff der gassen, den gemeinen man auff dem marckt drumb fragen, und den selbigen auff das maul sehen, wie sie reden, und darnach dolmetzschen, so verstehen sie es den und mercken, das man Deutsch mit jn redet."

Martin Luther (1483–1546), Reformator und Wegbereiter der neuhochdeutschen Sprache

Viele Begriffe und Wendungen im Deutschen gehen auf Luthers bildreiche Sprache zurück, z. B. *der Lückenbüßer, das Feigenblatt, friedfertig, jemandem ein Dorn im Auge sein, Perlen vor die Säue werfen, sein Licht unter den Scheffel stellen, seine Hände in Unschuld waschen* ...
Seit dem Barockzeitalter wird die deutsche Sprache als das Neuhochdeutsche bezeichnet. Im Verhältnis zum Lateinischen nimmt sie nun eine wichtigere Stellung ein. Sprachgesellschaften versuchen, einheitliche Regeln zu erarbeiten und Einflüsse aus anderen Sprachen einzudämmen. Manche Übertragungen werden dabei eher belacht (*Zitterweh* für *Fieber, Gesichtserker* für *Nase*), andere haben sich in die deutsche Sprache eingebürgert (*folgerichtig* für *konsequent*).
Im 18. Jahrhundert steht die Sprachnormierung im Vordergrund, sie wird vor allem durch Johann Christoph Adelung vorangetrieben. Im 19. Jahrhundert entsteht die moderne Sprachwissenschaft, begründet durch die Brüder Grimm, die Autoren des Deutschen Wörterbuchs. Ab 1880 versucht Konrad Duden, auch die deutsche Rechtschreibung zu normieren. Die Regeln, die in dem Zusammenhang erarbeitet werden, bleiben bis zur Reform der deutschen Rechtschreibung 1996 in Kraft.

5 Halte die wesentlichen Aussagen des Textes „Die Entstehung und die Entwicklung des Deutschen“ (☞ S. 21–25) in einem chronologischen Überblick fest.

6 Ermittle, welche weiteren Sprachfamilien es gibt.

7 Finnisch, Ungarisch, Estnisch, Lappisch, Baskisch und Türkisch gehören nicht zu den indoeuropäischen Sprachen. Recherchiere, zu welcher Sprachfamilie sie jeweils gehören.

8 Informiere dich über den moselfränkischen Sprachraum und die *das/dat*-Linie. Verfasse dazu einen Sachtext, der eine Definition, eine illustrierende Karte sowie Beispiele aus dem Luxemburgischen und den Dialekten der angrenzenden Regionen enthält.

9 Luthers Bibelübersetzung war ein ständiges Ringen um die treffende deutsche Formulierung und den Textsinn. Immer wieder hat er an der Fassung seiner Bibelübersetzung gefeilt, wie das folgende Beispiel des Psalms 90,12 zeigt.

→ Untersuche die drei Fassungen und halte die Unterschiede fest.

Handschriftliche Fassung 1524:	Erste Druckfassung 1524:	Revidierte Fassung ab 1531:
Dass wir unser Tage zählen, so tu uns kund; so wollen wir kommen mit weisem Herzen.	Lass uns wissen die Zahl unser Tage, dass wir eingehen mit weisem Herzen.	Lehre uns bedenken, dass wir sterben müssen, auf dass wir klug werden.

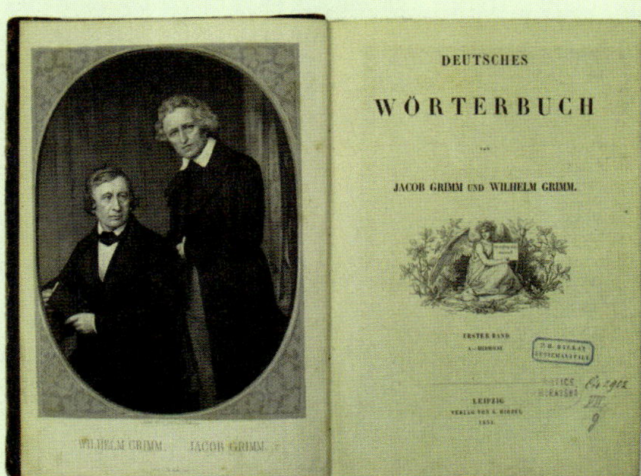

Eine Aufgabe für Generationen: 1838 nahmen die Brüder Jacob und Wilhelm Grimm die Arbeit am „Deutschen Wörterbuch“ auf. Ziel war es, ein Standardwerk zu schaffen, in dem alle deutschen Wörter, die von Luther bis Goethe verwendet worden waren, gesammelt wurden. Die Wörter – auch die Schimpfwörter – wurden in ihrer historischen Entwicklung, ihrer Herkunft, Bedeutung und Schreibweise dargestellt. Aufgezeigt wurde ihre Nutzung im zeitgenössischen Sprachgebrauch und in Fachsprachen. Belegt wurde alles mit genauen und zahlreichen Quellenangaben und vielen Zitaten. Der erste Band erschien 1854. Den gesamten Arbeitsumfang hatten die Brüder auf sechs bis zehn Jahre geschätzt. Es sollte anders kommen: Vor seinem Tod 1859 hatte Wilhelm Grimm gerade den Buchstaben *d* komplettiert; Jacob Grimms letzter Eintrag galt dem Wort *Frucht*. Erst am 4. Januar 1961, 123 Jahre nach Beginn der Forschungsarbeit, war das 33-bändige Werk vollendet. Es hat einen Gesamtumfang von 67 744 Textspalten sowie 350 000 Stichwörtern und ist eines der größten Werke der europäischen Sprachwissenschaften.

2.2 Vom Dialekt zur Sprache

Jean-Louis Scheffen
Der Dialekt, der eine Sprache wurde (2014)
Auszug

Vor 30 Jahren trat das Gesetz vom 24. Februar 1984 „sur le régime des langues" in Kraft. In Artikel 1 hielt es fest, dass die „Nationalsprache der Luxemburger das Luxemburgische" sei. Damit wurde ein legislativer Schlussstrich unter die Diskussion gezogen, ob es sich beim Luxemburgischen um eine richtige Sprache oder bloß einen moselfränkischen Dialekt handle.

Doch so eindeutig war die Gleichsetzung von Sprache und Nation lange nicht. Während Jahrhunderten verlief die Grenze zwischen dem germanischen und dem romanischen Sprachraum quer durch das Herzogtum Luxemburg. Bis zur Teilung des Großherzogtums 1839 sprach ein Teil der Bevölkerung Französisch bzw. Wallonisch, der andere Deutsch, genauer einen Dialekt, der heute als Moselfränkisch bezeichnet wird.

ERKLÄRUNG

Ein **Dialekt** ist lokal bis regional gebunden und findet vor allem im privaten Gebrauch Verwendung.
Eine **Sprache** hingegen ist normiert, das heißt, sie verfügt über Grammatik und Rechtschreibung. Darüber hinaus wird sie in der Literatur und in öffentlichen Bereichen verwendet.

In dieser Zeit, als Luxemburg in Personalunion vom niederländischen König regiert wurde, bildete sich die Sprachensituation heraus, die bis heute unser Land prägt. Der Monarch, der als Großherzog dem Deutschen Bund angehörte, gab dem Deutschen als Amtssprache den Vorrang, das einheimische Bürgertum zog das Französische vor. So wurde in der Verfassung von 1848 festgehalten, dass Deutsch und Französisch gleichberechtigte Verwaltungssprachen sein sollten. Dass dabei auch das Luxemburgische eine Rolle spielen könnte, wäre damals niemandem eingefallen. Es war eine Mundart, die das Volk sprach, zu dieser Zeit so wenig eigene Sprache wie die anderen deutschen Dialekte.

Eine Mundart war das Luxemburgische auch für jene Autoren, die sich nach etwa 1820 damit zu beschäftigen begannen. Antoine Meyers Gedichtsammlung „E' Schrek ob de' Lezeburger Parnassus", 1829 erschienen, gilt (auch wenn dies nicht ganz stimmt) als erstes literarisches Werk auf Luxemburgisch. Auch als am 9. Dezember 1896 Caspar Mathias Spoo in der Abgeordnetenkammer seine berühmt gewordene Rede auf Luxemburgisch hielt und damit eine Woge des Protests auslöste, wollte er damit lediglich darauf aufmerksam machen, dass der fast ausschließliche Gebrauch des Französischen im Parlament den Mann von der Straße von der politischen Diskussion ausschloss.

Anfang des 20. Jahrhunderts gewann die Beschäftigung mit der „eigenen" Sprache an Bedeutung und 1912 wurde Luxemburgisch offiziell zum Primärschulfach erhoben.

Doch erst die Ereignisse des Zweiten Weltkriegs verhalfen der meistgesprochenen Landessprache zum Durchbruch. Als Dialekt passte das „urdäitsch Muselfränkische" zwar durchaus in die Weltsicht der Nationalsozialisten, als eigene Sprache und damit Ausdruck eines eigenen luxemburgischen Nationalgefühls konnten sie es aber auf keinen Fall dulden. Dann kam die Personenstandsaufnahme vom 10. Oktober 1942: Statt, wie es ihnen nahegelegt wurde, auf die Fragen nach Staatsangehörigkeit, Muttersprache und Volkszugehörigkeit jeweils mit „Deutsch" zu antworten, schrieben viele Luxemburger drei Mal „Luxemburgisch" auf den Vordruck, worauf der Gauleiter die Aktion abblies.
Nach der Befreiung erlebte „Lëtzebuergesch" als Schriftsprache eine kurze Blüte. Doch die deutsche Sprache feierte schnell ein Comeback in vielen Lebensbereichen, wie etwa in der Presse und in Buchveröffentlichungen.
Erst in den 70er und 80er Jahren wurde die luxemburgische Sprache wieder zum Thema der öffentlichen Debatte – wie Soziologen bemerken, wahrscheinlich unter dem Druck immer stärkerer Immigrationswellen und einer Internationalisierung des Alltags. 1976 wurde eine neue Rechtschreibung eingeführt. Sie ist mit einigen, 1999 erfolgten Abänderungen bis heute in Gebrauch.

1 Stelle die Entwicklung der luxemburgischen Sprache vom Dialekt zur Sprache mithilfe eines Zeitstrahls dar.
2 Informiere dich genau über den Inhalt des Sprachengesetzes.

PROJEKT

Luxemburgisch als moderne Literatursprache

Lange Zeit wurde das Luxemburgische vor allem als Sprache für Gedichte oder Theaterstücke wahrgenommen; als Sprache für Romane war es quasi inexistent. Erst in den letzten Jahrzehnten des 20. Jahrhunderts hat sich das geändert. Prosawerke in luxemburgischer Sprache wie Guy Rewenigs „Hannert dem Atlantik" und Roger Manderscheids Trilogie – „Schacko Klak", „De Papagei um Käschtebam" und „Feier a Flam" – spiegelten nicht allein die Luxemburger Realität wider. Durch den Gebrauch der luxemburgischen Sprache gewannen sie auch eine ganz andere Authentizität als ein deutsch- oder französischsprachiger Text über das Land. Nicht zuletzt deswegen wurden sie zu regelrechten Bestsellern.

→ Informiert euch über die luxemburgische Literaturszene. Sammelt dazu Informationen über zeitgenössische luxemburgische Autoren im In- und Ausland, einheimische Verlage, Verkaufszahlen, bevorzugte Genres ...

→ Als Kabarettsprache ist Luxemburgisch seit Jahrzehnten etabliert und gewinnt immer mehr an Bedeutung. Verschafft euch Informationen über den Klassiker „Revue" und die Autoren. Befasst euch mit aktuellen Kabarettprogrammen, Themen, Inhalten und Autoren.

2.3 Die Veränderung der Sprache als ständigen Prozess begreifen

Bastian Sick

Kommt „ausgepowert" aus dem Französischen? (2005)

Wider Erwarten geht das Wort *ausgepowert* nicht auf das englische Wort *power* zurück, sondern auf das französische Wort *pauvre,* welches *arm* bedeutet. Daher wurde es früher auch anders ausgesprochen, nämlich so, wie man es schreibt, mit einem *o* und einem *w,* ähnlich wie das deutsch-jiddische *ausbaldowern,* das *auskundschaften* bedeutet. Die in unseren Augen heute so englisch anmutende Schreibweise war in Wahrheit die Angleichung des deutschen Schriftbildes an den französischen Klang.

Auspowern hatte die Bedeutung *jemanden um sein Hab und Gut bringen, ausbeuten, ausplündern,* kurzum: *arm machen.* Im 19. Jahrhundert wäre es wohl niemandem eingefallen, *ausgepowert* mit einem *au*-Laut zu sprechen. Erst in den letzten Jahrzehnten hat sich dies geändert. Da unsere Sprache von englischen Begriffen völlig durchdrungen ist, nahm man an, dieses Wort müsse mit dem englischen *power* zusammenhängen – und sprach das *ow* wie *au.* Dadurch änderte sich auch die Bedeutung des Wortes. *Ausgepowert* heißt heute meist nicht mehr als *erschöpft, entkräftet.* Die ursprünglich viel weiter, nämlich an die materielle Existenz, gehende Bedeutung ist verloren gegangen.

Eine ähnlich interessante Geschichte hat das Wort *schick.* Zwar geht es in seiner heutigen Bedeutung *modisch, hübsch* tatsächlich auf das französische Wort *chic* zurück, doch ist dieses wiederum ein Lehnwort aus der deutschen Sprache. Dass etwas *schicklich* ist oder *sich schickt,* sagte man im Deutschen nämlich schon lange, bevor die Mode *chic* wurde. Das mittelniederdeutsche Wort *schick* stand für Gestalt, Form und Brauch, *schicklich* hat die Bedeutung *angemessen, geziemend.* Irgendwann galt es als unschicklich, *schick* zu sagen, das Wort geriet aus der Mode. Über das Elsass und die Schweiz gelangte es in den französischen Sprachraum, von wo aus es im 19. Jahrhundert als *chic* nach Deutschland reimportiert wurde, um dann wiederum zu *schick* eingedeutscht zu werden.

Schick ist also ein deutsch-französisch-deutsches Wort, während *ausgepowert* ein französisch-deutsches Wort ist, das nachträglich anglisiert wurde.

1 Informiere dich über die Herkunftsgeschichte des Wortes *Handy* und verfasse dazu unter dem Titel „Kommt Handy aus dem Englischen?" einen Artikel im Stil von Sick.

Verdacht auf Gammelfleisch

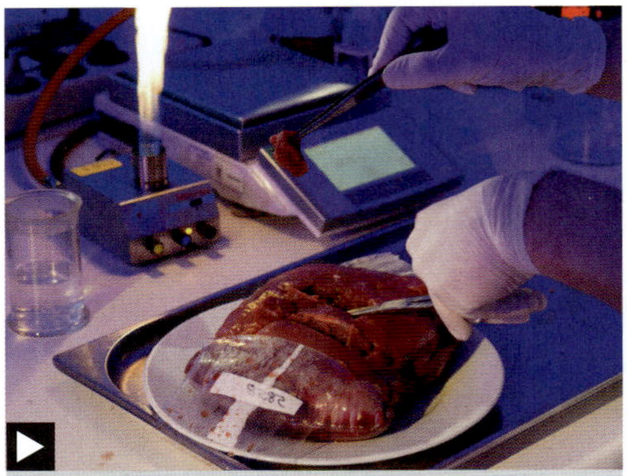

Verdacht auf Gammelfleisch | Video verfügbar bis 07.11.2014

Immer wieder taucht das Wort Gammelfleisch in den Medien auf. Denn immer wieder wird Fleisch, das nicht mehr als Nahrungsmittel taugt, in den Handel gebracht

Fußball-WM 2014 • Public-Viewing-Berlin

Berliner Fanmeile zur Fußball-WM 2014

Infos zur Berliner Fanmeile während der FIFA Fußball-Weltmeisterschaft 2014

2 *Gammelfleisch* und *Fanmeile* sind sogenannte **Neologismen**, also Wortneubildungen, die dazu dienen, neue Erscheinungen oder Sachverhalte zu benennen.

→ Schlage nach, wann und warum diese Begriffe entstanden sind.

→ Suche nach weiteren Begriffen, die erst nach dem Jahr 2000 in die deutsche Sprache Einzug gehalten haben. Vermerke in einer Tabelle das „Geburtsjahr“ des Wortes, seine Bedeutung und ein Beispiel für seine Verwendung.

3 Wörter können im Zuge gesellschaftlicher und technischer Entwicklungen neue, zusätzliche Bedeutungen erhalten. Stelle dieses Phänomen am Beispiel des Verbs *klicken* und seiner Partikelverben *anklicken, doppelklicken, wegklicken* ... dar, indem du die ursprüngliche Bedeutung des Verbs und seine Neubedeutung ermittelst. Gib an, wann und warum die neue Bedeutung aufgekommen ist.

4 Auch folgende Begriffe haben in jüngster Vergangenheit einen Bedeutungswandel durchgemacht: *Trojaner, Maus, Kohle, Käse, abhängen, anklopfen, rocken.*

→ Erkläre ihre ursprüngliche und ihre heutige Bedeutung, die oft neben der noch bestehenden älteren existiert.

→ Weise die neue Bedeutung einer Sprachvarietät (Fachsprache, Jugendsprache, Umgangssprache ...) zu.

→ Arbeite in deinem Heft in einer Tabelle, wie am Beispiel unten zu sehen.

	ursprüngliche Bedeutung	heutige Bedeutung	Sprachvarietät
Beispiel: *Trojaner*			Fachsprache Computer

WISSEN

Man unterscheidet fünf verschiedene Arten von Bedeutungswandel:
- Bedeutungsverengung: mhd. *mære* = Geschichte, Kunde → nhd. Märchen
- Bedeutungserweiterung: mhd. *edel* = adlig → nhd. fein, anmutig, aufopfernd, hochwertig ...
- Bedeutungsabwertung: mhd. *wîp* = Frau → nhd. Weib
- Bedeutungsaufwertung: mhd. *marschalc* = Aufseher für Pferde → nhd. Reitergeneral
- Bedeutungsübertragung: sich aus dem Staub machen

5 Benenne die Art der Bedeutungsveränderung anhand der Einträge aus einem etymologischen – also sprachgeschichtlichen – Wörterbuch. Manchmal treffen zwei Arten gleichzeitig zu.

Wörterbucheintrag	Bedeutungswandel
Marotte –„seltsame Angewohnheit“ (< 18. Jh.), entlehnt aus frz. *marotte* (auch: „Narrenkappe, Narrenzepter mit Puppenkopf“, s. Marionette)	
Hochmut – (< 11. Jh.) mhd. *hochmuot*, ahd. *hōhmuot*, ursprünglich „edle Gesinnung“, dann festgelegt als Entsprechung zu 1. *Superbia*.	
Kind – mhd. *kint* „eheliches Kind, Sohn/Tochter“, nhd. allgemeine Bezeichnung für einen jungen Menschen	
Mafia – auch Maffia (eine verbrecherische Geheimorganisation) (< 20 Jh.), entlehnt aus it. *maf(f)ia* (eigentlich „Überheblichkeit, Anmaßung“). Täterbezeichnung: ***Mafioso***	
Eisbein – ursprünglich ein Röhren- oder Schienbeinknochen größerer Tiere, der sich zur Herstellung von Schlittschuhkufen eignete, heute: Gericht vom Schwein	
albern – (< 9. Jh., Bedeutung 12. Jh.) mhd. *alwære*, ahd. alawāri „freundlich, gütig“, im Frühneuhochdeutschen wird das Wort als Einheit empfunden (deshalb Inlautentwicklung von *lw* zu *lb* und Abschwächung der zweiten Silbe), die Bedeutung wandelt sich in der gleichen Zeit von „freundlich“ zu „harmlos, naiv, dumm“	

6 Zeige in den folgenden Beispielen die Abweichungen von der Sprachnorm auf und suche nach Erklärungen dafür.

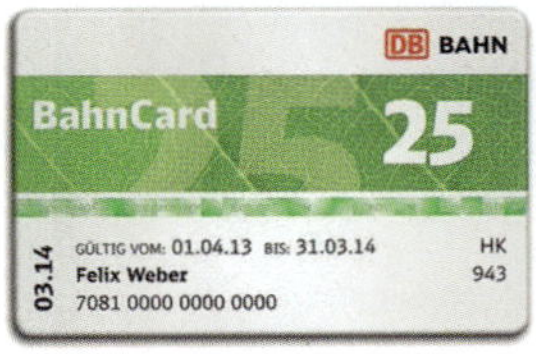

Krummensee. Am Dienstagnachmittag zwischen 4 und 5 Uhr ist hierselbst ein Einbruch verübt worden, bei welchem dem Diebe erhebliche Werte in die Hände gefallen sind. Der den Eindruck eines harmlosen Touristen machende, anscheinend mit einem Fernrohr versehene Einbrecher hat sich die Beschäftigung der Landbewohner mit den Erntearbeiten zunutze gemacht, ist in die Wohnung des Besitzers B. eingestiegen, hat mit dem Beile einen Schreibtisch erbrochen und daraus ca. 500 Mk. bares Geld, Goldsachen, Uhren etc. entwendet. Trotzdem der Diebstahl bald entdeckt und die Verfolgung des frechen Täters aufgenommen wurde, gelang es doch nicht, desselben habhaft zu werden.
(Freitag, den 24. Juli 1903 [No. 85], Kreis-Nachrichten)

Einen Lehrling verlangt sofort
oder zum April
Grün, Schmiedemeister, **Blumberg**.
(Anzeige, 1904)

Ahrensfelde.
Sonntag, den 21. Februar:
Grosser Maskenball,
wozu freundlichst einladet
G. Kahlow, Gastwirt.
(Anzeige, 1904)

Junger Fleischer, Meisterssohn, 26. J., ev., mittelgroß, nicht unvermögend, sucht jüngere Dame mit 25–30000 M. Vermögen zwecks Heirat kennen zu lernen.
Aufrichtige Offerten unter J. J. 1891 bef. die Expedition des Berliner Tageblattes, Berlin SW
(Anzeige, 1904)

7 Berichte oder Anzeigen wie diese Beispieltexte aus den Jahren 1903 und 1904 sind in dieser Form heute undenkbar.

→ Erkläre, warum man so nicht mehr schreiben kann. Beziehe dabei gesellschaftliche und sprachliche Veränderungen in deine Überlegungen ein.

→ Formuliere die Texte so um, dass sie unseren heutigen Sprachgepflogenheiten entsprechen.

→ Suche auf einschlägigen Seiten im Internet nach Beispielen für bedrohte Wörter. Notiere, warum sie bedroht sind bzw. nicht mehr verwendet werden. Diskutiert darüber, ob man sich für den Gebrauch derartiger Ausdrücke stark machen sollte.

→ Untersuche den Sprachgebrauch in modernen Stellen- und Kontaktanzeigen.

Bedrohte Worte
Ein Märchen von Hans Christian Andersen und das erste Album der Gruppe Rammstein heißen so. Außerdem bezeichnet das schöne Wort Herzeleid den unschönen Gemütszustand, den wir heute Liebeskummer nennen.

WISSEN

Jede lebendige Sprache ist einem ständigen Veränderungsprozess unterworfen. Der **Sprachwandel** ist bedingt durch veränderte gesellschaftliche, technische, historische und sprachliche Bedingungen, die die Sprecher/Schreiber einer Sprache veranlassen, ihre Rede-/Schreibweise zu verändern. Der Sprachwandel erfasst alle **Ebenen eines Sprachsystems**:

→ **Aussprache** (Phonologie): Die **Phonologie** untersucht, wie die Laute dazu beitragen, Bedeutungsunterschiede zu verdeutlichen. **Phoneme** sind die kleinsten *bedeutungsunterscheidenden* lautlichen Einheiten. Die Wörter *Haus* und *Maus* beispielsweise unterscheiden sich nur durch ein Phonem, ihren Anfangslaut *H* bzw. *M*. Durch den Austausch des Anfangslautes verändert sich die Bedeutung des ganzen Wortes.

→ **Grammatik** (Morphologie und Syntax): Die **Morphologie** befasst sich mit der Form der Wörter und fragt danach, wie sie gebildet werden. **Morpheme** sind die kleinsten *bedeutungstragenden* Einheiten einer Sprache. In dem Wort *lachte* sind zwei Morpheme enthalten: *lach-* als Wortstamm oder freies Morphem, das uns etwas über den Wortsinn verrät, und die Endung *-te* als gebundenes Morphem, das in diesem Fall die Person und die Zeit der Handlung näher bestimmt. Beide sprachlichen Einheiten sind wichtig, um die Wortbedeutung zu erfassen. Die **Syntax** ist die Satzlehre. Auch der Satzbau ändert sich mit der Zeit. In der deutschen Umgangssprache hört man heute immer häufiger: *Ich kann nicht kommen, weil ich muss noch Mathe machen.* Grammatisch korrekt heißt es: *Ich kann nicht kommen, weil ich noch Mathe machen muss.*

→ **Wortschatz** (Semantik und Lexik): Die **Semantik** ist die Lehre von den Bedeutungen und Inhalten von Wörtern, Sätzen und Ausdrücken. Auch Begriffe können zu unterschiedlichen Zeiten etwas anderes bedeuten. Das zeigt z. B. die Geschichte des Wortes *geil*, das im 8. Jahrhundert neben der Ursprungsbedeutung „aufschäumend beim Gären" menschliche Eigenschaften wie „hochgestimmt, übermütig, überheblich" und später auch „fröhlich, begierig, lustvoll, sinnlich" bezeichnete. Im 18. Jahrhundert wurde *geil* zu einem Synonym für sexuelle Begierde und damit zu einem Tabuwort. Erst Anfang der 1970er Jahre tauchte es wieder im öffentlichen Sprachgebrauch auf. Heute drückt es umgangssprachlich Begeisterung aus. Die **Lexik** umfasst alle Wörter einer Sprache.

→ **Sprachgebrauch**: Die **Pragmatik** untersucht den Gebrauch der Sprache. Sprechen/Schreiben wird als Sprachhandlung gesehen, mit der ein Sprecher eine Absicht verfolgt. Die Äußerung wird vom Empfänger interpretiert, wobei der Kontext eine Rolle spielt.

Damit sind wir am Ende der Diskussion kann am Ende einer Talkshow als Abmoderation verstanden werden. Im Rahmen eines Streitgespräches signalisiert diese Aussage, dass der Sprecher nicht mehr bereit ist, weiter zu diskutieren.

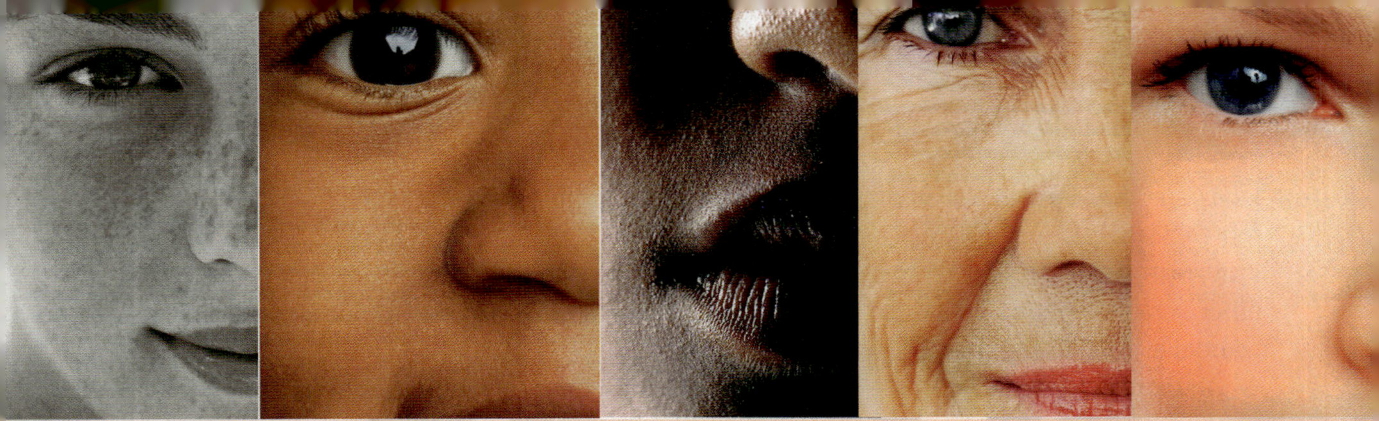

2 Sachtexte analysieren und erörtern

Glücksfantasien: Schönheit und andere Ideale

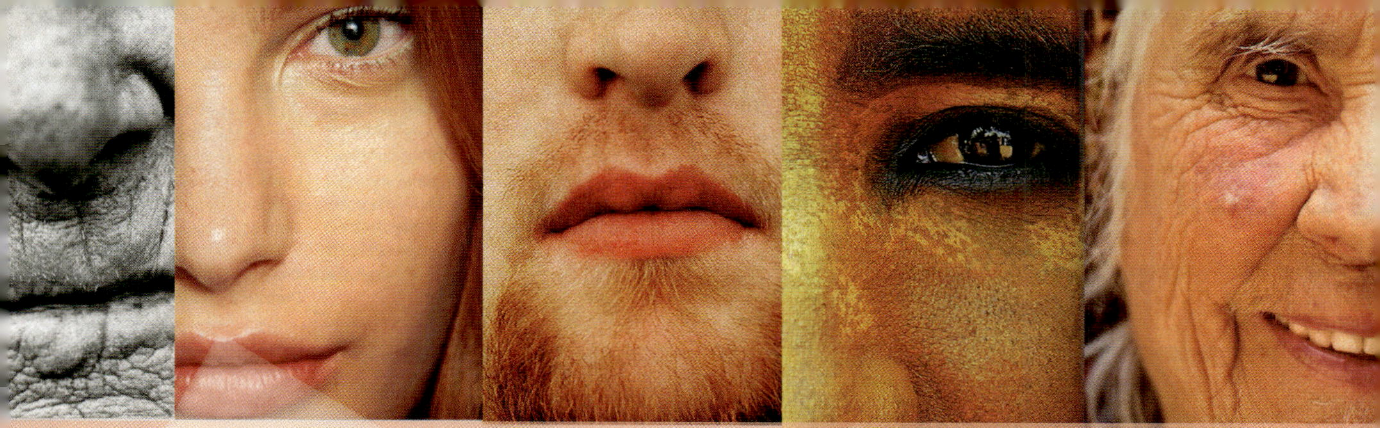

Deine Schönheit braucht keine Mittel: Amor ist nackt und liebt keine künstliche Schönheit.
lateinische Lebensweisheit

Für den wahren Künstler ist nur jenes Gesicht schön, das ungeachtet seines Äußeren die Wahrheit der Seele widerspiegelt.
Mahatma Gandhi (1869-1948), indischer Pazifist

Wahrscheinlich ist Schönheit nichts anderes als Geliebtwordensein. Denn etwas lieben und es verschönen ist ein und dasselbe. Und seine Liebe zu verbreiten und andere ihre Schönheit finden zu machen ist auch ein und dasselbe.
Robert Musil (1880-1942), österreichischer Schriftsteller

Schönheit ist Gesetzmäßigkeit. Schönheit erscheint, solange die Gesetzmäßigkeit empfunden wird. Sie schwindet, wenn unsere Sinne die Gesetzmäßigkeit nicht mehr erkennen.
Walther Rathenau (1867-1922), liberaler Politiker

Einführung

BASIS-INFO

Geschriebene Texte lassen sich grundsätzlich in fiktionale und nicht-fiktionale Texte unterteilen.

- Die **fiktionalen**, von einem Schriftsteller erfundenen **Texte** können der **Epik** (Prosaformen), der **Lyrik** (Gedichte) oder dem **Drama** (Theaterstücke) zugeordnet werden.
- **Nicht-fiktionale** Texte beziehen sich dagegen auf **reale Inhalte**. Sie werden mit einer bestimmten kommunikativen Intention geschrieben. Folgende **Grundtypen** kann man unterscheiden:
  - **informierend, darstellend**: Der Leser wird über einen Sachverhalt informiert. Dazu gehören *Nachricht, Bericht, Beschreibung, Dokumentation, Lebenslauf, Inhaltsangabe, Protokoll, Lexikonartikel* usw.
  - **appellierend**: Der Leser wird zu einem bestimmten Tun, zum Handeln aufgefordert, z. B. *durch Werbung, eine Rede, ein Flugblatt, eine Einladung* usw.
  - **kommentierend**: Dem Leser soll eine Meinung zu einem Sachverhalt mitgeteilt werden bzw. er soll in der eigenen Meinungsbildung beeinflusst werden, z. B. durch einen *Kommentar*, eine *Kritik* usw.

Insgesamt kommen in der Realität viele **Mischformen** vor. Zu den Mischformen zählen z. B. *Interview, Glosse* und *Reportage*.
Außer durch ihre kommunikative Intention unterscheiden sich Sachtexte auch in der **Darstellungsform**: Die Texte können kontinuierlich (*Nachricht, Bericht* usw.) oder diskontinuierlich (*Diagramm, Mind-Map, Werbetext* usw.) sein.

1 Wähle das für dich attraktivste Gesicht der Auftaktseite (☞ S. 34 f.) aus.
→ Begründe deine Wahl. Vergleicht die Ergebnisse im Plenum.
2 Stelle Vermutungen darüber an, welche beiden Gesichter am Computer geschaffene Durchschnittsgesichter sind, die von Testpersonen als am attraktivsten bewertet wurden, und worin diese Attraktivität besteht. (Auflösung ☞ S. 245)
3 Wähle das Zitat der Auftaktseite aus, das deiner Auffassung von Schönheit am nächsten kommt, und begründe deine Wahl.
4 Definiere schriftlich den Begriff *Schönheit*.
→ Vergleiche anschließend deine Definition mit der deiner Mitschüler.
→ Diskutiert Unterschiede und bezieht die Zitate der Auftaktseite mit ein.
5 Nenne mögliche Gründe, warum Schönheit in den meisten Lexika nicht als Eintrag zu finden ist.
6 Schönheit hat eine große Bedeutung in unserer Zeit. Welche weiteren Ideale sind für Jugendliche heutzutage wichtig?
→ Führt dazu eine Umfrage unter euren Mitschülern durch. Veranschaulicht die Ergebnisse in einem Schaubild und tauscht euch darüber aus.

1 Sich mit Sachtexten zum Thema Schönheit auseinandersetzen

1.1 Die kommunikativen Intentionen von Sachtexten unterscheiden

Schönheit ist ein abstrakter Begriff, der stark mit allen Aspekten menschlichen Daseins verbunden ist. Mit der Bedeutung dieses Wortes beschäftigt sich hauptsächlich die philosophische Disziplin der *Ästhetik* (↳). Wie jede Wertung ist dieser positiv besetzte Begriff von *Wertvorstellungen* (↳) (Bewertungsmaßstäben) und Bewertungszielen abhängig, die auch durch gesellschaftliche Konventionen geprägt werden. Welche Wertmaßstäbe dem Ausdruck *Schönheit* zugrunde liegen und wie diese zustande kommen, ist auch Untersuchungsgegenstand von Natur- und Geisteswissenschaften.
Im Alltag wird als schön meist etwas bezeichnet, was einen besonders angenehmen Eindruck hinterlässt: ein schöner Körper, ein schönes Musikstück, eine schöne Bewegungsabfolge im Tanz, aber auch Erlebnisse wie z. B. Gestreichelt-Werden. Eine Nähe zu Begriffen wie *Harmonie* (↳) und *Symmetrie* (↳) fällt auf, eine Abgrenzung gegenüber *sinnlicher* (↳ Sinnlichkeit) Überwältigung oder dem „nur" Hübschen, dem das Besondere fehlt, ist nicht immer leicht.

1 Weise nach, dass es sich bei diesem Text um einen Lexikonartikel handelt.
→ Arbeite dafür allgemeine Merkmale eines Lexikontextes heraus.
→ Notiere, mit welcher kommunikativen Intention dieser Lexikoneintrag verfasst wurde, und stelle Vermutungen darüber an, wer der Adressat ist.
2 Sammelt im Plenum weitere mögliche kommunikative Intentionen eines Sachtextes.

Jugendliche im Schönheitswahn (2005) *Auszug*

Ärzte warnen vor gefährlichem Trend
Eltern sollten Bedeutung innerer Werte vermitteln

Berlin (dpa/ap). Schönheitsoperationen sollten nach Expertenansicht nicht bei jungen Menschen unter 20 Jahren vorgenommen werden. Die Persönlichkeit der meisten Jugendlichen sei alles andere als ausgereift, betonte Axel Mario Feller, Vizepräsident der Vereinigung der deutschen ästhetisch-plastischen Chirurgen. In den USA ist mittlerweile jeder Zehnte, der sich einer Schönheitsoperation unterzieht, unter 20 Jahre alt. „Auch in Deutschland geht der Trend in diese Richtung", sagte Feller. Der Wunsch nach einer OP sei aus ärztlicher Sicht fast nie gerechtfertigt. „Dennoch sollten Ärzte die Jugendlichen ernst nehmen und nicht einfach wegschicken", empfiehlt der Chirurg. Mediziner müssten den jungen Menschen vermitteln, „dass man auch mit kleinen Fehlerchen ein wertvoller Mensch ist und sich nicht über Äußerlichkeiten definieren sollte". [...]

Der Chirurg empfiehlt Eltern, ihren Sprösslingen deutlich zu machen, dass man Menschen nach inneren Werten beurteilen sollte. Bestehe ein Jugendlicher auf einer OP, sollte unbedingt ein anerkannter Facharzt für plastische Chirurgie kontaktiert werden. „Es gibt unter den Ärzten natürlich auch schwarze Schafe", warnte Feller. Ein guter Arzt werde einen allzu jungen Patienten auf einen späteren Termin vertrösten – in vielen Fällen sei der Wunsch nach körperlichen Korrekturen dann bereits vergessen. Die Bundesärztekammer setzt sich dafür ein, dass TV-Shows über Brustvergrößerungen und andere Schönheitsoperationen nicht mehr gezielt Kinder und Jugendliche ansprechen. Ärztepräsident Jörg-Dietrich Hoppe wies darauf hin, dass laut einer Umfrage 24 Prozent der 14- bis 19-Jährigen Gefallen an den neuen Fernsehshows fänden. [...] So zeigte etwa der Musiksender MTV die Sendung „I want a famous face", in der sich amerikanische Jugendliche durch Operationen in ihr Idol verwandeln ließen. RTL hatte Mitte September eine Schönheitsoperation an einer 21-jährigen Studentin live übertragen.

In den nächsten fünf Jahren könnte sich die Zahl der Schönheitsoperationen an Jugendlichen nach Einschätzung von Experten verdoppeln. Der Chirurg Feller befürchtet, „dass wir erst am Anfang des Trends stehen". Am häufigsten stünden Nasenoperationen, Fettabsaugen und Brustvergrößerungen auf der Wunschliste der Teenager. „Es ist Tatsache, dass wir immer mehr mit immer jüngeren Menschen konfrontiert sind – teils schon mit 12- bis 15-Jährigen", berichtete der Mediziner. [...] Kosmetische Eingriffe während des Wachstums könnten jedoch später weitere Operationen nötig machen. Er selbst operiere daher grundsätzlich keine Jugendlichen, bedauere aber, dass es genügend Kollegen gebe, die anders darüber dächten.

3 Entscheide, welche Aussage am besten auf den Text zutrifft:

1 Der Bericht soll Ärzte dazu aufrufen, Jugendliche vor Schönheitsoperationen besser zu beraten.

2 Der Bericht informiert darüber, dass sich immer mehr Jugendliche für Schönheitsoperationen interessieren, rät diesen jedoch von Eingriffen ab.

3 Der Bericht macht deutlich, dass die inneren Werte eines Menschen wichtiger als seine äußeren Merkmale sind.

4 Der Bericht klagt Ärzte an, die an Jugendlichen Schönheitsoperationen vornehmen.

→ Bestimme die Hauptintention des Textes (vgl. Basis-Info S. 36).
→ Arbeite die Argumente heraus, mit denen der Verfasser seine Intention unterstützt.

4 Spielt ein fiktives Interview, das eure Schülerzeitung mit dem plastischen Chirurgen Feller zum Thema „Schönheitsoperationen bei Jugendlichen“ führt.
→ Erarbeitet im Vorfeld arbeitsteilig mögliche Fragen.
→ Legt gemäß den Inhalten des Zeitungsartikels die Positionen fest, die „Feller“ im Interview vertritt. Die genauen Antworten formuliert „Feller“ spontan.

Catrin Jardin

Körperkult – ein gefährlicher Trend (2007) *Auszug*

Nach den Designermöbeln nun auch der Designer-Mensch? – Nein, danke! Was dort von Herrn Trenker zur Legitimation von Schönheitsoperationen herangezogen wird, spottet jeder Beschreibung. Schönheitsoperationen werden als „Muss“, als logische Folge von Lifestyle und Lebensqualität gesehen und gleichgesetzt mit Design und Stylingbemühungen bei Gegenständen. Ich frage mich, kommt also nach dem Designer-Stuhl, dem Designer-Tisch und dem Designer-Bett nun etwa der Designer-Mensch, das Designer-Gesicht, die Designer-Nase und der Designer-Hintern auf uns zu? Ist das die neue Selbstverwirklichungsmasche der Männer? Bei diesem Menschenbild wird die Menschenwürde missachtet, denn der Mensch wird mit einer Sache vergleichbar gemacht. Ein Designer-Stuhl bietet eine Sitzgelegenheit und soll zudem unter dem Einfluss schnell wechselnder Moden gefallen. Bitte schön! Als Designobjekt ist er, jedenfalls als Einzelstück, wohl auch einzigartig. Individualität wie von Natur aus beim einzelnen Menschen vorhanden schafft das Design aber nicht. Ganz im Gegenteil: Wer sich dem Schönheitskult unterwirft, der gibt seine individuelle Schönheit preis. Tränensäcke entfernen und Hautpeeling durchführen, mit Silikon Gewebe aufpolstern – profitieren wird nur eine Schönheitsindustrie, die mithilfe offenkundiger und verschleierter „Schönheitswerbung“ in den Medien ihre Gewinne einfährt. Das Herumschneiden im Gesicht, an Brust und Hintern wird dort als „natürliches Streben“ nach Schönheit verkauft. Verantwortungslos und gesundheitsgefährdend! Und ist es denn nicht so: Die Designer-Brüste wie in Hollywood, die aufgespritzten Lippen älter werdender Damen mit Sehnsucht nach ewiger Jugend oder inzwischen verstärkt auch die unterspritzten Muskelprotze männlicher Art gleichen sich – äußerlich und wohl auch charakterlich. Schönheitskult ist verwerflich und inakzeptabel.

5 Weise am Text nach, dass es sich um einen Kommentar handelt.
→ Finde Beispiele für sprachlich-stilistische Besonderheiten, die die Autorin im Text zur Wertung einsetzt. Notiere, wo du diese Art von Kommentar finden kannst.

6 Verfasse einen kurzen Sachtext, der

- über die Bedeutung von Schönheit für dich und deine Mitschüler informiert,
- den Leser zu einem bestimmten Umgang mit Schönheit auffordert
- oder kommentiert, wie Jugendliche deiner Schule in ihrem Schönheitsempfinden durch Werbung oder Zeitschriften beeinflusst werden.

Wie es uns gefällt (2008)

Schön, unschön, was zieht die Deutschen an, was stört sie – an sich selbst, an ihrem Gegenüber, ihrer Lebenswelt? In einer repräsentativen Erhebung wurden rund 1000 Männer und Frauen zu ihrem ästhetischen Empfinden befragt.

Was macht einen Menschen attraktiv?

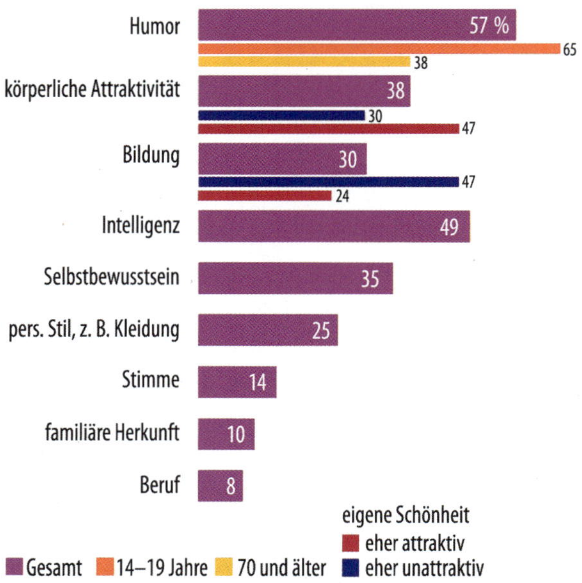

7 Beschreibe das Diagramm.

→ Notiere stichpunktartig die wichtigsten Informationen, die das Diagramm liefert.

→ Fasse die Informationen des Diagramms schriftlich zusammen und nimm Stellung zu den Ergebnissen der Umfrage.

→ Vergleiche schriftliche Zusammenfassung und Diagramm: Welche Vor- und Nachteile bietet das Diagramm?

Für wie attraktiv halten sich die Befragten?

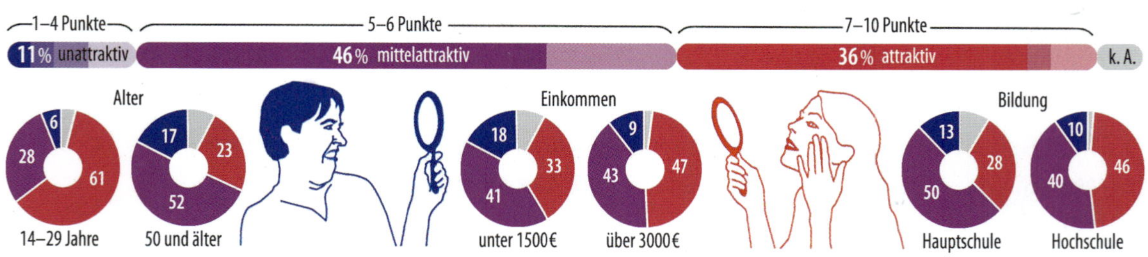

8 Begründe, warum im zweiten Schaubild diese Art der Darstellung gewählt worden ist und welche kommunikative Absicht dahinter steckt.

9 Diskutiert, inwiefern die Darstellung die Wirkung eines Diagramms beeinflusst.
10 Erörtert im Plenum, ob Schönheit nur etwas subjektiv Empfundenes ist oder ob sie sich auch an objektiven oder allgemein gültigen Merkmalen festmachen lässt.
11 Der Journalist Arnd Wesemann stellte 2005 folgende Frage: „Könnte es sein, dass andere Kulturen unsere Top-Models hässlich finden? Wie – umgekehrt – wir nicht verstehen können, dass das chinesische Wort für *Schönheit* zugleich *fettes Schaf* bedeutet." Diskutiert diesen Ansatz.
→ Informiert euch darüber, welches Schönheitsideal hinter den jeweiligen Bildern steckt.
→ Sucht nach weiteren Beispielen für kulturell bedingte Schönheitsideale.
→ Findet Gründe für kulturell bedingte unterschiedliche Definitionen des Begriffs *Schönheit*.

PROJEKT

Umfragen zum Schönheitsempfinden

Führt selbst eine Umfrage durch und dokumentiert die Ergebnisse.
Vorarbeit:
→ Entwickelt geeignete Fragen bzw. erstellt Fragebögen.
→ Bestimmt unterschiedliche Personengruppen (Mitschüler, Eltern, Lehrer, Passanten auf der Straße usw.), die ihr befragen könnt.
Datenerhebung:
→ Holt die Zustimmung der Schulleitung für die Durchführung der Umfrage an der Schule ein.
→ Führt bei den ausgewählten Personen die Befragung durch.
Auswertung und Präsentation der Ergebnisse:
→ Wertet die Ergebnisse aus.
→ Findet geeignete Darstellungsmöglichkeiten für die Ergebnisse, z. B. Text und Kreisdiagramm oder Balkendiagramm usw.
→ Kommentiert die Ergebnisse und sucht nach möglichen Erklärungen und Gründen für die Antworten der einzelnen Personengruppen.
→ Baut in der Schule Stellwände mit den Umfrageergebnissen auf.

1.2 Inhalte von Sachtexten erfassen und zusammenfassen

1 Überfliege den Text und benenne das Thema in einem Satz.

Wilhelm Trapp

Rätsel der Schönheit (2000)

Die Sehnsucht des modernen Menschen nach einem perfekten Körper können weder Psychologen noch Philosophen erklären.

Der Bauch des Mannes als erogene[1] Zone? Früher galt eher das Gegenteil. Schwillt doch der Bauch nach dem Essen an und wird auf Dauer fett – ein Indiz[2] leiblichen Genusses schlechthin. Doch mit dem Genuss ist es jetzt vorbei. Die Körpermitte wird zum Waschbrettbauch, geprägt von Muskeln, die normale körperliche Arbeit kaum hervorbringt. Diese Muskeln, Zeugen purer Disziplin, sagen: Ich fresse nicht, ich arbeite. Der schöne Körper ist zum neuen Leitbild geworden. Prächtige Leiber entstehen mittels Medizin und Chemie, im Gefolge kommt ein neuer Irrationalismus[3] zum Vorschein: Die körperliche Schönheit wird der Gegenstand von Heils- und Glückserwartungen. Aus dieser Mischung von High-Tech und Esoterik[4] ist die Botschaft der Schönheitsindustrie: „Schönheit ist machbares Glück." Die Werbung nutzt Schönheit als Mittel und Verheißung zugleich: beauty sells. Der Konsument soll seinen Körper mit den Signalen von Jugend und Leistung aufpeppen: Schönheit nicht als Oberfläche, sondern als überaus wirkungsvolles soziales Zeichen. Die Botschaft kommt an. 1998 wurden in Deutschland 17,7 Milliarden Mark[5] allein für Kosmetik und Körperpflege ausgegeben. Die Beauty-Tipps der „Brigitte" haben in Lifestyle-Gazetten[6] wie „Men's Health" eine neue Dimension erreicht: Pflege und Training des body [sic!] sind zum Selbstzweck geworden, perfekt eingebettet in die Werte der neoliberalen[7] Wirtschaft. Die Zeitschrift „Allegra" feiert den fitten Körper als „Bioaktie in der Gewinnzone". Schönheit ist synonym mit Fitness und Erfolg. Der Markt erhebt sein Funktionsprinzip, die Leistung, zum Ziel selbst. Die umfassende ökonomische[8] Eroberung des Körpers ist im Gang. Bleibt uns wirklich keine andere Wahl, als immer schöner und schöner zu werden? [...] Schönheit liegt genau in der Schnittmenge zwischen kultureller Erwartung und gegebener Natur. Deshalb war es für Moral und Ethik stets ein Dilemma, dass man der Natur ja auf die Sprünge helfen kann. Denn eine kunstreich verbesserte Schönheit macht letztlich die Unterscheidung von natürlichen und künstlichen Reizen unmöglich. Die Marketingexperten der Kosmetikindustrie haben dieses ästhetische Problem gelöst, indem sie ihre Schönheitszutaten als „natürlich" verklären[9]: Ohne den Begriff kommt kein Hautcreme-Slogan mehr aus. Ein verräterisches Beharren auf Natur. Es soll echte, reine, gesunde Schönheit garantieren – und verschleiern, worum es eigentlich geht: um ein hochkultiviertes Geschäft mit der menschlichen Sehnsucht. Die pauschale Naturalisierung des Schönen kann sich auf ein starkes Fundament berufen. Die Leitwissenschaften Biologie und Soziobiologie[10] scheinen zu bestätigen, dass Schönheit nicht so sehr kulturabhängig ist, sondern auf primäre

[1] *erogen*: geschlechtlich leicht erregbar, reizbar
[2] *das Indiz*: ein Hinweis, ein Anzeichen
[3] *der Irrationalismus*: der Vorrang des Gefühlsmäßigen vor der Verstandeserkenntnis
[4] *die Esoterik*: eine Geheimlehre, Grenzwissenschaft
[5] 17,7 Millionen Mark = 8,85 Millionen Euro
[6] *die Gazette*: eine Zeitung (veraltet, abwertend)
[7] *der Neoliberalismus*: ein Konzept für eine Wirtschaftsordnung, die alles über den freien Wettbewerb steuert
[8] *ökonomisch*: wirtschaftlich
[9] *verklären*: ins Überirdische erhöhen
[10] *die Soziobiologie*: die Wissenschaft, die sich mit dem Leben unter Einbeziehung der gesellschaftlichen Umwelt befasst

Lebensfunktionen zurückgeht: Schönheit ist Zeichen für Gesundheit und dient der Fortpflanzung der egoistischen Gene – ein inzwischen populärer Gemeinplatz. Nach dieser Logik gehören auch Verschönerungstechniken letztlich zum evolutionären Plan der Natur. Aber der Zusammenhang von Schönheit und Gesundheit ist mehr als fragwürdig. Müsste dann nicht im Umkehrschluss das durchschnittlich aussehende Gros[11] der Bevölkerung krankheitsanfälliger sein? Auch vom Fortpflanzungserfolg kann man die Schönheit nur mit groben Vereinfachungen ableiten. Der erhebliche Wandel von Schönheitsidealen etwa wird hier völlig ignoriert. So widerspricht es jeder biologischen Erklärung, dass momentan der populärste aller Schönheitsmythen geschleift[12] wird. Das „schöne Geschlecht" ist nicht mehr so eindeutig weiblich, wie es lange Zeit war – auch Männer sollen heute schön sein. In der Werbung wird der herbe Abenteurer vom jugendlichen Beau verdrängt, der statt behaarter Unterarme den trainierten Oberkörper zeigt. Der Wandel ist zweischneidig: Einerseits forciert die Werbung alte Geschlechterstereotypen, andererseits wird nun auch der Mann dem kommerziellen Schönheitsdiktat unterworfen. [...] Aber die Werbung mag noch so sehr beteuern, dass sie Natur und Gesundheit verkauft – sie nutzt das Schöne als das, was es wirklich ist: die Projektion unserer Wünsche. Das Material des Schönen nämlich ist nicht das Fleisch, sondern das Bild. Wer zeigt das deutlicher als das Supermodel, die pure Existenz aus der Schönheit und für die Schönheit? Die Schausteller dieses Traums wissen genau, dass sie ein Fantasma[13] verkaufen. „Glauben Sie vielleicht, dass ich morgens um sieben schon aussehe wie Claudia Schiffer?", wird Claudia Schiffer zitiert. [...] Wie zugkräftig die Industrie die Schönheit auch vermarktet, ihr wichtigstes Gesetz bleibt: Das Schöne ist immer das Seltene, Besondere. Wenn jede Frau den perfekten Busen, jeder Mann seinen Waschbrettbauch hat, dann wird das gewöhnlich sein. Das Schöne – was wir begehren, weil wir es nicht haben – wird in neuer Form erscheinen.

[11] *das Gros*: der überwiegende Teil

[12] *geschleift*: niedergerissen

[13] *das Fantasma*: ein Fantasiegebilde

2 Wenn man sich mit einem bestimmten Thema näher beschäftigen will, muss man schnell erkennen, ob ein Text die nötigen Informationen liefert.

→ Entscheide, ob der Text sich für eine Auseinandersetzung mit folgenden Themen eignet:

- Der Wandel des Schönheitsideals
- Die Bedeutung der Kosmetikindustrie
- Die Vor- und Nachteile von Schönheitsoperationen
- Die Rolle der Werbung bei der Bestimmung von Schönheit
- Tipps für einen gesunden, schönen Körper
- Die kulturelle Abhängigkeit des Schönheitsbegriffs
- Ethische Grundlagen zum Diskussionsthema Schönheit

3 Markiere alle Textstellen, die sich mit dem Thema Schönheit und Schönheitsindustrie bzw. Werbung befassen, und lies sie genau.

→ Erläutere, inwiefern die Schönheitsindustrie menschliche Sehnsüchte vermarktet.

4 Lies nun den ganzen Text noch einmal im Detail und schlage unbekannte Begriffe nach.

→ Gliedere den Text in Abschnitte und finde passende Überschriften.

→ Gib die Kernaussagen des Textes in einfachen Hauptsätzen wieder.

5 Begründe, mit welcher der folgenden Intentionen der Autor diesen Text verfasst haben könnte.

a) Der Autor möchte darlegen, welchen Stellenwert Schönheit in der heutigen Zeit hat.
b) Der Autor macht darauf aufmerksam, dass oft künstlich nachgeholfen wird, um ein Schönheitsideal zu erreichen.
c) Der Autor verdeutlicht, dass die Werbung das allgegenwärtige Streben nach Schönheit und perfektem Körper ausnutzt, aber auch prägt.
d) Der Autor ruft dazu auf, sich nicht von Werbung manipulieren zu lassen.

METHODE

Anwenden verschiedener Lesestrategien

Je nachdem, welche Informationen du aus einem Text benötigst, wendest du verschiedene **Lesestrategien** an:

Orientierendes Lesen
Diese Methode eignet sich besonders, wenn man Material sucht und wissen möchte, wovon ein Text handelt.

→ **Überfliege** den Text ohne ganze Sätze zu lesen.

→ **Beschränke dich** auf das Lesen der **Nomen**, **Namen** und **Jahreszahlen** und anderer typografisch herausgestellter (fett, kursiv ...) Passagen.

Suchendes Lesen
Diese Methode hilft, schnell Einzelinformationen zu erhalten.

→ **Lege Begriffe fest** und suche nur danach im Text.

→ **Lies** den Satz oder Abschnitt mit diesen Begriffen **genauer**.

Genaues Lesen
Diese Methode eignet sich, wenn man beim orientierenden Lesen bemerkt hat, dass der Text durchgehend wichtige Informationen enthält. Mithilfe dieser Methode kann man Fragen zum Text beantworten und den Inhalt weitgehend wiedergeben.

→ **Lies** den Text aufmerksam **Wort für Wort** durch.

→ **Lies** Textstellen, die du nicht sofort verstehst, **noch einmal**.

→ **Vergegenwärtige** dir den Inhalt der **Sinnabschnitte** und präge dir **wichtige Informationen** (Zahlen, Daten usw.) ein.

6 Schreibe eine Zusammenfassung des Textes „Rätsel der Schönheit" (☞ S. 42).

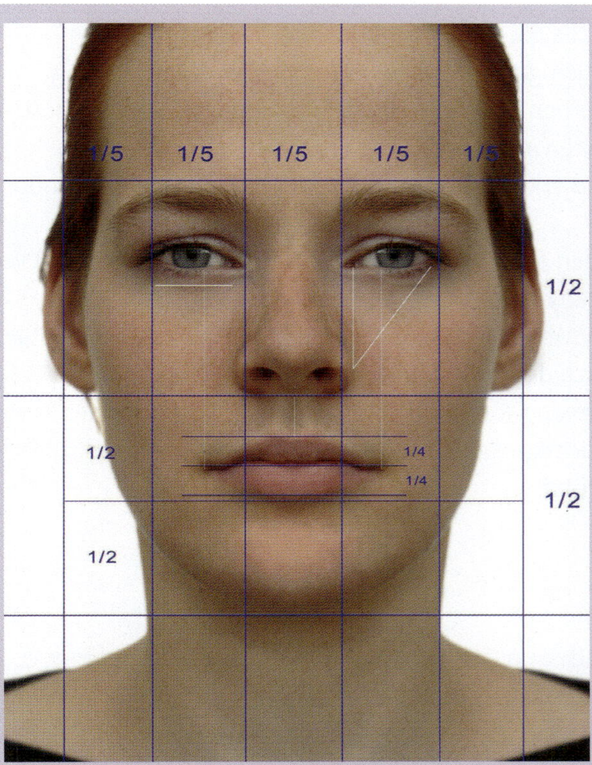

Schönheit ist symmetrisch. Und Symmetrie ist sexy. Tatsächlich zeigen Studien von Verhaltensforschern, dass weibliche Gesichter umso schöner wirken, je symmetrischer sie sind.

7 Suche Sachtexte aus Zeitungen und Zeitschriften oder aus dem Internet heraus, die das Thema „Männer und Schönheit" aufgreifen. Gestaltet aus dem Material eine Zeitungscollage für euren Klassenraum.

Einen Sachtext zusammenfassen

METHODE

Für die **Zusammenfassung eines Sachtextes** haben sich die folgenden Schritte bewährt:

→ **Lies** den Text **ein erstes Mal**, um einen Überblick zu gewinnen.
→ **Lies** den Text **ein zweites Mal** gründlich, kläre unbekannte Begriffe und markiere wichtige Textstellen.
→ **Gliedere** den **Text in Sinnabschnitte** und finde Überschriften.
→ **Kläre** die **Funktion** der einzelnen Abschnitte.
→ **Schreibe** einen **Einleitungssatz**: Nenne Autor, Titel und Thema des Textes.
→ **Fasse** die Abschnitte in eigenen Worten **zusammen** (im Präsens in sachlicher Sprache).
→ **Nenne** eventuell die **Intention des Verfassers** oder nimm kurz Stellung zum Text oder Thema.
→ **Überarbeite** die Zusammenfassung **inhaltlich** und **sprachlich**.

1.3 Die sprachliche Gestaltung von Sachtexten analysieren

1 Untersuche die Sprache des Textes „Rätsel der Schönheit“ (☞ S. 42 f.).
→ Stelle fest, ob Fachsprache oder Umgangssprache verwendet wird.
→ Untersuche, ob auffällig viele Verben bzw. Nomen oder Fremdwörter vorkommen.
→ Beschreibe sonstige Auffälligkeiten in Bezug auf die Wortwahl im Text.
→ Bestimme Schlüsselbegriffe und erkläre, warum der Autor sich für die Verwendung dieser Begriffe entschieden hat.
2 Untersuche den Satzbau: Werden eher Satzreihen oder Satzgefüge (☞ S. 263) verwendet? Erläutere die Auffälligkeiten hinsichtlich ihrer Funktion.
3 Überprüfe, welche rhetorischen Mittel (☞ S. 268 ff.) im Text auftauchen, und notiere, inwiefern inhaltliche Aussagen durch deren Verwendung unterstützt werden.
4 Verfasse mithilfe der nachfolgenden Methode eine Analyse der Sprache des Textes „Rätsel der Schönheit“ und berücksichtige dabei, inwiefern die sprachliche Gestaltung die Aussageabsicht des Autors unterstützt.

METHODE

Die sprachliche Gestaltung eines Sachtextes analysieren

Die **Untersuchung der sprachlichen Gestaltung** eines Textes geht der Frage nach, welche Intention der Autor damit verfolgt, d. h., in welcher Funktion der Autor bestimmte sprachliche Mittel einsetzt. Will er darstellen, informieren, appellieren und/oder kommentieren?

→ **Notiere** Besonderheiten in Bezug auf
- **Wortwahl**: Nominalstil (Verwendung auffällig vieler Nomen), Fremdwörter, Dialekt, Umgangssprache, Jugendsprache, Fachsprache ...,
- **rhetorische Figuren**: Vergleich, Metapher, Alliteration, Anapher, Inversion, Parallelismus, rhetorische Frage ...,
- **Satzbau**: Aussagesätze, Fragesätze, Befehls- und Ausrufesätze, Ellipsen, auffällig viele Parataxen (Satzreihen) oder komplexe Hypotaxen (Satzgefüge).

→ **Stelle einen Bezug** zwischen deinen Ergebnissen und der Intention des Autors **her** und untersuche, inwiefern diese von den sprachlichen Mitteln unterstützt wird.

→ **Ziehe** aus der Sprachanalyse **Rückschlüsse** auf den Adressatenkreis und begründe diese.

→ **Zitiere** für deine Aussagen entscheidende Stellen, d. h. belege sie am Text. Wörtliche Zitate werden dabei in Anführungszeichen gesetzt und in ihrem genauen Wortlaut wiedergegeben. Vorgenommene Änderungen werden durch eckige Klammern gekennzeichnet. Bei einer sinngemäßen Wiedergabe verwendet man Konjunktiv I.

1.4 Sachtexte analysieren und Stellung nehmen

Niklas Maak

Sharing Economy: Du musst es unbedingt mit allen teilen (2014)

Je mehr der Trend des Teilens um sich greift, desto spürbarer wird die innere Leere, die er erzeugt. Denn die „Sharing Economy" entkoppelt den Menschen von den Gegenständen.

Die Wohnungen werden leerer. Plattensammlungen, Adressbücher, Landkarten, Fotoalben, Kamera und Spielesammlung verschwinden auf dem Smartphone, die Akten in der Cloud, und wenn man den Apokalyptikern in den Buchhandlungen glaubt, verschwinden bald auch die Bücher auf digitalen Lesegeräten. Über die datenschutzrechtlichen Komplikationen dieser elektronischen Entleerung wird gerade gestritten, die psychologischen Folgen sind noch gar nicht angemessen analysiert worden. Die Dinge des Alltagslebens verschwinden aus dem Haus – nicht nur, weil sie technologisch komprimiert, sondern auch, weil sie nur noch geliehen werden. In vielen Lebensbereichen schlägt die „Sharing Economy" zu: Der Zimmervermittler Airbnb, bei dem sich Personen listen lassen, die ihre Wohnung mit Fremden zu teilen bereit sind, hat die Größe eines Hotelkonzerns angenommen. Immer mehr Menschen verzichten auf ein Auto und weichen auf Carsharing aus, es gibt überall hässliche Leihfahrräder und Leihbörsen für Haushaltsgeräte. Auf den ersten Blick hat das nur Vorteile: Man zahlt bloß, wenn man das Ding auch benutzt, was ökonomisch sinnvoll und ökologischer ist – Autos stehen meistens herum und produzieren Kosten, und wenn durch ein Carsharing-Auto zehn unansehnliche Kleinwagen aus der Stadt verschwinden, ist das kein Nachteil. Nur das alte, romantische Versprechen des Autos, jeden Moment aufbrechen und so lange fahren zu können, wie man will, ist dahin.

Interessant ist die Frage nach den Folgen der „Sharing Economy“ dann, wenn man davon ausgeht, dass Identität auch über Objekte konstruiert wird und dass Gegenstände, die man besitzt, die eigene Geschichte und Lebensentwürfe vergegenwärtigen: dass es ein Unterschied ist, ob man ein Fotoalbum, in das man vor Jahren Bilder einklebte, herausholt oder durch eine Bilddatei klickt (die auch gerne einmal mit der defekten Festplatte im elektronischen Nirwana verschwindet); ob man mit einem spektakulären Leih-Kleid auf ein Fest geht oder in einem Kleid, das man vor Jahren in einem schönen Moment in Bellagio trug; ob man am Wochenende mit einem albern beklebten Carsharing-Elektroauto zum Badesee sirrt oder mit dem eigenen Wagen fährt, der vorn noch eine Beule aus Catania im Blech trägt. Die „Sharing Economy“ setzt ein pragmatisches, kein ästhetisches Verhältnis zu den Dingen voraus. Sie entkoppelt den Menschen von den Gegenständen. Das kann man als Befreiung aus dem Hyperkonsumismus und als Konzentration aufs Wesentliche feiern (wozu braucht jeder im Haus eine Bohrmaschine und einen hotelküchengroßen Herd?), aber auch als Teil einer radikalen Durchökonomisierung des Alltags lesen: Nichts Überflüssiges darf Platz und Ressourcen beanspruchen. Gesellschaften florieren aber vor allem dann, wenn ihre Mitglieder bereit sind, unökonomisch zu denken und ihre Mitmenschen mit dem Anblick von Kleidung, Autos, Häusern, Möbeln – kurz, allen möglichen Dingen – zu erfreuen, die aufwändig und unsinnig sind, aber durch Opulenz, Überfluss begeistern: Die Fassaden in Altbauvierteln sind ein Beispiel. Welche Form von Eigentum an Dingen und Raum ist für die Konstruktion von Identität wichtig, welche Dinge können der Welt des Sharing übereignet werden? Zu dieser Frage sind Berge von teilungskulturtheoretischer Literatur zu erwarten, die die entleerten Räume füllen werden.

1 Lies den Text aufmerksam und schlage unbekanntes Vokabular nach.

2 Untersuche die Argumentation des Verfassers: Markiere Thesen, Argumente und Beispiele im Text mit unterschiedlichen Farben.

3 Fasse zusammen, welche Thesen, Argumente und Beispiele der Verfasser für und gegen die Sharing Economy anführt.

4 Sammle weitere Argumente für die Vor- und Nachteile der Sharing Economy.

5 Verfasse mithilfe des Methodenwissens eine Sachtextanalyse zu „Sharing Economy: Du musst es unbedingt mit allen teilen“ und belege deine Aussagen mit Zitaten.

METHODE

Verfassen einer Sachtextanalyse

→ **Nenne** in der Einleitung **Autor**, **Titel** und **Textsorte**, wenn bekannt auch das **Erscheinungsdatum** sowie **Publikationsmedium** (z. B. Titel der Zeitung/Zeitschrift, Titel der Website), außerdem das **Thema**, die **Intention** des Autors bzw. die **zentrale Aussage**, eventuell den **Adressatenkreis**.

→ **Beginne** den Hauptteil mit einer knappen **Inhaltszusammenfassung** verbunden mit der Darstellung von Aufbau und Argumentationsverlauf.

→

METHODE

→ **Analysiere** die **Argumentationsweise** sowie die **Sprache** bzw. den **Stil**. Setze diese Analyse in Beziehung zur **Funktion** des Textes und zur **Intention** des Autors.
→ **Belege** deine Aussagen mit **Zitaten**.
→ **Gib** eine **Einschätzung** zu Wirkung und Überzeugungskraft des Textes.
→ **Erörtere** gegebenenfalls textbezogen die **Position des Autors**.
→ **Runde** im **Schluss** deine Analyse mit einem Rückgriff auf das Thema **ab**, z. B. durch eine kurze **Zusammenfassung deiner Ergebnisse** und/oder eine **persönliche Stellungnahme**.

Hierbei gibt es folgende Möglichkeiten:
• dem Autor **begründet zu widersprechen**, indem seine Argumente entkräftet und durch Gegenargumente in Zweifel gezogen werden,
• dem Autor **begründet zuzustimmen**, indem man seine Argumente weiter abstützt,
• dem Autor **teilweise zuzustimmen oder zu widersprechen**,
• das **Thema weiter zu problematisieren**, indem der Sachverhalt in einen größeren Zusammenhang eingeordnet wird und vom Autor nicht berücksichtigte Aspekte dargelegt werden.

6 Diskutiert im Plenum über die Vor- und Nachteile der Sharing Economy. Ihr könnt dazu eine Pro- und Kontra-Diskussion oder eine Debatte führen.

Eine Pro- und Kontra-Diskussion führen

METHODE

Eine **Pro- und Kontra-Diskussion** beinhaltet folgende Schritte:
→ **Bildet** entsprechend der einander entgegengesetzten Positionen **zwei Gruppen** sowie eine **Beobachtergruppe**, die aus ca. drei Lernenden besteht.
→ **Bestimmt** einen **Gesprächsmoderator**.
→ **Sammelt** in euren Gruppen **Argumente** und **Beispiele** für die jeweilige Position und notiert diese einzeln auf Karteikarten.
→ **Setzt** euch nach **Gruppen** getrennt **gegenüber**.
→ **Diskutiert** mithilfe des Gesprächsmoderators abwechselnd die Pro- und Kontra-Standpunkte.
→ **Wertet** abschließend den Verlauf der Diskussion, das Gesprächsverhalten sowie die Stichhaltigkeit der Argumente unter Einbeziehung der Ergebnisse der Beobachtergruppe **aus**.

METHODE

Eine Debatte führen

Die **Debatte** ist eine andere Form der Diskussion. Auch hier wird ein **Gesprächsmoderator (Debattierleiter)** bestimmt und Argumente werden für die jeweilige Position gesammelt. Die Pro- und Kontra-Argumente zu einer These werden in kurzen **Reden/Plädoyers** sprachlich ausgefeilt vorgetragen, ohne dass jemand, der anderer Meinung ist, mit Gegenargumenten unterbrechen kann. Anschließend haben die Gruppen die Möglichkeit, sich zurückzuziehen und Argumente für eine **Erwiderung** zu sammeln, um die Argumente der anderen Gruppe zu widerlegen. Am Ende der Debatte kann das Plenum Fragen an die Sprecher stellen.

7 In einer Diskussion solltest du, um erfolgreich zu argumentieren, den folgenden Aufbau berücksichtigen:

WISSEN

These
(Behauptung, Urteil, Forderung ...)

↓ *weil*

Argumente
(Begründungen in Form von Fakten, Expertenurteilen, Normen, Erfahrungen ...)

↙ *wie* ↘ *denn*

Beispiele (vergleichbare Fälle) oder **Belege** (Statistiken, Zitate ...)

Folgerung

→ Ordne dem folgenden Textauszug die Punkte zu: These, Argument, Beispiel(e)/Beleg(e), Folgerung.

[...] Er habe nichts gegen Airbnb, sagt er, aber er ist ein Vertriebener der Sharing Economy, weil er wegen der Plattform seine Wohnung verloren hat. Butler wohnte in einem Apartment im Russian Hill in San Francisco. Irgendwann zog seine Vermieterin in ihr Büro und begann die Wohnung, in der sie selbst wohnte, bei Airbnb zu vermarkten. Bald darauf meldete sie Eigenbedarf für die Wohnung von Butler an. Statt selbst einzuziehen, stellte seine ehemalige Vermieterin die freigewordene Wohnung in dem viktorianischen Reihenhaus bei Airbnb ein. „Ein lukratives Geschäft", sagt Butler. „Airbnb verschärft die Wohnungsnot." [...]

2 Schriftlich argumentieren

Susanne Schäfer
Unsere zweite Haut (2013)

Schön, wenn die Bluse nur zehn Euro kostet. Nicht gut, wenn dafür die Umwelt leidet und Arbeiter ausgebeutet werden.

Beutestück Nummer zwei ist roséfarben und glänzt. Die junge Frau hält das Kleid in die Kamera, dreht und wendet es, Metallic-Optik sei das und habe 5,99 Euro gekostet. Die Konsumenten, die Polyesterkleidchen für 5,99 Euro und ebenso billige Baumwoll-T-Shirts kaufen, sind Teil des Systems Fast Fashion. Viele tragen ihre Kleider nur ein paar Mal, dann muss etwas Neues her – weil die Mode sich geändert hat oder die Teile schlicht kaputt sind. Modeketten produzieren Kleidung in immer kürzerer Zeit und bringen ständig neue Stücke in die Läden. Die Billigproduktion und der schnelle Modezyklus gehen zulasten von Arbeitern, Umwelt, Klima und der Gesundheit derjenigen, die die Kleider am Ende tragen.
Die Produktionsstrecke vom Entwurf bis zum ausgelieferten Kleidungsstück dauert heute nur noch wenige Wochen. Neue Kollektionen kommen nicht mehr wie früher zweimal pro Jahr in die Läden, es treffen kontinuierlich neue Kleider ein. So signalisieren die Anbieter den Kunden, dass sie ständig ihre Garderobe erneuern sollten – und machen dies möglich, indem ein T-Shirt oft kaum mehr kostet als ein Kaffee. Wer bei Billiganbietern kauft, kann bei allen Trends mitmachen, ohne viel Geld auszugeben. Die Kunden spielen da gerne mit. Wegwerfen und Neukaufen wird zum Prinzip.
„Je mehr Kleidung hergestellt wird, desto größer wird auch die Belastung für die Umwelt", sagt Kirsten Brodde, Textilexpertin von Greenpeace. Bei der Produktion werden Hunderte verschiedener Chemikalien eingesetzt – Farbstoffe, Färbebeschleuniger und Bleichmittel, zusätzlich Substanzen, die dafür sorgen, dass Kleider griffiger werden, weniger knittern, mehr glänzen oder dass Leder nicht schimmelt. Gerade in Ländern wie China, Indien und Bangladesch, aus denen ein großer Teil unserer Textilien kommt, sind gefährliche Stoffe verfügbar. Greenpeace analysierte das Abwasser chinesischer Fabriken, die auch deutsche und multinationale Textilunternehmen beliefern, und fand langlebige giftige Chemikalien. Die Menschen, die in solchen Fabriken unsere Kleidung herstellen, gefährden ihre Gesundheit. Bei der Sandstrahl-Methode etwa – mit der neue Jeans behandelt werden, damit sie abgetragen aussehen – atmen die Arbeiter Quarz ein, das die Lunge angreift.

Insgesamt haben sich die Sozialstandards kaum verbessert, obwohl die Zustände in den Fabriken lange bekannt sind. Die Organisation „Kampagne Saubere Kleidung“ kritisiert niedrige Löhne und mangelnde Sicherheit. Bei einem Brand in einer Textilfabrik in Pakistan starben im September 2012 mehr als 250 Arbeiter.
Auch hierzulande sorgt das Prinzip *Fast Fashion* für Umweltprobleme – in Form von Müll. Der durchschnittliche Europäer verbrauche im Jahr 20 Kilogramm Textilien, der Amerikaner sogar 35, schreibt Textil-Experte Andreas Engelhardt in seinem Buch *Schwarzbuch Baumwolle*. Der weltweite Fasermarkt umfasste nach Angaben der Bremer Baumwollbörse 1990 ein Volumen von 38 Millionen Tonnen, im Jahr 2000 von knapp 50 Millionen und 2012 sogar von 75 Millionen Tonnen. Etwa die Hälfte dieser Fasern wird für Kleidung genutzt, schätzt Engelhardt. Die vielen chemischen Zusätze in Textilien schaden vor allem den Arbeitern, womöglich aber auch den Käufern. Einige der Textil-Chemikalien können Kontaktallergien auslösen, zum Beispiel Formaldehyd. Damit werden Kleider behandelt, damit sie weniger knittern und ihre Form behalten. Die Gesundheitsgefahr durch Textilien wächst allerdings, wenn man ständig neue kauft, weil mögliche Schadstoffe dann noch konzentriert sein können. Nachdem man die Kleider drei- bis zehnmal gewaschen hat, sind die Rückstände verschwunden – manche Schnäppchenjäger tragen die Kleidung aber gar nicht länger.
Die breite Masse kauft zwar, ähnlich wie bei Lebensmitteln, vor allem billig. Doch eine kleinere Gruppe hat ein Bewusstsein für biologisch und fair hergestellte Produkte entwickelt. Ökomode ist oft so verarbeitet, dass sie länger hält als eine Saison. Sie gilt in immer weiteren Kreisen als schick, Modestrecken zu *Green Fashion* in Frauenzeitschriften sind inzwischen ganz normal.

1 Markiere im Text Argumente und Beispiele mit unterschiedlichen Farben.

2 Ordne die Argumente den unterschiedlichen Argumenttypen zu.

3 Sammle die Argumente und Beispiele in einer Pro-Kontra-Tabelle. Formuliere These und Antithese zum Thema „Brauchen wir Billig-Kleidung?“.

WISSEN

Je nach Inhalt unterscheidet man verschiedene **Argumenttypen**:
- **Faktenargument:** Berufung auf nachprüfbare Tatsachen, Forschungsergebnisse, überprüfbare Beobachtungen
- **Autoritätsargument:** Berufung auf Expertenaussagen, Expertenurteile
- **normatives Argument:** Berufung auf allgemein anerkannte Wertvorstellungen, Gesetze
- **Evidenzargument:** Berufung auf eigene Erfahrung, die nachvollziehbar und einleuchtend ist
- **Analogieargument:** Berufung auf gleichartige Sachlagen
- **Logikargument:** Berufung auf allgemeine Denkgrundsätze

Die verschiedenen Argumenttypen haben eine unterschiedlich große Überzeugungskraft.

WISSEN

Wenn ein Thema **dialektisch** erörtert wird, werden unterschiedliche Standpunkte zu einem **strittigen Sachverhalt/Thema** in Form von **Pro- und Kontra–Argumenten** dargestellt. Unterschiedliche Argumente können bekräftigt bzw. mögliche Gegenargumente entkräftet werden. Die Themenstellung wird häufig eingeleitet durch *Erörtere die Vor- und Nachteile* ... oder *Nimm Stellung zu* .... Den Abschluss bildet eine Synthese, in der Pro- und Kontra-Standpunkte zu einer persönlichen Stellungnahme zusammengeführt werden.
Folgende **Gliederungsschemata** haben sich bewährt:

A: Gliederung in Pro- und Kontra-Block

- Einleitung
- Hauptteil
  - These
    - Pro-Argument 1 und Beispiel(e)/Beleg(e)
    - Pro-Argument 2 und Beispiel(e)/Beleg(e)
    - ...
  - Antithese
    - Kontra-Argument 1 und Beispiel(e)/Beleg(e)
    - Kontra-Argument 2 und Beispiel(e)/Beleg(e)
    - ...
- Schluss: Synthese und eigene Stellungnahme

In der Regel werden die **Argumente steigernd angeordnet** (vom schwächsten zum stärksten Argument). Dabei beginnt man mit dem Teil, der nicht der eigenen Position entspricht. Eine weitere Möglichkeit ist das **Sanduhrprinzip**: Wird die Pro-Seite vertreten, beginnt man mit der Antithese und ordnet seine Argumente der Wichtigkeit nach absteigend an. Anschließend werden die Kontra-Argumente ansteigend angeordnet. So bleibt die eigene Meinung dem Leser eher in Erinnerung.

B: Gliederung nach Einzelargumenten

- Einleitung
- Hauptteil
  - These 1
    - Pro-Argument 1 und Beispiel(e)/Beleg(e)
  - Antithese 1
    - Kontra-Argument 1 und Beispiel(e)/Beleg(e)
  - These 2
    - Pro-Argument 2 und Beispiel(e)/Beleg(e)
  - Antithese 2
    - Kontra-Argument 2 und Beispiel(e)/Beleg(e)
  - ...
- Schluss: Synthese und eigene Stellungnahme

4 Entscheide dich für eine der im Kästchen Seite 53 angeführten Möglichkeiten, den Hauptteil deiner Erörterung aufzubauen.
→ Sammle Argumente und Beispiele zur Themenfrage:

Faire und ökologische Kleidung: Notwendigkeit oder Luxus? Erörtere die Vor- und Nachteile „sauberer" Kleidung.

→ Schreibe eine Gliederung.
5 Verfasse eine Einleitung zur Themenfrage.

WISSEN

Für die Formulierung der **Einleitung** gibt es verschiedene Möglichkeiten:
- ein aktuelles Ereignis aufgreifen
- einen zentralen Begriff definieren
- eigene Erfahrungen anführen
- einen geschichtlichen Rückblick geben
- ein passendes Sprichwort oder Zitat anführen

Die Einleitung sollte zum Thema hinführen und Interesse wecken. Am Ende wird die Themenfrage aufgegriffen.

6 Für die Verschriftlichung ist die Verwendung von Konnektoren wichtig.
→ Ordne den Wortspeicher in einer Tabelle danach, ob die Ausdrücke a) Argumentationsteile aneinanderreihen, b) Gegensätze betonen oder c) eine Steigerung signalisieren.

Gegen ... spricht ... • vor allem • wie bereits erwähnt • nicht nur ... sondern auch • Insbesondere bleibt auch zu bedenken ... • Ich möchte betonen ... • Besonders wichtig aber erscheint ... • Man darf auch nicht übersehen ... • Entscheidend ist jedoch ... • Außerdem spielt noch ... eine wichtige Rolle • Allerdings muss man auch sehen ... • Weitaus wichtiger ist aber noch ... • Dafür spricht ... • Hinzu kommt ... • Nicht zu vergessen ... • außerdem • darüber hinaus • sowie • ergänzend • auch • nicht zuletzt • anschließend • ein weiteres Argument dagegen ist ... • Dagegen spricht ... • demnach • somit • deshalb • sodass • folglich • trotz allem • des Weiteren • zu guter Letzt • schließlich • überdies • einerseits ... andererseits • zum einen ... zum anderen

7 Schreibe nun den Hauptteil. Achte auf eine Hinführung zur These und eine Überleitung zur Antithese sowie auf eine abwechslungsreiche Verwendung der Konnektoren.
8 Formuliere einen Schluss für deine Erörterung.

WISSEN

Im **Schluss** werden die wichtigsten Argumente noch einmal kurz aufgegriffen, jedoch keine neuen Argumente mehr angebracht. In einer Stellungnahme sollte die eigene Position deutlich werden.

9 Verfasse zu einem der folgenden Themen eine dialektische Erörterung:

Wer ökologisch und sozialverträglich produzierte Kleidung kaufen möchte, hat es schwer: Kleidungsstücke mit Nachhaltigkeitssiegel gibt es selten. Erörtere die Vor- und Nachteile eines solchen Siegels.

In den meisten Geschäften wird den Kunden heutzutage eine Treuekarte angeboten. Setze dich kritisch mit den Vor- und Nachteilen solcher Karten auseinander.

10 Überprüfe deinen Text mithilfe der folgenden Checkliste.

Checkliste:	Erörterung	✓
Die Einleitung	• führt zum Thema hin.	
	• weckt Interesse.	
	• enthält keine Argumente.	
	• schließt mit der Themenfrage ab.	
Der Hauptteil	• nennt zunächst die These/die Antithese.	
	• ist klar gegliedert.	
	• lässt eine Steigerung der Argumente erkennen.	
	• leitet zur These/Antithese über.	
Die Argumente	• sind überzeugend.	
	• werden klar formuliert.	
	• werden durch Belege und Beispiele untermauert.	
	• werden durch Konnektoren verbunden.	
Der Schluss	• fasst die wichtigsten Argumente zusammen.	
	• nennt keine neuen Argumente.	
	• lässt die eigene Position erkennen.	
Die Sprache	• ist sachlich und korrekt.	
Die Darstellung	• ist übersichtlich: Die einzelnen Punkte werden durch Absätze getrennt.	

11 Selfies sind ein Renner. Doch was macht die Selbstporträts per Handykamera eigentlich so populär? Verfasse einen Text, der sich mit diesem Thema auseinandersetzt. Orientiere dich dabei an folgenden Fragen, die Journalisten als Ausgangspunkt für einen Artikel über Selbstporträts im Internet gewählt haben.

Wer macht Selfies?

Welche Arten von Selfies gibt es?

Fazit?

Wo kriegt man Selfies zu sehen?

Warum sind Selfies so beliebt?

Ist der Selfie-Boom gefährlich?

Wie sieht das aus, wenn einer ein Selfie macht?

Ist das Smartphone schuld?

Was sagt uns der Selfie-Boom?

12 Stell dir vor, du sollst zu einem der folgenden Themen einen Artikel schreiben.
→ Untersuche, ob sich ein dialektisches Vorgehen für alle beide Themen anbietet.
→ Recherchiere im Internet und verfasse einen solchen Artikel.

Thema 1:
Weltreligion Shoppen
Enorme Wachstumsraten beim Internetshopping und Sendungen wie „Shopping Queen" lassen die Frage aufkommen: Warum shoppen wir so gerne?

Thema 2:
Containern
Junge Leute plündern nachts die Container der großen Supermärkte, die voll mit noch genießbaren Nahrungsmitteln sind, deren Mindesthaltbarkeitsdatum abgelaufen ist. Ist Containern zu befürworten?

WISSEN

Wenn verschiedene Aspekte eines Themas erörtert werden, dessen Sachverhalt **unstrittig** ist, geschieht dies **steigernd** (**linear**). Diese Art von Argumentation verlangt die **Darlegung von lediglich stützenden Argumenten** zu einem Sachverhalt.
Dieser Sachverhalt wird häufig als W-Frage formuliert:
Beispiel: *Was führt die Menschen dazu, fast jede Situation in einem Selfie festzuhalten?*
Es kann jedoch auch ein **Zitat** sein, zu dem zustimmend Stellung bezogen werden soll.
Beispiel: *Das Internet führt zur Infantilisierung und Verdummung der Öffentlichkeit.*

1 Einleitung: Hinführung zum Thema

2 Hauptteil: 1. Argument

2. Argument

3. Argument

3 Schluss: Ausblick, Abrundung

- vom Naheliegenden zum Entfernten
- vom Einzelnen zum Allgemeinen
- vom weniger Wichtigen zum Wichtigen
- vom schwächsten zum stärksten Argument

...

13 Zeitungen, Zeitschriften und Magazine erörtern in einer Vielzahl von Artikeln aktuelle Themen, ohne sich an eines der Erörterungsmuster zu halten. Freie Formen des Erörterns sind vor allem Kommentar und Glosse. Übertrage die folgende Tabelle in dein Heft und stelle die Merkmale beider Formen gegenüber.

	Kommentar	Glosse
Bezug	?	aktuelles, auch alltägliches Thema
Absicht	?	?
Argumentationsweise	fundiert, auf das Wesentliche konzentriert	?
Stil	?	?
Haltung	distanziert, kritisch	?

14 Untersuche folgende Glosse zum Thema Twitter.
→ Welche Absicht verfolgt der Verfasser?
→ Mit welchen sprachlichen Mitteln vermittelt er seine Absicht?

Jens Uelecke
Schluss mit dem Geschnatter (2009)

Das Internet hat seinen nächsten Megahype: Twitter, eine Website, die gern als gelungene Mischung aus Blog und SMS-Dienst beschrieben und von mehr als 20 Millionen Menschen im Monat besucht wird. In Wirklichkeit ist sie aber nichts anderes als die Klowand des Internets. Wer vorbeikommt, hinterlässt einen kurzen Spruch, einen Gedanken oder eine Befindlichkeit, erlaubt sind maximal 140 Zeichen. Und wer sich für die – allein schon aus Platzgründen – inhaltsarmen Beiträge der anderen interessiert, kann sie abonnieren. Das ist dann so, als würde man sich auf dem Büroklo immer wieder in die gleiche Kabine setzen, um nachzuschauen, ob neue Kommentare an der Wand stehen. Übersetzt soll Twitter „Zwitschern" heißen. „Schnattern" trifft die Sache allerdings deutlich besser, denn was da „getweetet" wird, ist meist nicht lieblich, sondern einfach nur banal. Die meisten Benutzer nehmen die Frage zu wörtlich, die über dem Eingabefeld steht: „What are you doing?" – „Was tust du gerade?" Und so erfährt man, dass Mo gerade eben mit Mutti telefoniert hat, sushieemee eine Glühbirne austauscht und nkfoster21 beim Häkeln eine Masche verloren hat. All das ist ungefähr so spannend, wie einer frisch gestrichenen Raufasertapete beim Trocknen zuzuschauen. An der konzertierten Banalität erkennt man schnell, dass einen gewaltigen Vogel haben muss, wer da noch mitsingt. Warum das Ganze trotzdem so populär ist, ist schnell erklärt: Erstens haben Menschen einen nahezu unerschöpflichen Geltungsdrang. Und zweitens gibt es wie für Klowände keine Qualitätskontrolle, keine Mindeststandards. Jeder darf sich äußern, wann und so oft er will. Und so hat das Unterschichten-Fernsehen endlich seine Entsprechung im Netz: Twittern ist Bloggen für Arme!

15 Verfasst in Gruppenarbeit eine Glosse. Sammelt dafür aktuelle Themen:
→ Notiert witzige Formulierungen und geeignete sprachliche Bilder.
→ Wählt eine Überschrift, die das Interesse weckt.

3 Prosatexte analysieren
Das seh' ich anders

Mascha Kaléko

Mit zunehmendem Alter

Mit Zwanzig wusste man ziemlich genau,
was man wollte.
Nicht etwa, dass man immer auch tat,
was man sollte.
Aber was man sollen sollte,
das wusste man genau.
– Heut ist man nur von Zweifeln voll
Und weiß nicht, was man will noch soll.

Einführung

BASIS-INFO

Martin Walser, einer der bekanntesten deutschen Autoren des 20. Jahrhunderts, erklärt Schülern, die ihn nach der Bedeutung seiner Bücher fragen, „dass jede Leserin und jeder Leser ein Naturrecht auf die eigene Empfindung und Leseerfahrung habe. [...] Jeder Leser beantwortet jeden Satz, der da schwarzweiß und dimensionslos auf Papier steht, mit sich selber."

Der Leser wird dabei im Verlauf des Leseprozesses zum Mitautor, indem er den Text mithilfe seiner Fantasie konkretisiert und Leerstellen füllt. Dieser Ansatz legt nahe, bei der **Erschließung von Texten** auch produktive Verfahren einzusetzen, wie z. B. den inneren Monolog oder das Erfinden weiterer Handlungsmomente, die diese subjektive Rezeption deutlich werden lassen.

Einen literarischen Text zu **interpretieren** bedeutet, den Text zu verstehen und ihn auszulegen, d. h. **sich mit seinem möglichen Sinn auseinanderzusetzen**. Der Leser bringt beim Lesen eine Sinnerwartung mit. Durch die konkrete Auslegung einzelner Teile des Textes wird diese dann korrigiert, sodass sich ein neues Verständnis des Textes ergibt. Eine detaillierte Analyse der **Mittel des Erzählens** trägt dazu bei, dass das Vorverständnis des Textes beeinflusst und die Sinngebung angepasst wird. Interpretieren heißt also Vorverständnis überprüfen und neue Einsichten gewinnen. Dabei ist es wichtig, sich einer korrekten Fachsprache zu bedienen, damit man Texterfahrungen mitteilen kann. Es erleichtert die Verständigung, wenn ein gemeinsames methodisches Instrumentarium und Fachvokabular vorhanden ist.

„Carla ist sehr gut im Chillen, Relaxen, Entspannen, Ausruhen, Runterkommen, Zeittotschlagen und einfach mal nix machen. Es handelt sich dabei übrigens nicht um dieselbe Tätigkeit in sieben Varianten, sondern laut Carla um unterschiedliche Verrichtungen, für die mein Verständnis jedoch allmählich schwindet. Carla ist aber der Meinung, dass nicht sie, sondern ich nicht ganz normal sei. Vielleicht hat sie recht. [...] Ich kann mich durchaus an Gespräche mit meinen eigenen Eltern erinnern, in denen diese mir „sinnlose Faulheit", „mangelndes Interesse" und „pflanzenartiges Herumlungern" vorwarfen. [...] Ich war mindestens so schlimm wie Carla. Aber das würde ich ihr gegenüber nie zugeben."

1 Halte die Grundeinsicht aus Jan Weilers 2014 erschienenem Bestseller „Das Pubertier" fest. Erkennst du dich in diesem Textauszug wieder?

2 Lies den Text „Mit zunehmendem Alter" (☞ S. 58) und beschreibe das Dilemma, in dem sich das lyrische Ich befindet.

1 Am Leben sein – Erzählende Texte gestaltend interpretieren

Sybille Berg
Hauptsache weit (2011)

Und weg, hatte er gedacht. Die Schule war zu Ende, das Leben noch nicht, hatte noch nicht begonnen, das Leben. Er hatte nicht viel Angst davor, weil er noch keine Enttäuschungen kannte. Er war ein schöner Junge mit langen dunklen Haaren, er spielte Gitarre, komponierte am Computer und dachte, irgendwie werde ich wohl später nach London gehen, was Kreatives machen. Aber das war später.
Und nun?
Warum kommt der Spaß nicht? Der Junge hockt in einem Zimmer, das Zimmer ist grün, wegen der Neonleuchte, es hat kein Fenster und der Ventilator ist sehr laut. Schatten huschen über den Betonboden, das Glück ist das nicht, eine Wolldecke auf dem Bett, auf der schon einige Kriege ausgetragen wurden. Magen gegen Tom Yan[1], Darm gegen Curry. Immer verloren die Eingeweide. Der Junge ist 18, und jetzt aber Asien, hatte er sich gedacht. Mit 1000 Dollar durch Thailand, Indien, Kambodscha, drei Monate unterwegs und dann wieder heim, nach Deutschland. Das ist so eng, so langweilig, jetzt was erleben und vielleicht nie zurück. Hast du keine Angst, hatten die blassen Freunde zu Hause gefragt, so ganz alleine? Nein, hatte er geantwortet, man lernt ja so viele Leute kennen unterwegs. Bis jetzt hatte er hauptsächlich Mädchen kennengelernt, nett waren die schon, wenn man Leute mag, die einen bei jedem Satz anfassen, Mädchen, die aussahen wie dreißig und doch so alt waren wie er, seit Monaten unterwegs, die Mädchen, da werden sie komisch. Übermorgen würde er in Laos sein, da mag er jetzt gar nicht dran denken, in seinem hässlichen Pensionszimmer, muss Obacht geben, dass er sich nicht aufs Bett wirft und weint, auf die Decke, wo schon die anderen Dinge drauf sind. In dem kleinen Fernseher kommen nur Leute vor, die ihm völlig fremd sind, das ist das Zeichen, dass man einsam ist, wenn man die Fernsehstars eines Landes nicht kennt und die eigenen keine Bedeutung haben. Der Junge sehnt sich nach Stefan Raab, nach Harald Schmidt und Echt. Er merkt weiter, dass er gar nicht existiert, wenn er nichts hat, was er kennt. Wenn er keine Zeitung in seiner Sprache kaufen kann, keine Klatschgeschichten über einheimische Prominente lesen, wenn keiner anruft und fragt, wie es ihm geht. Dann gibt es ihn nicht. Denkt er. Und ist unterdessen aus seinem heißen Zimmer in die heiße Nacht gegangen, hat fremdes Essen vor sich, von einer fremdsprachigen Serviererin gebracht, die sich nicht für ihn interessiert, wie niemand hier. Das ist wie tot sein, denkt der Junge. Weit weg von zu Hause, um anderen beim Leben zuzusehen, könnte man umfallen und sterben in der tropischen Nacht und niemand würde weinen darum. Jetzt weint er doch, denkt an die lange Zeit, die er noch rumbekommen muss, alleine in heißen Ländern mit sei-

Sibylle Berg, geboren 1962 in Weimar, ist eine deutsch-schweizerische Autorin. Sie schreibt Romane, Essays, Kurzprosa und Theaterstücke.

[1] *Tom Yan*: asiatisches Gericht

nem Rucksack, und das stimmt so gar nicht mit den Bildern überein, die er zu Hause von sich hatte. Wie er entspannt mit Wasserbüffeln spielen wollte, in Straßencafés sitzen und cool sein. Was ist, ist einer mit Sonnenbrand und Heimweh nach den Stars zu Hause, die sind wie ein Geländer zum Festhalten. Er geht durch die Nacht, selbst die Tiere reden ausländisch, und dann sieht er etwas, sein Herz schlägt schneller. Ein Computer, ein Internet-Café. Und er setzt sich, schaltet den Computer an, liest seine E-Mails. Kleine Sätze von seinen Freunden, und denen antwortet er, dass es ihm gut gehe und alles großartig ist, und er schreibt und schreibt und es ist auf einmal völlig egal, dass zu seinen Füßen ausländische Insekten so groß wie Meerkatzen herumlaufen, dass das fremde Essen im Magen drückt. Er schreibt seinen Freunden über die kleinen Katastrophen und die fremde Welt um ihn verschwimmt, er ist nicht mehr allein, taucht in den Bildschirm ein, der ist wie ein weiches Bett, er denkt an Bill Gates und Fred Apple, er schickt eine Mail an Sat 1, und für ein paar Stunden ist er wieder am Leben, in der heißen Nacht weit weg von zu Hause.

1 Formuliere in einem Satz einen ersten Leseeindruck.

→ Lest eure Sätze im Rahmen eines Blitzlichts jeweils nacheinander laut vor.

→ Diskutiert anschließend Übereinstimmungen und Unterschiede eurer ersten Leseeindrücke.

2 Stelle den Träumen des Jungen die erlebte Realität gegenüber. Untersuche, mit welchen sprachlichen Gestaltungsmitteln es der Autorin gelingt, diesen Kontrast zu verdeutlichen.

3 „... und für ein paar Stunden ist er wieder am Leben, in der heißen Nacht weit weg von zu Hause." (Z. 65 f.)

→ Erläutere die Bedeutung dieses Schlusssatzes. Belege deine Ausführungen am Text.

→ Verfasse eine Mail, in der der Junge seine tatsächliche Situation reflektiert.

4 Schreibe darüber, wie du dir dein Leben vorstellst, wenn du die Schule abgeschlossen hast.

Nils Mohl
Tanzen gehen (2009)

Der Schriftsteller Nils Mohl wurde 1971 in Hamburg geboren. Für sein Buch „Es war einmal Indianerland" erhielt er 2012 den Deutschen Jugendliteraturpreis.

Er steht im Badezimmer vor dem Spiegel, öffnet die oberen vier Knöpfe seines Hemdes, schiebt den Kragen des T-Shirts zur Seite und betrachtet die streichholzlange, strichartige Stelle zwischen Schlüsselbein und Brustwarze. Er berührt die Narbe und streicht sanft mit den Fingern darüber hinweg. Die Narbe fühlt sich glatt an, ein bisschen wie Plastik. Wenn er dagegen drückt, verfärbt sie sich. In ein paar Monaten wird er sie vermutlich kaum noch wahrnehmen. Er hat eine ganz ähnliche Narbe am Kinn, seit über fünfzig Jahren schon, und eine viel größere am Unterschenkel. Überhaupt ist sein Körper voll von Narben. Die meisten sind für ihn inzwischen unsichtbar.

Er beugt sich vor, betrachtet seine Augen im Spiegel. Die Pupillen weiten sich ein Stück, dann ziehen sie sich wieder zusammen. Er streicht den Kragen seines T-Shirts glatt, knöpft das Hemd zu, betätigt die Klospülung. Er hat die Toilette nicht benutzt. Die Klospülung betätigt er, weil er nicht möchte, dass seine Frau Verdacht schöpft.

Gus Bloch schaltet das Licht aus und verlässt das Bad. Er weiß an diesem Samstag wenig mit sich anzufangen. Er könnte im Garten arbeiten, aber es nieselt draußen. Er könnte die Steuererklärung machen, er hat sich extra ein entsprechendes PC-Programm bestellt, und der Rechner läuft auch, doch er ist mit den Gedanken irgendwie gerade woanders und biegt deshalb auch vom Flur nicht in Richtung Arbeitszimmer ab, sondern landet im Wohnzimmer.

Ob er wieder vor dem Spiegel gestanden habe? Das ist die Frage, die Gus von Ella, seiner Frau, eigentlich erwartet, aber Ella sagt bloß: „Hier, Gus, der Sportteil."

Ella sitzt am Wohnzimmertisch, vor ihr ausgebreitet liegt der Lokalteil der Tageszeitung. Hochzeitsanzeigen, Geburtsanzeigen, Todesanzeigen. Gus fragt sich stumm und wie immer ratlos, was seine Frau an dieser Art Bekanntmachungen wohl findet. Was ist der Reiz? Wie kann man bloß so ausdauernd Namen, Daten und standardisierte Formeln studieren.

„Eine Liza mit Zett", murmelt Ella vor sich hin, „seltsam sieht das geschrieben aus, ganz ungewohnt."

Gus nimmt den Sportteil zur Hand, setzt sich Ella gegenüber in den Sessel, liest aber nicht. Er blickt, die Zeitungsseiten auf den Knien, zu Ella und beobachtet, wie diese mit wachen Augen die Spalten mit den Hochzeits- und Geburtsanzeigen abfährt. Sie lacht des Öfteren leise auf oder quittiert hier und da einen ihrer Meinung nach allzu extravaganten Namen mit einem halb verblüfften, halb ironischen: „Wie kann man das seinem Kind nur antun?" Um dann nach kurzer Pause meist auch noch ein „Also wirklich!" oder „Ist das zu glauben?" hinzuzufügen.

Gus räuspert sich. Er sagt aber nichts. Ella blättert die Seite um. Das Zeitungspapier knistert. Gus fragt: „Warum schaust du dir das eigentlich immer an?"

Ella ist bei der Seite mit den Todesanzeigen angekommen.

„Was meinst du? Die Todesanzeigen?"

„Ja, überhaupt", sagt Gus, „diese Anzeigen eben."

„Kann ich nicht erklären, ich gucke, wie alt diese Leute geworden sind, ob man vielleicht jemanden davon gekannt hat..."

Sie schaut Gus an, zuckt mit den Schultern. Gus schaut zurück. „Schon gut, nicht so wichtig", sagt er und blickt in Richtung Fenster. Er sagt: „Eigentlich wollte ich ja noch in den Garten, aber..."

Gus beendet den Satz nicht. Ella sagt: „Morgen." Sie sagt: „Vielleicht ist das Wetter morgen besser." Dann blickt sie wieder auf die Zeitungsseite, auf die vielen, unterschiedlich großen, schwarzumrandeten Kästchen.

Gus erhebt sich vom Sessel. Er geht in Richtung Fenster, macht aber nach ein paar Schritten vor dem Regal Halt. Ella hat kürzlich die gerahmten Fotos, die dort stehen, neu arrangiert. Gus betrachtet ein Porträt von sich, das er seit Jahren nicht mehr betrachtet hat. Es zeigt ihn als Mann von knapp dreißig Jahren.

„Hier, diese Anzeige zum Beispiel", sagt Ella, „da ist eine Frau ums Leben gekommen bei einem Unfall, mit 57."

Gus starrt auf das Glas des Bilderrahmens, das Glas spiegelt die Silhouette seines Kopfes. Gus lehnt sich mit dem Oberkörper ein Stück zurück, neigt den Kopf, versucht den Umriss der Silhouette mit dem Umriss des Porträts in Übereinstimmung zu bringen. Ella liest: „Es war ein Leben, ausgefüllt mit viel Arbeit, Freude und Erfüllung in 27 wunderbaren Ehejahren. Sie war ein wunderbarer Mensch. Sie war mein Leben."

Gus nimmt den Bilderrahmen vom Regal, dreht sich zu seiner Frau um. Ella schaut auf, sagt: „Ist das nicht schön?"

Gus antwortet nicht. Dann, nachdem er den Rahmen zurück ins Regal gestellt hat, sagt er: „Lass uns tanzen gehen."

Er hat die Hände in den Hosentaschen vergraben. Er steht mit dem Rücken zum Regal, hat den Kopf geneigt, betrachtet die Armlehne des Sessels, das Teppichmuster, wirft dann einen Blick in Richtung Ella. Sie sitzt wie zuvor auf dem Sofa, schaut ihn an. Gus meint etwas wie Traurigkeit oder vielleicht auch Mitleid in ihren Augen zu lesen. Er wendet seinen Blick ab.

„Tanzen gehen?" Ella macht eine kurze Pause. „Vor oder nach dem Essen?", fragt sie dann.

Gus tritt einen Schritt zur Seite, stockt in der Bewegung, verlagert das Gewicht zurück auf das Standbein.

„Ach, vergiss es", sagt er und ist über die Schärfe des Tons selbst ein wenig überrascht. Ruhiger setzt er deshalb noch hinzu: „War ja nur ein Gedanke."

Ella seufzt. „Gus...", sagt sie.

„Ist schon in Ordnung." Gus zieht die Mundwinkel gequält nach oben, geht zum Wohnzimmerfenster. Er sagt: „Ich wüsste auch gar nicht, keine Ahnung... Disco, Seniorentanz?" Gus lacht kurz auf, „mal ehrlich, wo geht man denn heute hin? Wo könnte man denn hingehen? Leute wie wir, meine ich."

Ella faltet die Zeitung zusammen. Gus hört das Knistern der Seiten. Ella sagt: „Aber die Idee ist schön, Gus."

Gus steht dicht vor dem Fensterglas. Er starrt hinaus, auf die Bewegung der Nieselregenschleier. „Quark", sagt er leise, „es ist eine alberne Idee gewesen."

Gus schiebt seine Lippen vor, haucht einen kräftigen Stoß Atem gegen die Scheibe. Sie beschlägt. Er fragt: „Soll ich Kartoffeln schälen?"

„Du könntest Musik auflegen", sagt Ella.

Gus beobachtet das Verschwinden des Hauchflecks. Er fragt: „Kartoffelschälmusik?"

Aber er weiß natürlich, was Ella meint. Er hat sich zu ihr umgedreht. Sie sitzt nach wie vor auf dem Sofa, hat sich aber jetzt gegen die Rückenpolster zurückgelehnt und die Hände im Schoß liegen. Gus sagt: „Komm her."

Ella lächelt.

„Na, komm schon." Gus macht eine auffordernde Bewegung mit dem Kopf. Ella erhebt sich vom Sofa. Gus kommt ihr entgegen. Er winkelt seinen rechten Arm an, streckt seinen linken zur Seite hin aus. Ella steht vor ihm und amüsiert sich. Gus sieht die Grübchen in ihren Wangen tiefer werden, aber sie legt die eine Hand auf seine Schulter und greift mit der anderen nach seiner Linken. So stehen sie da, in Tanzhaltung, und dann führt Gus Ella rechtsherum und immer weiter im Einszwei-drei eines unhörbaren Walzertakts, und weder er noch Ella sagen irgendetwas. Schließlich streifen sie mit den Ellbogen leicht die Stehlampe, die bedenklich kippelt, aber nicht fällt, und Gus ruft ein „Ups!" und Ella ein „Oh!", und dann lachen beide, drehen sich ein letztes Mal und bleiben stehen.

Gus spürt seinen Puls schlagen. Ella wischt sich eine Strähne Haar aus dem Gesicht. Beide atmen sie flach.

„Puh, ich bin richtig aus der Puste", sagt Ella und lacht.

Gus sieht die kleinen Schweißperlen auf ihrer Oberlippe.

„Ja", sagt er. Er küsst Ella auf die Stirn. Sie streichelt ihm über die Wange. Gus hat in diesem Moment das Gefühl, etwas Wichtiges loswerden zu müssen. Er sagt: „Ella?!"

Seine Frau guckt ihn an. Aber Gus weiß plötzlich gar nicht mehr, was genau er hat sagen wollen, weshalb er seine Frau einfach noch einmal küsst, diesmal auf die Lippen. Erst als Ella dann längst in der Küche ist, da fallen Gus doch ein paar Dinge ein, die er gerne gesagt hätte. Nichts Großartiges, aber er formuliert sie sogar in seinem Kopf. Er steht im Flur vor dem Garderobenspiegel, hört aus der Küche das Geräusch des Wasserhahns, hört, wie Ella Wasser in einen Kochtopf fließen lässt und hinterher den Wasserhahn wieder zudreht. Gus berührt einmal kurz durch Pullover und T-Shirt hindurch die Stelle zwischen Brust und Schlüsselbein. Anschließend lässt er die Hand sinken und betrachtet sich im Spiegel, sein Gesicht, schaut sich in die Augen. Er beugt sich vor, bis seine Nase fast das Glas des Spiegels berührt. Seine Pupillen weiten sich ein Stück, dann ziehen sie sich wieder zusammen.

5 Beim Lesen entwickeln wir Vorstellungen von den Figuren, denen wir begegnen.
→ Erläutere, ob das Bild auf Seite 65 diesen Vorstellungen entspricht.
→ Suche nach Bildern, die deine Vorstellungen von Gus und Ella und ihrem Leben wiedergeben. Fertige eine Collage an und versieh diese mit Aussagen, in denen deine Gedanken und Empfindungen deutlich werden.
6 „Lass uns tanzen gehen!"(Z. 67) – „Tanzen gehen?" (Z. 73)
→ Arbeite heraus, was diese Aussagen für beide bedeuten.
7 Analysiere die Stellen, in denen sich Gus spiegelbildlich betrachtet.
→ Welche Gründe erkennst du für sein Verhalten?
8 Sucht innerhalb des Textes Leerstellen (s. u. Wissen).
→ Klärt im Gespräch, worauf man beim Füllen von Leerstellen achten muss.
→ Sammelt konkrete Vorschläge zu Leerstellen im Text.

Innerer Monolog
„Wie schnell kann doch ein Leben vorbei sein! Und was bleibt von mir übrig? Eine Anzeige in der Zeitung? Zwei Lebensdaten, Anfang und Ende? Wird das alles gewesen sein?"

9 Finde die Leerstelle im Text, zu der der oben stehende innere Monolog gehören könnte.
→ Diskutiert, ob es sich bei der Ausgestaltung um eine zum Ausgangstext passende Variante handelt. Begründet eure Einschätzung.
10 Wähle selbst eine der Leerstellen des Textes und fülle sie aus.
11 Verfasse eine Vorgeschichte, die erzählt, woher Gus die Narbe hat, die ihn so sehr beschäftigt. Füge dabei seine Gedanken und Gefühle ein.

WISSEN

Leerstellen sind Textstellen, die **vom Autor nicht ausgearbeitet** wurden und die der Leser mithilfe seiner Vorstellungskraft ausfüllt. Es handelt sich dabei z. B. um
- **ein Geschehen**, das im Ausgangstext vielleicht nur angedeutet ist,
- **Gedanken** und **Gefühle** der Figuren,
- **Handlungsmotive**,
- **die Vorgeschichte**, auf die man aus dem vorhandenen Text Rückschlüsse ziehen kann.

2 Zwischenmenschliches – Erzählende Texte analysieren

2.1 Die Gestaltung von Raum und Zeit analysieren

1 Lies die folgende Geschichte und notiere erste Leseeindrücke.

Gabriele Wohmann [1]

Denk immer an heut nachmittag (1979)

Gabriele Wohmann (1932-2015) war eine der bedeutendsten deutschen Nachkriegs-autorinnen.

„Eine halbe Stunde Fahrt auf der Hinterplattform", sagte der Vater, „wieder was Schönes zum Drandenken."

Die Bahn ruckelte durch die dunklen feuchten Gäßchen von Gratte. Spätnachmittags, die Zeit, in der noch einmal alle Frauen ihre Einkaufstaschen zu den Krämern trugen, in die Auslagen der engen Schaufenster starrten und wie im Gebet die Lippen bewegten, während sie die Münzen in ihren klebrigen Portemonnaies zählten. Die letzten Minuten, bevor die Kinder endgültig hinter den schartigen Hausmauern verschwänden, ehe die Männer auf ihren Motorrädern in das Delta der Gassen donnern würden. Das Kind hielt die Messingstange vor der Fensterscheibe fest, aber immer wieder rutschte die glatte Wolle seiner Handschuhe ab. „Wie im Aussichtswagen. Lauter lustige Dinge", sagte der Vater. „Du kannst immer dran denken: Wie lustig war's doch, als wir plötzlich bei Wickler im Fenster die Mannequins entdeckten und als der Vater sagte: Schön, wir fahren eine Bahn später. Die hübschen Mannequins, weißt du's noch?"

„Ja", sagte das Kind. Sein Knie spürte den Koffer.

Die Bahn fuhr jetzt durch eine Straße mit eckigen, unfrisierten Gärtchen, und Gratte sah nur noch wie ein dicker dunkler Pickel aus. Dann Bäume, die meisten noch kahl, eine Bank mit einem Mädchen, das die Fingernägel reinigte, gekrümmte nackte Kiefernstämme in sandigen Kahlschlägen.

„Der Wald von Laurich", sagte der Vater, „er zieht sich bis zu deinem Schulheim. Ihr werdet ihn wahrscheinlich oft zu sehen bekommen, Spiele im Wald veranstalten. Schnitzelversteck und was weiß ich. Räuberspiele, Waldlauf." Ein fetter Junge auf dem Fahrrad tauchte auf und hetzte in geringem Abstand hinter der Bahn her. Sein schwitzendes bläuliches Gesicht war vom Ehrgeiz verunstaltet, die farblose dicke Zunge lag schlaff auf der Unterlippe. „Zunge rein", rief der Vater und lachte. „Ob er's schafft? Was meinst du?"

„Ich weiß nicht", sagte das Kind. „Ach, du Langweiler", sagte der Vater. Das Kind merkte mit einer geheimen Erregung, daß seine Augen jetzt schon wieder naß wurden; das Fahrrad, der hechelnde schwere Körper und das besessene Gesicht des Jungen schwammen hinter der Scheibe.

Mit gekränkter Stimme sagte der Vater: „Und vergiß nicht die Liebe deiner Mutter. Sie ist dein wertvollster Besitz, präge es dir ein. Vergiß nicht, wie lieb sie dich hatte,

[1] Texte von Gabriele Wohmann dürfen aus urheberrechtlichen Gründen nur in alter Rechtschreibung abgedruckt werden.

und handle danach. Tu nur, was sie erfreut hätte. Ich hoffe sehr, du kannst das behalten."

Immer größer wurde der Abstand zwischen dem Fahrrad und der Plattform, aber obwohl keine Aussicht mehr bestand, in diesem Wettbewerb zu gewinnen, gab der Junge nicht auf. „Siehst du", sagte der Vater, „der läßt nicht locker." Seine Stimme war stolz und fast zärtlich. Das Kind sah in das fleckige Gesicht des Jungen, aus dem die Zunge sich plötzlich listig reckte, zugespitzt, blaß zwischen den weißen verzogenen Lippen. Der Vater lachte: „Siehst du, jetzt streckt er die Zunge raus! Vielleicht ist es sogar ein Lauricher, ein zukünftiger Kamerad. Dann würdest du schon einen kennen."

Sie sahen von der Plattform aus die hellgrün gestrichenen Gebäude vor dem Ulmenwäldchen, alles sah doch anders aus als auf den Bildern des Prospekts. Sie gingen zwischen den Äckern den großen Gebäuden entgegen. „Wie freundlich das daliegt", sagte der Vater. „Zu meiner Zeit waren Schulen noch nicht so nett. Da, der Sportplatz! Ich hoffe sehr, du wirst hier allmählich Spaß am Sport bekommen. Richtige Muskeln, weißt du. Du mußt sonst auf sehr viel Gutes im Leben eines Mannes verzichten."

Ein hoher Drahtzaun umschloß den Platz. Eine Horde von Kindern, die aus der Entfernung einheitlich schwarz wirkte, rannte und stieß und schrie planlos durcheinander, und ab und zu erhob sich plump und dunkel ein eiförmiger Ball, einem kranken Vogel ähnlich, über die Masse der Köpfe.

„Komm", sagte der Vater und griff nach der Hand des Kindes, „komm, wir eilen uns ein bißchen, vielleicht können wir noch sehen, wer gewinnt."

Durch die Handschuhwolle spürte das Kind den Wärmestrom. Es hatte Lust, den Handschuh auszuziehen, aber es regte seine Finger nicht. Von neuem schwoll das Nasse in seinen Augen, es war ein Gefühl, als wollten die Augen selbst aus der Spange der Lider platzen. Das Nasse schmierte die Gebäude, den Sportplatz, das Gewimmel der Kinder in eine mattglasige Einheit, aus der jetzt der Ball wieder schwarz und träge in den Himmel aufstieg; und dann sah es nichts mehr, gar nichts, es hörte die kreischenden Rufe, los, los, vorwärts, es spürte die Hand seines Vaters und roch den fauligen dumpfen Abendgeruch der aufgeworfenen Erde, aber es sah nichts mehr, so daß es nur die Erinnerung an den hochtorkelnden Ball festhielt. Es ließ den Ball sich höher hinaufschrauben, es ließ ihn nicht wieder zurückfallen zwischen die stoßenden und wetzenden Beine, es schraubte ihn so hoch, bis es sich nicht mehr vorstellen konnte,

daß er wieder auf die Erde zurück müßte. „Behalte all das in Erinnerung", sagte der Vater. „All das Schöne und Liebe, das deine Mutter und ich dir zu geben versucht haben. Und wenn's mal trübe aussehen sollte, denk zum Beispiel an heut nachmittag. Das war doch wie ein richtiger lustiger Ausflug. Denk immer an heut nachmittag, hörst du? An alles, an die Wäffelchen, an Wicklers Schau, die Plattform, an den Jungen auf dem Fahrrad. Hörst du?" „Ja", sagte das Kind.
Gegen seinen Willen mußte es feststellen, daß die Augen wieder ordentlich und klar zwischen den Lidern saßen.
Sie waren jetzt nah am Sportplatz, die quadratischen Maschen des Zaungitters lösten sich einzeln aus dem Dunkelgrau, in das wie eine gegorene, von Würmern geschwollene Pflaume der Ball zurückklatschte. Nun erst fiel ihm auf, daß es noch nie daran gedacht hatte, seinen Vater zu bedauern.

2 Halte nach dem zweiten Lesen die Informationen zum Ort und zur Atmosphäre des Geschehens schriftlich fest.
→ Arbeite heraus, wie die Gestaltung des Raumes die Stimmung des Kindes widerspiegelt.

WISSEN

Die Handlung eines erzählenden Textes findet an **Orten** und in **Räumen** statt, die bewusst vom Autor ausgewählt und gestaltet werden.
Diese **Raumgestaltung** kann unterschiedliche **Funktionen** haben, sie kann z. B. eine bestimmte **Stimmung** vorgeben, in der sich die dargestellte Person befindet.

3 Fertige eine Skizze an, in der du das Geschehen chronologisch festhältst.
→ Untersuche das Verhältnis zwischen erzählter Zeit und Erzählzeit.
→ Leite daraus Schlussfolgerungen für die Wirkung des Textes ab.

WISSEN

Die Handlung in einem epischen Text ereignet sich innerhalb eines bestimmten Zeitraums. Dabei unterscheidet man Erzählzeit und erzählte Zeit:

- Die **Erzählzeit** erstreckt sich über den **Zeitraum**, den der **Leser für die Lektüre** des Textes benötigt.
- Die **erzählte Zeit** erstreckt sich über den **Zeitraum** der **erzählten Handlung**.
  - Dabei lässt sich (z. B. durch Rückblicke) die **Erzählzeit dehnen**, aber auch **raffen**, indem die Erzählzeit kürzer gestaltet wird als die erzählte Zeit.
  - Wenn erzählte Zeit und Erzählzeit **identisch** sind, spricht man von **Zeitdeckung**.

4 Analysiere das Verhalten der Figuren und ihr Verhältnis zueinander.
5 Stelle einen Zusammenhang her zwischen dem Titel und dem Inhalt der Geschichte.
→ Schreibe auf, welche Aussageabsicht der Text haben könnte.
6 Arbeite wichtige Motive (☞ S. 76, 240) aus der Erzählung heraus (z. B. Ball ...).

2.2 Erzählstrukturen erschließen

1 Informiere dich mithilfe des Wissensspeichers über die in der folgenden Tabelle dargestellten Kategorien der Erzählstruktur (☞ S. 234 ff.).

2 Vergleiche die Erzählstrukturen der Erzählungen von Sibylle Berg (☞ S. 61), Nils Mohl (☞ S. 63) und Gabriele Wohmann (☞ S. 67).

→ Übertrage die Tabelle in dein Heft, fülle die noch leeren Kästchen aus und kläre die jeweilige Bedeutung der Begriffe.

Text	Erzählform	Erzählsituation/ Erzählverhalten	Erzählperspektive	Erzählweise/ Erzähltechnik
Berg				Figurenrede
Mohl		neutral		
Wohmann	Er-Erzählung			

3 Wähle jeweils passende Adjektive aus, die die Erzählhaltung, also die Einstellung des Erzählers gegenüber dem Erzählten, in den drei Texten charakterisieren.

distanziert • beteiligt • leidenschaftslos • ironisch • humorvoll • bejahend • ablehnend • kritisch • zustimmend • neutral • sarkastisch • anteilnehmend

4 Wähle eine der Geschichten aus und stelle das Geschehen in einer anderen Erzählform dar. Erzähle z. B. „Denk immer an heut nachmittag" in der Ich-Form aus der Sicht des Jungen.

WISSEN

Die **Erzählstruktur** eines Textes entscheidet wesentlich über dessen **erzählerische Gestaltung**. Zur Erzählstruktur gehören die Merkmale:

- Erzählform (Ich-/Er-Form)
- Erzählverhalten oder -situation (personal, neutral, auktorial)
- Erzählperspektive (Innensicht, Außensicht)
- Erzählweise oder -technik (Figurenrede, Erzählerbericht, Schilderung, szenische Darstellung)

Durch gezielte Auswahl innerhalb dieser Merkmale kann der Autor z. B.

- Texte spannend gestalten, wenn der Erzähler nicht alles weiß, was um ihn herum geschieht (**personale Erzählsituation**),
- dem Leser die Möglichkeit geben, eigene Schlüsse zu ziehen, indem der Erzähler z. B. möglichst wenig kommentiert (**neutrale Erzählsituation**),
- dem Leser als „Person" entgegentreten, ihn ansprechen, über sich selbst und sein Erzählen reflektieren, Wertungen und Urteile einfügen, die Figuren und ihre Ansichten kommentieren, ohne Einschränkungen die Schauplätze wechseln oder die chronologische Abfolge der Ereignisse verändern (**auktoriale Erzählsituation**). Dem Autor bieten sich verschiedene Kombinationsmöglichkeiten. So trifft man z. B. in modernen Erzählungen auf eine Ich-Erzählform in Verbindung mit einer auktorialen Erzählsituation.

2.3 Die Gestaltung von Beziehungen und die Bildlichkeit von Texten analysieren

Zoë Jenny
Die Fähre (1998)

Zoë Jenny wurde 1974 in Basel geboren. Ihr erster Roman „Das Blütenstaubzimmer“ (1997) machte sie zur gefeierten Jungautorin. (☞ S. 101 ff.)

Cora packt hastig ihre Windjacke vom Kleiderhaken und eilt nahe der Wand entlang zur Schulhaustreppe, wo sich Hunderte von schreienden und sich schubsenden Kindern wie durch einen Trichter zum Ausgang drängen. Im wilden Durcheinander, den Kopf gesenkt, als erwarte sie Schläge, zwängt sich Cora zwischen den Kindern hindurch auf den Schulhof. Das Geschrei der sich keilenden und Fußtritte austeilenden Schüler hinter sich lassend, nimmt sie mit kleinen schnellen Schritten den Heimweg über die Rheinpromenade.

Vor wenigen Tagen hatte man ihre ältere Schwester Lore beerdigt, weil sie, so hatten die Eltern es Cora gegenüber erzählt, eine hohe Mauer hinuntergefallen war und sich beim Sturz das Genick gebrochen hatte. Seither liegen ihre Eltern in schwarze Kleider gehüllt zu Hause auf dem Sofa mit enttäuschtem, abgewandtem Blick. Zweimal am Tag geht die Mutter ans Telefon, um den Kurierdienst anzurufen, der das Essen für Cora bringt.

Lore ist damals immer stummer geworden. Jeder Tag schien ihr mit kaltschnäuziger Geste eine neue Falte ins Gesicht zu graben. Einmal war Cora zielstrebig und ohne anzuklopfen in Lores Zimmer getreten, hatte sich ganz nah vor sie hingestellt – sie reichte Lore, die zehn Jahre älter war, bis zum Bauch –, hatte zu ihr hochgeblickt und mit dem ganzen Ernst, den ein siebenjähriges Mädchen aufbringen kann, gefragt, warum sie denn nicht mehr reden wolle.

Lore hatte ihren Pullover hochgezogen, über Coras Kopf gestülpt und sie mit beiden Händen fest an sich gedrückt. Cora atmete die heiße Luft unter dem Strickpullover, und durch die Maschen sah sie Lores Notenständer zusammengeklappt an der Wand stehen und die Violine verstaut im blauen Samt des geöffneten Geigenkastens.

„Gehst du fort?“, kam Coras überraschte Stimme unter dem Pullover hervor.

Aber Lore drückte ihre Hände nur noch fester an Coras Körper, sodass sie in der heißen Luft zu ersticken drohte und sich aus der Umklammerung fortriss.

Als man Cora ein paar Tage später schließlich zum Sarg führte, damit sie sich von ihrer Schwester verabschiedete, blickte sie ungläubig und fasziniert auf Lores Kopf, der geschminkt und wie ein Schmuckstück auf ein seidenes Kissen gebettet war. Cora beugte sich über sie und stellte sich vor, wie die Wörter wie Lebewesen in Lores weiß gepudertem Hals steckenbleiben, im Dunkeln ihrer Halsröhre, und nicht weiterkommen aus ihrem Mund hinaus ans Licht. Aber tot war Lore doch deshalb noch lange nicht, und Cora wollte sie schon hinter dem Ohr kitzeln, um eine Reaktion zu provozieren, als ihr aus der Tiefe des Sarges dieser trostlos fremde Geruch entgegenschlug. Sie war entsetzt aus dem Raum gerannt und hatte Mutter die ganze Zeit am Ärmel gezupft und gerufen: „Aber das da drin kann nicht Lore sein!" Schon seit Wochen scheint die Sonne, ohne zu wärmen, von einem festgefrorenen blauen Himmel herab auf die Stadt. Cora hat die Hände in die Taschen gesteckt und zu kleinen Fäusten geballt. In der Luft liegt Schneegeruch. Der Uferweg ist mit quadratischen Steinen gepflastert, und Cora überspringt immer ein Quadrat, hüpft mehr, als dass sie geht, und sie denkt sich, links und rechts des Quadrates sei ein Abgrund; und so setzt sie den Fuß immer in die Mitte, überspringt wieder ein Quadrat, setzt den anderen Fuß auf, immer weiter, mit gesenktem Kopf, den Blick konzentriert auf diese Quadrate gerichtet, auf die kleinen Felder sicheren Bodens. Der Wind trägt eine Handvoll braunschwarze, von der Kälte aufgerollte Kastanienblätter aus dem Unterholz auf den Weg. Mit einem trockenen Geräusch kullern sie die Böschung hinunter ins Wasser. Cora verfolgt mit den Augen ein Blatt, wie es, ein winziges Schiff, den Strom hinuntertreibt und jäh unter einer trägen Uferwelle verschwindet.

Cora bleibt unvermittelt stehen; die Fähre schlägt wie mit einem tiefen Glockenschlag an den Bootssteg, und etwa ein Dutzend Leute steigen in Mäntel gehüllt aus der Fähre. Dahinter, auf der gegenüberliegenden Seite des Ufers, ragen über dem alten Mauerwerk die Münstertürme auf. Noch höher als die Münstertürme ist das Riesenrad, das alljährlich um diese Zeit auf dem Münsterplatz aufgebaut wird. Im blendend grellen Herbstlicht zeichnen sich die Silhouetten der Leute ab, die in den Gondeln sitzen und von hoch oben über die Stadt blicken. An den Stahlverstrebungen des Riesenrads leuchten die Lämpchen vergeblich gegen das Tageslicht zu einer bunten Sonne auf.

Der Fährmann wartet, an den Bootssteg gelehnt, auf Fahrgäste, die nicht kommen, während Cora über den Rhein blickt, die grüne Schneise, die sie vom anderen Flussufer und von den Leuten trennt, die dort oben in den Gondeln sitzen. Kurz entschlossen betritt Cora das Fährendeck und setzt sich auf die schmale, seitliche Holzbank. Mit einem Ruck stößt der Fährmann vom Ufer ab.

Drinnen in der Kabine legt er hastig das Ruder um, und das an einem über den Rhein gespannten Drahtseilkabel gehalterte Fährseil steigt tropfend aus dem Wasser. Dort, wo die grauen Pfeiler der Mittleren Brücke vom Wasser umspült werden, hat sich eine dunkelgrüne, glitschig aussehende Algenschicht gebildet. Das Wasser hat sich vom Ufer der Kleinstadtseite zurückgezogen, und die Wasserpflanzen, die sonst wie Haare im Fluss schweben, liegen angeklebt und trocken auf den Steinen. An einigen Stellen haben sich auf den Deckplanken der Fähre schwarze langgezogene Flecken gebildet, dort, wo das Wasser am Holz nagt und es morsch macht. Cora lauscht dem knarrenden Geräusch alten Holzes, während die Strömung die schräggestellte Fähre langsam zögerlich über den Fluss schiebt.

Cora beugt sich über die Brüstung, um die Hand ins Wasser zu halten, so wie sie es immer zusammen mit Lore gemacht hatte. Sie hatten sich dabei vorgestellt, Wasserwesen würden sie an der Hand hinabziehen und in ihr unheimliches Reich holen. Lore hatte Geschichten von Fischmenschen erzählt, die unten auf dem Grund des Rheins wohnen, in einer Stadt, gebaut aus Sand und Fischknochen. Aber jetzt schaut Cora stumpf auf ihre Hand, die Kälte des Wassers kriecht den Arm hinauf, und nichts geschieht, sosehr sie sich auch an Lores Worte und die aufgeregte Stimmung von damals zu erinnern versucht. Sie öffnet und schließt die Hand, als wolle sie das Wasser fangen. Ruckartig zieht sie die Hand aus dem Wasser und steckt sie beschämt und nass zurück in die Manteltasche.

Aus dem Innern der Kabine ruft ihr der Fährmann zu: „Komm doch rein, willst du da draußen erfrieren?“

Durch die kleine Schwingtür tritt Cora in die Fährkabine. Zwischen den zwei an der Wand befestigten Holzbänken steht ein kleiner Ofen, und in seinem Innern knackt die Wärme, die sich bis in die Ecken hinein ausgebreitet hat. Der Fährmann sitzt neben dem Ruder vor dem Fenster, von dem aus er den Steg beobachten kann.

„Da stehen wieder eine Menge Leute“, sagt er zu sich selbst, holt eine Orange aus der Tiefe seiner Manteltasche, beginnt sie, das Steuerruder unter dem Arm eingeklemmt, zu schälen und die kleinen Schnitze nacheinander in den Mund zu stecken.

Die Schalen lässt er auf den Ofen fallen, und Cora schaut zu, wie sie sich in der Hitze zu krümmen beginnen.

„Gehst du ganz alleine auf die Messe?“, fragt der Fährmann neugierig.

„Nein, Lore wartet drüben. Wir wollen zusammen gehen, wie jedes Jahr.“

„Wer ist Lore?“

„Meine Schwester, wer sonst“, sagte Cora ungeduldig.

Der Fährmann nickt, betrachtet von allen Seiten den letzten Orangenschnitz zwischen seinen dicken, kurzen Fingern, bevor er ihn in den Mund steckt.

„Vor kurzem hat sich eine junge Frau da runtergestürzt.“ Er zeigt aus dem Fenster auf die alte Pfalzmauer, eine rote, düstere Steinwand.

„Ich habe gerade angelegt, da sah ich, wie sie über die Mauer sprang. Der Körper prallte auf, dann war es still, und nichts rührte sich mehr.“

Der Fährmann kreist mit einer Hand über die Brust, als hätte er dort einen lästigen Schmerz wegzuwischen. Nach einer Pause fährt er fort:

„Kurz darauf fuhr ein Krankenwagen über die Brücke, die Leute auf der Messe rannten eilig zur Mauer, um von dort zu sehen, was passiert war. Ich sah nur die Reihe nach vorn gebeugter Köpfe, als würden sie über die Mauer in eine Grube schauen. Einige rannten die Treppe hinunter. Es ging alles sehr schnell. Zwei Männer haben die Frau auf einer Bahre unter einer Wolldecke weggetragen, und eine Viertelstunde später waren alle Menschen wieder fort.“

Die erhitzten Orangenschalen liegen eingerollt auf dem Ofen, der Geruch von Tanne und Zitrone lagert in der Luft. Cora trommelt mit den Fingern auf ihren Knien herum:
„Aber sie ist tot?"
Der Fährmann lacht auf und schlägt sich mit der Hand auf den Schenkel: „Was glaubst du denn, was passiert, wenn man eine fünfzehn Meter hohe Mauer runterstürzt?! Natürlich ist sie tot", schnaubt er wütend, mit der einen Hand fest das Ruder haltend. Cora starrt auf die Knöchel seiner Hand, kleine rote Hügel. Die Fähre neigt sich in der kraftlosen Strömung kaum merklich zur Seite.
„Du lügst, niemals könnte das Mädchen tot sein. Es schläft nur, weil es müde ist", erwidert Cora und erhebt sich von der Holzbank.
Der Fährmann schaut sie eine Weile schweigend an. Cora kehrt ihm den Rücken zu, um nach draußen zu gehen, als er sie, plötzlich hinter ihr stehend, anfaucht, als hätte er nicht ein kleines Mädchen, sondern ein ganzes Bataillon von Feinden in die Flucht zu schlagen:
„Ich habe mich lediglich darum zu kümmern, dass das Seil nicht reißt!"
Draußen auf dem Deck blickt Cora den wartenden Leuten entgegen, die sich auf dem Bootssteg versammelt haben. Kleine Kinder sitzen auf den Schultern ihrer Väter, triumphierend Ballons in die Luft haltend. Delphine und Krokodile schweben an den Schnüren. Ein Junge vergräbt sein Gesicht in einer rosa Zuckerwatte.
Die Gesichter der Leute auf dem Steg und die alte Pfalzmauer[1] dahinter rücken näher. Die Fähre schlägt mit einem tiefen Glockenschlag an den Steg. Ohne sich nochmals nach dem Fährmann umzublicken, steigt Cora zwischen den Leuten hindurch die Treppe zum Münsterplatz hoch. Immer lauter wird das Kreischen der Kinder, die auf dem Kettenkarussell durch die Luft geschleudert werden. Ihr vergnügtes Kreischen vermischt sich mit den schnellen dunklen Bässen der Musik und den harschen Stimmen aus den Lautsprechern. Cora stellt sich vor das Riesenrad hin, eine aufblinkende eiserne Sonne.
Mit einer Metallstange wird die Gondel verriegelt, Coras Füße baumeln über dem Profilboden, und langsam hebt das drehende Rad Cora in die Höhe.

[1] *die Pfalz*: die mittelalterliche Burg

Zuerst über die Messebuden und über die Kronen der Kastanien, über die Dächer der Häuser, hinaus über die Münsterturmspitzen, und immer weiter wird der Blick freigelegt über die Stadt und das hügelige Land dahinter.
Coras Blick schweift über das gegenüberliegende Flussufer, sie erkennt das Schulhaus, hinter dem sich das steil ansteigende Gebirge der chemischen Fabriken erhebt. Dazwischen liegt das Elternhaus. Durch die Fens-

ter leuchtet eine vorwurfsvolle Heiterkeit. Seit Cora sich erinnern kann, war es im Haus still gewesen. Das Schweigen kam aus den Wänden und aus den Gesichtern der Eltern. Dann hatte Mutter Lore die Violine geschenkt, und sie wiederholte das Wort „Rampenlicht" täglich beim Essen. Lore spielte Violine, als wollte sie damit ins Schweigen hineinbohren. Wenn Lore übte, hockte sich Cora mit Vorliebe auf die Türschwelle und blickte in Lores konzentriertes, ernstes Gesicht. Sie schickte die Musik wie ein großes Geschenk ins ferne Zimmer der Eltern. Mutter schleppte eifrig Lehrer und Notenbücher heran. Bald darauf hatte Lore unter dem verständnislosen Protest der Mutter den Notenständer zusammengeklappt und an die Wand gelehnt. Mutters zornige Rufe zerschellten an Lores verriegelter Zimmertür. Schließlich hatte sie mit der Begründung „Wer nicht arbeiten will, braucht auch kein Licht!" in einer raschen Aktion die Lampe aus Lores Zimmer weggeschafft und beim Essen das Licht so gedreht, dass Lore am Ende des Tisches im Dunkeln saß. Monatelang hatte Mutter energisch an den Lampen gedreht, Birnen ein- und ausgeschraubt, sodass im ganzen Haus die Wege Lores mit Schatten bedeckt waren.

Die Gondel mit Cora bleibt pendelnd im Zenit der Riesenradsonne stehen. Die Fähre ist jetzt in der Mitte des Flusses angelangt, ein winziges Boot, und die Leute, die auf dem Vordeck wie Trauernde sitzen, scheinen zu winken.

1 Lies den Text und unterteile ihn in Sinnabschnitte. Markiere den Wendepunkt der Geschichte. Begründe deine Entscheidung.

2 Trage die Ereignisse in ihrer zeitlichen Abfolge in eine Zeitleiste ein.

	Vor wenigen Tagen	Hier und jetzt
		– *Cora verlässt die Schule.* – *Cora macht sich auf den Nachhauseweg.* – …

→ Begründe, warum die Autorin zwischen den verschiedenen Zeitebenen wechselt.

3 Arbeite heraus, was du über die einzelnen Figuren erfährst.

→ Halte dann das Verhältnis der Figuren zueinander in einem Schema fest.

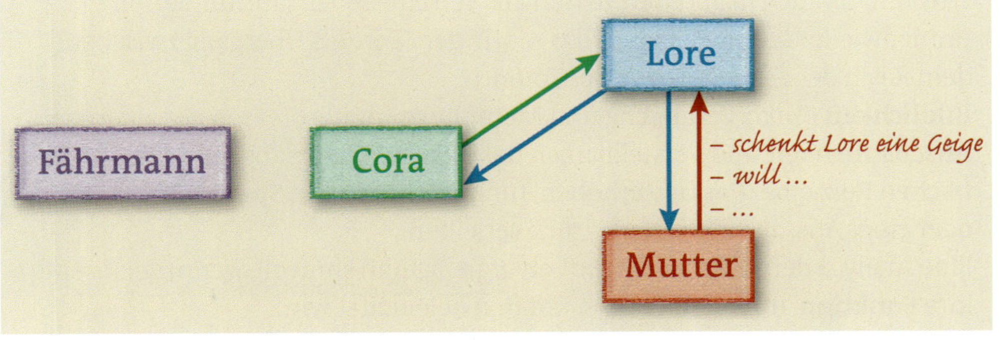

→ Verfasse auf der Grundlage des Schemas eine Charakterisierung der Mutter. Gehe dabei auf die Beziehung zu ihren Töchtern, ihre Rolle in Bezug auf das Geschehen und die Motive ihres Handelns ein.
→ Charakterisiere Lore, indem du ähnlich verfährst.

METHODE

Eine Figurenkonstellation erstellen

In einer Figurenkonstellation werden die für das Verständnis eines Textes wesentlichen Figuren eingetragen und deren Beziehungen zueinander durch beschriftete Pfeile dargestellt. Die grafische Anordnung der Figuren und die Verwendung von Farben sollen bereits einen Hinweis auf die Deutung des Textes liefern.

4 Erläutere die symbolische Bedeutung der Fähre. Berücksichtige bei deinen Überlegungen, welche Rolle die Fähre im Totenkult antiker Kulturen einnimmt.
5 Hebe mit unterschiedlichen Farben wichtige Motive im Text hervor und notiere Deutungsmöglichkeiten, die dir dazu einfallen:

Licht/Schatten • Sonne/Riesenrad • Orangenschale/Kastanienblätter • Kälte/Wärme • Schweigen/Musik • die Mauer • die beiden Ufer

6 Untersuche folgende sprachliche Bilder und benenne sie:
→ wie durch einen Trichter (Z. 3)
→ den Kopf gesenkt, als erwarte sie Schläge (Z. 4 f.)
7 Suche im Text weitere sprachliche Bilder, Metaphern und Vergleiche heraus und versuche sie zu deuten.
8 Lies noch einmal die Zeilen 70–93.
→ Stelle einen Zusammenhang zwischen der Naturbeschreibung und Lores Geschichten her.
→ Analysiere den Gebrauch der Adjektive und deren Wirkung.

WISSEN

Inhaltliche Elemente eines Textes, die bewusst wieder aufgegriffen werden und durch die **Wiederholung innerhalb eines Textes** eine bedeutungstragende Funktion erhalten, werden als **Motive** bezeichnet und spielen eine wichtige Rolle bei der Interpretation des Textes. Es gibt Motive, die über einen Text hinaus auch in anderen Texten aus verschiedenen Jahrhunderten immer wieder auftauchen, z. B. das Motiv der Fähre als Übergang zwischen dem Reich der Lebenden und der Toten.
Bildlichkeit durch **Vergleiche** und **Metaphern** sorgt in Texten vor allem für **Anschaulichkeit** und Vorstellbarkeit des Gesagten, kann aber auch den **ästhetischen Reiz** einer Passage erhöhen, für den Aufbau von **Spannung** sorgen oder einer Aussage mehr Nachdruck verleihen.
Eine Analyse der Bildlichkeit ist dann ergiebig und sinnvoll, wenn gleichzeitig ihre **Funktion** im thematischen Kontext beleuchtet wird.

2.4 Erzählende Texte schriftlich analysieren

Bertolt Brecht[1]
Die unwürdige Greisin (1939)

Bertolt Brecht
(1898-1956)

Meine Großmutter war zweiundsiebzig Jahre alt, als mein Großvater starb. Er hatte eine kleine Lithographenanstalt[2] in einem badischen Städtchen und arbeitete darin mit zwei, drei Gehilfen bis zu seinem Tod. Meine Großmutter besorgte ohne Magd den Haushalt, betreute das alte, wacklige Haus und kochte für die Mannsleute und Kinder.

Sie war eine kleine, magere Frau mit lebhaften Eidechsenaugen, aber langsamer Sprechweise. Mit recht kärglichen[3] Mitteln hatte sie fünf Kinder großgezogen – von den sieben, die sie geboren hatte. Davon war sie mit den Jahren kleiner geworden.

Von den Kindern gingen die zwei Mädchen nach Amerika, zwei Söhne zogen ebenfalls weg. Nur der Jüngste, der eine schwache Gesundheit hatte, blieb im Städtchen. Er wurde Buchdrucker und legte sich eine viel zu große Familie zu. So war sie allein im Haus, als mein Großvater gestorben war.

Die Kinder schrieben sich Briefe über das Problem, was mit ihr zu geschehen hätte. Einer konnte ihr bei sich ein Heim anbieten, und der Buchdrucker wollte mit den Seinen zu ihr ins Haus ziehen. Aber die Greisin verhielt sich abweisend zu den Vorschlägen und wollte nur von jedem ihrer Kinder, das dazu imstande war, eine kleine geldliche Unterstützung annehmen. Die Lithographenanstalt, längst veraltet, brachte fast nichts beim Verkauf, und es waren auch Schulden da.

Die Kinder schrieben ihr, sie könne doch nicht ganz allein leben, aber als sie darauf überhaupt nicht einging, gaben sie nach und schickten ihr monatlich ein bißchen Geld. Schließlich, dachten sie, war ja der Buchdrucker im Städtchen geblieben.

Der Buchdrucker übernahm es auch, seinen Geschwistern mitunter über die Mutter zu berichten. Seine Briefe an meinen Vater, und was dieser bei einem Besuch und nach dem Begräbnis meiner Großmutter zwei Jahre später erfuhr, geben mir ein Bild von dem, was in diesen zwei Jahren geschah.

Es scheint, daß der Buchdrucker von Anfang an enttäuscht war, daß meine Großmutter sich weigerte, ihn in das ziemlich große und nun leerstehende Haus aufzunehmen. Er wohnte mit vier Kindern in drei Zimmern. Aber die Greisin hielt überhaupt nur eine sehr lose Verbindung mit ihm aufrecht. Sie lud die Kinder jeden Sonntagnachmittag zum Kaffee, das war eigentlich alles.

Sie besuchte ihren Sohn ein- oder zweimal in einem Vierteljahr und half der Schwiegertochter beim Beereneinkochen. Die junge Frau entnahm einigen ihrer Äußerungen, daß es ihr in der kleinen Wohnung des Buchdruckers zu eng war. Dieser konnte sich nicht enthalten, in seinem Bericht darüber ein Ausrufezeichen anzubringen.

Auf eine schriftliche Anfrage meines Vaters, was die alte Frau denn jetzt so mache, antwortete er ziemlich kurz, sie besuche das Kino.

[1] Texte von Bertolt Brecht dürfen aus urheberrechtlichen Gründen nur in alter Rechtschreibung abgedruckt werden.

[2] *die Lithographie*: grafische Technik zur Vervielfältigung einer Zeichnung; *die Anstalt*: hier: altes Wort für Unternehmen

[3] *kärglich*: hier: einfach

Man muß verstehen, daß es nichts Gewöhnliches war, jedenfalls nicht in den Augen ihrer Kinder. Das Kino war vor dreißig Jahren noch nicht das, was es heute ist. Es handelte sich um elende, schlecht gelüftete Lokale, oft in alten Kegelbahnen eingerichtet, mit schreienden Plakaten vor dem Eingang, auf denen Morde und Tragödien der Leidenschaft angezeigt waren. Eigentlich gingen nur Halbwüchsige hin oder, des Dunkels wegen, Liebespaare. Eine einzelne alte Frau mußte dort sicher auffallen.

Und so war noch eine andere Seite dieses Kinobesuchs zu bedenken. Der Eintritt war gewiß billig, da aber das Vergnügen ungefähr unter den Schleckereien rangierte, bedeutete es „hinausgeworfenes Geld". Und Geld hinauszuwerfen war nicht respektabel.

Dazu kam, daß meine Großmutter nicht nur mit ihrem Sohn am Ort keinen regelmäßigen Verkehr pflegte, sondern auch sonst niemanden von ihren Bekannten besuchte oder einlud. Sie ging niemals zu den Kaffeegesellschaften des Städtchens. Dafür besuchte sie häufig die Werkstatt eines Flickschusters[1] in einem armen und sogar etwas verrufenen Gäßchen, in der, besonders nachmittags, allerlei nicht besonders respektable Existenzen herumsaßen, stellungslose Kellnerinnen und Handwerksburschen. Der Flickschuster war ein Mann in mittleren Jahren, der in der ganzen Welt herumgekommen war, ohne es zu etwas gebracht zu haben. Es hieß auch, daß er trank. Er war jedenfalls kein Verkehr für meine Großmutter.

Der Buchdrucker deutete in einem Brief an, daß er seine Mutter darauf hingewiesen, aber einen recht kühlen Bescheid bekommen habe. „Er hat etwas gesehen", war ihre Antwort, und das Gespräch war damit zu Ende. Es war nicht leicht, mit meiner Großmutter über Dinge zu reden, die sie nicht bereden wollte.

Etwa ein halbes Jahr nach dem Tod meines Großvaters schrieb der Buchdrucker meinem Vater, daß meine Großmutter jetzt jeden zweiten Tag im Gasthof esse.

Was für eine Nachricht!

Großmutter, die Zeit ihres Lebens für ein Dutzend Menschen gekocht und immer nur die Reste aufgegessen hatte, aß jetzt im Gasthof! Was war in sie gefahren?

Bald darauf führte meinen Vater eine Geschäftsreise in die Nähe, und er besuchte seine Mutter.

Er traf sie im Begriffe auszugehen. Sie nahm ihren Hut wieder ab und setzte ihm ein Glas Rotwein mit Zwieback vor. Sie schien ganz ausgeglichener Stimmung zu sein, weder besonders aufgekratzt noch besonders schweigsam. Sie erkundigte sich nach uns, allerdings nicht sehr eingehend, und wollte hauptsächlich wissen, ob es für die Kinder auch Kirschen gäbe. Da war sie ganz wie immer. Die Stube war natürlich peinlich sauber, und sie sah gesund aus.

Das Einzige, was auf ihr neues Leben hindeutete, war, daß sie nicht mit meinem Vater auf den Gottesacker[2] gehen wollte, das Grab ihres Mannes zu besuchen. „Du kannst allein hingehen", sagte sie beiläufig, „es ist das dritte von links in der elften Reihe. Ich muß noch wohin."

Der Buchdrucker erklärte nachher, daß sie wahrscheinlich zu ihrem Flickschuster mußte.

[1] *der Flickschuster*: ein Schuster, der Schuhe repariert

[2] *der Gottesacker*: der Friedhof

Er klagte sehr.

„Ich sitze hier in diesen Löchern mit den Meinen und habe nur noch fünf Stunden Arbeit und schlechtbezahlte, dazu macht mir mein Asthma wieder zu schaffen, und das Haus in der Hauptstraße steht leer."

Mein Vater hatte im Gasthof ein Zimmer genommen, aber erwartet, daß er zum Wohnen doch von seiner Mutter eingeladen werden würde, wenigstens pro forma, aber sie sprach nicht davon. Und sogar als das Haus voll gewesen war, hatte sie immer etwas dagegen gehabt, daß er nicht bei ihnen wohnte und dazu das Geld für das Hotel ausgab!

Aber sie schien mit ihrem Familienleben abgeschloßen zu haben und neue Wege zu gehen, jetzt, wo ihr Leben sich neigte. Mein Vater, der eine gute Portion Humor besaß, fand sie „ganz munter" und sagte meinem Onkel, er solle die alte Frau machen lassen, was sie wolle.

Aber was wollte sie?

Das Nächste, was berichtet wurde, war, daß sie eine Bregg bestellt hatte und nach einem Ausflugsort gefahren war, an einem gewöhnlichen Donnerstag. Die Bregg war ein großes, hochrädriges Pferdegefährt mit Plätzen für ganze Familien. Einige Male, wenn wir Enkelkinder zu Besuch gekommen waren, hatte Großvater die Bregg gemietet. Großmutter war immer zu Hause geblieben. Sie hatte es mit einer wegwerfenden Handbewegung abgelehnt mitzukommen.

Und nach der Bregg kam die Reise nach K., einer größeren Stadt, etwa zwei Eisenbahnstunden entfernt. Dort war ein Pferderennen, und zu diesem Pferderennen fuhr meine Großmutter.

Der Buchdrucker war jetzt durch und durch alarmiert. Er wollte einen Arzt hinzugezogen haben. Mein Vater schüttelte den Kopf, als er den Brief las, lehnte aber die Hinzuziehung eines Arztes ab.

Nach K. war meine Großmutter nicht allein gefahren. Sie hatte ein junges Mädchen mitgenommen, eine halb Schwachsinnige, wie der Buchdrucker schrieb, das Küchenmädchen des Gasthofs, in dem die Greisin jeden zweiten Tag speiste.

Dieser „Krüppel" spielte von jetzt an eine Rolle.

Meine Großmutter schien einen Narren an ihr gefressen zu haben. Sie nahm sie mit ins Kino und zum Flickschuster, der sich übrigens als Sozialdemokrat herausgestellt hatte, und es ging das Gerücht, daß die beiden Frauen bei einem Glas Rotwein in der Küche Karten spielten.

„Sie hat dem Krüppel jetzt einen Hut gekauft mit Rosen drauf", schrieb der Buchdrucker verzweifelt. „Und unsere Anna hat kein Kommunionskleid!"

Die Briefe meines Onkels wurden ganz hysterisch, handelten nur von der „unwürdigen Aufführung unserer lieben Mutter" und gaben sonst nichts mehr her. Das Weitere habe ich von meinem Vater.

Der Gastwirt hatte ihm mit Augenzwinkern zugeraunt: „Frau B. amüsiert sich ja jetzt, wie man hört."

In Wirklichkeit lebte meine Großmutter auch diese letzten Jahre keineswegs üppig. Wenn sie nicht im Gasthof aß, nahm sie meist nur ein wenig Eierspeise zu sich, etwas Kaffee und vor allem ihren geliebten Zwieback. Dafür leistete sie sich einen billigen Rotwein, von dem sie zu allen Mahlzeiten ein kleines Glas trank. Das Haus hielt sie sehr rein, und nicht nur die Schlafstube und die Küche, die sie benutzte. Jedoch nahm sie darauf ohne Wissen ihrer Kinder eine Hypothek auf. Es kam niemals heraus, was sie mit dem Geld machte. Sie scheint es dem Flickschuster gegeben zu haben. Er zog nach ihrem Tod in eine andere Stadt und soll dort ein größeres Geschäft für Maßschuhe eröffnet haben.

Genau betrachtet lebte sie hintereinander zwei Leben. Das eine, erste, als Tochter, als Frau und als Mutter, das zweite einfach als Frau B., eine alleinstehende Person ohne Verpflichtungen und mit bescheidenen, aber ausreichenden Mitteln. Das erste Leben dauerte etwas sechs Jahrzehnte, das zweite nicht mehr als zwei Jahre. Mein Vater brachte in Erfahrung, daß sie im letzten halben Jahr sich gewiße Freiheiten gestattete, die normale Leute gar nicht kennen. So konnte sie im Sommer früh um drei Uhr aufstehen und durch die leeren Straßen des Städtchens spazieren, das sie so für sich ganz allein hatte. Und den Pfarrer, der sie besuchen kam, um der alten Frau in ihrer Vereinsamung Gesellschaft zu leisten, lud sie, wie allgemein behauptet wurde, ins Kino ein!

Sie war keineswegs vereinsamt. Bei dem Flickschuster verkehrten anscheinend lauter lustige Leute, und es wurde viel erzählt. Sie hatte dort immer eine Flasche ihres eigenen Rotweins stehen, und daraus trank sie ein Gläschen, während die anderen erzählten und über die würdigen Autoritäten der Stadt loszogen. Dieser Rotwein blieb für sie reserviert, jedoch brachte sie mitunter der Gesellschaft stärkere Getränke mit.

Sie starb ganz unvermittelt an einem Herbstnachmittag in ihrem Schlafzimmer, aber nicht im Bett, sondern auf einem Holzstuhl am Fenster. Sie hatte den „Krüppel" für den Abend ins Kino eingeladen, und so war das Mädchen bei ihr, als sie starb. Sie war vierundsiebzig Jahre alt. Ich habe eine Fotografie von ihr gesehen, die sie auf dem Totenbett zeigte und die für die Kinder angefertigt worden war. Man sieht ein winziges Gesichtchen mit vielen Falten und einen schmallippigen, aber breiten Mund. Viel Kleines, aber nichts Kleinliches. Sie hatte die langen Jahre der Knechtschaft und die kurzen Jahre der Freiheit ausgekostet und das Brot des Lebens aufgezehrt bis auf den letzten Brosamen.

1 Gehe auf das Gegensatzpaar „die langen Jahre der Knechtschaft und die kurzen Jahre der Freiheit" (Z. 156–157) ein, indem du die beiden Leben der Greisin einander gegenüberstellst.

2 Erläutere, was der Ich-Erzähler mit der Aussage „Viel Kleines, aber nichts Kleinliches" (Z. 156) meint.

→ Charakterisiere die Großmutter aus der Sicht des Ich-Erzählers.

→ Untersuche, wie die beiden Söhne das Verhalten ihrer Mutter nach dem Tod ihres Ehemannes bewerten. Welche Gründe haben sie für ihre Einstellung?

3 Erkläre, wen Brecht in dieser Erzählung kritisiert. Belege deine Ausführungen am Text.

4 Erstelle mit deinem Banknachbarn eine Interpretationsskizze.

5 Tauscht eure Skizzen aus und ergänzt sie aufgrund der Rückmeldungen, die ihr von euren Mitschülern bekommen habt.

6 Verfasst auf der Grundlage eurer Interpretationsskizze eine schriftliche Analyse des Textes.

→ Haltet euch dabei an die Empfehlungen aus dem unten stehenden Methodenkästchen.

→ Geht in euren Schlussbetrachtungen auf die Aussageabsicht des Autors ein und beantwortet die Frage, ob die Erzählung „Die unwürdige Greisin" auch heute noch interessant und aktuell ist. Begründet euren Standpunkt mit Argumenten.

FORMULIERUNGSVORSCHLÄGE

→ *Die Erzählung ist meiner Meinung nach immer noch/nicht mehr aktuell, weil …*

→ *Die in der Erzählung dargestellten Verhältnisse lassen sich gut/in dieser Weise kaum auf heutige Situationen übertragen, da …*

Einen Prosatext schriftlich analysieren

METHODE

Die **Interpretation eines Prosatextes** ähnelt in seiner Anlage deutlich der Interpretation anderer literarischer Texte. Dabei geht man in der Regel **textimmanent** vor. Für Aufgabenstellungen, die eine Einordnung des Textes in eine bestimmte Epoche verlangen, ist zusätzliches Vorwissen notwendig. (☞ S. 199)

Folgende Arbeitsschritte sind für jede Interpretation grundlegend:

Schritt 1: Vorarbeiten der Analyse

→ Lies den Text mehrmals und genau.

→ Halte Leseeindrücke durch Markierungen, Randnotizen etc. fest.

Schritt 2: Anlegen einer Stoffsammlung

→ Notiere Arbeitshypothesen.

→ Erarbeite Begründungen am Text.

Schritt 3: Schreiben der Analyse (☞ S. 201)

→ Erstelle eine **Gliederung**.

→ Schreibe eine **Einleitung**.

→ Beschreibe im **Hauptteil** zusammenhängend deine Analyseergebnisse:

- Entscheide dich dabei für eine **lineare** (an der Textchronologie orientierte) oder für eine **aspektorientierte** (an thematischen Schwerpunkten orientierte) Textanalyse.
- **Verknüpfe** Inhalt, Form und Sprache.
- **Belege** deine Arbeitshypothesen durch die Ergebnisse der Analyse.
- Stütze deine Deutungen durch **Zitate**.
- **Erweitere** die textimmanente Vorgehensweise gegebenenfalls **durch Kontextwissen**.

→ Verfasse einen **Schluss** (Beurteilung des Textes und Aktualitätsbezug).

4 Den Umgang mit literarischen Langformen einüben

Gesellschaftsbilder – Lebenswelten

RITUS
MARKUS HEITZ
Tanja Kinkel
NICK HORNBY

Einführung

BASIS-INFO

Im Mittelpunkt des Leseinteresses steht heute in der **Belletristik** (= schöne Literatur, von französisch *belle lettre*) die Epik. Neben der Kurzprosa umfasst sie noch verschiedene Langformen von Erzähltexten.
In der **Novelle** steht ein **besonderes Ereignis** im Mittelpunkt, das dem Leben der zentralen Figur eine entscheidende Wendung gibt. Das Geschehen konzentriert sich auf einen Handlungsstrang.
Der **Roman**, der heutzutage die Bestsellerlisten dominiert, erlaubt dagegen eine vielschichtige Darstellung von Lebenszusammenhängen. Er gestaltet mehrere Themenstränge, umfasst also **Haupt- und Nebenhandlungen**. In zahlreichen Romanen stehen das Individuum und seine Rolle in der Gesellschaft im Mittelpunkt des Geschehens. Die Ereignisse können dabei aus der Sicht unterschiedlicher Figuren geschildert werden.
In der Romantheorie wird zwischen Geschichte und Handlung unterschieden. Die **Geschichte** (die Fabel, die Story) entspricht dem chronologischen Ablauf des Geschehens, das in einer Inhaltsangabe rekonstruiert werden kann. Die **Handlung** (das Sujet, der Plot) bildet das Gerüst, das jedem Ereignis einen bestimmten Platz innerhalb des Romangeschehens zuweist. Die Handlung wird erst dadurch zur Geschichte, dass der Erzähler im Erzählvorgang einen Sinnzusammenhang zwischen den Ereignissen herstellt.
Beim **traditionellen Roman**, der seinen Höhepunkt im 19. Jahrhundert mit Autoren wie Theodor Fontane und Gottfried Keller erlebte, steht ein **Protagonist** (Romanheld) im Mittelpunkt, der zu einer Identifikationsfigur für den Leser wird. Die einzelnen Ereignisse sind durch einen roten Faden miteinander verbunden. Meistens werden **längere Zeiträume** von einem auktorialen Erzähler in **chronologischer Abfolge** dargestellt.
Zentralfigur im **modernen Roman** des 20. Jahrhunderts ist dagegen ein Durchschnittsmensch mit all seinen Schwächen und Unsicherheiten. Der moderne „Held“ eignet sich nicht mehr als Identifikationsfigur. Auch die Erzählweise verändert sich. Die Handlung wird durch **Rückblenden und Vorausdeutungen** durchbrochen. Bisweilen setzt das Erzählen mitten in der Handlung ein. Im Vordergrund steht oftmals das **innere Geschehen**.
Seit dem Beginn des 20. Jahrhunderts hat sich auch die **längere Erzählung** als weitere Form etabliert. Sie konzentriert sich meist auf einen Handlungsstrang und zeigt Personen in einer schwierigen psychischen Situation.
Fortgesetzt wird der Pluralismus der Erzählweisen seit Ende des 20. Jahrhunderts in der Literatur der **Postmoderne**, die häufig irrationale Elemente enthält und Randexistenzen in den Fokus rückt.

1 Du hast im Laufe deiner Schulzeit schon einige Romane und Novellen gelesen. Nenne Beispiele und stelle sie kurz vor.

Besuch in einer elften Klasse an einem Hamburger Gymnasium, die Schüler, 16, 17 Jahre alt, verbinden ihre eigene Grundschulzeit, als sie das Lesen eben lernten, mit eindeutig positiven Begriffen: „Freude" habe das Lesen gebracht. „Die Welt war offener", „ich war unheimlich stolz", „fühlte mich älter", „war glücklich". Lesen zu können bedeutet auch Freiheit – nicht länger abhängig zu sein von anderen.

Bei den Jugendlichen entwickelte sich die Begeisterung fürs Lesen unterschiedlich fort. Einige in der Klasse verbinden mit dem Lesen heute die Begriffe „Anstrengung" und „Zeitaufwand", aber häufiger fallen Stichwörter wie „Fantasie" und „Emotionen", „Bildung", „Spaß" und „Erholung". Eine Schülerin findet allerdings jedes Buch, das zur Schullektüre erklärt wird, „sowieso doof, egal wie gut es ist."

2 Lest die obenstehenden Aussagen und tauscht euch darüber aus, wie ihr zum Lesen steht.

→ Diskutiert, was eure Einstellung zur Lektüre positiv beeinflusst und was einen negativen Effekt hat.

→ Erörtert die Aussage „Die Lektüre von Büchern gehört zum Sprachenunterricht unbedingt dazu."

Schon gewusst?

WISSEN

- Im Jahr 2013 erschienen auf dem deutschen Markt 93 600 **neue Bücher**, darunter allein rund 27 500 Titel in den Bereichen Belletristik und Deutsche Literatur und 8 268 neue Kinder- und Jugendbücher. 4 522 neue Schulbücher kamen auf den Markt. 9,5 Milliarden Euro setzte die Verlagsbranche insgesamt um. Würde man alle Neuerscheinungen in Deutschland stapeln, wäre der Turm 2 500 Meter hoch.
- In Deutschland gibt es rund **6 000 Buchhandlungen** inklusive Filialen und Buchverkaufsstellen. Die rund **3 000 Buchverlage** beschäftigen insgesamt gut 24 500 Mitarbeiter. Berlin ist mit 178 Verlagen auch die Buchhauptstadt Deutschlands, gefolgt von München mit 134 Verlagen.
- Die **Frankfurter Buchmesse**, die jährlich Anfang Oktober stattfindet, ist die größte Bücherschau der Welt. Über 7 000 Aussteller und rund 280 000 Besucher finden jährlich den Weg in die Messestadt am Main. Die Buchmesse in ihrer heutigen Form existiert seit 1949. Insgesamt aber kann Frankfurt auf eine mehr als 500-jährige Tradition als Umschlagplatz für Literatur zurückblicken. Im Zeitalter der Aufklärung (☞ S. 206 ff.) musste die Stadt ihre führende Rolle an Leipzig abtreten. Die **Leipziger Buchmesse** ist heute mit über 2 000 Ausstellern aus der Buch- und Medienwelt der bedeutendste Frühjahrstreff der Branche.

Thomas Mann (1875–1955) war 26, als er den Roman „Buddenbrooks" schrieb. 1929 erhielt er dafür den Literatur-Nobelpreis.

1 Literarische Figuren charakterisieren

1.1 Das äußere Erscheinungsbild wiedergeben

Thomas Mann
Buddenbrooks (1901) *Auszug 1*

In dem 1901 erschienenen Roman „Buddenbrooks – Verfall einer Familie", wird das Schicksal einer Kaufmannsfamilie aus der Hansestadt Lübeck über vier Generationen hinweg dargestellt. Die eigentliche Handlung spielt in den Jahren 1835 bis 1877. Thomas Mann zeigt dabei vor allem, wie alte und neue Lebensformen und Verhaltensweisen an den „Nahtstellen" der Generationen aufeinanderprallen. So wird letztlich der schleichende Auflösungsprozess der Familie Buddenbrook und ihrer traditionellen Werte vor Augen geführt.
An einem Juninachmittag sitzt die Familie im Garten, als Bendix Grünlich, ein Kaufmann aus Hamburg, seine Aufwartung macht.

Durch den Garten kam, Hut und Stock in derselben Hand, mit ziemlich kurzen Schritten und etwas vorgestrecktem Kopf, ein mittelgroßer Mann von etwa zweiunddreißig Jahren in einem grüngelben, wolligen und langschößigen Anzug und grauen Zwirnhandschuhen. Sein Gesicht unter dem hellblonden, spärlichen Haupthaar war rosig und lächelte; neben dem einen Nasenflügel aber befand sich eine auffällige Warze. Er trug Kinn und Oberlippe glattrasiert und ließ den Backenbart nach englischer Mode lang hinunterhängen; diese Favoris waren von ausgesprochen goldgelber Farbe. – Schon von weitem vollführte er mit seinem großen, hellgrauen Hut eine Gebärde der Ergebenheit ...
Mit einem letzten, sehr langen Schritte trat er heran, indem er mit dem Oberkörper einen Halbkreis beschrieb und sich auf diese Weise vor allen verbeugte.
„Ich störe, ich trete in einen Familienkreis", sprach er mit weicher Stimme und feiner Zurückhaltung. „Man hat gute Bücher zur Hand genommen, man plaudert ... Ich muss um Verzeihung bitten!"
„Sie sind willkommen, mein werter Herr Grünlich!", sagte der Konsul[1], der sich, wie seine beiden Söhne, erhoben hatte und dem Gaste die Hand drückte. „Ich freue mich, Sie auch außerhalb des Kontors und im Kreise meiner Familie begrüßen zu können. Herr Grünlich, Bethsy, mein wackerer Geschäftsfreund ... Meine Tochter Antonie ... Meine Nichte Klothilde ... Sie kennen Thomas bereits ... Das ist mein zweiter Sohn, Christian, ein Gymnasiast." Herr Grünlich hatte wiederum auf jeden Namen mit einer Verbeugung geantwortet.
„Wie gesagt", fuhr er fort, „ich habe nicht die Absicht, den Eindringling zu spielen ... Ich komme in Geschäften, und wenn ich den Herrn Konsul ersuchen dürfte, einen Gang mit mir durch den Garten zu tun ..."
Die Konsulin antwortete: „Sie erweisen uns eine Liebenswürdigkeit, wenn Sie nicht sofort mit meinem Manne von Geschäften reden, sondern ein Weilchen mit unserer Gesellschaft fürlieb nehmen wollten. Nehmen Sie Platz!"

[1] *der Konsul*: Titel und Ehrenamt, das mit hohem gesellschaftlichem Ansehen verbunden ist

„Tausend Dank", sagte Herr Grünlich bewegt. Hierauf ließ er sich auf dem Rande des Stuhles nieder, den Tom herbeigebracht hatte, setzte sich, Hut und Stock auf den Knien, zurecht, strich mit der Hand über seinen einen Backenbart und ließ ein Hüsteln vernehmen, das ungefähr klang wie: „Hä-ä-hm!" Dies alles machte den Eindruck, als wollte er sagen: „Das wäre die Einleitung. Was nun?"

Die Konsulin eröffnete den Hauptteil der Unterhaltung.

„Sie sind in Hamburg zu Hause?", fragte sie, indem sie den Kopf zur Seite neigte und ihre Arbeit im Schoße ruhen ließ.

„Allerdings, Frau Konsulin", entgegnete Herr Grünlich mit einer neuen Verbeugung. „Ich habe meinen Wohnsitz in Hamburg, allein ich bin viel unterwegs, ich bin stark beschäftigt, mein Geschäft ist ein außerordentlich reges ... hä-ä-hm, ja, das darf ich sagen."

Die Konsulin zog die Brauen empor und machte eine Mundbewegung, als sagte sie mit respektvoller Betonung: „So?"

„Rastlose Tätigkeit ist für mich Lebensbedingung", setzte Herr Grünlich halb zum Konsul gewendet hinzu, und er hüstelte aufs Neue, als er den Blick bemerkte, den Fräulein Antonie auf ihm ruhen ließ, diesen kalten und musternden Blick, mit dem junge Mädchen fremde junge Herren messen, und dessen Ausdruck jeden Augenblick bereit scheint, in Verachtung überzugehen.

„Wir haben Verwandte in Hamburg", bemerkte Tony, um etwas zu sagen.

„Die Duchamps", erklärte der Konsul, „die Familie meiner seligen Mutter."

„Oh, ich bin vollkommen orientiert!", beeilte sich Herr Grünlich zu erwidern. „Ich habe die Ehre, ein wenig bei den Herrschaften bekannt zu sein. Es sind ausgezeichnete Menschen insgesamt, Menschen von Herz und Geist, – hä-ä-hm. In der Tat, wenn in allen Familien ein Geist herrschte wie in dieser, so stünde es besser um die Welt. Hier findet man Gottesglaube, Mildherzigkeit, innige Frömmigkeit, kurz die wahre Christlichkeit, die mein Ideal ist; und damit verbinden diese Herrschaften eine edle Weltläufigkeit, eine Vornehmheit, eine glänzende Eleganz, Frau Konsulin, die mich persönlich nun einmal charmiert!"

Tony dachte: Woher kennt er meine Eltern? Er sagt ihnen, was sie hören wollen ...

Der Konsul aber sprach beifällig:

„Diese doppelte Geschmacksrichtung kleidet jeden Mann aufs Beste."

Und die Konsulin konnte nicht umhin, dem Gaste mit einem leisen Klirren des Armbandes die Hand zu reichen, deren Fläche sie in herzlicher Weise ganz weit herumdrehte.

„Sie reden mir aus der Seele, mein werter Herr Grünlich!", sagte sie.

1 Schildere, wie Grünlich sich bei seinem Besuch benimmt. Welchen Eindruck vermitteln sein Erscheinungsbild und sein Auftreten?

2 Halte fest, wie sich die Konsulin und Antonie (Tony) im Verlauf dieser Begegnung verhalten, indem du besonders auf ihre Körpersprache achtest.

3 Benenne die Erzählsituation (☞ S. 234) und untersuche die Erzählhaltung (☞ S. 235). Erkläre, wie beides zum Eindruck beiträgt, den der Leser von den Figuren gewinnt.

1.2 Direkte und indirekte Charakterisierung erkennen

Buddenbrooks (1901) *Auszug 2*

Acht Tage später ereignete sich jene Szene im Frühstückszimmer ... Tony kam um 9 Uhr herunter und war erstaunt, ihren Vater noch neben der Konsulin am Kaffeetische zu finden. Nachdem sie sich die Stirn hatte küssen lassen, setzte sie sich frisch, hungrig und mit schlafroten Augen an ihren Platz, nahm Zucker und Butter und bediente sich mit grünem Kräuterkäse.

„Wie hübsch, Papa, dass ich dich einmal noch vorfinde!", sagte sie, während sie mit der Serviette ihr heißes Ei erfasste und es mit dem Teelöffel öffnete.

„Ich habe heute auf unsere Langschläferin gewartet", sagte der Konsul, der eine Zigarre rauchte und beharrlich mit dem zusammengefalteten Zeitungsblatt leicht auf den Tisch schlug. Die Konsulin ihrerseits beendete langsam und mit graziösen Bewegungen ihr Frühstück und lehnte sich dann ins Sofa zurück.

„Thilda ist schon in der Küche tätig", fuhr der Konsul bedeutsam fort, „und ich wäre ebenfalls bei meiner Arbeit, wenn deine Mutter und ich nicht in einer ernsthaften Angelegenheit mit unserem Töchterchen zu sprechen hätten."

Tony, den Mund voll Butterbrot, blickte ihrem Vater und dann ihrer Mutter mit einem Gemisch von Neugier und Erschrockenheit ins Gesicht.

„Iss nur zuvor, mein Kind", sagte die Konsulin, und als Tony trotzdem ihr Messer niederlegte und rief: „Nur gleich heraus damit, bitte, Papa!", wiederholte der Konsul, der durchaus nicht aufhörte, mit der Zeitung zu spielen: „Iss nur."

Während Tony unter Stillschweigen und appetitlos ihren Kaffee trank, ihr Ei und ihren grünen Käse zum Brote verzehrte, fing sie zu ahnen an, um was es sich handelte. Die Morgenfrische verschwand von ihrem Gesicht, sie ward ein wenig bleich, sie dankte für Honig und erklärte bald mit leiser Stimme, dass sie fertig sei ... „Mein liebes Kind", sagte der Konsul, nachdem er noch einen Augenblick geschwiegen hatte, „die Frage, über die wir mit dir zu reden haben, ist in diesem Briefe enthalten." Und er pochte nun, statt mit der Zeitung, mit einem großen, bläulichen Kuvert auf den Tisch. „Um kurz zu sein: Herr Bendix Grünlich, den wir alle als einen braven und liebenswürdigen Mann kennengelernt haben, schreibt mir, dass er während seines hiesigen Aufenthaltes eine tiefe Neigung zu unserer Tochter gefasst habe, und bittet in aller Form um ihre Hand. Was denkt unser gutes Kind darüber?"

Tony saß mit gesenktem Kopf zurückgelehnt und ihre rechte Hand drehte den silbernen Serviettenring langsam um sich selbst. Plötzlich aber schlug sie die Augen auf, Augen, die ganz dunkel geworden waren und voll von Tränen standen. Und mit bedrängter Stimme stieß sie hervor:

Das Buddenbrook-Haus in Lübeck

„Was will dieser Mensch von mir –! Was habe ich ihm getan?!“

Worauf sie in Weinen ausbrach. –

Der Konsul warf seiner Gattin einen Blick zu und betrachtete ein wenig verlegen seine leere Tasse.

„Liebe Tony“, sagte die Konsulin sanft, „wozu dies Echauffement! Du kannst sicher sein, nicht wahr, dass deine Eltern nur dein Bestes im Auge haben und dass sie dir nicht raten können, die Lebensstellung auszuschlagen, die man dir anbietet. Siehst du, ich nehme an, dass du noch keine entscheidenden Empfindungen für Herrn Grünlich hegst, aber das kommt, ich versichere dich, das kommt mit der Zeit ... Einem so jungen Dinge, wie du, ist es niemals klar, was es eigentlich will ... Im Kopfe sieht es so wirr aus wie im Herzen ... Man muss dem Herzen Zeit lassen und den Kopf offen halten für die Zusprüche erfahrenerer Leute, die planvoll für unser Glück sorgen ...“

„Ich weiß gar nichts von ihm –“, brachte Tony trostlos hervor und drückte mit der kleinen weißen Batist-Serviette, in der sich Eiflecke befanden, ihre Augen. „Ich weiß nur, dass er einen goldgelben Backenbart hat und ein reges Geschäft ...“ Ihre Oberlippe, die beim Weinen zitterte, machte einen unaussprechlich rührenden Eindruck.

Der Konsul rückte mit einer Bewegung plötzlicher Zärtlichkeit seinen Stuhl an sie heran und strich lächelnd über ihr Haar.

„Meine kleine Tony“, sagte er, „was solltest du auch von ihm wissen? Du bist ein Kind, siehst du, du würdest nicht mehr von ihm wissen, wenn er nicht vier Wochen, sondern deren zweiundfünfzig hier verlebt hätte ... Du bist ein kleines Mädchen, das noch keine Augen hat für die Welt und das sich auf die Augen anderer Leute verlassen muss, die Gutes mit dir im Sinne haben ...“

„Ich verstehe es nicht ... ich verstehe es nicht ...“, schluchzte Tony fassungslos und schmiegte ihren Kopf wie ein Kätzchen unter die streichelnde Hand. „Er kommt hierher ... sagt allen etwas Angenehmes ... reist wieder ab ... und schreibt, dass er mich ... ich verstehe es nicht ... wie kommt er dazu ... was habe ich ihm getan?! ...“

Der Konsul lächelte wieder. „Das hast du schon einmal gesagt, Tony, und es zeigt so recht deine kindliche Ratlosigkeit. Mein Töchterchen muss durchaus nicht glauben, dass ich es drängen und quälen will ... Das alles kann mit Ruhe erwogen werden, muss mit Ruhe erwogen werden, denn es ist eine ernste Sache. Das werde ich auch Herrn Grünlich vorläufig antworten und sein Gesuch weder abschlagen noch bewilligen ... Es gibt da viele Dinge zu überlegen ... So ... sehen wir wohl? Abgemacht! Nun geht Papa an seine Arbeit ... Adieu, Bethsy ...“

Buddenbrooks-Verfilmung aus dem Jahr 1959

1 Halte fest, wie Tony vor der Eröffnung durch den Vater dargestellt wird.

2 Notiere die Aussagen, die Tonys Reaktion auf den Antrag belegen.

→ Achte dabei sowohl auf ihre Körpersprache als auch auf den Verlauf des Gesprächs mit dem Konsul und seiner Frau.

→ Sammle weitere Textelemente, die Tonys Reaktion kommentieren oder bewerten.

→ Welche Rolle spielen dabei der Erzählerbericht und die Äußerungen in der Figurenrede? (☞ S. 235)

3 Der Konsul interpretiert Tonys Reaktion als „kindliche Ratlosigkeit" (Z. 72), die Mutter verweist darauf, einem Mädchen ihres Alters sei „niemals klar, was es eigentlich will" (Z. 49).

→ Erläutere, inwiefern diese Sichtweise und die Erwartungen, die Tonys Vater an sie heranträgt, das gesellschaftliche Rollenbild der Frau um 1900 widerspiegeln. (☞ Schaubild S. 98)

→ Diskutiert, ob die Eltern Tonys Befindlichkeit tatsächlich gerecht werden.

4 Folgende Inschrift befindet sich über dem Eingang des Buddenbrook-Hauses in Lübeck: „Dominus providebit – Der Herr wird vorsorgen".

→ Erläutere, inwiefern diese Aussage auch für Tony eine Rolle spielt.

5 Ordne anhand der beiden Romanauszüge alle Elemente, die Tony in direkter oder indirekter Weise charakterisieren, in einer Tabelle an.

WISSEN

Direkte Charakterisierung:
Eine Figur oder ihre Handlung wird durch den Erzähler selbst (**Außensicht**) oder durch andere Figuren (**Innensicht**) beurteilt oder kommentiert. Dazu enthält der Text explizite Äußerungen zum Verhalten der Figur. Allerdings muss das Urteil bzw. die Einschätzung nicht zutreffen.

Indirekte Charakterisierung:
Die Einschätzung der Figur erfolgt durch den Leser aufgrund der **Interpretation einzelner Textstellen** und seiner **Kenntnis der Handlung und der gesellschaftlichen Rahmenbedingungen** (Kontexte), die das Denken und Handeln der Figuren beeinflussen. Sie erfolgt nicht explizit, sondern ist eher zwischen den Zeilen zu finden.
Die folgenden **Fragen** können eine indirekte Charakterisierung vorbereiten:

- Welche Interessen, Einstellungen, Denk- und Handlungsweisen charakterisieren die Figur?
- Welche Weltanschauungen und Positionen vertritt sie und wie entwickelt sie sich?
- Welchen gesellschaftlichen Status hat sie inne? Inwiefern wirkt sich dies auf ihre Sprache, ihr Denken, ihr Handeln und ihren sozialen Umgang aus?

1.3 Den Charakter einer Figur analysieren

Buddenbrooks (1901) *Auszug 3*

Der Druck der Eltern, die auf eine Vermählung mit Grünlich drängen, nimmt Tony so sehr mit, dass Konsul Buddenbrook sie zur Erholung nach Travemünde schickt. Dort verliebt sie sich in den jungen Morten Schwarzkopf. Grünlich schreitet ein und sorgt dafür, dass Tony von ihrem Bruder Thomas aus Travemünde zurückgeholt wird.

Der Himmel war weißlich bedeckt, die Trave warf kleine Wellen, die schnell vor dem Winde dahineilten. Dann und wann prickelten kleine Tropfen gegen die Scheiben. Am Ausgang der „Vorderreihe" saßen die Leute vor ihren Haustüren und flickten Netze; barfüßige Kinder kamen herbeigelaufen und beobachteten neugierig den Wagen. Die blieben hier ...

Als der Wagen die letzten Häuser zurückließ, beugte Tony sich vor, um noch einmal den Leuchtturm zu sehen; dann lehnte sie sich zurück und schloss die Augen, die müde und empfindlich waren. Sie hatte in der Nacht fast nicht geschlafen vor Erregung, war früh aufgestanden, um ihren Koffer in Ordnung zu bringen und hatte nicht frühstücken mögen. In ihrem ausgetrockneten Munde hatte sie einen faden Geschmack. Sie fühlte sich so hinfällig, dass sie es nicht einmal versuchte, die Tränen zurückzudrängen, die jeden Augenblick langsam und heiß in ihre Augen emporstiegen.

Kaum hatte sie ihre Lider geschlossen, als sie sich wieder in Travemünde, in der Veranda befand. Sie sah Morten Schwarzkopf leibhaftig vor sich, wie er zu ihr sprach, sich nach seiner Art dabei vorbeugte und hie und da einen anderen gutmütig forschend ansah; wie er lachend seine schönen Zähne zeigte, von denen er offensichtlich gar nichts wusste ... und es wurde ihr gar ruhig und heiter dabei zu Sinn. Sie rief sich alles ins Gedächtnis zurück, was sie in vielen Gesprächen von ihm gehört und erfahren hatte, und es bereitete ihr eine beglückende Genugtuung, sich feierlich zu versprechen, dass sie dies alles als etwas Heiliges und Unantastbares in sich bewahren wollte. Dass der König von Preußen ein großes Unrecht begangen, dass die Städtischen Anzeigen ein klägliches Blättchen seien, ja selbst, dass vor vier Jahren die Bundesgesetze über die Universitäten erneuert worden, das würden ihr fortan ehrwürdige und tröstliche Wahrheiten sein, ein geheimer Schatz, den sie würde betrachten können, wann sie wollte. Mitten auf der Straße, im Familienkreise, beim Essen würde sie daran denken ... Wer weiß? Viel-

August Diehl als Thomas und Jessica Schwarz als Tony Buddenbrook in der Verfilmung von 2008

leicht würde sie ihren vorgezeichneten Weg gehen und Herrn Grünlich heiraten, das war ganz gleichgültig; aber wenn er zu ihr sprach, würde sie plötzlich denken: Ich weiß etwas, was du nicht weißt ... Die Adeligen sind – im Prinzip gesprochen – verächtlich!

Sie lächelte zufrieden vor sich hin ... Aber da, plötzlich, vernahm sie in dem Geräusch der Räder mit vollkommener, mit unglaublich lebendiger Deutlichkeit Mortens Sprache; sie unterschied jeden Laut seiner gutmütigen, ein wenig schwerfällig knarrenden Stimme, sie hörte mit leiblichem Ohr, wie er sagte: „Heute müssen wir beide auf den Steinen sitzen, Fräulein Tony ...", und diese kleine Erinnerung überwältigte sie. Ihre Brust zog sich zusammen vor Wehmut und Schmerz, ohne Gegenwehr ließ sie die Tränen hervorstürzen ... In ihren Winkel gedrückt, hielt sie das Taschentuch mit beiden Händen vors Gesicht und weinte bitterlich.

Thomas, seine Zigarette im Munde, blickte ein wenig ratlos auf die Chaussee hinaus.

„Arme Tony!", sagte er schließlich, indem er ihre Jacke streichelte. „Du tust mir herzlich leid ... ich verstehe dich so gut, siehst du! Aber was ist da zu tun? Dergleichen muss durchgemacht werden. Glaube mir nur ... ich kenne das auch ..."

„Ach, du kennst gar nichts, Tom!", schluchzte Tony.

„Na, sage das nicht. Jetzt steht es zum Beispiel fest, dass ich Anfang nächsten Jahres nach Amsterdam gehe. Papa hat eine Stelle für mich ... bei van der Kellen & Comp ... Da werde ich Abschied nehmen müssen für lange, lange Zeit ..."

„Ach, Tom! Ein Abschied von Eltern und Geschwistern! Das ist gar nichts!"

„Ja –!", sagte er ziemlich langgedehnt. Er atmete auf, als ob er noch mehr sagen wollte und schwieg dann. Indem er die Zigarette von einem Mundwinkel in den anderen wandern ließ, zog er eine Braue empor und wandte den Kopf zur Seite.

„Und es dauert ja nicht lange", fing er nach einer Weile wieder an. „Das gibt sich. Man vergisst ..."

„Aber ich will ja gerade nicht vergessen!", rief Tony ganz verzweifelt. „Vergessen ... ist das denn ein Trost?!" –

1 Suche Schlüsselsätze aus dem Textausschnitt heraus, die Tonys und Thomas' Einstellungen zu den Erwartungen der Familie zum Ausdruck bringen.

2 Markiere mit unterschiedlichen Farben, wo direkte und wo indirekte Charakterisierungen von Tony bzw. Thomas vorliegen.

3 Erläutere, inwiefern Tonys Gedanken (Z. 14 bis 38) das Bild ihres Charakters abrunden.

4 Setze das Gespräch der Geschwister am Ende fort und gehe dabei darauf ein, wie beide ihre Überzeugung begründen. Diese Form der Interpretation darf den gewonnenen Erkenntnissen nicht widersprechen.

5 Suche aus der folgenden Wortliste zur Erstellung eines Charakter-Profils möglichst viele Adjektive heraus, die auf Tony Buddenbrook zutreffen.

Tipp: Die Liste kann für jede literarische Charakteristik oder Interpretation hilfreich sein.

Charakter-Profil

Persönliche Qualitäten

- aktiv/tatkräftig/energisch
- beharrlich/ausdauernd/willensstark
- anspruchsvoll/ehrgeizig
- engagiert/interessiert
- zielstrebig/zielbewusst/umsichtig
- zufrieden
- interessant
- sanft/zurückhaltend/besonnen
- kontrolliert/bedacht
- konsequent/konzentriert
- selbstständig/autonom
- selbstsicher/selbstbewusst
- mutig/tapfer
- unbekümmert
- passiv/träge
- willensschwach/vorsichtig
- anspruchslos/bescheiden
- desinteressiert/resigniert
- planlos/ziellos
- gierig
- langweilig
- wild/lebenslustig
- leichtsinnig/leichtfertig
- zerfahren/unkonzentriert
- unselbstständig/abhängig
- unsicher/feige
- schreckhaft

Geistige Fähigkeiten und Einstellungen

- kenntnisreich
- intellektuell/klug/scharfsinnig
- gebildet/kultiviert/geistreich
- ideenreich/fantasievoll
- reif/erfahren
- vernünftig/überlegt
- charismatisch
- umsichtig/aufmerksam
- idealistisch
- lebensfroh
- aufgeschlossen
- progressiv
- realistisch
- unwissend
- schlicht/einfältig/dumm
- ungebildet/beschränkt
- ideenlos/einfallslos
- unreif/unerfahren
- unüberlegt/naiv
- unauffällig/unbedarft
- unbedacht/unreflektiert
- lebensfremd/weltabgewandt
- engstirnig
- konservativ/reaktionär

Emotionale Aspekte

- sensibel/empfindsam
- empfindlich
- kühl/berechnend
- liebevoll/zärtlich
- leidenschaftlich/lebhaft/temperamentvoll
- ausgeglichen/beherrscht/besonnen
- heiter/vergnügt
- fröhlich

- hart/unsensibel/rau
- grob/gefühlskalt
- hitzig/emotional
- launisch/aufbrausend/jähzornig
- melancholisch/schwermütig/missmutig/mürrisch/depressiv
- traurig/niedergeschlagen/verbittert

Moralische Einschätzungen

- integer/gewissenhaft/zuverlässig
- edelmütig/gütig/treu
- ehrlich/aufrichtig
- pflichtbewusst/verantwortungsbewusst
- dankbar
- sorgfältig

- verdorben/skrupellos/gewissenlos
- hinterhältig/untreu
- verlogen/unehrlich
- pflichtvergessen/unverantwortlich
- undankbar
- oberflächlich

Soziale Aspekte

- anhänglich/anlehnungsbedürftig
- sympathisch
- gesellig/ausgleichend
- gesprächig/mitteilsam
- gutmütig/wohlwollend/mitfühlend
- zuverlässig
- überlegen/souverän
- offen/offenherzig
- tolerant
- aufgeschlossen/verständnisvoll
- bescheiden
- großzügig/freigebig
- uneigennützig/selbstlos
- hilfsbereit/gefällig
- nachsichtig/nachgiebig
- friedlich/versöhnlich
- freundlich/liebenswürdig/nett

- bindungslos
- unsympathisch/abstoßend
- vereinsamt/zurückgezogen
- zurückhaltend/schweigsam
- gehässig/boshaft
- unzuverlässig
- herrisch/despotisch
- verschlossen
- intolerant
- engstirnig/kleinlich/borniert
- angeberisch/arrogant/anmaßend
- neidisch/missgünstig/knauserig
- berechnend/egoistisch
- ungefällig
- nachtragend/streng
- aggressiv/feindselig/streitsüchtig
- unfreundlich

1.4 Räume als Kulisse der Handlung wahrnehmen

Buddenbrooks (1901) *Auszug 4*

Vier Jahre nach ihrer Heirat ist Tonys Ehe am Ende. Der vermeintlich wohlhabende Grünlich erweist sich als zahlungsunfähiger Betrüger. Das wird in einer Unterredung zwischen dem Konsul, seinem Schwiegersohn und dem Bankier Kesselmeyer im Wohnzimmer der Grünlichs deutlich.

In der Mitte des kleinen Zimmers, dessen Tapeten geblümt waren, stand ein ziemlich umfangreicher, viereckiger, grünbezogener Tisch. Der Regen draußen hatte zugenommen. Es war so finster, dass Herr Grünlich die drei Kerzen, die in silbernen Leuchtern auf der Tafel standen, alsbald entzündete. Bläuliche, mit Firmenstempeln versehene Geschäftsbriefe und abgegriffene, hie und da eingerissene, mit Daten und Namenszügen bedeckte Papiere lagen auf dem grünen Tuch. Außerdem bemerkte man ein dickleibiges Hauptbuch und ein von wohlgeschärften Gänsefedern und Bleistiften starrendes Tinten- und Streusandfass aus Metall.

Herr Grünlich machte die Honneurs mit den stillen, taktvollen und zurückhaltenden Mienen und Bewegungen, mit denen man die Gäste bei einem Begräbnis komplimentiert.

„Lieber Vater, bitte nehmen Sie den Armstuhl", sagte er sanft. „Herr Kesselmeyer, haben Sie die Freundlichkeit, sich hierzu setzen? ..."

Endlich war die Ordnung hergestellt. Der Bankier saß dem Hausherrn gegenüber, während der Konsul im Armsessel an der Breitseite des Tisches präsidierte. Die Rückenlehne seines Stuhles berührte die Korridortür.

Herr Kesselmeyer bückte sich, ließ die Unterlippe hängen, entwirrte auf seiner Weste einen Kneifer und hieb ihn sich auf die Nase, indem er dieselbe krauste und den Mund aufriss. Dann kraulte er sich mit einem nervös machenden Geräusch den geschorenen Backenbart, stemmte die Hände auf die Knie, nickte den Papieren zu und bemerkte kurz und fröhlich: „Ahah! Da haben wir die ganze Bescherung!"

„Sie erlauben nun, dass ich mir einen genaueren Einblick in die Lage der Dinge verschaffe", sagte der Konsul und griff nach dem Hauptbuch. Plötzlich jedoch streckte Herr Grünlich schirmend beide Hände über den Tisch hin, lange, von hohen blauen Adern durchzogene Hände, die ersichtlich zitterten, und rief mit bewegter Stimme: „Einen Augenblick! Noch einen Augenblick, Vater! Oh, lassen Sie mich noch eine einleitende Bemerkung vorausschicken! ... Ja, Sie werden Einblick gewinnen, Ihrem Blick wird nichts entgehen ... Aber glauben Sie mir: Sie werden Einblick in die Lage eines Unglücklichen gewinnen, nicht eines Schuldigen! Sehen Sie in mir einen Mann, Vater, der sich ohn' Ermatten gegen das Schicksal gewehrt hat, der aber von ihm zu Boden geschlagen ist! In diesem Sinne ..."

„Ich werde sehen, mein Freund, ich werde sehen!", sagte der Konsul mit sichtlicher Ungeduld; und Herr Grünlich zog seine Hände zurück, um dem Geschicke seinen Lauf zu lassen.

Es vergingen lange, furchtbare Minuten des Schweigens. In dem unruhigen Kerzenlicht saßen die drei Herren, eingeschlossen von vier dunklen Wänden, dicht beieinander. Man vernahm keine Bewegung als das Rascheln des Papiers, mit dem der Konsul hantierte. Sonst war draußen der fallende Regen das einzige Geräusch. Herr Kesselmeyer hatte seine Daumen in die Armlöcher der Weste geschoben, spielte mit den übrigen Fingern an den Schultern Klavier und sah mit unsäglicher Heiterkeit von einem zum anderen. Herr Grünlich saß, ohne sich zurückzulehnen, die Hände auf dem Tisch, starrte trüb vor sich hin und ließ dann und wann einen ängstlichen Blick seitwärts zu seinem Schwiegervater gleiten. Der Konsul blätterte im Hauptbuch, verfolgte mit dem Fingernagel Kolonnen von Zahlen, verglich Daten und warf mit dem Bleistift seine kleinen, unleserlichen Ziffern aufs Papier. Sein abgespanntes Gesicht drückte Entsetzen vor den Verhältnissen aus, in die er nun „Einblick gewann" ... Endlich legte er seine Linke auf Herrn Grünlichs Arm und sagte erschüttert: „Sie armer Mann!" [...]

„Wie ist es möglich!", sagte er mit einem trostlosen Kopfschütteln ... „In diesen wenigen Jahren!"

„Kinderspiel!", antwortete Herr Kesselmeyer gutgelaunt. „In vier Jahren kann man allerliebst vor die Hunde kommen!" [...]

Der Konsul sah ihn blinzelnd an, indem er ihn weder sah noch hörte. Er hatte keineswegs seinem wirklichen Gedanken Ausdruck gegeben, über den er grübelte ... Warum, fragte er sich argwöhnisch und dennoch verständnislos, warum dies alles gerade jetzt? ‚B. Grünlich' hatte schon vor zwei, vor drei Jahren stehen können, wo er jetzt stand; das übersah man mit einem Blick. Aber sein Kredit war unerschöpflich gewesen, er hatte von den Banken Kapital erhalten, er hatte die Unterschriften von soliden Häusern wie Senator Bock und Konsul Goudstikker immer wieder für seine Unternehmungen in Empfang genommen, und seine Wechsel hatten kursiert wie Bargeld. Warum gerade jetzt, jetzt, jetzt – und der Chef der Firma ‚Johann Buddenbrook' wusste wohl, was er unter diesem Jetzt verstand – dieser Zusammenbruch auf allen Seiten, dieses totale Zurückziehen alles Vertrauens wie auf Verabredung, dieses einmütige Herfallen über ‚B. Grünlich' unter Hintansetzung jeder Rücksicht, ja jeder Höflichkeitsform? Der Konsul wäre allzu naiv gewesen, hätte er nicht gewusst, dass das Ansehen seines eignen Hauses nach der Verlobung Grünlichs mit seiner Tochter auch seinem Schwiegersohne hatte zugutekommen müssen. Aber hatte der Kredit des Letzteren so vollkommen, so eklatant, so ausschließlich von dem seinen abgehangen? War Grünlich selbst denn nichts gewesen? Und die Erkundigungen, die der Konsul eingezogen, die Bücher, die er geprüft hatte? ...

Mochte es sich damit verhalten, wie es wollte, so stand sein Entschluss, in dieser Sache auch nicht das Glied eines Fingers zu regen, fester als jemals. Man sollte sich verrechnet haben! Augenscheinlich hatte ‚B. Grünlich' die Anschauung zu erwecken gewusst, als sei er mit ‚Johann Buddenbrook' solidarisch? Diesem, wie es schien, entsetzlich weit verbreiteten Irrtum musste ein für alle Male vorgebeugt werden! Und auch dieser Kesselmeyer sollte sich wundern! Besaß dieser Bajazz[1] ein Gewissen? Es sprang in die Augen, wie schamlos er ganz allein darauf spekuliert hatte, dass er, Johann Buddenbrook, den Mann seiner Tochter nicht würde fallenlassen, wie er dem längst vernichteten Grünlich zwar fort und fort Kredit gewährt, ihn aber immer blutigere Wucherzinsen hatte unterschreiben lassen ... [...]

Mit einer einzigen Handbewegung schob er alles weit von sich, was vor ihm lag, legte mit einem Ruck den Bleistift auf den Tisch und sagte: „So erkläre ich, dass ich nicht willens bin, mich länger in irgendeiner Weise mit dieser Angelegenheit zu beschäftigen. [...] Ich kann Ihnen nicht helfen, mein Freund“, wandte er sich ruhig an Herrn Grünlich. [...]

Dieser saß bewegungslos und rang nur seine langen Hände auf dem Tische so heftig, dass die Finger leise krachten.

„Vater ... Herr Konsul ...“, sagte er mit wankender Stimme, „Sie werden ... Sie können meinen Ruin, mein Elend nicht wollen! Hören Sie mich an! Es handelt sich in Summa um ein Manko von hundertzwanzigtausend ... Sie können mich retten! Sie sind ein reicher Mann! Betrachten Sie diese Summe, wie Sie wollen ... als eine endgültige Abfindung, als das Erbteil Ihrer Tochter, als ein verzinsbares Darlehen ... Ich werde arbeiten ... Sie wissen, dass ich rege und findig bin ...“

„Ich habe mein letztes Wort gesprochen“, sagte der Konsul.

[1] *der Bajazz*: komische Figur

1 Beschreibe das Wohnzimmer und die vorherrschende Atmosphäre und bringe beides in Zusammenhang zu dem, was in dieser Szene offenbar wird.

2 Charakterisiere Kesselmeyer.

3 Analysiere Grünlichs Verhalten:

→ Welche Motive hatte er für die Heirat mit Tony Buddenbrook?

→ Was hat zu seinem finanziellen Ruin geführt?

→ Welche Auswirkungen könnte Grünlichs Ruin auf Tony haben?

WISSEN

Handlungsräume bilden den Bedingungsrahmen für das Agieren der Personen. Sie können **Symbolcharakter** haben: Die Großstadt steht nicht selten für Unterdrückung, Verbrechen, soziale Missstände, Anonymität. Das Haus/Die Stube kann Geborgenheit, aber auch Enge bedeuten. Der Palast/Die Villa versinnbildlicht Prachtentfaltung, schönen Schein, oft auch eine korrupte und korrumpierende Macht. Der Garten steht für die von Menschen gestaltete Natürlichkeit, der Wald oftmals für Einsamkeit und Zivilisationsferne. Er kann – wie das Gebirge – zum Ort der Bewährung und der Selbstfindung werden, während sich mit dem Meer Unendlichkeit und Sehnsucht nach Freiheit assoziieren.

Gedankenräume sind Orte, an die sich die Figuren **in ihren Träumen und Wünschen** begeben. Sie stehen für ihre (unerfüllten) Sehnsüchte und kontrastieren nicht selten mit den realen Lebensumständen.

1.5 Die Figuren in ihrem gesellschaftlichen Umfeld betrachten

Die Rolle der Frau: im Kreis der Familie. Bilderbogen um 1900

Die Rolle des Mannes: wehrhaft und berufstätig. Bilderbogen um 1900

1 Literarische Figuren erscheinen in der dargestellten Situation zugleich als Repräsentanten der politischen, gesellschaftlichen und sozialen Gegebenheiten ihrer Zeit. Betrachte die Abbildungen über das „Stufenalter der Frau und des menschlichen Lebens" und beschreibe das Rollenbild, das um 1900 vorherrscht.
2 Sammle in den Ausschnitten aus „Buddenbrooks" (☞ S. 86 bis 97) Informationen über das Rollenverständnis von Mann und Frau. Notiere diese stichpunktartig.
3 Entnimm aus dem Stammbaum der Familie Buddenbrook, wie Tonys Leben weiter verlaufen ist. Formuliere einen knappen Lebenslauf.

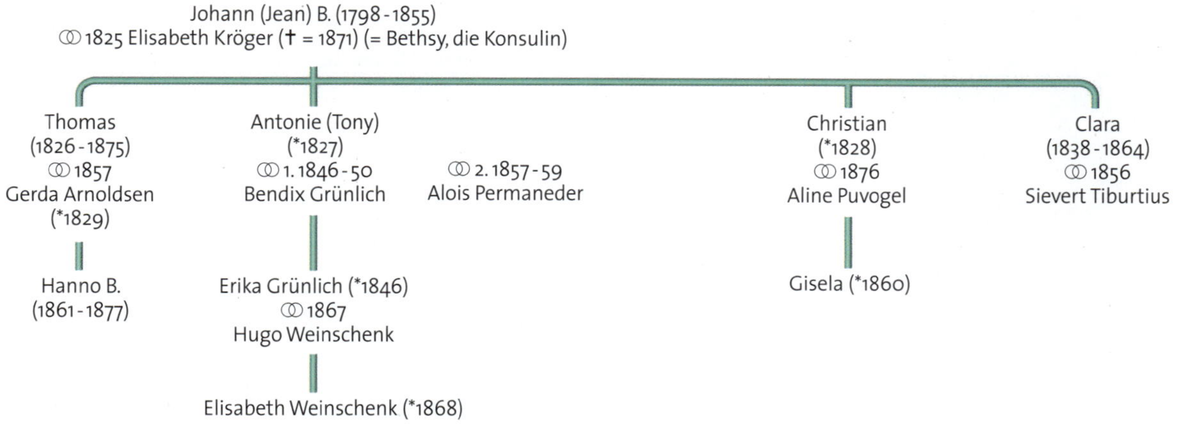

4 Arbeite die Kritikpunkte des Autors am zeitgenössischen Bürgertum heraus, die durch Tonys Schicksal sichtbar werden.
5 Verfasse auf der Grundlage der Romanauszüge eine literarische Charakteristik zur Figur der Tony Buddenbrook.

WISSEN

Literarische Charakteristik

Ziel ist es, aus einem Text das **Gesamtbild einer Figur** zu erfassen. **Dafür** werden **Informationen gesammelt** zur äußeren Erscheinung der Figur, zu ihrem Verhalten, ihrer sozialen Stellung, ihrer Denkart und ihrer Einschätzung durch andere. Die Aussagen müssen durch Textstellen belegt werden.
In der **schriftlichen Arbeit** wird aus den wichtigsten Charakterzügen das **Bild einer Persönlichkeit** entwickelt, das sich an den Formulierungen und Handlungsweisen **aus dem Text belegen** lässt. **Tempus** ist das **Präsens**.
Möglicher Aufbau:
Die **Einleitung** enthält allgemeine Angaben zur Person und ihrer Stellung im Text. Der **Hauptteil** umfasst die ausführliche Darstellung der Figur mit Textbelegen, v. a. äußere Merkmale, die auf das Wesen schließen lassen, charakterliche Merkmale, die einzelnen Entwicklungsphasen und die äußeren Umstände, die das Verhalten mitbegründen. Im **Schlussteil** wird das Charakterbild der beschriebenen Person kurz zusammengefasst. In einer abschließenden Stellungnahme werden Verhalten und Charakter der Figur beurteilt.

PROJEKT

Die Verfilmung einer Romanszene untersuchen

Bei der Verfilmung eines Romans wird die Kamera zur Erzählerin, sie bestimmt die Haltung zum Geschehen und zu den Filmfiguren.
Wähle eine Szene aus der neueren Verfilmung der „Buddenbrooks“ (2008) und analysiere sie unter folgenden Aspekten.

→ **Untersuche die Kameraeinstellungen.**
- Wie verhält sich die Kamera? Zeigt sie das Gesamtgeschehen oder deckt sich der Kamerablick mit dem der Figuren?
- Gibt es Einstellungsgrößen, die auffällig häufig vorkommen?
- Wechselt die Perspektive?
- Ist die Kamera eher statisch (ruhig) oder bewegt sie sich mit dem Objekt? Welcher Effekt entsteht dadurch?
- In welchem Verhältnis steht die Kamera zu den Figuren? Erzeugt sie Nähe oder Distanz? Zeigt sie das Geschehen aus der Perspektive einzelner Figuren?

→ **Analysiere den Schnitt/die Montage** des Films.
- Sind längere oder kürzere Einstellungen vorhanden? Wie wirkt der Rhythmus der Einstellungen?
- Wie werden die Einstellungen miteinander verbunden? Werden sanfte Verbindungen hergestellt oder wird der Kontrast zwischen zwei Einstellungen gesucht?
- Wie werden die verschiedenen Zeitebenen dargestellt? Gibt es Zeitdeckung, Zeitraffung oder Zeitdehnung?

→ **Beschreibe die Musik/die Geräusche** im Film.
- Welche Wirkung haben Einsatz und Stil der Musik?
- Gibt es wiederkehrende musikalische Motive, die Personen oder Situationen charakterisieren (Leitmotive)?
- In welchem Verhältnis stehen die Geräusche zur Handlung, zum Bild und zu den Figuren? Welche Wirkung haben die Geräusche?

2 Ein Leseportfolio zu einem Roman anlegen

2.1 Das Portfolio zum Roman „Das Blütenstaubzimmer" vorbereiten

1997 erschien der Roman „Das Blütenstaubzimmer" der damals erst 23-jährigen Schweizerin Zoë Jenny. Das Buch wurde ein internationaler Erfolg.
Im Mittelpunkt des Romans steht die jugendliche Ich-Erzählerin Jo. Seit der Trennung ihrer Eltern lebt Jo bei ihrem Vater. Nach ihrem Abitur macht sie sich zu ihrer Mutter auf, die mit einem neuen Mann in einem südeuropäischen Land lebt. Doch auch hier fühlt sich die Ich-Erzählerin auf Dauer nicht angenommen und fremd. Schließlich wendet sie sich wieder nach Deutschland, wo sich ihre Suche nach Selbstfindung fortsetzt.

1 Formuliere vor der Lektüre des Romans deine Erwartungen an ein Buch mit dem Titel „Das Blütenstaubzimmer".
→ Beschreibe deine Vorstellungen von einem „Blütenstaubzimmer": Wo gibt es ein solches Zimmer, wer wohnt oder arbeitet darin?
→ Füge deine ausformulierte Leseerwartung in dein Portfolio (siehe unten) ein.
2 Lies den Roman ganz oder befasse dich mit den Auszügen auf den folgenden Seiten. Bereite die Arbeitsaufträge mithilfe der Methode des Leseportfolios vor.

Ein Portfolio anlegen

METHODE

In der bildenden Kunst sammeln Künstler ihre Arbeiten, um den aktuellen Stand ebenso wie ihre Entwicklung zu dokumentieren. Eine solche Sammelmappe wird als **Portfolio** bezeichnet.
Im schulischen Bereich kannst du deinen Lernprozess durch ein Portfolio zu einem Buch, einem Autor oder einem Thema dokumentieren.
→ **Sammle** alle von dir zu einem bestimmten Text (z. B. einem Roman) erstellten **Schreibprodukte** in einer Mappe.
→ **Entscheide** dich für eine **sinnvolle Anordnung** dieser Texte, z. B. chronologisch oder thematisch.
→ **Informiere** durch das **Inhaltsverzeichnis** gezielt über den Bestand des Portfolios und dessen Veränderungen (Weglassungen, Ergänzungen).
→ **Gestalte** einen **Reflexionsbogen**, der sich auf den Anlass der Erstellung, Probleme bei der Erarbeitung, aber auch auf Resultate, Fortschritte usw. bezieht.

2.2 Gestaltende Schreibaufträge zum Roman bearbeiten

Der folgende Auszug stammt aus dem Roman „Das Blütenstaubzimmer“ (S. 50/51). Die einen Ausflug.

❶ Präsens! Die Ich-Erzählerin versetzt sich in die Situation. Wie wird sie in vielen Jahren einmal über diesen Moment und den Ausflug mit ihrer Mutter denken?
Schreibidee: Jo berichtet eines fernen Tages einmal ihrer Tochter von dem Zusammensein und dem Ausflug mit ihrer Mutter

❷ Insektenmotiv! Immer wieder taucht es im Textverlauf auf. Als Kind hatte Jo große Angst vor einem Insekt. Was will das Insekt Jo sagen?
Schreibidee: Das Insekt kann reden und spricht zu Jo

Die Dorfmauer im Rücken, blicke ich[1] hinunter auf die in der Ebene liegende Stadt. Die beleuchteten Straßen tasten sich wie die Fühler eines Insekts in die angrenzenden Wälder hinaus.[2] Dahinter ragt der langgezogene Bergrücken auf. Wenige Tage nach meiner Ankunft bin ich mit Lucy dort oben gewesen.[3] Wir hatten das Haus schon früh am Morgen verlassen, um uns die Umgebung anzusehen. Sie zeigte mir unzählige kleine Dörfer, die ganz aus hellem Stein gebaut sind und in denen nur Katzen und alte Menschen zu leben scheinen;[4] und schließlich, als wir schon erschöpft waren von der Hitze und dem Anblick der Tabak- und Sonnenblumenfelder, fuhren wir auf den Berg. Eine halbe Stunde lang fuhren wir durch den Wald und das Gebüsch, und die jungen Bäu-

❸ Wie hat Jo sich damals gefühlt, unmittelbar nach ihrer Ankunft? Welche Erwartungen hat sie an ihre fremde Umgebung?
Schreibidee: Einen inneren Monolog schreiben

1 Verfasse einen Text zu einer der genannten Schreibideen.

2 Gehe bei den weiteren abgedruckten Seiten (S. 104–107) oder – falls du den Roman ganz liest – bei anderen Seiten des Buches ähnlich vor wie im vorliegenden Beispiel.

Erzählerin befindet sich bei ihrer Mutter Lucy in Südeuropa. Gemeinsam machen die beiden

4 Wie zeigt die Mutter ihrer Tochter Jo die fremde Gegend? Was erzählt sie ihr von der Gegend und über sich?
Schreibidee: Ein Gespräch im Auto schreiben

me, die über den Weg wucherten, klatschten gegen die Scheiben. Oben angekommen, gingen wir durch das stopplige, von der Sonne gebleichte Gras.[5] Die Dörfer, durch deren Gassen wir vorher spaziert waren, sahen von hier wie ausgefranste Flecken aus. Dort, wo wir standen, war nichts, kein einziger Baum, nur eine schwindelerregend weite Fläche. Mein Herzschlag drückte gegen den Pullover, und am liebsten wäre ich zu Boden gesunken und hätte mich nicht mehr bewegt. Aber da war Lucy, die lachend den Kopf in den Wind warf und voller Stolz über die Landschaft redete, als hätte sie sie selbst erschaffen. „Nachts ist es hier recht unheimlich, was meinst du?“, fragte ich. Sie blickte mich an, als hätte ich etwas völlig Überflüssiges gesagt.[6]

5 Die Landschaft wird durch die Erzählerin sehr genau wahrgenommen. In einem Traum am Abend dieses Tages verarbeitet Jo ihre in der fremden Umgebung gemachten Eindrücke in einem fantastischen Traum.
Schreibidee: Den Traum aus Jos Sicht aufschreiben

6 Eine erfahrene Familientherapeutin beobachtet die beiden: Wie analysiert sie die Situation? Welche Ratschläge könnte sie geben?
Schreibidee: Verfassen eines psychologischen Gutachtens über die Mutter-Tochter-Beziehung

3 Überarbeitet eure Texte in einer Schreibkonferenz (☞ S. 251). Achtet dabei vor allem auf Stimmigkeit von Aufbau, Gedankenführung und Figurenzeichnung, auf Bezug zum Ausgangsext und Angemessenheit der Sprache.

4 Sammle die so entstandenen Texte in deinem Leseportfolio (☞ S. 101).

2.3 Analytische Schreibaufträge zum Roman bearbeiten

Das Blütenstaubzimmer *Auszug 2*

Als meine Mutter ein paar Straßen weiter in eine andere Wohnung zog, blieb ich bei Vater. Das Haus, in dem wir wohnten, roch nach feuchtem Stein. In der Waschküche stand eine Druckmaschine, auf der mein Vater tagsüber Bücher druckte. Immer, wenn ich vom Kindergarten nach Hause kam, ging ich zu ihm in die Waschküche und wir stiegen gemeinsam in die Wohnung hinauf, wo wir unser Mittagessen kochten. Abends vor dem Einschlafen stand er neben meinem Bett und zeichnete mit einer glühenden Zigarette Figuren ins Dunkel. Nachdem er mir heiße Milch mit Honig gebracht hatte, setzte er sich an den Tisch und begann zu schreiben. Im rhythmischen Gemurmel der Schreibmaschine schlief ich ein, und wenn ich aufwachte, konnte ich durch die geöffnete Tür seinen Hinterkopf sehen, ein heller Kranz von Haaren im Licht der Tischlampe, und die unzähligen Zigarettenstummel, die, einer neben dem anderen, wie kleine Soldaten den Tischrand säumten.

Da die Bücher, die mein Vater verlegte, nicht gekauft wurden, nahm er eine Stelle als Nachtfahrer an, damit er tagsüber weiterhin die Bücher drucken konnte, die sich erst im Keller und auf dem Dachboden und später überall in der Wohnung stapelten.

Nachts fiel ich in einen unruhigen Schlaf, in dem die Träume zerstückelt an mir vorbeischwammen wie Papierschnipsel in einem reißenden Fluss. Dann das klirrende Geräusch, und ich war hellwach. Ich blickte an die Decke zu den Spinnengeweben empor und wusste, dass mein Vater jetzt in der Küche stand und den Wasserkessel auf den Herd gesetzt hatte. Sobald das Wasser kochte, ertönte ein kurzes Pfeifen aus der Küche und ich hörte, wie Vater den Kessel hastig vom Herd nahm. Noch während das Wasser tropfenweise durch den Filter in die Thermoskanne sickerte, zog der Geruch von Kaffee durch die Zimmer. Darauf folgten rasch gedämpfte Geräusche, ein kurzer Moment der Stille; mein Atem begann schneller zu werden, und ein Kloß formte sich in meinem Hals, der seine volle Größe erreicht hatte, wenn ich vom Bett aus sah, wie Vater, in seine Lederjacke gehüllt, leise die Wohnungstür hinter sich zuzog. Ein kaum hörbares Klack, ich wühlte mich aus der Bettdecke und stürzte ans Fenster. Langsam zählte ich eins, zwei, drei; bei sieben sah ich, wie er mit schnellen Schritten die Straße entlangging, eingetaucht in das dumpfe Gelb der Straßenlaterne; bei zehn war er stets beim Restaurant an der Ecke angelangt, wo er abbog. Nach weiteren Sekunden, in denen ich den Atem anhielt, hörte ich den Motor des Lieferwagens, der laut ansprang, sich entfernend immer leiser wurde und schließlich ganz verstummte. Dann lauschte ich in die Dunkelheit, die langsam, ein ausgehungertes Tier, aus allen Ecken kroch. In der Küche knipste ich das Licht an, setzte mich an den Tisch und umklammerte die noch warme Kaffeetasse. Suchte den Rand nach den braunen, eingetrockneten Flecken ab, das letzte Lebenszeichen, wenn er nicht mehr zurückkehrte. Allmählich erkal-

tete die Tasse in meinen Händen, unaufhaltsam drang die Nacht herein und breitete sich in der Wohnung aus. Sorgfältig stellte ich die Tasse hin und ging durch den schmalen hohen Gang in mein Zimmer zurück.
Vor dem Fensterrechteck, aus dem ich zuvor meinen Vater beobachtet hatte, hockte jetzt das Insekt, das mich böse anglotzte. Ich setzte mich auf die äußerste Kante des Bettes und ließ es nicht aus den Augen. Jederzeit konnte es mir ins Gesicht springen und seine knotigen, pulsierenden Beine um meinen Körper schlingen. In der Mitte des Zimmers tobten Fliegen um die Glühbirne. Ich starrte in das Licht und auf die Fliegen, und aus den Augenwinkeln beobachtete ich das Insekt, das schwarz und regungslos vor dem Fenster kauerte.
Nach und nach wickelte mich Müdigkeit ein wie warmes Fell. Ich strengte mich an, zwischen den nur noch halb geöffneten Augenlidern die einzelnen Fliegen zu unterscheiden, doch sie schlossen sich mehr und mehr zu einem in der Luft schwirrenden Kreis. [...]

Das Blütenstaubzimmer *Auszug 3*

Anfangs hat Jo noch regelmäßigen Kontakt zu ihrer Mutter, später bricht er nach und nach ab. Der folgende Textausschnitt erzählt von einem Treffen zwischen Mutter und Tochter.

Die Sonntage verbrachte ich bei meiner Mutter. Abends stand sie mit aufgestecktem Haar vor dem großen Spiegel und fuhrwerkte mit Stiften und Schwämmchen in ihrem Gesicht herum. Ich reichte ihr die Döschen und Fläschchen, die auf dem Fensterbrett standen, und schraubte die wertvoll aussehenden Blumen und tropfenförmigen Verschlüsse von den Parfümflaschen.
Sobald der Babysitter kam, löste sie ihr Haar, das sich braun und duftend über ihrem Rücken auffächerte, und verschwand in die Nacht hinaus. Später weckte mich ihr Wimmern aus dem Schlaf, und ich tastete mich im Dunkeln zu ihrem Bett. Sie lag unter der farbigen Blumendecke, geschüttelt von mir unbegreiflichen geheimnisvollen Schmerzen. Von ihrem Gesicht sah ich nur ein Dreieck aus Nasenspitze und Mund, der Rest lag unter ihren weißen Händen begraben. Nach einer Weile schlug sie die Decke zurück, und ich kroch hinein in das salzigwarme Bett.
Einmal in der Woche holte sie mich mittags von der Schule ab. Von weitem sah ich sie neben dem Eisentor stehen, und ich rannte über den Schulhof auf sie zu. Sie nahm mich an der Hand, und wir gingen zusammen in die Stadt. In den Umkleidekabinen, die nach Schweiß und Plastik rochen, packte sie einige Kleider in die große Schultertasche, die anderen legte sie wieder in die Regale zurück. Sobald sie an der Kasse ein paar Socken oder ein T-Shirt bezahlt hatte, streichelte sie meinen Kopf, wie man frischgeborene Kätzchen streichelt, und die Verkäuferinnen, die uns durchs Schaufenster nachschauten, klatschten entzückt in die Hände. Das waren Tage, an denen es haufenweise Schokoladenkuchen gab und das Gesicht meiner

Mutter weich und fröhlich war. Im Restaurant, während ich aus einem Trinkhalm meinen Sirup schlürfte, griff meine Mutter immer wieder in die Tasche, nach dem Stoff [...]. Zu Hause entfernte sie mit der Schere die Preisetiketten von den Kleidern, hängte sie sorgfältig an den Kleiderständer und rollte ihn langsam und mit dem erhobenen Kopf einer Königin, die vor ihr Reich tritt, ins Zimmer.

Immer wieder wartete ich nach Schulschluss stundenlang vor dem Eisentor auf sie. Aber sie kam nicht mehr. Ich fragte Vater, ob mit ihr etwas geschehen sei, aber er schüttelte den Kopf und schwieg.

Doch nach einigen Wochen stand sie wieder da, küsste mich aufs Haar und hieß mich ins Auto steigen[1]. Diesmal fuhren wir nicht in die Stadt, und ich freute mich. Sie parkte an einem Waldweg. Ich übersprang die Lücken zwischen den Zacken, die die Räder eines Traktors in die von der Hitze brüchige Erde gestoßen hatten. Das helle Kleid meiner Mutter bauschte sich wolkig um ihren Körper, und ich ahnte, dass sie gleich etwas Wichtiges sagen würde. Aber sie schwieg, den ganzen Weg, bis die Spuren des Traktors immer undeutlicher wurden und wir auf einer Wiese standen. Meine Mutter legte sich hin, ich legte mich neben sie auf die trockene Erde und spürte neben mir ihren glatten, pochenden Hals. Sie sagte, dass sie einen Mann, Alois, getroffen habe, den sie liebe, so wie sie einmal meinen Vater geliebt habe, und dass sie mit ihm fortgehen werde, für immer. Überall, wo ich hinsah, waren diese gelben und roten Blütenköpfe, die einen Duft ausströmten, der mich schwindlig und müde machte.

[1] *hieß mich ins Auto steigen:* sagte mir, dass ich ins Auto steigen sollte

Das Blütenstaubzimmer *Auszug 4*

Als junge Erwachsene beschließt die Erzählerin zu ihrer Mutter Lucy zu reisen, um ihr näher zu kommen. Doch die erhoffte Nähe stellt sich nicht ein. Lucy zieht sich nach dem Tod ihres Partners Alois zurück ...

Ich bin noch nie von der Stadt allein in Lucys Haus zurückgefahren. Es sind erst wenige Wochen vergangen, seit ich sie aus dem Blütenstaubzimmer herausgeschleppt habe. Manchmal wecken mich Geräusche von draußen und ich kann beobachten, wie Lucy in der Morgendämmerung, wenn noch alles still ist, im Garten die Blütenköpfe zwischen die Finger nimmt und daran riecht. Mit den Fingernägeln zwickt sie die länglichen Staubblätter von den Stengeln und sammelt sie ein. Dann geht sie ins Blütenstaubzimmer und schüttelt den Staub herunter. Der Blütenstaub liegt überall am Boden und auf dem Fensterbrett unter den hohen Kellerfenstern. Eine Matratze mit einem Laken, der einzige Gegenstand im Raum, liegt auf der Erde zwischen den Kellersäulen. Auf dieser Matratze hatte sie gelegen, nachdem Alois gestorben war. Am Morgen nach der Beerdigung habe ich aus einem Fenster im Esszimmer beobachtet, wie ein Müllwagen vor das Haus fuhr und Lucy und ein paar Männer alles, was Alois gehört hatte, in den Müllcontainer warfen. Die Bilder, die zu groß für den Container waren, hackte ein Mann mit einem

Beil in kleinere Stücke. Gleich nachdem sie weggefahren waren, ging auch Lucy fort. Erst spät abends kam sie mit einem Korb voll frisch gepflückter Blütenköpfe zurück. Dies ging einige Tage so und während dieser Zeit beantwortete sie keine meiner Fragen, sprach nie ein Wort. Als der Boden in Alois' leergeräumtem Atelier ganz mit Blütenstaub bedeckt war, schloss sie sich darin ein. In die schwere Eisentür, die in das Atelier führt, hatte Alois ein kleines Fenster eingebaut, damit Lucy sehen konnte, ob er malte oder in der zwischen den Kellersäulen aufgespannten Hängematte lag. Nur dann durfte sie zu ihm hineingehen. Durch dieses kleine runde Fenster aus Plexiglas habe ich Lucy immer wieder zugerufen. Anfangs habe ich ihr auch mit beiden Armen in der Luft zugewinkt, was ich aber bald aufgab, weil sie nie zum Fenster sah. Ich versuchte, sie mit allen möglichen Vorschlägen herauszulocken. Erst waren es Ausflüge, dann Reisen in andere Länder. Zuletzt schilderte ich ihr den Plan einer Weltreise. Ich zeichnete die Route auf ein Papier und heftete es ans Fenster, damit sie es sehen und darüber nachdenken konnte. Am folgenden Morgen rief ich ihr zu: „Was ist, gehen wir?"

Sie regte sich nicht. Ich trat gegen die Tür, die sich auch nicht bewegte, als ich fluchend dagegenrannte. Das Mutterbündel, das ich durch das kleine Fenster anstarrte, lag da und schwieg. Das winzige, kaum sichtbare Beben des Atems in ihrem Körper war das einzige Lebenszeichen. Ich bat sie, mir wenigstens ein Zeichen zu geben, dass sie mir zuhörte; sie rührte sich nicht. Schließlich drohte ich ihr mit eiserner Stimme, die Ärzte einer psychiatrischen Klinik zu holen und nach ihrer Einlieferung das Haus in Brand zu stecken. Sie blieb bewegungslos, stumm, mit dem Gesicht nach unten auf dem Laken.

1 Bearbeite die nachfolgenden Aufgaben und füge deine Ergebnisse in dein Portfolio (☞ S. 101) ein.

(A) Untersuche die Bildlichkeit innerhalb des zweiten Auszugs (S. 104).

→ Erläutere mithilfe der Bilder in dem Textausschnitt die Erfahrungen und Eindrücke, die die Ich-Erzählerin macht.

→ Ersetze ausgewählte Bilder des Textauszugs gezielt durch andere und beschreibe die Veränderung, die sich daraus für den Text ergibt.

(B) Untersuche die Zeitgestaltung.

Der Text gibt die Erinnerungen der Ich-Erzählerin an die Vergangenheit wieder. Ihre Rückblenden beziehen sich auf die Kindheit, auf die Jugend und auf den Aufenthalt bei der Mutter in Südeuropa.

→ Markiere die Erinnerungen an die jeweiligen Phasen der Vergangenheit in unterschiedlichen Farben.

→ Wähle für die Erinnerung an die Kindheit und den Aufenthalt bei der Mutter in Südeuropa jeweils eine exemplarische Passage aus.

→ Kläre den Zusammenhang, in dem diese Rückblenden zur Textumgebung stehen, und erläutere deren Funktion: Welche Phase der Vergangenheit ist für Jo jeweils besonders bedeutsam? Warum ist sie es?

(C) Untersuche die Gestaltung des Raumes.

→ Benenne die Orte, an denen sich Handlung bzw. erinnerte Handlung vollzieht, und zeichne diese in eine Skizze ein.

→ Erläutere, in welchem Zusammenhang die Ortswechsel der Ich-Erzählerin zu ihrer jeweiligen psychischen Situation stehen.

→ Analysiere exemplarisch den Aufenthalt beim Vater (Textauszug 2).

→ Untersuche die Funktion der Beschreibung des Hauses und der Räume.

→ Setze die Beschreibung der Außenwelt in einen plausiblen Zusammenhang mit der Innenwelt der Erzählerin.

→ Der titelgebende Ort des Blütenstaubzimmers dominiert den vierten Textauszug. Beziehe deine Assoziationen aus Textauszug 2 ein und erläutere, welche Deutung der Textauszug für das Blütenstaubzimmer nahelegt.

(D) Untersuche die Gestaltung der Beziehungen.

→ Verfasse einen Text, in dem du deine Idealvorstellungen eines funktionierenden Familienlebens mit idealer Kommunikation darstellst.

→ Vergleiche deine Vorstellungen mit der familiären Situation der Ich-Erzählerin. Beziehe dabei sowohl Jos Verhältnis zu ihrem Vater (Textauszug 2) als auch zu ihrer Mutter (Textauszug 3) mit ein.

→ Erörtere, ob Lucy dem Rollenbild der Mutter entspricht. Begründe deine Einstellung.

Christine Claussen

Schönheitssuche in der zerfetzten Welt

Drei Jahre hatte Zoë Jenny an ihrem Erstling „Das Blütenstaubzimmer“ geschrieben. Es folgten zweieinhalb weitere, in denen sie das Manuskript verschiedenen Schweizer Verlagen anbot. „Aber die haben alle nicht so reagiert, wie ich mir das vorstellte. Entweder wollten sie den Text ohne Veränderungen drucken. Oder sie wollten ganze Passagen streichen. Beides schien mir falsch. Ich wollte ein richtiges Lektorat.“ Diese Chance erhielt Zoë Jenny dann überraschend von dem Frankfurter Verleger Joachim Unseld. „Er hat mir all die Fragen gestellt, die ich mir selbst nicht stellen konnte. Schon während der Bahnfahrt von unserem ersten Gespräch nach Hause habe ich das Buch im Kopf sofort umgeschrieben“ [...]
Eigentlich hätte Zoë Jenny jetzt allen Grund, rundum mit sich und dem Erreichten zufrieden zu sein. Statt dessen, sagt sie, und ihre weit geöffneten, unruhig Ausschau haltenden Augen beweisen es, hat sie wieder Angst. „Das Schlimme an der Angst ist, dass man oft gar nicht genau weiß, wovor man sich eigentlich fürchtet.“ Angst vor den Menschen. Vor dem, was die anderen, aber auch was sie selbst bei sich und anderen anrichten könnte. Die Erinnerung an das imaginäre Insekt ihrer Kindheit, das in der Dunkelheit von der Fensterbank auf das Bett des kleinen Mädchens stieg, ist wieder wach. Denn seit „Blütenstaubzimmer“ die endgültige Wandlung vom Manuskript zum gedruckten Buch vollzogen hat, „habe ich Angst davor. Was ich da in die Welt gesetzt habe, darüber bin ich mir noch gar nicht ganz klar.“

Obwohl Zoë Jenny den Verdacht von sich weist, einen rein autobiographischen Roman geschrieben zu haben, war „Das Blütenstaubzimmer" doch „vielleicht auch ein Befreiungsschlag". Nachdenklich spricht sie von der nie endenden „Sehnsucht nach Geborgenheit" der Scheidungskinder und von den „Leerstellen", die die nicht eingelösten Hoffnungen auf elterliche Wärme hinterlassen. Von selbstsüchtigen Eltern, „die uns hingestellt haben und weggegangen sind."

Der ungezügelten Jagd der 68er Generation nach Selbstverwirklichung erteilt sie eine bittere Absage: „Wenn man Kinder hat, dann ist es verantwortungslos, wenn man nur an die Befriedigung der eigenen Bedürfnisse denkt." Zugleich zweifelt sie aber auch an der intellektuellen Ehrlichkeit und Mündigkeit ihrer Altersgenossen. „Ich glaube nicht, dass meine Generation sehr viel darüber nachdenkt, in welchen Problemen sie eigentlich steckt." Als Grundlage für ihre eigene „Besessenheit fürs Schreiben" nennt sie eine „Schieflage" im Leben, „die einen viel wacher macht. Man bekommt einen geschärften Blick für die Dinge. Nur in der Schieflage sieht man eben das Zerfetzte des menschlichen Lebens." Noch mehr aber fürchtet sie den Lobgesang der Kritiker, die „Das Blütenstaubzimmer" eilig zum Ausdruck des Lebensgefühls einer ganzen Generation aufgewertet haben. „Ich weiß nicht, welche von den beiden beschriebenen Generationen das größere Bedürfnis zum Lesen hat. So wie ich die Jüngeren kenne, lesen die nicht sehr viel. Die gehen lieber auf Techno-Parties und an die Street Parade."

Und deshalb mutet sie „diese plötzliche Aufmerksamkeit um mich schon sehr seltsam an. Auch all diese Worte, die ich auf einmal höre." Wie etwa Literaturhoffnung. Erschreckend sei auch der plötzliche Aufmarsch der Medien, „weil ich noch nicht verstanden habe, ob es denen um das Buch oder um meine Person geht. Oder darum, dass in der Schweizer Literatur eine Lücke gefüllt werden musste?"

Vielleicht ist das Vergessen des Textes über der hektischen Suche nach dem Autor „nichts als ein großes Ablenkungsmanöver vor dem Wesentlichen, weil die Menschen fürchten, in dem geschriebenen Wort etwas über sich selbst zu entdecken." Sie möchte über ihre Arbeit im Allgemeinen sprechen. „Schreiben", sagt Zoë Jenny, „ist ein Beruf, den man ausführen muss wie jeden anderen auch. Und deshalb sitze ich konsequent jeden Tag an meinem Schreibtisch."

(Weltwoche, 28.8.1997)

2 Markiere die Stellen, in denen Zoë Jenny von ihrer Schreibmotivation spricht.

3 Erkläre, inwiefern das Schreiben des Romans für die junge Autorin „vielleicht auch ein Befreiungsschlag" (Z. 22 f.) gewesen ist.

→ Welches Bild der Elterngeneration entwirft sie?

→ Wie wertet sie das Verhalten der eigenen Generation?

4 Entscheide, ob deine Leseerwartung an den Roman nach dem Lesen der Ausschnitte/des Romans erfüllt wurde. Begründe deine Entscheidung.

5 Gedichte interpretieren und vergleichend analysieren

Die Auseinandersetzung des Dichters mit der Welt

Silbermond

Irgendwas bleibt (2009)

Sag mir, dass dieser Ort hier sicher ist
und alles Gute steht hier still.
Und dass das Wort, das du mir heute gibst,
morgen noch genauso gilt.

Diese Welt ist schnell
und hat verlernt beständig zu sein.
Denn Versuchungen setzen ihre Frist.
Doch bitte schwör, dass wenn ich wiederkomm',
alles noch beim Alten ist.

Gib mir ein kleines bisschen Sicherheit
in einer Welt, in der nichts sicher scheint.
Gib mir in dieser schweren Zeit irgendwas, das
bleibt.
Gib mir einfach nur ein bisschen Halt.
Und wieg mich einfach nur in Sicherheit.
Hol mich aus dieser schnellen Zeit.
Nimm mir ein bisschen Geschwindigkeit.
Gib mir was... irgendwas, das bleibt.

Auch wenn die Welt den Verstand verliert,
das „Hier" bleibt unberührt.
Nichts passiert...

Gib mir ein kleines bisschen Sicherheit
in einer Welt, in der nichts sicher scheint.
Gib mir in dieser schweren Zeit irgendwas, das
bleibt.
Gib mir einfach nur ein bisschen Halt.
Und wieg mich einfach nur in Sicherheit.
Hol mich aus dieser schnellen Zeit.
Nimm mir ein bisschen Geschwindigkeit.
Gib mir was... irgendwas, das bleibt.

Einführung

BASIS-INFO

Was ist ein Gedicht? Diese Frage ist gar nicht so leicht zu beantworten, wenn man bedenkt, dass auch Fabeln oder Dramen in Versform geschrieben werden, Balladen epische und dramatische Elemente enthalten und moderne Gedichte oft ganz auf einen Reim verzichten. Ganz allgemein unterscheiden die **Versform** und eine „**verdichtete Sprache**" das Gedicht vom Prosatext. In nur wenigen Versen wird oftmals eine Vielzahl sprachlicher Gestaltungsmittel genutzt, sodass eine besondere Atmosphäre und eine klangliche Wirkung entstehen. Die Sprache des Gedichtes unterscheidet sich von der Alltagssprache durch eine **Durchbrechung sprachlicher Konventionen**, die z. B. in der verstärkten Verwendung bildlicher Sprache und stilistischer Mittel besteht.
Vor allem in Gedichten spielt die Subjektivität eine große Rolle: Oft werden eigene Erlebnisse oder Empfindungen ausgedrückt, allerdings muss dabei zwischen dem **lyrischen Ich**, also dem Sprecher im Gedicht, und dem Autor unterschieden werden.
Neben der **Erlebnislyrik** gibt es noch weitere Lyrikformen, die jeweils einen anderen thematischen Schwerpunkt setzen, wie z. B. **Naturlyrik**, **Liebeslyrik**, **Alltagslyrik**, **Gedankenlyrik** und **politische Lyrik**. Ebenso lassen sich verschiedene Gedichtformen unterscheiden, die sich durch bestimmte Merkmale auszeichnen. Dazu zählen u. a. die **Ballade**, das **Sonett**, das **Volkslied** und die **Ode**.
Schon die ersten Zeugnisse deutscher Literatur wie z. B. die Merseburger Zaubersprüche (vor 750) sind der Lyrik zuzuordnen. Im Mittelalter spielt die **Minnelyrik** (☞ S. 178-181) eine große Rolle. Mit seinen Reichssprüchen schreibt Walther von der Vogelweide auch schon **politische Lyrik**, eine Form, die vor allem in Zeiten politischer Umbrüche gerne genutzt wird, so z. B. von Bertolt Brecht im 20. Jahrhundert. Das Sonett prägt die Lyrik im Barockzeitalter (☞ S. 182–205). Mit dem Zeitalter des Sturm und Drang (18. Jh.) rückt die **Erlebnislyrik** in den Vordergrund. Dieser Ausdruck der Subjektivität bleibt bis hin zu modernen Gedichten bestimmend für die Lyrik. **Moderne Gedichte** verzichten allerdings oft auf Reim und Strophenform und nutzen freie Rhythmen. Das Aufkommen des **Poetry-Slam** zeigt, dass das Gedicht als Literaturform nach wie vor sehr lebendig ist.

1 Formuliere in eigenen Worten, welche Probleme das lyrische Ich in Silbermonds „Irgendwas bleibt" (☞ S. 111) beschreibt und welche Hoffnungen es formuliert.

2 Diskutiert in der Klasse, welche Dinge eurer Meinung nach „bleiben" werden.

3 Sammelt konkrete Ereignisse und Erfahrungen aus eurer eigenen Lebenswelt, die sowohl die Probleme als auch die hoffnungsvollen Aspekte des Liedtextes zum Ausdruck bringen und nachvollziehbar machen.

4 Besprecht im Plenum, welche Bedeutung Lyrik für euch hat.

1 Lyrik begegnen

1.1 Erste Vorstellungen zu Inhalten eines Gedichts entwickeln

Werner Bergengruen
Die heile Welt (1950)

Wisse, wenn in Schmerzensstunden
dir das Blut vom Herzen spritzt:
Niemand kann die Welt verwunden,
nur die Schale wird geritzt.

Tief im innersten der Ringe
ruht ihr Kern getrost und heil.
Und mit jedem Schöpfungsdinge
hast du immer an ihm teil.

Ewig eine strenge Güte
wirket unverbrüchlich fort.
Ewig wechselt Frucht und Blüte,
Vogelzug nach Süd und Nord.

Felsen wachsen, Ströme gleiten,
und der Tau fällt unverletzt.
Und dir ist von Ewigkeiten
Rast und Wanderbahn gesetzt.

Neue Wolken glühn im Fernen,
neue Gipfel stehn gehäuft,
bis von nie erblickten Sternen
dir die süße Labung[1] träuft.

[1] *die Labung:* Erfrischung, Erquickung, Freude

1 Notiere in einem Cluster (☞ S. 251) deine Assoziationen zu Bergengruens Gedicht.
→ Formuliere die zentrale Aussage des Gedichts.
→ Benenne die konkreten Merkmale der Welt im Gedicht.
→ Erläutere, inwieweit du die übergeordnete Aussage und die genannten Merkmale nachvollziehen kannst. Hast du in deinem Leben bereits entsprechende Erfahrungen gemacht?

2 Diskutiert in der Klasse, ob die Abbildung zu Inhalt, Sprache und Stimmung im Gedicht passt. Finde oder male eine aus deiner Sicht stimmige Alternative.

3 Erörtere, ob dir der Text von Silbermond (☞ S. 111) oder der von Bergengruen persönlich mehr zusagt, und begründe deine Meinung.

4 Schreibe einen Brief an Silbermond oder Bergengruen, in dem du dich kritisch mit der jeweiligen Grundaussage auseinandersetzt.

1.2 Politische Lyrik im Wandel der Zeit

Walther von der Vogelweide
Der Reichston (um 1198/1201)

Mittelhochdeutsche Fassung

Ich saz ûf eime steine,
und dahte bein mit beine;
dar ûf satzt ich den ellenbogen;
ich hete in mîne hant gesmogen
daz kinne und ein mîn wange.
dô dâhte ich mir vil ange,
wie man zer werlte solte leben:
deheinen rât kond ich gegeben,
wie man driu dinc erwurbe,
der deheinez niht verdurbe.
diu zwei sint êre und varnde guot,
der ietwederz dem andern schaden tuot,
daz dritte ist gotes hulde,
der zweier übergulde.

Das Bild aus der Großen Heidelberger Liederhandschrift (Codex Manesse) zeigt Walther von der Vogelweide (um 1170 - 1230).

Neuhochdeutsche Fassung

Ich saß auf einem Stein,
und schlug ein Bein über das andere.
Darauf stützte ich den Ellenbogen.
Ich hatte in meine Hand geschmiegt
das Kinn und meine eine Wange.
So erwog ich in aller Eindringlichkeit,
wie man auf dieser Welt zu leben habe.
Keinen Rat wusste ich zu geben,
wie man drei Dinge erwerben könne,
ohne dass eines von ihnen verloren ginge.
Zwei von ihnen sind Ehre und Besitz,
die einander oft Abbruch tun;
das dritte ist die Gnade Gottes,
weit höher geltend als die beiden andern.
Die wünschte ich in ein Gefäß zu tun.
Aber zu unserm Leid kann das nicht sein,
dass Besitz und Ehre in der Welt
und dazu Gottes Gnade
zusammen in ein Herz kommen.
Weg und Steg ist ihnen verbaut,
Verrat lauert im Hinterhalt,
Gewalttat zieht auf der Straße,
Friede und Recht sind todwund:
Die Drei haben keine Sicherheit,
bevor diese beiden nicht gesunden.

1 Erläutere, wie sich Walther von der Vogelweide zu Beginn des Gedichtes selbst darstellt, und berücksichtige dabei das Bild.

2 Arbeite am Text heraus, welches Problem Walther beschäftigt.

3 Erkläre, worin er die Lösung für das Problem sieht.

Christian Friedrich Daniel Schubart
Freiheit (1789)

Wie wenig weiß ein Volk die Freiheit zu gebrauchen!
Es wähnt, wenn nur von Blut die Mörderfäuste rauchen,
Wenn es den Peiniger mit Tigergrimm zerfleischt,
So sei es frei. O Volk, du hast dich selbst getäuscht!
Die Freiheit, die *du* suchst, ist Wut, ist Mordgetümmel;
Sie wird verflucht von Gott, verflucht vom ganzen Himmel.
Ein Volk, bespritzt mit Blut, verdient nicht frei zu sein,
In härtre Sklaverei stürzt es sich selbst hinein.

Christian Friedrich Daniel Schubart (1739-1791)
Wegen seiner sozialkritischen Schriften war er zehn Jahre lang in einem Turmverlies eingesperrt.

Friedrich Schiller
Freiheit (1789)

Freiheit ist ein herrlicher Schmuck, der schönste von allen,
Und doch steht er, wir sehn's, wahrlich nicht jeglichem an.

August Heinrich Hoffmann von Fallersleben
Lied der Deutschen (1841)

Einigkeit und Recht und Freiheit
Für das deutsche Vaterland!
Danach lasst uns alle streben
Brüderlich mit Herz und Hand!
Einigkeit und Recht und Freiheit
Sind des Glückes Unterpfand –
Blüh im Glanze dieses Glückes,
Blühe, deutsches Vaterland!

August Heinrich Hoffmann von Fallersleben (1798-1874)
Von Fallersleben musste ins Exil, weil er für ein einheitliches Deutschland eintrat und eine liberale Haltung vertrat.

4 Stelle dar, wie das Volk Schubart zufolge die Freiheit nutzt.

5 Erläutere mit eigenen Worten, welche Bedeutung die Freiheit für Schiller hat und worin er Grenzen sieht.

6 In Schillers Text heißt es „wir sehn's": Recherchiere, welche zeitgeschichtlichen Hintergründe beide Verfasser zu ihrer Einschätzung der Freiheit geführt haben.

7 Informiere dich über Entstehungszeit und -bedingungen vom „Lied der Deutschen", dessen Text heute noch die Nationalhymne Deutschlands ist.

8 Überlege, welche Bedeutung der Begriff Freiheit in diesem Zusammenhang hat.

9 Schreibe selbst ein Gedicht zum Thema *Freiheit*.

Kurt Tucholsky (1890-1935) Tucholsky warnte unter verschiedenen Pseudonymen schon früh vor dem aufkommenden Nationalsozialismus.

Kurt Tucholsky

Beschlagnahmefreies Gedicht (1932)

Ich bin klein.
Mein Herz ist rein.
Soll niemand drin wohnen als nach Belieben auszufüllen allein.
Lieb Vaterland, magst ruhig sein,
fest steht, dass Ponds Creme das Beste für die Haut ist.
Hipp.
Wer seine Obrigkeit lässt walten,
der bleibet immer wohlbehalten.
Hipp, hipp.
Wenn ich nur meinen Adolf hab,
bis an mein schwarz-weiß-rotes Grab.
Hurra.
Ein Veilchen stund an Baches Ranft[1],
so preußisch-blau, so lind und sanft;
da kam ein kleines Schaf daher,
jetzt steht da gar kein Veilchen mehr,
Hurra.
Ein Richter steht im Walde,
so still und stumm.
Er war republikanisch bis zuletzt,
drum haben sie ihn in den Wald versetzt,
und da steht nun der Richter,
auf seinem linken Bein,
ganz allein.
Lieb Vaterland (siehe oben).
Siehst du die Brigg[2] dort auf den Wellen?
„Rechts müsst ihr steuern!", hallt der Schrei.
Die Republik kann nicht zerschellen,
Frau Wirtin hatte auch ein Ei.
Die Zeiten werden schön und schöner.
Ich denk an Männer, kühn und barsch:
An Noske, Geßler und auch Groener[3].
Lieb Vaterland (siehe oben).

[1] *der Ranft:* die Brotkante; hier: der Rand

[2] *die Brigg:* ein Segelschiff mit zwei Masten

[3] *Noske, Geßler, Groener:* Minister der Weimarer Republik

10 Halte fest, welche verschiedenen Textsorten Tucholsky in seinem Gedicht zitiert, und erkläre, welche Absicht er damit verfolgt.

11 Markiere alle politischen Andeutungen und informiere dich darüber, was sie bedeuten. Gehe vor allem auf die politische Bedeutung von *links* und *rechts* ein.

12 Erläutere, warum Tucholsky sein Gedicht „beschlagnahmefrei" nennt. Was sagt die Bezeichnung über seine Haltung zum politischen System aus?

Marion Poschmann
die breite masse (2011)

passanten, eingespiegelte episoden auf
endlosen glasfassaden der amtsgebäude,

erscheinen dort lautlos: ihr gehen,
ihr stehen, ihr quertreiben sacht wie

gebete und fensterleder, ein schillernder
putzmittelfilm, der abläuft

wie immer: hält man sich so
nicht den blick frei aufs wesentliche? –

die kanten der bauelemente spalten die
masse in gleichmaß, die brechstangen setzen

beim einzelnen an: jener im rhythmus
der statik zerstückelte körper ist doch mit

gewaltlosen massakern lange vertraut.
er war stets gewöhnlich. war vertikal.

war ware. aber was
bleibt, ist statistik.

sie wischen vorüber, unfassbare massen mit

wolkengewohnheiten, leute zerstreut

wie wolken, die hohe himmel wiegen,
zu leicht befinden – man lauscht ihnen nach,

wie sie lautlos weiterziehen (wie etwas sie
von ihren vorgegebenen zielen abzieht),

ungehörig, niemandem hörig, sie horchen
auf nichts.

Boris de Freitas, faces en masse (2008)

Kurt Marti
vorzug von parlamentswahlen (1959)

viele   einer
für einen   für viele
alle
für viele
viele
für alle
nicht   noch
alle für einen   einer für alle

13 Erkläre, welche Bedeutung Kurt Marti Parlamentswahlen beimisst.

14 Arbeite am Gedicht „die breite masse" die Gesellschaftskritik heraus.

15 Vergleiche beide Texte im Hinblick auf die Frage, welche Stellung dem Einzelnen in der Gesellschaft zukommt.

16 Beide Dichter arbeiten mit unterschiedlichen sprachlichen und visuellen Mitteln. Beschreibe die Unterschiede und ihre Funktion für die Aussage.

17 Sammle in einer Mind-Map deine Sicht auf die Gesellschaft. Versuche deine Ideen als konkrete Poesie im Stil Martis umzusetzen oder verfasse einige Verse in Anlehnung an Marion Poschmann.

18 Wähle eines der vorgestellten politischen Gedichte aus und schreibe eine Gedichtinterpretation.

METHODE

Ein Gedicht schriftlich analysieren und interpretieren

Einleitung

→ **Nenne** Autor, Titel, Textsorte, Entstehungszeit und -ort, Epoche, Themenbereich, Gedichtform (Ballade, Hymne, Lied, Ode, Sonett ...).
→ **Beschreibe** deinen ersten Eindruck und Auffälligkeiten.
→ **Formuliere** eine erste Interpretations- bzw. Arbeitshypothese.

Hauptteil

→ **Erläutere** Inhalt und Aussage der einzelnen Strophen und setze sie in Beziehung zur übergeordneten Aussage des Gedichtes.
→ **Beschreibe** eventuelle Leitmotive und deren Entwicklung.
→ **Analysiere** die Form (Vers, Metrum, Strophenanzahl und -bau, Reim) und die sprachlichen Aspekte (Wortwahl, Satzbau, Bildlichkeit und rhetorische Mittel).
→ **Nimm Bezug** zur Interpretations- bzw. Arbeitshypothese.
→ **Begründe** deine Aussagen am Text (Zitate, Zusammenhänge ...).
→ **Stelle** immer den Bezug **her** zwischen den formalen Aspekten des Gedichts und seinen inhaltlichen oder übergeordneten Aussagen.
→ **Verwende** in deinem Text Adverbien wie *zunächst, danach, daraufhin, zu Beginn, im Anschluss ...*, um deinen Text für den Leser möglichst übersichtlich zu gestalten.

Schluss

→ **Fasse** deine Ergebnisse kurz **zusammen**.
→ **Überprüfe** deine Interpretations- bzw. Arbeitshypothese.
→ **Stelle** einen Zusammenhang zum historischen **Kontext her**.
→ **Gehe** gegebenenfalls auf die **Rezeption** des Gedichtes **ein**.

2 Ein Thema – unterschiedliche Sichtweisen

2.1 Themengleiche Gedichte kennenlernen

Hugo von Hofmannsthal
Siehst du die Stadt (1890)

Siehst du die Stadt, wie sie da drüben ruht,
Sich flüsternd schmieget in das Kleid der Nacht?
Es gießt der Mond der Silberseide Flut
Auf sie herab in zauberischer Pracht.
... ?

Paul Wühr
Sehr gern (1990)

Sehr gern wenn Sie wollen bin ich
da und auch auf dieser Straße
hat man uns schon getroffen und
sagen Sie waren Sie schon hier oder
... ?

George Grosz, Nachtstück – Berlin-Südende, 1915

Die dunkle Stadt, sie schläft im Herzen mein

mit Glanz und Glut, mit qualvoll bunter Pracht:

Der laue Nachtwind weht ihr Atmen her,

So geisterhaft, verlöschend leisen Klang:

rüben herüberschaute und sein

doch schmeichelnd schwebt um dich ihr Widerschein,

als der den ich vergessen habe dort

sein wollte

kennen Sie die Gabelsberger seit

Sie lispelt, rätselvoll, verlockend, bang ...

wie viel und waren Sie nicht damals

Gedämpft zum Flüstern, gleitend durch die Nacht.

Taschentuch oder sind das Sie gewesen

wie ich hoffe als ich auf dieser Straße

sie weint im Traum, sie atmet tief und schwer,

1 Nach den ersten vier sind die weiteren Verse der Gedichte durcheinander geraten.
→ Bringe sie den Anfängen der beiden Texte entsprechend in die richtige Reihenfolge.
→ Vergleicht eure Fassungen mit den Originalgedichten. (☞ S. 271)

2 Sprecht in der Klasse darüber, ob das Gemälde von George Grosz als gelungene Bebilderung der Gedichte bezeichnet werden kann.
3 Arbeitet inhaltliche Unterschiede zwischen den beiden Gedichten heraus.
4 Stellt weitere formale Unterschiede zwischen den beiden Gedichten zusammen. Erläutert, welcher Blick auf die Großstadt sich in der unterschiedlichen sprachlichen Gestaltung der Gedichte ausdrückt.

Ernst Jandl
wien : heldenplatz (1971)

der glanze heldenplatz zirka
versaggerte in maschenhaftem männchenmeere
drunter auch frauen die ans maskelknie
zu heften heftig sich versuchten, hoffensdick.
und brüllzten wesentlich.

verwogener stirnscheitelunterschwang
nach nöten nördlich, kechelte
mit zu-nummernder aufs bluten feilzer stimme
hinsensend sämmertliche eigenwäscher.

pirsch!
döppelte der gottelbock von Sa-Atz zu Sa-Atz
mit hünig sprenkem stimmstummel.
balzerig würmelte es im männechensee
und den weibern ward so pfingstig ums heil
zumahn: wenn ein knie-ender sie hirschelte.

5 Lies Jandls Gedicht laut vor.
6 Schreibe diejenigen Wörter heraus, die für dich mit wirklich existierenden Wörtern der deutschen Sprache in Beziehung stehen.
7 Arbeite die Stellen heraus, an denen das tosende Leben des Heldenplatzes und die Beziehung zwischen Männern und Frauen bildlich dargestellt werden.
8 Schreibe das Gedicht, so weit möglich, in alltägliches Deutsch um. Wähle die Form deiner „Übersetzung" dafür frei aus.
9 Setze die Sprache des Gedichts mit seinem Titel in Beziehung und benenne die zentrale dichterische Aussage.
10 Schreibe selbst ein Stadtgedicht oder einigt euch in der Klasse auf einen anderen Themenkreis. Außer dem Thema gibt es keine Vorgaben. Du kannst Reim, Rhythmus, Metrum, Form usw. frei wählen.
→ Lest einige eurer Gedichte vor.
→ Notiert Unterschiede und Gemeinsamkeiten.

2.2 Themengleiche Gedichte schriftlich vergleichen

Erich Fried
Gespräch über Bäume (1966)

Für K. W.

Seit der Gärtner die Zweige gestutzt hat
sind meine Äpfel größer
Aber die Blätter des Birnbaums
sind krank. Sie rollen sich ein

In Vietnam sind die Bäume entlaubt

Meine Kinder sind alle gesund
Doch mein jüngerer Sohn macht mir Sorgen
er hat sich nicht eingelebt
in der neuen Schule

In Vietnam sind die Kinder tot

Mein Dach ist gut repariert
Man muss nur noch die Fensterrahmen
abbrennen und streichen. Die Feuerversicherungsprämie
ist wegen der steigenden Häuserpreise erhöht

In Vietnam sind die Häuser Ruinen

Was ist das für ein langweiliger Patron?
Wovon man auch redet
er kommt auf Vietnam zu sprechen!
Man muss einem Ruhe gönnen in dieser Welt:

In Vietnam haben viele schon Ruhe
Ihr gönnt sie ihnen

Amerikanische Flugzeuge setzen das Entlaubungsmittel „Agent Orange“ über dem vietnamesischen Urwald ein.

Marie Luise Kaschnitz
Hiroshima (1957)

Der den Tod auf Hiroshima warf
Ging ins Kloster, läutet die Glocken.
Der den Tod auf Hiroshima warf
Sprang vom Stuhl in die Schlinge, erwürgte sich.
Der den Tod auf Hiroshima warf
Fiel in Wahnsinn, wehrt Gespenster ab
Hunderttausend, die ihn angehen nächtlich
Auferstandene aus Staub für ihn.

Nichts von alledem ist wahr.
Erst vor kurzem sah ich ihn
Im Garten seines Hauses vor der Stadt.
Die Hecken waren noch jung und die Rosenbüsche zierlich.
Das wächst nicht so schnell, dass sich einer verbergen könnte
Im Wald des Vergessens. Gut zu sehen war
Das nackte Vorstadthaus, die junge Frau
Die neben ihm stand im Blumenkleid
Das kleine Mädchen an ihrer Hand
Der Knabe, der auf seinem Rücken saß
Und über seinem Kopf die Peitsche schwang.
Sehr gut erkennbar war er selbst
Vierbeinig auf dem Grasplatz, das Gesicht
Verzerrt von Lachen, weil der Photograph
Hinter der Hecke stand, das Auge der Welt.

1 Informiere dich über den historischen Hintergrund der Gedichte von Erich Fried und Marie Luise Kaschnitz.
→ Setze deine Ergebnisse mit dem Inhalt des jeweiligen Gedichtes in Beziehung.
2 Arbeite Unterschiede und Gemeinsamkeiten zwischen den Gedichten heraus.
→ Untersuche den Inhalt und arbeite die Haltung der Personen bzw. des lyrischen Ichs heraus.
→ Analysiere Strophenbau, Metrum, Reim, Bilder, sprachliche Mittel usw. immer vergleichend in beiden Gedichten.
→ Stelle einen Bezug zwischen dem Inhalt und den formalen Merkmalen her und ergänze deine Vorarbeiten zur Gedichtanalyse (☞ S. 199).
3 In seinem Gedicht „An die Nachgeborenen“ schreibt Bertolt Brecht:

> „Was sind das für Zeiten, wo / Ein Gespräch über Bäume fast ein Verbrechen ist / Weil es ein Schweigen über so viele Untaten einschließt.“

Erläutere, inwiefern Erich Fried in seinem Gedicht auf Brecht anspielt.

Schülertext

In den vorliegenden Gedichten „Gespräch über Bäume“ von Erich Fried und „Hiroshima“ von Marie Luise Kaschnitz geht es um das Verhalten von Menschen im Umgang mit Unrecht und Krieg. Beide Verfasser beziehen sich dabei auf unterschiedliche historische Ereignisse: Fried stellt in seinem Gedicht das Leiden der Menschen in Vietnam während des Krieges von 1955 bis 1975 und die kleinbürgerliche Idylle in Deutschland einander gegenüber. Kaschnitz beschreibt das mögliche und das tatsächliche Verhalten des Piloten, der im August 1945 die Atombombe über Hiroshima abgeworfen hat. [...]
Die Gedichte unterscheiden sich jedoch nicht allein inhaltlich, sondern auch hinsichtlich ihrer äußeren Form, ihres Metrums, ihres (nicht) vorhandenen Reimschemas und in der Verwendung sprachlicher Mittel. [...]
Während Frieds Text aus vier Strophen besteht, zwischen die sich ein einzelner Vers wie ein Refrain einreiht, setzt sich das Gedicht von Marie Luise Kaschnitz aus zwei Strophen zusammen. [...]

4 Fülle die vorhandenen Leerstellen.
5 Formuliere die Arbeitsschritte, die sich für den weiteren Hauptteil aus dem Textbeginn ergeben.
6 Untersuche, ob der Anfang der Schülerinterpretation auf eine aspektgeleitete Untersuchung oder auf ein lineares Vorgehen hindeutet.
7 Vervollständige die begonnene Interpretation zu einer kompletten Analyse.

Zwei Gedichte miteinander vergleichen

METHODE

Grundsätzlich folgt die Analyse auch bei einem Gedichtvergleich den Schritten einer Einzelanalyse:
→ **Nenne** in der **Einleitung** die wesentlichen Angaben zu beiden Gedichten.
→ Formuliere in der Interpretationshypothese die übergeordneten dichterischen Aussagen bzw. die Motive beider Gedichte und triff eine Aussage über die Unterschiedlichkeit oder Ähnlichkeit beider Gedichte.
→ **Verfasse** den **Hauptteil** nach einem der beiden Gliederungsmuster.

a. lineare Analyse:
- Analysiere und interpretiere jedes Gedicht zunächst einzeln.
- Stelle dann die Unterschiede und Gemeinsamkeiten heraus.

b. aspektorientierte Analyse:
- Stelle die einzelnen Aspekte der beiden Gedichte (zum Beispiel die Darstellung des Krieges, die Haltung des lyrischen Ichs zum Krieg oder die Schuldfrage) einander direkt gegenüber.

→ **Nimm** im **Schlussteil** eine **abschließende Betrachtung vor, formuliere** eigene Gedanken zum Thema oder ordne die Texte literaturgeschichtlich ein.

3 Interpretieren, nicht spekulieren

1 Interpretiert Goethes Gedicht „Das Veilchen“ unter Einbeziehung der im Zusatztext von Doris Maurer erwähnten biografischen Bezüge.

Johann Wolfgang Goethe
Das Veilchen (1774)

Ein Veilchen auf der Wiese stand,
Gebückt in sich und unbekannt,
Es war ein herzig's Veilchen.
Da kam eine junge Schäferin
Mit leichtem Schritt und munterm Sinn
Daher, daher,
Die Wiese her, und sang.

Ach! denkt das Veilchen, wär' ich nur
Die schönste Blume der Natur,
Ach, nur ein kleines Weilchen,
Bis mich das Liebchen abgepflückt
Und an dem Busen matt gedrückt!
Ach nur, ach nur
Ein Viertelstündchen lang!

Ach, aber ach! Das Mädchen kam
Und nicht in acht das Veilchen nahm,
Ertrat's, das arme Veilchen.
Und sank und starb und freut sich noch:
Und sterb' ich denn, so sterb ich doch
Durch sie, durch sie,
Zu ihren Füßen doch!

Doris Maurer
Nur ein einziger Kuss (2003)

Es ist nur ein Sommer gewesen. Drei Monate, die ihr weiteres Leben bestimmen sollten. Am 9. Juni 1772 lernt die 19-jährige Charlotte Buff aus Wetzlar einen jungen Mann kennen, vier Jahre älter als sie; am 11. September verschwindet er ohne Abschied. Zwei Jahre danach erscheint ein Buch, ein Roman über jenen Sommer des Jahres 72 [Die Leiden des jungen Werthers, 1774]. Der junge Mann hat ihn verfasst: Johann Wolfgang Goethe, ein Jurist aus Frankfurt. [...]

Als er der jungen, schönen Charlotte Buff begegnet, die nach dem Tod ihrer Mutter (1770) in vorbildlicher Weise für zehn jüngere Geschwister sorgt, weiß er nicht, dass sie seit ihrem fünfzehnten Lebensjahr Johann Christian Kestner versprochen ist. [...] Goethe verliebt sich, gefällt sich in der Pose des Leidenden, und dann kommt es zu jenem einzigen Kuss – einem Kuss, den Charlotte ihrem Verlobten natürlich sofort beichtet. Kestner schwankt sogar kurz, ob sie nicht vielleicht mit Goethe glücklicher werden könne. „Denn was ist Zuneigung, was ist Liebe aus Pflicht?" Aber seine Braut muss nicht überlegen, am nächsten Tag wird Goethe kühl behandelt und in seine Schranken gewiesen. [...] Am 11. September 1772 verlässt Goethe Wetzlar ohne Abschied, am 4. April 1773 heiraten Charlotte Buff und Johann Christian Kestner, eine Woche früher, als sie dem Dichter mitgeteilt haben. Da Goethe schon selbstquälerisch darauf bestanden hat, die Trauringe zu kaufen, ist ihm auch zuzutrauen, dass er zur Hochzeit anreist.

2 Beurteile, ob die folgenden Aussagen für die Interpretation des Gedichts verwendbar sind. Begründe dein Urteil.

- In seiner Liebesblindheit erkennt das Veilchen nicht, dass gerade das, was es am meisten ersehnt – von dem Mädchen gepflückt zu werden –, seinen sicheren Tod bedeutet.

- Wichtiger als eine Viertelstunde Glückseligkeit erscheint dem Veilchen die eigene Schönheit, auch wenn sie nur „ein kleines Weilchen" dauert.

- Das Veilchen ist natürlich niemand anders als Goethe und das Mädchen ist Charlotte Buff.

- Was dem Veilchen widerfährt, ist das Schicksal aller Menschen, die sich in eine Idee verrennen und ihr Ziel mit allen Mitteln verfolgen: Sie gehen daran zugrunde.

- Die Geschichte vom Veilchen und der Schäferin ist die Geschichte einer unerfüllten Liebe, wie Goethe sie nur kurze Zeit vorher selbst erfahren hat. Die Enttäuschung über den unglücklichen Ausgang seines Werbens um Charlotte Buff kann durchaus der Auslöser für dieses Gedicht gewesen sein.

- Goethes Sehnsucht und sein Leiden finden letztlich Erlösung, wenn er sich darüber freut, dass Charlotte es war, die ihn zertreten hat.

- Absurderweise sieht das Veilchen sogar in seinem Sterben noch das Positive, so sehr liebt es das Mädchen, obwohl dieses es nicht einmal im Tod beachtet.

3 Überprüft, ob die folgende Interpretation des Gedichts „Das Veilchen" der Textvorlage gerecht wird oder ob sie sich durch den Text widerlegen lässt.

Hans Schill

Ein traditionelles Frauenschicksal (2008/2009)

Nachdem Goethe in Straßburg mit Ach und Krach sein Jus-Studium[1] wenigstens bis zum Lizenziat vorangetrieben hat (und sich fortan nichtsdestotrotz Doktor Goethe nennt), kehrt er in seine Vaterstadt Frankfurt am Main zurück, um dort halbüberzeugt als Rechtsanwalt zu arbeiten. Viel wichtiger als die ihn langweilende Jurisprudenz ist jedoch sein anhebender Erfolg als Schriftsteller: Goethe ist im Begriff, ein berühmter Autor zu werden. Er hat bereits das Sturm-und-Drang-Drama „Götz von Berlichingen", die ebenso stürmischen Hymnen und vor allem den künftigen europaweiten Großerfolg „Die Leiden des jungen Werthers" verfasst – ein Erfolg, den er zeitlebens nicht mehr übertreffen wird. [...] Liebe, Leidenschaft, Betrug und Verrat sind Themen, die den jungen Goethe in diesen Jahren stark umtreiben, er verwandelt sie in Literatur und variiert sie auf vielfältige Weise, tragisch, wild, ironisch gebrochen und in den scheinbar leichten Tönen seiner volksliedhaften Balladen.

So auch im vorliegenden Gedicht: Nah verwandt mit dem „Heidenröslein" (Goethe lässt die beiden Balladen in den Ausgaben seiner Gedichte unmittelbar aufeinanderfolgen) verwendet auch „Das Veilchen" einen vermeintlich naiven Kinderton, um Abgründiges zu erzählen; hier wie dort eine Geschichte voller Begehren und Gewalt. Ein Veilchen lebt ein unscheinbares Leben, eine Blume unter ungezählten auf der Wiese, anonym, „gebückt in sich und unbekannt". Das herzige, aber unbeachtete Veilchen verzehrt sich in Sehnsucht nach Liebe, wünscht sich nichts sehnlicher, als „die schönste Blume der Natur" zu sein, hervorragend, einzigartig, begehrenswert. Es möchte „abgepflückt" und „gedrückt" werden, „ach nur, ach nur / Ein Viertelstündchen lang!" – um schließlich doch brutal übergangen und gar zertreten zu werden. Aber im gewaltsamen Tod empfindet es schließlich eine kleine Erfüllung, da dieser ja durch den geliebten Fuß erfolgt.

Ein traditionelles Frauenschicksal in eine Blumenmetapher gekleidet, ein Frauenschicksal also, wie man es in der Literatur zuhauf findet? Ein Frauenschicksal, wie es jahrhundertelang Realität war, einmal mehr literarisch verbrämt[2] und überhöht? Mitnichten! Der Clou dieser Ballade ist natürlich, dass das Veilchen ein Mann ist – schließlich ist es „eine junge Schäferin", die mit „leichtem Schritt und munterm Sinn" daherkommt und vom Veilchen als „Liebchen" benannt wird, der „Busen" hat hier also eindeutig weibliche Qualität. Goethe stellt sämtliche Erwartungen auf den Kopf: Nicht nur, dass hinter Blümchenmetaphorik Begehren und Tod lauern, auch das übliche Geschlechterverhältnis ist ins Gegenteil verkehrt [...]: Gewalt können im Verhältnis der Geschlechter beide Seiten erleben, Frauen und Männer.

[1] *Jus*: ugs. für Jura

[2] *verbrämt*: mit etwas verzieren, was verschönern soll; hier: abwertende Bedeutung für etwas, was literarisch verarbeitet wurde, aber ohne Bedeutung ist

4 Schill beschreibt den Inhalt des Gedichts als „eine Geschichte voller Begehren und Gewalt“ (Z. 17 f.). Klärt die beiden Begriffe und diskutiert, ob sie hier zutreffen.
5 Prüfe, ob die folgende Antwort auf Schills Interpretation dem Gedicht Goethes besser gerecht wird.

Luise F. Pusch
Goethe und sein lesbisches Veilchen (2010) *Auszug*

Natürlich sahen wir das völlig anders. Der schönen Erkenntnis, dass „der Busen eindeutig weibliche Qualität hat“, stimmten wir fräudig [sic] zu, aber dass ausgerechnet das „herzige Veilchen“ ein Mann sein soll, nur weil es die junge Schäferin anhimmelt, ist doch wohl mehr als verschroben. Hier nun die korrekte Interpretation des Gedichts [...]: Das Veilchen ist ein Mädchen, das für die junge Schäferin schwärmt und von ihr abgepflückt werden möchte, damit es an ihrem Busen ruhen und matt gedrückt, um nicht zu sagen plattgedrückt werden kann – eine todessüchtige, rührende und ziemlich pubertäre Vorstellung. Zwar glaubt es durch den „Tritt“ (die Nichtbeachtung) der Schäferin zu sterben, aber davon wird es sich erholen, schließlich ging diese „mit leichtem Schritt“. Richtig tödlich wäre es geworden, wenn die Schäferin den schwärmerischen Wunsch des Veilchens erfüllt und es abgepflückt hätte – wie einst der wilde Knabe das arme Heideröslein.
Lehrer Schill aber macht lieber ein Veilchen zum Manne, als die Liebe eines Mädchens zu einer Frau oder einem Mädchen („das Mädchen kam“) in Betracht zu ziehen. [...] Bei Lehrer Schill haben solche Mädchen keine Chance zu einer Spiegelung ihrer Gefühle durch unseren Dichterfürsten und im Unterrichtsgespräch. Er bleibt lieber bei seinem heteronormativen Modell, das doch an unseren Schulen nun allmählich genug Schaden angerichtet hat.

6 Begründe, welche der beiden Interpretationen dich eher überzeugt.
7 Luise Pusch, Professorin am Institut für Frauenbiografie-Forschung in Münster, leitet ihre Ausführungen allerdings mit dem Satz ein „Über diese kühne Eingebung Goethes, das lesbische Veilchen und seinen Liebeswahn, wollte ich doch schon immer mal eine Glosse schreiben.“ Ziehe aus der Textgattung deine Schlüsse.

Spekulieren ist nicht Interpretieren

METHODE

Beim Interpretieren unterscheidet man beschreibende, deutende und wertende Aussagen. Auf der **beschreibenden Ebene** sind Aussagen selten strittig; sie können richtig oder falsch sein. Auf der **deutenden und wertenden Ebene** jedoch sind Aussagen in der Regel bestreitbar, d. h. ihre Stichhaltigkeit muss nachgewiesen werden. Interpretation meint genau dies: Argumentation für oder gegen ein bestimmtes Textverständnis. Dabei müssen alle Aussagen am Text überprüft und belegt werden.

4 Aspekte moderner Lyrik entdecken

4.1 Poetry-Slam

Bas Böttcher
Dran glauben (2008)

Häng deine Hoffnung an ein Plastikschwein made in Taiwan,
häng deine Hoffnung an ein Pflasterstein und andern Kleinkram.
Zur Show gibt es Kitsch,
zum Popstar das Image,
zur Schönheit die Bräunung,
zum Glück gibt's die Täuschung.
    Also: Dran glauben!
    Kram kaufen!
    Augen schließen!
    Den Schwindel genießen!

Bas Böttcher © gezett

Häng deine Ziele an den Masterplan von Microsoft,
häng deine Ziele an die Straßenbahn zum Luxusloft.
Zum Reichtum gibt's Schätze,
zum Brechen Gesetze,
zur Unschuld die Leugnung,
zum Glück gibt's die Täuschung.
    Also: Dran glauben!
    Kram kaufen!
    Augen schließen!
    Den Schwindel genießen!

Häng deine Träume an die Funknetze der Telekom,
häng deine Träume an Goldschätze und Pokémon.
Zur Ware gibt's Werbung,
zum Blondieren die Färbung,
zum Traum gibt's die Deutung,
zum Glück gibt's die Täuschung.
    Also: Dran glauben!
    Kram kaufen!
    Augen schließen!
    Den Schwindel genießen!

Häng deine Wünsche an die Serien auf ProSieben,
häng deine Wünsche an die Ferien und ans Verlieben.
Zur Liebe gibt's Treue,
zum Fremdgehen die Reue,
zum Schmerz die Betäubung,
zum Glück gibt's die Täuschung.
Also: Dran glauben!
Kram kaufen!
Augen schließen!
Den Schwindel genießen

1 Informiere dich darüber, was „Poetry-Slam" ist und welche Regeln es gibt.
2 Bereite den Text zum Vortrag in der Klasse vor.
→ Bestimme die Haltung des Sprechers: Welche Mimik und Gestik begleiten den Vortrag? Wie bewegt sich der Sprecher? Wie reagiert er auf seine Umwelt? In welcher Stimmung ist er? Wie kann er das Publikum miteinbeziehen?

Bas Böttcher und Wolf Hogekamp
Vom Slam zum Clip (2004)

Die Live-Literatur der Lesebühnen und Poetry-Slams hat in den letzten Jahren viele Anhänger gefunden. [...] Eine einheitliche Stilform gibt es beim Poetry-Slam nicht. Jeder Poet entwickelt seine eigene Poetik. [...] Nur eines haben alle Slam-Autoren gemeinsam: Ihre Texte werden für den verbalen Vortrag verfasst. Egal, ob Kurzgeschichte, Rap, Sonett, Kommentar, Parodie oder Comedy.
Beim Schreiben für den verbalen Vortrag gelten andere stilistische Regeln als für schriftliche Publikationen. [...] Die Herausgeber [der] Poetry-Clips haben es sich zum Ziel gesetzt, eine mediale Form zu schaffen, die die Vielfalt in der Spoken-Word-Szene adäquat vermittelt. Man sieht den Autor und dessen Mimik, man hört die Stimme und deren Intonation, man folgt dem Text und dessen Bedeutung. Poetry-Clips sollen die Rezeptions-Kanäle für Dichtung erweitern. Der Text, das Bild und der Ton. Das ist das Jetzt. Das ist der lyrische Augenblick.

3 Formuliere mit eigenen Worten die Besonderheiten des „Poetry-Clip" im Vergleich zum „Poetry-Slam".
4 Schaue dir auf www.basboettcher.de unter Medien Poetry-Clips den Clip „Dot Matrix" an.
→ Untersuche, inwiefern die aufgezeigten Besonderheiten auf diesen Clip zutreffen.
→ Analysiere das Verhältnis von Text, Bild und Stimme.
5 Verfasst einen Poetry-Slam oder einen Poetry-Clip in Partner- oder Gruppenarbeit. Wählt dazu entweder ein Thema, wie z.B. *Konsumgesellschaft* oder *Medien*, oder geht von einem Wort aus, wie z.B. *Zukunft* oder *Netz*.

4.2 Alltagslyrik

Jan Wagner
giersch (2014)

nicht zu unterschätzen: der giersch
mit dem begehren schon im namen – darum
die blüten, die so schwebend weiß sind, keusch
wie ein tyrannentraum.

kehrt stets zurück wie eine alte schuld,
schickt seine kassiber[1]
durchs dunkel unterm rasen, unterm feld,
bis irgendwo erneut ein weißes wider-

standsnest emporschießt. hinter der garage,
beim knirschenden kies, der kirsche: giersch
als schäumen, als gischt, der ohne ein geräusch

geschieht, bis hoch zum giebel kriecht, bis giersch schier
überall sprießt, im ganzen garten giersch
sich über giersch schiebt, ihn verschlingt mit nichts als giersch.

[1] *der Kassiber (Gaunerdeutsch):* eine unerlaubte schriftliche Mitteilung eines Häftlings an Mithäftlinge oder Außenstehende

1 Arbeite am Text heraus, welche Eigenschaften dem Giersch zugeordnet werden.
2 Erläutere, inwiefern sich bei dieser Darstellung des Gierschs menschliche Vorstellungen widerspiegeln.
3 Untersuche, ob eine Steigerung im Gedicht zu erkennen ist.
4 Analysiere die Form des Gedichtes und stelle einen Bezug zum Inhalt her.

Wiebke Poromka
Der Dichter auf verlorenem Posten (2015) *Auszug*

Der Lyriker Jan Wagner wurde für seinen Lyrikband „Regentonnenvariationen" mit dem Preis der Leipziger Buchmesse ausgezeichnet. Allein seine Nominierung war angesichts der traditionellen Vorherrschaft der Prosa, wenngleich vielleicht nicht eine Sensation, so doch immerhin eine Besonderheit. Auch noch Naturgedichte! Ja. Aber was für welche. Immerzu ist es die Natur, die auf eine nie aggressive, sondern immer vollends selbstverständliche Weise dem Menschen seine Grenzen aufzeigt. Der Gärtner kann noch so viel schneiden und bändigen, der Giersch – eine gewöhnliche Unkrautpflanze – fleucht[2] und wächst, wie es ihm gefällt, und überwuchert bald den ganzen Garten. So geschieht es im grandiosen Auftaktgedicht von Wagners „Regentonnenvariationen". Am Ende kommt die Natur zurück. Und

[2] *fleucht:* fliegt

ebenso wie der Giersch durch den Garten randaliert und zu seinem Recht kommt, sprießt immer wieder erhellende Gegenwartsanalyse aus Wagners Gedichten, ohne dass sie dem Leser aufdringlich oder gar moralinsauer[1] unter die Nase gerieben würde: Wir können noch so mit den Mitteln der Rationalität unsere Oberflächen zurechtstutzen, wir können alles strukturieren und geradebiegen – am Ende bricht sich die Natur ihren Weg. Und wir können nur stumm erstaunt zuschauen. Der spöttische Blick, den wir dabei zu spüren meinen, kommt nicht von der Natur selbst, sondern ist allenfalls unsere eigene, gerade kräftig ins Stolpern geratene Hybris[2], die auf uns zurückgespiegelt wird. Was aber die Kunst von Jan Wagner ausmacht und was ihn zu einem nicht nur der virtuosesten, sondern gleichermaßen auch zu einem der bescheidensten zeitgenössischen Lyriker macht: Er ist jemand, der die klassischen poetischen Formen wie wenige andere beherrscht, der sich aber auch nicht scheut, diesen mit einer gewissen Ironie zu begegnen. Und so vollziehen die Gedichte, was sie inhaltlich transportieren, auch auf formaler Ebene nach. Das Auftaktgedicht *„giersch"* etwa kommt als klassisches Sonett daher, eine Form, die traditionell die harmonische Versöhnung des vermeintlich Gegensätzlichen vollführt. Mithin: Nicht nur die Beherrschung der Welt durch den Menschen, sondern vor allem auch der Beherrschung des Stoffes durch den Dichter. Bei Wagner aber passiert genau das Gegenteil. Während äußerlich die Form gewahrt bleibt, tobt der Giersch im Inneren der Zeilen, überlagert die Sprache, plötzlich ist vor lauter *schier, sprießt, schiebt, kirsche, kies* nichts mehr zu hören als lauter: Giersch.

Wenn man Jan Wagner liest – was in der Folge des Preises der Leipziger Buchmesse hoffentlich viele Menschen tun werden – dann kann man aber die für manche erstaunlichen Erfahrungen machen, dass Lyrik weder wirklichkeitsabgewandt noch gegenwartsfern ist. Sondern, wenn es gute Lyrik ist, ein Stück verdichteter Wirklichkeitsbetrachtung.

[1] *moralinsauer:* abwertend für: in übertriebener, aufdringlicher Weise sittenstreng, moralisierend

[2] *die Hybris*: Anmaßung, Hochmütigkeit, Selbstgefälligkeit

5 Vergleicht eure Interpretationsergebnisse mit den Aussagen, die die Verfasserin im Text zu „giersch" trifft.

→ Erläutert in diesem Zusammenhang auch den Satz:

„Der spöttische Blick, den wir dabei zu spüren meinen, kommt nicht von der Natur selbst, sondern ist allenfalls unsere eigene, gerade kräftig ins Stolpern geratene Hybris, die auf uns zurückgespiegelt wird." (Z. 23 ff.)

6 Fasse zusammen, wie die Verfasserin den Dichter Jan Wagner bewertet.

6 Dramenauszüge analysieren und interpretieren

Frühlings Erwachen

Inszenierung einer Adaption von Wedekinds Stück unter dem Titel „LIVE FAST – DIE YOUNG" von Nuran David Calis am „Jungen Resi" (Residenztheater) München im Februar 2015

Einführung

BASIS-INFO

Das **Drama** (griech. Handlung) ist eine der drei Großformen der Literatur. Es wird zwischen **Tragödien** mit einem tragischen Ausgang und **Komödien** mit einem guten Ausgang unterschieden. Die Moderne kennt auch Mischformen. Die handelnden Figuren äußern sich in Dialogen und Monologen; Regieanweisungen geben Hinweise für die Darstellung auf der Bühne.
Im Drama treffen unterschiedliche Haltungen aufeinander, die einen **Konflikt** auslösen. Die spannungsreiche Entwicklung des Konflikts erfolgt in den verschiedenen **Akten**, die wiederum in einzelne **Szenen** unterteilt sind.

Für das **klassische Theater** hat Gustav Freytag (1816–1895) ein festes Schema aufgestellt:

1. Akt: **Exposition** (Vorstellung der handelnden Figuren, Einführung in Ort und Zeit, Andeutung des Konflikts)
2. Akt: **Steigerung** (Verschärfung des Konflikts)
3. Akt: **Höhepunkt und Peripetie** (Wendung der Handlung zum Guten oder zum Schlechten)
4. Akt: **Retardation** (Hinauszögern des unausweichlichen Endes)
5. Akt: **Katastrophe** (Tragödie) oder **Lösung** (Komödie)

Diese klassische Form des Theaters geht auf Aristoteles (384–322 v. Chr.) zurück. Die Ursprünge des Theaters liegen in der griechischen Tragödie, die in einem Zeitraum von 24 Stunden an einem Ort aufgeführt wurde, was eine enorme Konzentration der Handlung erforderte. Daraus leitete sich die Forderung nach **Einheit von Zeit**, **Ort und Handlung** ab. Einen neuen Impuls erhielt das Theater durch das **Bürgerliche Trauerspiel** (☞ S. 222 ff.) im 18. Jahrhundert. Als Hauptfiguren sollten nicht mehr wie bisher Könige und Adelige im Mittelpunkt stehen, sondern Bürgerliche, die ebenfalls fähig waren ein tragisches Schicksal zu erleiden. Im 20. Jahrhundert stellte Bertolt Brecht (1898–1956) dem klassischen Theater das **Epische Theater** gegenüber, das den Zuschauer durch den Verfremdungseffekt zum kritischen Betrachter machen und die Einfühlung verhindern will. Moderne Theaterstücke oder auch moderne Inszenierungen von älteren Werken zeigen, dass die Gattung nach wie vor lebendig ist und die Bühnen immer noch Zuschauer anlocken.

1 Stelle ausgehend vom Titel und von den Bildern Vermutungen über den Inhalt des Dramas „Frühlings Erwachen“ an. Inwiefern beeinflusst der Untertitel „Eine Kindertragödie“ deine Erwartungen?

2 Entwirf einen kurzen Dialog, der zu einem der Bilder der Auftaktseiten passt.

3 „Mama braut uns wieder eine Limonade und wir plaudern gemütlich über Fortpflanzung“ (Zitat aus dem Drama). Erläutere, inwiefern diese Aussage befremdet.

1 Eine Dramenszene analysieren

1.1 Charakterzüge und Positionen von Figuren wahrnehmen

Frank Wedekind

Frühlings Erwachen (1891) – Erster Akt, Erste Szene

In Frank Wedekinds Drama „Frühlings Erwachen" spielen Jugendliche die Hauptrollen: Wendla, Melchior und Moritz. Jeder von ihnen gerät mit der Erwachsenenwelt in Konflikt.
Wedekind schrieb das Adoleszenzdrama 1891, zur Uraufführung gelangte es aufgrund der Zensur erst 1906.

Frank Wedekind (1864–1918)

Wohnzimmer

Wendla Warum hast du mir das Kleid so lang gemacht, Mutter?

Frau Bergmann Du wirst vierzehn Jahr heute!

Wendla Hätt' ich gewusst, dass du mir das Kleid so lang machen werdest, ich wäre lieber nicht vierzehn geworden.

Frau Bergmann Das Kleid ist nicht zu lang, Wendla. Was willst du denn! Kann ich dafür, dass mein Kind mit jedem Frühling wieder zwei Zoll größer ist? Du darfst doch als ausgewachsenes Mädchen nicht in Prinzesskleidchen einhergehen.

Wendla Jedenfalls steht mir mein Prinzesskleidchen besser als diese Nachtschlumpe. – Lass mich's noch einmal tragen, Mutter! Nur noch den Sommer lang. Ob ich nun vierzehn zähle oder fünfzehn, dies Bußgewand wird mir immer noch recht sein. – Heben wir's auf bis zu meinem nächsten Geburtstag; jetzt würd' ich doch nur die Litze[1] heruntertreten.

Frau Bergmann Ich weiß nicht, was ich sagen soll. Ich würde dich ja gerne so behalten, Kind, wie du gerade bist. Andere Mädchen sind stakig und plump in deinem Alter. Du bist das Gegenteil. – Wer weiß, wie du sein wirst, wenn sich die andern entwickelt haben.

Wendla Wer weiß – vielleicht werde ich nicht mehr sein.

Frau Bergmann Kind, Kind, wie kommst du auf die Gedanken!

Wendla Nicht, liebe Mutter; nicht traurig sein!

Frau Bergmann *sie küssend*: Mein einziges Herzblatt!

Wendla Sie kommen mir so des Abends, wenn ich nicht einschlafe. Mir ist gar nicht traurig dabei, und ich weiß, dass ich dann umso besser schlafe. – Ist es sündhaft, Mutter, über derlei zu sinnen?

Frau Bergmann Geh denn und häng das Bußgewand in den Schrank! Zieh in Gottes Namen dein Prinzesskleidchen wieder an! Ich werde dir gelegentlich eine Handbreit Volants unten ansetzen.

Wendla *das Kleid in den Schrank hängend*: Nein, da möcht' ich schon lieber gleich vollends zwanzig sein ...!

Frau Bergmann Wenn du nur nicht zu kalt hast! – Das Kleidchen war dir ja seinerzeit reichlich lang; aber ...

[1] *die Litze*: ein Band zur Verstärkung des Saums

Wendla Jetzt, wo der Sommer kommt? – O Mutter, in den Kniekehlen bekommt man auch als Kind keine Diphtheritis[2]! Wer wird so kleinmütig sein. In meinen Jahren friert man noch nicht – am wenigsten an die Beine. Wär's etwa besser, wenn ich zu heiß hätte, Mutter? – Dank' es dem lieben Gott, wenn sich dein Herzblatt nicht eines Morgens die Ärmel wegstutzt und dir so zwischen Licht abends ohne Schuhe und Strümpfe entgegentritt! – Wenn ich mein Bußgewand trage, kleide ich mich darunter wie eine Elfenkönigin ... Nicht schelten, Mütterchen! Es sieht's dann ja niemand mehr.

[2] *die Diphtheritis*: Diphtherie, eine schwere Form der Schleimhautentzündung der oberen Atemwege

1 Untersuche die unterschiedlichen Positionen von Wendla und ihrer Mutter hinsichtlich der Kleiderfrage. Welche Befürchtungen hegt die Mutter?
2 Analysiere das Verhältnis zwischen Mutter und Tochter.

Frühlings Erwachen – Erster Akt, Zweite Szene *Auszug*

Sonntagabend

Melchior Möchte doch wissen, wozu wir eigentlich auf der Welt sind!

Moritz Lieber wollt' ich ein Droschkengaul sein um der Schule willen! – Wozu gehen wir in die Schule? – Wir gehen in die Schule, damit man uns examinieren kann! – Und wozu examiniert man uns? – Damit wir durchfallen. – Sieben müssen ja durchfallen, schon weil das Klassenzimmer oben nur sechzig fasst. – Mir ist so eigentümlich seit Weihnachten ... hol mich der Teufel, wäre Papa nicht, heut noch schnürt' ich mein Bündel und ginge nach Altona[1]!

Melchior Reden wir von etwas anderem. –

Sie gehen spazieren.

Moritz Siehst du die schwarze Katze dort mit dem emporgereckten Schweif?

Melchior Glaubst du an Vorbedeutungen?

Moritz Ich weiß nicht recht. – – Sie kam von drüben her. Es hat nichts zu sagen.

Melchior Ich glaube, das ist eine Charybdis[2], in die jeder stürzt, der sich aus der Scylla[3] religiösen Irrwahns emporgerungen. – – Lass uns hier unter der Buche Platz nehmen. Der Tauwind fegt über die Berge. Jetzt möchte ich droben im Wald eine junge Dryade[4] sein, die sich die ganze lange Nacht in den höchsten Wipfeln wiegen und schaukeln lässt.

Moritz Knöpf dir die Weste auf, Melchior!

Melchior Ha – wie das einem die Kleider bläht!

Moritz Es wird weiß Gott so stockfinster, dass man die Hand nicht vor den Augen sieht. Wo bist du eigentlich? – – Glaubst du nicht auch, Melchior, dass das Schamgefühl im Menschen nur ein Produkt seiner Erziehung ist?

Melchior Darüber habe ich erst vorgestern noch nachgedacht. Es scheint mir immerhin tief eingewurzelt in der menschlichen Natur. Denke dir, du sollst dich vollständig entkleiden vor deinem besten Freund. Du wirst es nicht tun, wenn er es nicht zugleich auch tut. – Es ist eben auch mehr oder weniger Modesache.

Moritz Ich habe mir schon gedacht, wenn ich Kinder habe, Knaben und Mädchen,

[1] *Altona* (Hamburg): hier Synonym für den größten Hafen Deutschlands

[2] *Charybdis*: gefährlicher Meeresstrudel

[3] *Scylla*: Seeungeheuer; „zwischen Scylla und Charybdis": Redensart für eine ausweglose Situation

[4] *Dryade*: die Baumnymphe

so lasse ich sie von früh auf im nämlichen Gemach, wenn möglich auf ein und demselben Lager, zusammen schlafen, lasse ich sie morgens und abends beim An- und Auskleiden einander behilflich sein und in der heißen Jahreszeit, die Knaben sowohl wie die Mädchen, tagsüber nichts als eine kurze, mit einem Lederriemen gegürtete Tunika aus weißem Wollstoff tragen. – Mir ist, sie müssten, wenn sie so heranwachsen, später ruhiger sein, als wir es in der Regel sind.

Melchior Das glaube ich entschieden, Moritz! – Die Frage ist nur, wenn die Mädchen Kinder bekommen, was dann?

Moritz Wieso Kinder bekommen?

Melchior Ich glaube in dieser Hinsicht nämlich an einen gewissen Instinkt. Ich glaube, wenn man einen Kater zum Beispiel mit einer Katze von Jugend auf zusammensperrt und beide von jedem Verkehr mit der Außenwelt fernhält, d.h. sie ganz nur ihren eigenen Trieben überlässt – dass die Katze früher oder später doch einmal trächtig wird, obgleich sie sowohl wie der Kater niemand hatten, dessen Beispiel ihnen hätte die Augen öffnen können.

Moritz Bei Tieren muss sich das ja schließlich von selbst ergeben.

Melchior Bei Menschen glaube ich erst recht! Ich bitte dich, Moritz, wenn deine Knaben mit den Mädchen auf ein und demselben Lager schlafen und es kommen ihnen nun unversehens die ersten männlichen Regungen – ich möchte mit jedermann eine Wette eingehen...

Moritz Darin magst du recht haben. – Aber immerhin ...

Melchior Und bei deinen Mädchen wäre es im entsprechenden Alter vollkommen das Nämliche! Nicht, dass das Mädchen gerade ... man kann das ja freilich so genau nicht beurteilen ... Jedenfalls wäre vorauszusetzen ... und die Neugierde würde das Ihrige zu tun auch nicht verabsäumen! [...]

Moritz Selbstverständlich müssten meine Kinder nämlich tagsüber arbeiten, in Hof und Garten, oder sich durch Spiele zerstreuen, die mit körperlicher Anstrengung verbunden sind. Sie müssten reiten, turnen, klettern und vor allen Dingen nachts nicht so weich schlafen wie wir. Wir sind schrecklich verweichlicht. – Ich glaube, man träumt gar nicht, wenn man hart schläft. [...]

Wahrlich ein sonderbares Spiel, das man mit uns treibt. Und dafür sollen wir uns dankbar erweisen! Ich erinnere mich nicht, je eine Sehnsucht nach dieser Art Aufregung verspürt zu haben. Warum hat man mich nicht ruhig schlafen lassen, bis alles wieder still gewesen wäre. Meine lieben Eltern hätten hundert bessere Kinder haben können. So bin ich nun hergekommen, ich weiß nicht, wie, und soll mich dafür verantworten, dass ich nicht weggeblieben bin. – Hast du nicht auch schon darüber nachgedacht, Melchior, auf welche Art und Weise wir eigentlich in diesen Strudel hineingeraten?

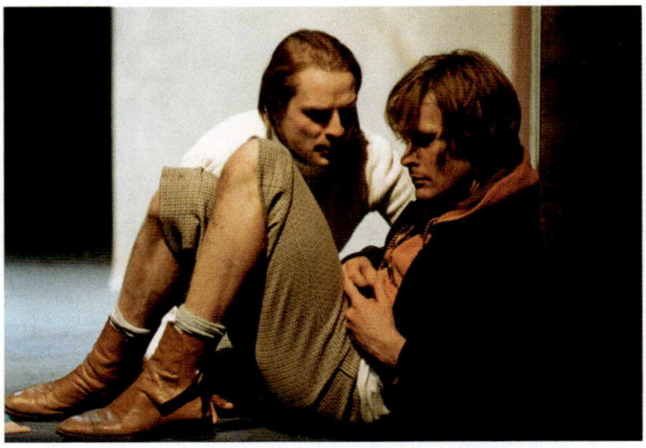

Andreas Pietschmann als Melchior Gabor und Hinnerk Schönemann als Moritz Stiefel in einer Inszenierung des Thalia Theaters, Hamburg aus dem Jahr 2001

Melchior Du weißt das also noch nicht, Moritz?

Moritz Wie sollt' ich es wissen? – Ich sehe, wie die Hühner Eier legen, und höre, dass mich Mama unter dem Herzen getragen haben will. Aber genügt denn das? – Ich erinnere mich auch, als fünfjähriges Kind schon befangen worden zu sein, wenn einer die dekolletierte Coeurdame[5] aufschlug. Dieses Gefühl hat sich verloren. Indessen kann ich heute kaum mehr mit irgendeinem Mädchen sprechen, ohne etwas Verabscheuungswürdiges dabei zu denken, und – ich schwöre dir, Melchior – ich weiß nicht *was*.

Melchior Ich sage dir alles. – Ich habe es teils aus Büchern, teils aus Illustrationen, teils aus Beobachtungen in der Natur. Du wirst überrascht sein; ich wurde seinerzeit Atheist. [...]

Moritz Ich habe den *Kleinen Meyer*[6] von A bis Z durchgenommen. Worte – nichts als Worte und Worte! Nicht eine einzige schlichte Erklärung. O dieses Schamgefühl! – Was soll mir ein Konversationslexikon, das auf die nächstliegende Lebensfrage nicht antwortet.

Melchior Hast du schon einmal zwei Hunde über die Straße laufen sehen?

Moritz Nein! – – Sag mir lieber heute noch nichts, Melchior. Ich habe noch Mittelamerika und Ludwig den Fünfzehnten vor mir. Dazu die sechzig Verse Homer, die sieben Gleichungen, der lateinische Aufsatz – ich würde morgen wieder überall abblitzen. Um mit Erfolg büffeln zu können, muss ich stumpfsinnig wie ein Ochse sein.

Melchior Komm doch mit auf mein Zimmer. In dreiviertel Stunden habe ich den Homer, die Gleichungen und zwei Aufsätze. Ich korrigiere dir einige harmlose Schnitzer hinein, so ist die Sache im Blei. Mama braut uns wieder eine Limonade, und wir plaudern gemütlich über die Fortpflanzung.

Moritz Ich kann nicht. – Ich kann nicht gemütlich über die Fortpflanzung plaudern! Wenn du mir einen Gefallen tun willst, dann gib mir deine Unterweisungen schriftlich. [...]

[5] *die Coeurdame*: die Herzdame im Kartenspiel

[6] *der Kleine Meyer*: ein Lexikon

1 Halte fest, welche Fragen und Themen das Gespräch von Moritz und Melchior bestimmen.

→ Arbeite am Text heraus, welche Erziehungsideale Moritz vertritt.

→ Erläutere, welche Positionen die beiden Jungen hinsichtlich der Sexualität einnehmen.

2 Formuliere mit eigenen Worten, was an der Schule kritisiert wird.

3 Die ersten beiden Szenen gehören zur Exposition.

→ Kläre, wann und wo die Handlung spielt.

→ Bestimme, welche Konflikte sich jetzt schon andeuten.

→ Weise am Text nach, welche Andeutungen auf das Schicksal von Wendla und Melchior gemacht werden.

4 Charakterisiere Moritz.

→ Beziehe den Inhalt der Äußerungen und die benutzten Sprachformen mit ein.

→ Belege deine Aussagen am Text.

Frühlings Erwachen – Erster Akt, Fünfte Szene *Auszug*

Sonniger Nachmittag. – Melchior und Wendla begegnen einander im Wald.

Wendla Was wolltest du mich fragen, Melchior?

Melchior Ich habe gehört, Wendla, du gehest häufig zu armen Leuten. Du brächtest ihnen Essen, auch Kleider und Geld. Tust du das aus eigenem Antriebe oder schickt deine Mutter dich?

Wendla Meistens schickt mich die Mutter. Es sind arme Taglöhnerfamilien, die eine Unmenge Kinder haben. Oft findet der Mann keine Arbeit, dann frieren und hungern sie. Bei uns liegt aus früherer Zeit noch so mancherlei in Schränken und Kommoden, das nicht mehr gebraucht wird. Aber wie kommst du darauf?

Melchior Gehst du gern oder ungern, wenn deine Mutter dich so wohin schickt?

Wendla O für mein Leben gern! Wie kannst du fragen!

Melchior Aber die Kinder sind schmutzig, die Frauen sind krank, die Wohnungen strotzen von Unrat, die Männer hassen dich, weil du nicht arbeitest...

Wendla Das ist nicht wahr, Melchior. Und wenn es wahr wäre, ich würde erst recht gehen!

Melchior Wieso erst recht, Wendla?

Wendla Ich würde erst recht hingehen. – Es würde mir noch viel mehr Freude bereiten, ihnen helfen zu können.

Melchior Du gehst also um deiner Freude willen zu den armen Leuten?

Wendla Ich gehe zu ihnen, weil sie arm sind.

Melchior Aber wenn es dir keine Freude wäre, würdest du nicht gehen?

Wendla Kann ich denn dafür, dass es mir Freude macht?

Melchior Und doch sollst du dafür in den Himmel kommen! – So ist es also richtig, was mir nun seit einem Monat keine Ruhe mehr lässt! – Kann der Geizige dafür, dass es ihm keine Freude macht, zu schmutzigen kranken Kindern zu gehen?

Wendla O dir würde es sicher die größte Freude sein!

Melchior Und doch soll er dafür des ewigen Todes sterben! – Ich werde eine Abhandlung schreiben und sie Herrn Pastor Kahlbauch einschicken. Er ist die Veranlassung. Was faselt er uns von *Opferfreudigkeit*! – Wenn er mir nicht antworten kann, gehe ich nicht mehr in die Kinderlehre und lasse mich nicht konfirmieren.

Wendla Warum willst du deinen lieben Eltern den Kummer bereiten! Lass dich doch konfirmieren; den Kopf kostet's doch nicht. Wenn unsere schrecklichen weißen Kleider und eure Schlepphosen nicht wären, würde man sich vielleicht noch dafür begeistern können!

Melchior Es gibt keine Aufopferung! Es gibt keine Selbstlosigkeit! – Ich sehe die Guten sich ihres Herzens freun, sehe die Schlechten beben und stöhnen – ich sehe dich, Wendla Bergmann, deine Locken schütteln und lachen, und mir wird so ernst dabei wie einem Geächteten. – – Was hast du vorhin geträumt, Wendla, als du am Goldbach im Grase lagst?

Wendla – – Dummheiten – Narreteien –

Melchior: Mit offenen Augen?!

Wendla Mir träumte, ich wäre ein armes, armes Bettelkind, ich würde früh fünf schon auf die Straße geschickt, ich müsste betteln den ganzen langen Tag in Sturm und Wetter, unter hartherzigen, rohen Menschen. Und käm' ich abends nach Hause, zitternd vor Hunger und Kälte, und hätte so viel Geld nicht, wie mein Vater verlangt, dann würd' ich geschlagen – geschlagen – [...] Ich, Melchior, bin in meinem Leben nie geschlagen worden – nicht ein einziges Mal. Ich kann mir kaum denken, wie das tut, geschlagen zu werden. Ich habe mich schon selbst geschlagen, um zu erfahren, wie einem dabei ums Herz wird. – Es muss ein grauenvolles Gefühl sein.

Melchior Ich glaube nicht, dass je ein Kind dadurch besser wird.

Wendla Wodurch besser wird?

Melchior Dass man es schlägt.

Wendla – Mit dieser Gerte zum Beispiel! – Hu, ist die zäh und dünn!

Melchior Die zieht Blut!

Wendla Würdest du mich nicht einmal damit schlagen?

Was im Stück weiter passiert:
Melchior weigert sich zunächst Wendla zu schlagen, gibt dann aber auf ihr Drängen hin nach und schlägt auf Wendla ein, zunächst zaghaft, dann immer stärker, bis er die Kontrolle verliert und sie so schlägt, dass sie in ein fürchterliches Geschrei ausbricht, worauf Melchior weinend wegläuft.

5 Stelle die unterschiedlichen Positionen von Wendla und Melchior heraus.
→ Beziehe die Haltung beider hinsichtlich „Opferfreudigkeit" und Kirche mit ein.
→ Bestimme ihren Standpunkt im Hinblick darauf, dass Eltern ihre Kinder schlagen.

6 Kläre, warum sich Wendla von Melchior schlagen lassen will.

7 Schreibe einen inneren Monolog Melchiors: Welche Gedanken gehen ihm durch den Kopf, nachdem er Wendla geschlagen hat?

8 Verfasse eine Charakterisierung von Melchior oder Wendla. Berücksichtige dabei auch die vorangegangenen Szenen.

WISSEN

Von **direkten Charakterhinweisen** spricht man, wenn sich die Figur selbst oder eine andere Figur ausdrücklich zu den Charaktereigenschaften äußert. **Indirekte Charakterhinweise** finden sich eher zwischen den Zeilen. Die folgenden Fragen können eine indirekte Charakterisierung vorbereiten:

- Zu welchen Themen/Konflikten äußert sich die Figur?
- Welche Positionen vertritt die Figur dabei? Wie entwickelt sie sich?
- Wie groß sind die Redeanteile der Figur (auch im Vergleich zu anderen)?
- Auf welchem Sprachniveau bewegt sich die Figur?
- Wie stimmig und ehrlich sind die Aussagen?

Auch aus der **Häufigkeit des Auftretens**, der **Kleidung** und dem **gesellschaftlichen Status** lassen sich indirekte Charakterhinweise ableiten.

1.2 Die Gesprächsführung untersuchen

Frühlings Erwachen – Zweiter Akt, Zweite Szene

Swetlana Schönfeld (Frau Bergmann) und Anna Graenzer (Wendla Bergmann), Inszenierung: Claus Peymann im BERLINER ENSEMBLE (2008); Foto: © Monika Rittershaus

Wohnzimmer

Frau Bergmann *den Hut auf, die Mantille um, einen Korb am Arm, mit strahlendem Gesicht durch die Mitteltür eintretend*: Wendla! – Wendla!

Wendla *erscheint in Unterröckchen und Korsett in der Seitentüre rechts*: Was gibt's, Mutter?

Frau Bergmann Du bist schon auf, Kind? – Sieh, das ist schön von dir!

Wendla Du warst schon ausgegangen?

Frau Bergmann Zieh dich nun nur flink an! – Du musst gleich zu Ina hinunter, du musst ihr den Korb da bringen!

Wendla *sich während des Folgenden vollends ankleidend*: Du warst bei Ina? – Wie geht es Ina? – Will's noch immer nicht bessern?

Frau Bergmann Denk dir, Wendla, diese Nacht war der Storch bei ihr und hat ihr einen kleinen Jungen gebracht.

Wendla Einen Jungen? – Einen Jungen! – O das ist herrlich – Deshalb die langwierige Influenza!

Frau Bergmann Einen prächtigen Jungen!

Wendla Den muss ich sehen, Mutter! – So bin ich nun zum dritten Male Tante geworden – Tante von einem Mädchen und zwei Jungens!

Frau Bergmann Und was für Jungens! – So geht's eben, wenn man so dicht beim Kirchendach wohnt! – Morgen sind's erst zwei Jahr, dass sie in ihrem Mullkleid die Stufen hinanstieg.

Wendla Warst du dabei, als er ihn brachte?

Frau Bergmann Er war eben wieder fortgezogen. – Willst du dir nicht eine Rose vorstecken?

Wendla Warum kamst du nicht etwas früher hin, Mutter?

Frau Bergmann Ich glaube aber beinahe, er hat dir auch etwas mitgebracht – eine Brosche oder was.

Wendla Es ist wirklich schade!

Frau Bergmann Ich sage dir ja, dass er dir eine Brosche mitgebracht hat!

Wendla Ich habe Broschen genug...

Frau Bergmann Dann sei auch zufrieden, Kind. Was willst du denn noch?

Wendla Ich hätte so furchtbar gerne gewusst, ob er durchs Fenster oder durch den Schornstein geflogen kam.

Frau Bergmann Da musst du Ina fragen. Ha, das musst du Ina fragen, liebes Herz! Ina sagt dir das ganz genau. Ina hat ja eine ganze halbe Stunde mit ihm gesprochen.

Wendla Ich werde Ina fragen, wenn ich hinunterkomme.

Frau Bergmann Aber ja nicht vergessen, du süßes Engelsgeschöpf! Es interessiert mich wirklich selbst zu wissen, ob er durchs Fenster oder durch den Schornstein kam.

Wendla Oder soll ich nicht lieber den Schornsteinfeger fragen? – Der Schornsteinfeger muss es doch am besten wissen, ob er durch den Schornstein fliegt oder nicht.

Frau Bergmann Nicht den Schornsteinfeger, Kind; nicht den Schornsteinfeger. Was weiß der Schornsteinfeger vom Storch! – Der schwatzt dir allerhand dummes Zeug vor, an das er selbst nicht glaubt ... Wa-was glotzt du so auf die Straße hinunter??

Wendla Ein Mann, Mutter – dreimal so groß wie ein Ochse! – mit Füßen wie Dampfschiffe ...!

Frau Bergmann *ans Fenster stürzend*: Nicht möglich! – Nicht möglich! –

Wendla *zugleich*: Eine Bettlade hält er unterm Kinn, fiedelt die Wacht am Rhein[1] drauf – – eben biegt er um die Ecke ...

Frau Bergmann Du bist und bleibst doch ein Kindskopf! – Deine alte einfältige Mutter so in Schrecken jagen! – Geh, nimm deinen Hut. Nimmt mich wunder, wann bei dir einmal der Verstand kommt. – Ich habe die Hoffnung aufgegeben.

Wendla Ich auch, Mütterchen, ich auch. – Um meinen Verstand ist es ein traurig Ding. – Hab' ich nun eine Schwester, die seit zwei und einem halben Jahr verheiratet, und ich selber bin zum dritten Male Tante geworden, und habe gar keinen Begriff, wie das alles zugeht ... Nicht böse werden, Mütterchen; nicht böse werden! Wen in der Welt soll ich denn fragen als dich! Bitte, liebe Mutter, sag es mir! Sag's mir, geliebtes Mütterchen! Ich schäme mich vor mir selber. Ich bitte dich, Mutter, sprich! Schilt mich nicht, dass ich so etwas frage. Gib mir Antwort – wie geht es zu? – wie kommt das alles? – Du kannst doch im Ernst nicht verlangen, dass ich bei meinen vierzehn Jahren noch an den Storch glaube.

Frau Bergmann Aber du großer Gott, Kind, wie bist du sonderbar! – Was du für Einfälle hast! – Das kann ich ja doch wahrhaftig nicht!

Wendla Warum denn nicht, Mutter! – Warum denn nicht! – Es kann ja doch nichts Hässliches sein, wenn sich alles darüber freut!

Frau Bergmann O – o Gott behüte mich! – Ich verdiente ja ... Geh, zieh dich an, Mädchen; zieh dich an!

[1] *die Wacht am Rhein*: die inoffizielle Nationalhymne des Deutschen Kaiserreiches ab 1871

Swetlana Schönfeld (Frau Bergmann) und Anna Graenzer (Wendla Bergmann) in der Inszenierung im BERLINER ENSEMBLE (2008)

Wendla Ich gehe ... Und wenn dein Kind nun hingeht und fragt den Schornsteinfeger?

Frau Bergmann Aber das ist ja zum Närrischwerden! – Komm, Kind, komm her, ich sage es dir! Ich sage dir alles ... O du grundgütige Allmacht! – nur heute nicht, Wendla! – Morgen, übermorgen, kommende Woche ... wann du nur immer willst, liebes Herz ...

Wendla Sag es mir heute, Mutter; sag es mir jetzt! Jetzt gleich! – Nun ich dich so entsetzt gesehen, kann ich erst recht nicht eher wieder ruhig werden.

Frau Bergmann Ich kann nicht, Wendla.

Wendla Oh, warum kannst du nicht, Mütterchen! – Hier knie ich zu deinen Füßen und lege dir meinen Kopf in den Schoß. Du deckst mir deine Schürze über den Kopf und erzählst und erzählst, als wärst du mutterseelenallein im Zimmer. Ich will nicht zucken; ich will nicht schreien; ich will geduldig ausharren, was immer kommen mag.

Frau Bergmann Der Himmel weiß, Wendla, dass ich nicht die Schuld trage! Der Himmel kennt mich! – Komm in Gottes Namen! – Ich will dir erzählen, Mädchen, wie du in diese Welt hineingekommen. – So hör mich an, Wendla ...

Wendla *unter ihrer Schürze*: Ich höre.

Frau Bergmann *ekstatisch*: Aber es geht ja nicht, Kind! – Ich kann es ja nicht verantworten. – Ich verdiene ja, dass man mich ins Gefängnis setzt – dass man dich von mir nimmt ...

Wendla *unter ihrer Schürze*: Fass dir ein Herz, Mutter!

Frau Bergmann So höre denn ...!

Wendla *unter ihrer Schürze, zitternd*: O Gott, o Gott!

Frau Bergmann Um ein Kind zu bekommen – du verstehst mich, Wendla?

Wendla: Rasch, Mutter – ich halt's nicht mehr aus.

Frau Bergmann Um ein Kind zu bekommen – muss man den Mann – mit dem man verheiratet ist ... *lieben – lieben* sag' ich dir – wie man nur einen Mann lieben kann! Man muss ihn so sehr *von ganzem Herzen* lieben, – wie sich's nicht sagen lässt! Man muss ihn lieben, Wendla, wie du in deinen Jahren noch gar nicht lieben kannst ... Jetzt weißt du's.

Wendla *sich erhebend*: Großer – Gott – im Himmel!

Frau Bergmann Jetzt weißt du, welche Prüfungen dir bevorstehen!

Wendla Und das ist alles?

Frau Bergmann So wahr mir Gott helfe! – – Nimm nun den Korb da und geh zu Ina hinunter. Du bekommst dort Schokolade und Kuchen dazu. – Komm, lass dich noch einmal betrachten – die Schnürstiefel, die seidenen Handschuhe, die Matrosentaille, die Rosen im Haar... dein Röckchen wird dir aber wahrhaftig nachgerade zu kurz, Wendla!

Wendla Hast du für Mittag schon Fleisch gebracht, Mütterchen?

Frau Bergmann Der liebe Gott behüte dich und segne dich – Ich werde dir gelegentlich eine Handbreit Volants unten ansetzen.

Was im Stück weiter passiert:
In der Folge treffen Wendla und Melchior auf einem Heuboden zusammen. Melchior gibt seinen sexuellen Trieben nach, Wendla lässt es geschehen, ohne sich der möglichen Auswirkungen bewusst zu sein.

1 Bestimme das Thema des Gesprächs.
2 Untersuche den Gesprächsverlauf.
→ Welche Ziele verfolgen Mutter und Tochter?
→ Arbeite am Text heraus, inwiefern sie aufeinander eingehen, und markiere die entsprechenden Stellen. Was fällt dir auf?
→ Analysiere Wendlas Gesprächstaktik der Mutter gegenüber genauer.
→ Ziehe eine Schlussfolgerung aus deinen Beobachtungen.
3 Erläutere die Szenenanweisungen und beziehe sie auf den Inhalt des Dialogs.

WISSEN

Theaterstücke sind in der Regel für die Inszenierung auf der Bühne geschrieben. Bei der Frage nach der beabsichtigten Wirkung ist es daher meist hilfreich, die **Szenenanweisungen** zu berücksichtigen. Hier gibt der Autor wichtige Hinweise zum **Bühnenbild** oder zum **Aussehen** und **Auftreten** der Figuren und damit auf eine mögliche Deutung der jeweiligen Szene.

Einen umfassenden Eindruck von einer Theaterszene erhält man nur, wenn man sich ihre Umsetzung auf der Bühne anschaut. Die Position der Figuren zueinander, ihre **Gesten** (Körperhaltungen und Bewegungen) und ihre **Mimik** (Gesichtsausdruck) ergänzen und nuancieren das Gesprochene wirkungsvoll und vertiefen die Auseinandersetzung mit dem Szenentext.

Sigmund Freud
Kleine Schriften I – Kapitel 8: Zur sexuellen Aufklärung der Kinder (Offener Brief an Dr. M. Fürst) (1907) *Auszug*

Geehrter Herr Kollege!
[...] Ich soll Ihnen also die Fragen beantworten, ob man den Kindern überhaupt Aufklärungen über die Tatsachen des Geschlechtslebens geben darf, in welchem Alter dies geschehen kann und in welcher Weise. Nehmen Sie nun gleich zu Anfang mein Geständnis entgegen, [...] dass es aber für meine Einsicht völlig unfassbar ist, wie der erste dieser Fragepunkte ein Gegenstand von Meinungsverschiedenheit werden konnte. Was will man denn erreichen, wenn man den Kindern – oder sagen wir der Jugend – solche Aufklärungen über das menschliche Geschlechtsleben vorenthält? Fürchtet man, ihr Interesse für diese Dinge vorzeitig zu wecken, ehe es sich in ihnen selbst regt? Hofft man, durch solche Verhehlung den Geschlechtstrieb überhaupt zurückzuhalten bis zurzeit, da er in die ihm von der bürgerlichen Gesellschaftsordnung allein geöffneten Bahnen einlenken kann? [...]

Oder verfolgt man wirklich und ernsthaft die Absicht, dass sie späterhin alles Geschlechtliche als etwas Niedriges und Verabscheuenswertes beurteilen mögen, von dem ihre Eltern und Erzieher sie so lange als möglich fernhalten wollten?
Ich glaube nicht, dass nur ein einziger Grund vorliegt, um Kindern die Aufklärung, nach der ihre Wissbegierde verlangt, zu verweigern. Freilich, wenn es die Absicht der Erzieher ist, die Fähigkeit der Kinder zum selbstständigen Denken möglichst frühzeitig zugunsten der so hochgeschätzten „Bravheit“ zu ersticken, so kann dies nicht besser als durch Irreführung auf sexuellem und durch Einschüchterung auf religiösem Gebiete versucht werden. Die stärkeren Naturen widerstehen allerdings diesen Beeinflussungen und werden zu Rebellen gegen die elterliche und später gegen jede andere Autorität. Erhalten die Kinder jene Aufklärungen nicht, um die sie sich an Ältere gewendet haben, so quälen sie sich im Geheimen mit dem Problem weiter und bringen Lösungsversuche zustande, in denen das geahnte Richtige auf die merkwürdigste Weise mit grotesk Unrichtigem vermengt ist, oder sie flüstern einander Mitteilungen zu, in welchen zufolge des Schuldbewusstseins der jugendlichen Forscher dem Sexualleben das Gepräge des Grässlichen und Ekelhaften aufgedrückt wird.

1 Arbeite am Text heraus, warum Freud zufolge die Eltern ihren Kindern die Aufklärung verweigern.

2 Stelle dar, welche Auswirkungen sich für die Jugendlichen aus einer solchen Verweigerung ergeben.

3 Untersuche, inwiefern sich die von Freud angeführten Betrachtungen im Gespräch zwischen Moritz und Melchior (Erster Akt, Zweite Szene, S. 136) und dem zwischen Wendla und ihrer Mutter (Zweiter Akt, Zweite Szene, S.141) widerspiegeln.

Sigmund Freud (1856–1939): Der österreichische Arzt und Psychologe Sigmund Freud entwickelte im Laufe seiner Arbeit verschiedene Theorien zu den Ursachen psychischer Probleme und zur Beschaffenheit der menschlichen Psyche. Zu seinen bekanntesten Theorien gehört die Vorstellung, dass die Seele eines Menschen in drei Teile geteilt sei: das Es, das Ich und das Über-Ich. Das Es symbolisiert dabei das „Lustprinzip“ und die menschlichen Triebe. Den krassen Gegensatz dazu bildet das Über-Ich: Freud verstand darunter eine Art Kontrollinstanz, die das Es in Schach hält. Es besteht aus anerzogenen Richtlinien, moralischen Wertvorstellungen und dem Gewissen. Zwischen den beiden gegensätzlichen Teilen der Seele steht das Ich, das ständig zwischen Es und Über-Ich vermitteln muss. Das Ich ist unsere bewusste Persönlichkeit, die nachdenkt, fühlt und sich erinnert. Freuds Idee war, dass es ständig zu Konflikten zwischen diesen drei Teilen der Psyche kommt und dass sich die meisten psychischen Probleme dadurch erklären lassen. Auffällig ist, dass Freud die meisten dieser Konflikte auf die menschliche Sexualität bezog.

1.3 Formen der Komik erkennen

Was im Stück weiter passiert:
Melchior hat Moritz eine Abhandlung über Sexualität geschrieben (vgl. Erster Akt, Zweite Szene, Z. 96ff., S. 138). Moritz hat kurz darauf Selbstmord begangen. Der Vater entdeckt die Abhandlung unter Moritz´ persönlichen Dingen und übergibt diese der Schule. Eltern und Schule sind der Meinung, dass die Abhandlung zu Moritz' Selbstmord geführt hat.

1 Bereitet folgende Szene vor. Überlegt, wie die Figuren sich verhalten und sprechen.
→ Lest die Szene mit verteilten Rollen vor.

Frühlings Erwachen – Dritter Akt, Erste Szene *Auszug*

Konferenzzimmer. – An den Wänden die Bildnisse von Pestalozzi und J. J. Rousseau[1]. Um einen grünen Tisch, über dem mehrere Gasflammen brennen, sitzen die Professoren Affenschmalz, Knüppeldick, Hungergurt, Knochenbruch, Zungenschlag und Fliegentod. Am oberen Ende auf erhöhtem Sessel Rektor Sonnenstich. Pedell[2] Habebald kauert neben der Tür.

Sonnenstich ... Sollte einer der Herren noch etwas zu bemerken haben? – – Meine Herren! – Wenn wir nicht umhinkönnen, bei einem hohen Kultusministerium die Relegation unseres schuldbeladenen Schülers zu beantragen, so können wir das aus den schwerwiegendsten Gründen nicht. Wir können es nicht, um das bereits hereingebrochene Unglück zu sühnen, wir können es ebenso wenig, um unsere Anstalt für die Zukunft vor ähnlichen Schlägen sicherzustellen. Wir können es nicht, um unsern schuldbeladenen Schüler für den demoralisierenden Einfluss, den er auf seinen Klassengenossen ausgeübt, zu züchtigen; wir können es zuallerletzt, um ihn zu verhindern, den nämlichen Einfluss auf seine übrigen Klassengenossen auszuüben. Wir können es – und der, meine Herren, möchte der schwerwiegendste sein – aus dem jeden Einwand niederschlagenden Grunde nicht, weil wir unsere Anstalt vor den Verheerungen einer Selbstmordepidemie zu schützen haben, wie sie bereits an verschiedenen Gymnasien zum Ausbruch gelangt und bis heute allen Mitteln, den Gymnasiasten an seine durch seine Heranbildung zum Gebildeten gebildeten Existenzbedingungen zu fesseln, gespottet hat. Sollte einer der Herren noch etwas zu bemerken haben?
Knüppeldick Ich kann mich nicht länger der Überzeugung verschließen, dass es endlich an der Zeit wäre, irgendwo ein Fenster zu öffnen.
Zungenschlag Es he-herrscht hier ein A-A-Atmosphäre wie in unterirdischen Kata-Katakomben, wie in den A-Aktensälen des weiland Wetzlarer Ka-Ka-Ka-Ka-Kammergerichtes.
Sonnenstich Habebald!

[1] *Johann Heinrich Pestalozzi (1746–1827) und Jean-Jacques Rousseau (1712–1778)* bemühten sich beide um die Reform der Erziehung von Kindern

[2] *der Pedell*: der Diener

Habebald Befehlen, Herr Rektor!

Sonnenstich Öffnen Sie ein Fenster! Wir haben Gott sei Dank Atmosphäre genug draußen. – Sollte einer der Herren noch etwas zu bemerken haben?

Fliegentod Wenn meine Herren Kollegen ein Fenster öffnen lassen wollen, so habe ich meinerseits nichts dagegen einzuwenden. Nur möchte ich bitten, das Fenster nicht gerade hinter meinem Rücken öffnen lassen zu wollen!

Sonnenstich Habebald!

Habebald Befehlen, Herr Rektor!

Sonnenstich Öffnen Sie das andere Fenster! – – Sollte einer der Herren noch etwas zu bemerken haben?

Hungergurt Ohne die Kontroverse meinerseits belasten zu wollen, möchte ich an die Tatsache erinnern, dass das andere Fenster seit den Herbstferien zugemauert ist.

Sonnenstich Habebald!

Habebald Befehlen, Herr Rektor!

Sonnenstich Lassen Sie das andere Fenster geschlossen! – Ich sehe mich genötigt, meine Herren, den Antrag zur Abstimmung zu bringen. Ich ersuche diejenigen Herren Kollegen, die dafür sind, dass das einzig in Frage kommen könnende Fenster geöffnet werde, sich von ihren Sitzen zu erheben. *Er zählt.* – Eins, zwei, drei. Eins, zwei, drei. – Habebald!

Habebald Befehlen, Herr Rektor!

Sonnenstich Lassen Sie das eine Fenster gleichfalls geschlossen! – Ich meinerseits hege die Überzeugung, dass die Atmosphäre nichts zu wünschen übriglässt! – – Sollte einer der Herren noch etwas zu bemerken haben? – – Meine Herren! – Setzen wir den Fall, dass wir die Relegation unseres schuldbeladenen Schülers bei einem hohen Kultusministerium zu beantragen unterlassen, so wird *uns* ein hohes Kultusministerium für das hereingebrochene Unglück verantwortlich machen. Von den verschiedenen von der Selbstmord-Epidemie heimgesuchten Gymnasien sind diejenigen, in denen fünfundzwanzig Prozent den Verheerungen zum Opfer gefallen, von einem hohen Kultusministerium suspendiert worden. Vor diesem erschütterndsten Schlage unsere Anstalt zu bewahren, ist unsere Pflicht als Hüter und Bewahrer unserer Anstalt. Es schmerzt uns tief, meine Herren Kollegen, dass wir die sonstige Qualifikation unseres schuldbeladenen Schülers als mildernden Umstand gelten zu lassen nicht in der Lage sind. Ein nachsichtiges Verfahren, das sich unserem schuldbeladenen Schüler gegenüber rechtfertigen ließe, ließe sich der zurzeit in denkbar bedenklichster Weise gefährdeten Existenz unserer Anstalt gegenüber nicht rechtfertigen. Wir sehen uns in die Notwendigkeit versetzt, den Schuldbeladenen zu richten, um nicht als die Schuldlosen gerichtet zu werden. – Habebald!

Habebald Befehlen, Herr Rektor!

Sonnenstich Führen Sie ihn herauf!

Habebald ab. [...] Habebald öffnet die Türe, worauf Melchior, bleich, aber gefasst, vor die Versammlung tritt.

Tiroler Landestheater und Symphonieorchester Innsbruck, 2009/2010, Oliver Schulz als Melchior Gabor

Sonnenstich Treten Sie näher an den Tisch heran! – Nachdem Herr Rentier Stiefel von dem ruchlosen Frevel seines Sohnes Kenntnis erhalten, durchsuchte der fassungslose Vater, in der Hoffnung, auf diesem Wege möglicherweise dem Anlass der verabscheuungswürdigen Untat auf die Spur zu kommen, die hinterlassenen Effekten[1] seines Sohnes Moritz und stieß dabei an einem nicht zur Sache gehörigen Orte auf ein Schriftstück, welches uns, ohne noch die verabscheuungswürdige Untat an sich verständlich zu machen, für die dabei maßgebend gewesene moralische Zerrüttung des Untäters eine leider nur allzu ausreichende Erklärung liefert. Es handelt sich um eine in Gesprächsform abgefasste, „Der Beischlaf" betitelte, mit lebensgroßen Abbildungen versehene, von den schamlosesten Unflätereien strotzende, zwanzig Seiten lange Abhandlung, die den geschraubtesten Anforderungen, die ein verworfener Lüstling an eine unzüchtige Lektüre zu stellen vermöchte, entsprechen dürfte. –

Melchior Ich habe ...

Sonnenstich Sie haben sich ruhig zu verhalten! – Nachdem Herr Rentier Stiefel uns fragliches Schriftstück ausgehändigt und wir dem fassungslosen Vater das Versprechen erteilt, um jeden Preis den Autor zu ermitteln, wurde die uns vorliegende Handschrift mit den Handschriften sämtlicher Mitschüler des weiland Ruchlosen verglichen und ergab nach dem einstimmigen Urteil der gesamten Lehrerschaft sowie in vollkommenem Einklang mit dem Spezial-Gutachten unseres geschätzten Herrn Kollegen für Kalligraphie die denkbar bedenklichste Ähnlichkeit mit der *Ihrigen*.–

Melchior Ich habe ...

Sonnenstich Sie haben sich ruhig zu verhalten! – Ungeachtet der erdrückenden Tatsache der von Seiten unantastbarer Autoritäten anerkannten Ähnlichkeit glauben wir uns vorderhand noch jeder weiteren Maßnahmen enthalten zu dürfen, um in erster Linie den Schuldigen über das ihm demgemäß zur Last fallende Vergehen wider die Sittlichkeit in Verbindung mit daraus resultierender Veranlassung zur Selbstentleibung ausführlich zu vernehmen.

Melchior Ich habe ...

Sonnenstich Sie haben die genau präzisierten Fragen, die ich Ihnen der Reihe nach vorlege, eine um die andere, mit einem schlichten und bescheidenen „Ja" oder „Nein" zu beantworten. Habebald!

Habebald Befehlen, Herr Rektor!

[1] *die Effekten*: die Hinterlassenschaften

Sonnenstich Die Akten! – – Ich ersuche unseren Schriftführer, Herrn Kollega Fliegentod, von nun an möglichst wortgetreu zu protokollieren. – *Zu Melchior*: [...] Verdankt dieses unflätige Schriftstück Ihnen seine Abfassung?

Melchior Ja. – Ich ersuche Sie, Herr Rektor, mir *eine* Unflätigkeit darin nachzuweisen.

Sonnenstich Sie haben die genau präzisierten Fragen, die ich Ihnen vorlege, mit einem schlichten und bescheidenen „Ja" oder „Nein" zu beantworten!

Melchior Ich habe nicht mehr und nicht weniger geschrieben, als was eine Ihnen sehr wohlbekannte Tatsache ist!

Sonnenstich Dieser Schandbube!!

Melchior Ich ersuche Sie, mir einen Verstoß gegen die Sittlichkeit in der Schrift zu zeigen!

Sonnenstich Bilden Sie sich ein, ich hätte Lust, zu Ihrem Hanswurst an Ihnen zu werden?! – Habebald...

Melchior Ich habe... [...]

Sonnenstich Sie haben sich ruhig zu verhalten!! – Habebald!

Habebald Befehlen, Herr Rektor!

Sonnenstich Führen Sie ihn hinunter!

2 Fasse die Gründe zusammen, warum der Rektor Melchior von der Schule verweisen will, und beurteile diese.

3 Stelle dar, wie der Direktor mit Melchior umgeht.

4 Untersuche, an welchen Stellen und mit welchen Mitteln Komik erzeugt wird.

5 Arbeite heraus, inwiefern es sich bei dieser Szene um eine Satire auf die Schule handelt: Was wird an der Schule kritisiert? Berücksichtige dabei auch den ersten Akt, zweite Szene (☞ S. 136 ff.).

6 Analysiere, wie die Szene auf der Bühne realisiert wurde (☞ Bild S. 148), und bewerte diese Umsetzung.

WISSEN

Die **Komik** beruht auf einem lächerlichen Missverhältnis von erstrebtem, erhabenem Schein und wirklichem, niedrigem Sein von Personen, Gegenständen und Situationen.

Formen der Komik

- Die **Charakterkomik** erzielt ihre komische Wirkung durch die übertrieben typisierte Darstellung eines merkwürdigen Charakters, der weitgehend auf eine einzige Eigenschaft wie z. B. Geiz reduziert und dadurch der Lächerlichkeit preisgegeben wird.
- Die **Situationskomik** geht aus einer komischen Situation hervor, in die Figuren durch eine merkwürdige und Heiterkeit erregende Verkettung von Umständen geraten.
- **Wortkomik** entsteht durch ein witziges Wortspiel oder Wortgeplänkel.

1.4 Die Argumentationsweise analysieren

Frühlings Erwachen – Dritter Akt, Dritte Szene *Auszug*

Nachdem Melchior von der Schule verwiesen wurde, will der Vater ihn in eine Erziehungsanstalt stecken.

Herr und Frau Gabor.

Frau Gabor ... Man hatte einen Sündenbock nötig. Man durfte die überall laut werdenden Anschuldigungen nicht auf sich beruhen lassen. Und nun hat mein Kind das Unglück gehabt, den Zöpfen im richtigen Moment in den Schuss zu laufen[1], nun soll ich, die eigene Mutter, das Werk seiner Henker vollenden helfen? Bewahre mich Gott davor!

Herr Gabor Ich habe deine geistvolle Erziehungsmethode vierzehn Jahre schweigend mit angesehen. Sie widersprach meinen Begriffen. Ich hatte von jeher der Überzeugung gelebt, ein Kind sei kein Spielzeug; ein Kind habe Anspruch auf unsern heiligen Ernst. Aber ich sagte mir, wenn der Geist und die Grazie des einen die ernsten Grundsätze eines andern zu ersetzen imstande sind, so mögen sie den ernsten Grundsätzen vorzuziehen sein. – – Ich mache dir keinen Vorwurf, Fanny. Aber vertritt mir den Weg nicht, wenn ich dein und mein Unrecht an dem Jungen gutzumachen suche!

Frau Gabor Ich vertrete dir den Weg, solange ein Tropfen warmen Blutes in mir wallt! In der Korrektionsanstalt ist mein Kind verloren. Eine Verbrechernatur mag sich in solchen Instituten bessern lassen. Ich weiß es nicht. Ein gut gearteter Mensch wird so gewiss zum Verbrecher darin, wie die Pflanze verkommt, der du Luft und Sonne entziehst. Ich bin mir keines Unrechtes bewusst. Ich danke heute wie immer dem Himmel, dass er mir den Weg gezeigt, in meinem Kinde einen rechtlichen Charakter und eine edle Denkungsweise zu wecken. Was hat er denn so Schreckliches getan? Es soll mir nicht einfallen, ihn entschuldigen zu wollen – daran, dass man ihn aus der Schule gejagt, trägt er keine Schuld. Und wäre es sein Verschulden, so hat er es ja gebüßt. Du magst das alles besser wissen. Du magst theoretisch vollkommen im Rechte sein. Aber ich kann mir mein einziges Kind nicht gewaltsam in den Tod jagen lassen!

Herr Gabor Das hängt nicht von uns ab, Fanny. – Das ist ein Risiko, das wir mit unserm Glück auf uns genommen. Wer zu schwach für den Marsch ist, bleibt am Wege. Und es ist schließlich das Schlimmste nicht, wenn das Unausbleibliche zeitig kommt. Möge uns der Himmel davor behüten! Unsere Pflicht ist es, den Wankenden zu festigen, solange die Vernunft Mittel weiß. – Dass man ihn aus der Schule gejagt, ist nicht seine Schuld. Wenn man ihn *nicht* aus der Schule gejagt hätte, es wäre auch seine Schuld nicht! – Du bist zu leichtherzig. Du erblickst vorwitzige Tändelei, wo es sich um Grundschäden des Charakters handelt. Ihr Frauen seid nicht berufen, über solche Dinge zu urteilen. Wer *das* schreiben kann, was Melchior schreibt, der muss im innersten Kern seines Wesens angefault sein. Das

[1] *den Zöpfen in den Schuss laufen*: hier: in Konflikt mit den Autoritäten (Lehrern) geraten

Mark ist ergriffen. Eine halbwegs gesunde Natur lässt sich zu so etwas nicht herbei. Wir sind alle keine Heiligen; jeder von uns irrt vom schnurgeraden Pfad ab. Seine Schrift hingegen vertritt das *Prinzip*. Seine Schrift entspricht keinem zufälligen gelegentlichen Fehltritt; sie dokumentiert mit schaudererregender Deutlichkeit den aufrichtig gehegten *Vorsatz*, jene natürliche Veranlagung, jenen Hang zum *Unmoralischen*, weil es das Unmoralische ist. Seine Schrift manifestiert jene exzeptionelle geistige Korruption, die wir Juristen mit dem Ausdruck „moralischer Irrsinn" bezeichnen. – Ob sich gegen seinen Zustand etwas ausrichten lässt, vermag ich nicht zu sagen. *Wenn* wir uns einen Hoffnungsschimmer bewahren wollen, und in erster Linie unser fleckenloses Gewissen als die Eltern des Betreffenden, so ist es Zeit für uns, mit Entschiedenheit und mit allem Ernste ans Werk zu gehen. – Lass uns nicht länger streiten, Fanny! Ich fühle, wie schwer es dir wird. Ich weiß, dass du ihn vergötterst, weil er so ganz deinem genialischen Naturell entspricht. Sei stärker als du! Zeig dich deinem Sohne gegenüber endlich einmal selbstlos!

Traute Hoess (Frau Gabor) und Gerd Kunath (Herr Gabor) in der Inszenierung im BERLINER ENSEMBLE (2008)

Frau Gabor Hilf mir Gott, wie lässt sich dagegen aufkommen! – Man muss ein *Mann* sein, um so sprechen zu können! Man muss ein *Mann* sein, um sich so vom toten Buchstaben verblenden lassen zu können! Man muss ein *Mann* sein, um so blind das in die Augen Springende nicht zu sehn! – Ich habe gewissenhaft und besonnen an Melchior gehandelt vom ersten Tag an, da ich ihn für die Eindrücke seiner Umgebung empfänglich fand. Sind wir denn für den *Zufall* verantwortlich? Dir kann morgen ein Dachziegel auf den Kopf fallen, und dann kommt dein Freund – dein Vater, und statt deine Wunde zu pflegen, setzt er den Fuß auf dich! – Ich lasse mein Kind nicht vor meinen Augen hinmorden. Dafür bin ich seine Mutter. – Es ist unfassbar! Es ist gar nicht zu glauben. Was schreibt er denn in aller Welt! Ist's denn nicht der eklatanteste Beweis für seine Harmlosigkeit, für seine Dummheit, für seine kindliche Unberührtheit, dass er so etwas schreiben kann! – Man muss keine Ahnung von Menschenkenntnis besitzen – man muss ein vollständig entseelter Bürokrat oder ganz nur Beschränktheit sein, um hier moralische Korruption zu wittern! – – Sag, was du willst. Wenn du Melchior in die Korrektionsanstalt bringst, dann sind wir geschieden! Und dann lass mich sehen, ob ich nicht irgendwo in der Welt Hilfe und Mittel finde, mein Kind seinem Untergang zu entreißen. [...]

Herr Gabor *Er* hat sich vergangen!

Frau Gabor *Er hat sich nicht vergangen!*

Herr Gabor *Er hat* sich vergangen! – – – Ich hätte alles darum gegeben, es deiner grenzenlosen Liebe ersparen zu dürfen. – – Heute Morgen kommt eine Frau zu mir, vergeistert, kaum ihrer Sprache mächtig, mit *diesem* Brief in der Hand – einem Brief an ihre fünfzehnjährige Tochter. Aus dummer Neugierde habe sie ihn erbrochen[1]; das Mädchen war nicht zu Haus. – In dem Brief erklärte Melchior dem fünfzehnjährigen Kind, dass ihm seine Handlungsweise keine Ruhe lasse, er habe sich an ihr versündigt usw. usw., werde indessen natürlich für alles einstehen. Sie möge sich nicht grämen, auch wenn sie Folgen spüre. Er sei bereits auf dem Wege, Hilfe zu schaffen; seine Relegation erleichtere ihm das. Der ehemalige Fehltritt könne noch zu ihrem Glücke führen – und was des unsinnigen Gewäsches mehr ist.

Frau Gabor Unmöglich!!

Herr Gabor Der Brief ist gefälscht. Es liegt Betrug vor. Man sucht eine stadtbekannte Relegation nutzbar zu machen. Ich habe mit dem Jungen noch nicht gesprochen – aber sieh bitte die Hand! Sieh die Schreibweise!

Frau Gabor Ein unerhörtes, schamloses Bubenstück!

Herr Gabor Das fürchte ich!

Frau Gabor Nein, nein – nie und nimmer!

Herr Gabor Um so besser wird es für uns sein. – Die Frau fragt mich händeringend, was sie tun solle. Ich sagte ihr, sie solle ihre fünfzehnjährige Tochter nicht auf Heuböden herumklettern lassen. Den Brief hat sie mir glücklicherweise dagelassen. – Schicken wir Melchior nun auf ein anderes Gymnasium, wo er nicht einmal unter elterlicher Aufsicht steht, so haben wir in drei Wochen den nämlichen Fall – neue Relegation – sein frühlingsfreudiges Herz gewöhnt sich nachgerade daran. – Sag mir, Fanny, wo soll ich hin mit dem Jungen?!

Frau Gabor In die Korrektionsanstalt –

Herr Gabor In die ...?

Frau Gabor ... Korrektionsanstalt!

[1] *erbrochen*: einen Brief erbrechen: das Siegel eines Briefes aufbrechen

Was im Stück weiter passiert:

Melchior kommt in die Korrektionsanstalt. Wendla ist schwanger, ohne zu wissen, dass ihr Zusammensein mit Melchior auf dem Heuboden dazu geführt hat. Sie stirbt bei einer Abtreibung, die ihre Mutter in die Wege geleitet hat. In einer surrealen Szene treffen der tote Moritz und Melchior, der aus der Erziehungsanstalt geflohen ist, auf dem Friedhof aufeinander und entdecken Wendlas Grabstein.

Ein vermummter Herr tritt auf, der mit den beiden Jungen das Geschehene reflektiert und seine Position zur Moral darstellt:

„Unter Moral verstehe ich das reelle Produkt zweier imaginärer Größen. Die imaginären Größen sind Sollen und Wollen. Das Produkt heißt Moral und lässt sich in seiner Realität nicht leugnen."

Melchior vertraut sich dem vermummten Herrn an, der ihn wieder ins Leben zurückführt.

1 Melchior soll in eine Erziehungsanstalt.
→ Arbeite am Text heraus, welche Argumente Herr und Frau Gabor für ihre jeweilige Position einnehmen. Bestimme auch die Art der Argumente (☞ S. 52).
→ Analysiere, wie es Herrn Gabor gelingt, seine Frau umzustimmen.

2 Fasse zusammen, welche Folgen die mangelhafte Aufklärung für die einzelnen Figuren hat.

3 Deute die Figur des vermummten Herrn, indem du seine Aussage zur Moral analysierst.

4 Erstelle abschließend eine Figurenkonstellation, die die unterschiedlichen Positionen aller Figuren im Hinblick auf den zentralen Konflikt deutlich macht. Nutze dazu den Wissenskasten.

WISSEN

Dramenhandlungen werden häufig durch dramatische **Konflikte**, die sich aus unterschiedlichen Grundeinstellungen und Wertvorstellungen der Figuren des Dramas (lat. *dramatis personae*) ergeben, ausgelöst oder weitergeführt. Die verschiedenen Konfliktpositionen werden dabei von **verschiedenen Figuren** oder **Figurengruppen** vertreten oder spielen sich innerhalb einer **einzigen Figur** ab.

Um ein Theaterstück zu verstehen, ist es daher wichtig, sich die thematisierten Konflikte und die unterschiedlichen Positionen der Figuren vor Augen zu führen.

Ausgehend von ihren Positionen zu den Konfliktthemen lassen sich die Verhältnisse der Figuren eines Dramas zueinander, die **Figurenkonstellation**, feststellen. Dabei können zusammengehörende Gruppierungen, Gegnerschaften, Machtverhältnisse, Einflussmöglichkeiten und Manipulationsversuche untersucht und beschrieben werden.

Es ist eine gängige und sinnvolle Methode, die Figurenkonstellation durch eine **Skizze** (☞ S. 75 f.) zu veranschaulichen, in welcher alle Figuren aufgenommen werden. Die Anordnung der Figuren innerhalb der Skizze, Beziehungspfeile oder andere grafische Zeichen und kurze Erklärungen können einen guten Überblick über die Konstellation geben.

5 Recherchiere, warum das Werk aufgrund der Zensur zunächst nicht aufgeführt werden durfte.

6 In der Schweiz erstattete 2011 eine Mutter Strafanzeige gegen einen Lehrer, der mit seinen 14- und 15-jährigen Schülern „Frühlings Erwachen“ gelesen hatte. Ihre Begründung: Er habe die Schüler übermäßig mit pornografischen Inhalten konfrontiert. Der Lehrer wurde freigesprochen mit dem Argument, es handle sich nicht um Pornografie, sondern um Literatur. Diskutiert diesen Vorfall.

1.5 Eine Dramenszene schriftlich analysieren

1 Analysiere schriftlich den Auszug III,1 (☞ S. 146) aus „Frühlings Erwachen". Wende dabei die unten ausgeführte Methode an.

2 Markiere Stellen in deiner schriftlichen Analyse, an denen dir die Arbeit Schwierigkeiten bereitet hat.

→ Notiere, auf welches Problem du jeweils gestoßen bist.
→ Besprecht die Analysen und die notierten Problemfelder im Plenum.
→ Sammelt Strategien zur Lösung und zur Verbesserung der schriftlichen Analyse.

METHODE

Eine Dramenszene schriftlich analysieren

→ **Nenne** in der **Einleitung** den Verfasser des Dramas, den Dramentitel und den Entstehungszeitpunkt.
→ **Formuliere** als Ausgangspunkt und roten Faden der Analyse eine **Interpretationshypothese** zu der Szene. Diese kann sich zum Beispiel auf die zentralen Charakterzüge und Konflikte der Szene beziehen.
→ **Verfasse** eine **Inhaltsangabe** der Szene. So stellst du sicher, dass du den Inhalt der Szene erfasst und verstanden hast, und die späteren Deutungsergebnisse anschaulich mit dem Szeneninhalt verbinden kannst.
→ **Ordne** die Szene in den Gesamtzusammenhang des Stücks **ein** (**Kontextuierung** der Szene).
→ **Analysiere** und **deute** die Szene im **Hauptteil** der Interpretation auf der Grundlage der Inhaltsangabe und der Kontextuierung weiter. Hierbei kannst du entweder den Dialog abschnittsweise deuten (**lineares Vorgehen**) oder bestimmte Deutungsaspekte (**aspektorientiertes Vorgehen**) untersuchen und beschreiben.
Berücksichtige dabei folgende Fragen:

- Wie beschreiben die Szenenanweisungen das Bühnenbild und warum wird es so beschrieben?
- Welche Personen treten auf und welche Positionen vertreten sie?
- Welche Charakterzüge und Stimmungen werden deutlich?
- Welche Hinweise geben die Szenenanweisungen und in welcher Verbindung stehen sie zum Verlauf des Gesprächs?
- Welche Konflikte werden verhandelt und in welchem Zusammenhang stehen diese zum bisherigen Verlauf des Stücks?
- Wie sind die Redeanteile verteilt? Welche Gründe hat die Verteilung?
- Wie endet die Szene und welche Bedeutung hat dieses Ende für den weiteren Verlauf des Stücks?

→ **Fasse** im **Schlussteil** die **Ergebnisse** noch einmal **zusammen**, beziehe diese auf deine Interpretationshypothese und bewerte die Ergebnisse gegebenenfalls auch persönlich.

1.6 Eine Theaterkritik analysieren und schreiben

Peter Hans Göpfert
Hans Otto Theater Potsdam: „Frühlings Erwachen" (2014) *Auszug*

Die Uraufführung von „Frühlings Erwachen" inszenierte Max Reinhardt 1906 anderthalb Jahrzehnte nach der Entstehung. Das Stück galt zunächst als Pornografie, zwanzig Jahre später dann als Aufklärungsdrama, was der Autor sehr albern fand. Und heute wird es auch niemanden mehr aufklären. In Potsdam spielt jetzt Andreas Rehschuh eine Fassung von Nuran David Calis, den wir als Dramatiker und Regisseur kennen. Dabei hat man ständig das Gefühl, hier würden die vertrauten Figuren Wedekinds in ein ganz anderes Stück (und ich fürchte: das falsche Stück) geschickt. Es regiert der Aberglaube, die Vorlage würde besser und hochaktuell, wenn die Heranwachsenden jetzt alles *krass* und *geil* finden, wenn sie möglichst oft das F-Wort gebrauchen, gelegentlich einen Joint rauchen, Selfies knipsen und wenn Mutti sich auf dem Smartphone meldet.

Natürlich sind die Pubertätsnöte der jungen Menschen bei Wedekind, die sexuelle Ahnungslosigkeit, die allgegenwärtige Moral und Scheinmoral nicht mehr die Probleme heutiger Jugendlicher. Rehschuh meint nun gleich, auf die Erwachsenen, deren eigene Ahnungslosigkeit, Schamhaftigkeit und Strenge das Verhalten der Kinder bestimmen, verzichten zu können. Die satirischen Karikaturen des Lehrerkollegiums sind einfach gestrichen. Eltern kommen nur in einer wichtigtuerischen Überkoppelung von Video und Livespiel hinter einer Projektionswand ins Spiel. Dieses Mittel scheint nur um des Effektes willen gemacht. Wie überhaupt die Regie sich weniger um Seelenerforschung und die Sprachlosigkeit der Figuren kümmert und lieber die Spieler in einen leeren Aktionismus schickt. Vorneweg müssen sie in bunten Klamotten wie Automatenfiguren zappeln und gestikulieren.

Statt die Möglichkeiten der Darsteller behutsam zu entwickeln, schielt die Regie eher auf schnelle Wirkung. Das gelingt in einer Ensembleszene, in der sich Frust, Verzweiflung, auch schlechtes Gewissen der Schüler nach dem Selbstmord ihres Kameraden entladen, der dem Leistungsdruck der Schule nicht standgehalten hat. Insgesamt findet diese Aufführung kaum den richtigen Ton. Sie behauptet eine eigene Aktualität. Aber sie kann sie nicht beweisen. Und sie berührt kaum einmal. Die Regie lässt am Ende ausgerechnet den toten Moritz per Video seinen Freund Melchior Lebenszuversicht lehren. Bei Wedekind zieht der berühmte „vermummte Herr" den Melchior vom toten Freund und vom Friedhof weg. Nicht diese Rolle, die Wedekind selber gespielt hat, sondern das finale Filmchen jetzt ist der eigentliche Kitsch.

1 Analysiere den Aufbau und die Argumentationskette der Kritik.

2 Schaut euch eine Szene einer Inszenierung des Stückes an und verfasst selbst eine Kritik, in der ihr euch mit der Umsetzung (Bühnenbild, schauspielerischer Leistung ...) auseinandersetzt.

7 Zugänge zur Literatur im Mittelalter finden

Rittertugend und Minnedienst

MEORUM EXTEN
FACTUM

Einführung

BASIS-INFO

Mit der Christianisierung im 8. Jahrhundert begann die deutsche Schriftliteratur. Die vorchristliche **germanische Dichtung** war eine mündliche Dichtung. Die wenigen heute erhaltenen schriftlichen Zeugnisse sind dem Zufall geschuldet: Mönche haben sie auf noch freien Pergamentseiten großer Handschriften festgehalten. Es sind Bruchstücke germanischer **Heldenlieder** oder auch **Zaubersprüche**.
Die Schriftliteratur in den Klöstern war zunächst vor allem **christliche Gebrauchsliteratur**. Bis ins 11. Jahrhundert hinein waren die Autoren der deutschsprachigen Texte vorwiegend Geistliche. Das änderte sich im 12. Jahrhundert, in dem eine **weltliche**, meist von Laien geschriebene **Literatur** entstand. Der Adel suchte für sein erstarktes Selbstbewusstsein literarische Ausgestaltungen, in denen er seine Lebensideale wiedererkennen konnte. Diese fand er einerseits in der eigenen Geschichte („Nibelungenlied“), andererseits in der zeitgenössischen französischen Literatur, die zum Vorbild einer **ritterlich-höfischen Dichtung** und Wunschwelt wurde: Der Ritter verpflichtete sich, seinem Lehnsherrn treu zu dienen, im Kampfe tapfer zu sein, einen christlichen Lebenswandel zu führen, Bedrängte zu beschützen und Frauen in ritterlicher Achtung zu ehren. Zuchtvolle Selbstbeherrschung war die höchste Tugend. Der Erzählhintergrund dieser ritterlich-höfischen **Epen** waren die „Artussage“ und die „Gralssage“.
Neben dem Epos hatte auch die **Lyrik** ihre erste Hochblüte. Das bevorzugte Thema war das ritterliche Frauenlob, der **Minnesang**. Die Dichter übertrugen die Treue des Gefolgsmanns zu seinem Dienstherrn auf die adlige Frau. Ihr diente der Sänger, um sich vor ihr zu bewähren, in heimlicher Zuneigung und Verehrung.
Ab der Mitte des 14. Jahrhunderts begann ein wichtiger wirtschaftlicher und gesellschaftlicher Wandel. Durch Handwerk und Handel gewannen die Städte an Einfluss. Es entstand eine bürgerliche Stadtkultur, die sich von der ritterlich-höfischen Welt abgrenzte. Die höfische Spruchdichtung als frühes Beispiel politischer Dichtung wurde vom streng geregelten **städtischen Meistersang** abgelöst. Die Gesellen rechneten in **Fastnachtsspielen** mit ihren Innungsmeistern ab. Städtische Lateinschulen und neu gegründete Universitäten lösten die Klosterschulen ab und wurden zur Keimzelle eines neuen wissenschaftlichen Denkens, das sich nicht mehr allein auf die christlichen Glaubenswahrheiten verließ. Die antiken Autoren wurden wiederentdeckt.
Für diese Entwicklung gibt es die Bezeichnungen **Humanismus** (lat. *humanitas*, Menschlichkeit) und **Renaissance** (frz. Wiedergeburt). Unter Humanismus verstand man vor allem das Recht auf eine freie Persönlichkeitsentwicklung. Renaissance bezog sich insgesamt auf die Auseinandersetzung mit der antiken Kultur. Beide Strömungen wurden für die Reformation sehr wichtig.

1 Ritter, Gaukler und Edeldamen üben auch im 21. Jahrhundert eine ungebrochene Faszination auf die Menschen aus. Ritterturniere und Mittelalterfeste sind wahre Publikumsmagnete, Online-Rollenspiele entführen in mittelalterliche Kulissen, die Fantasy-Serie „Game of Thrones“ zählt Tausende begeisterter Fans, Millionen Leser und Kinobesucher tauchen in diese untergegangene Welt ein, Musikgruppen mit mittelalterlichem Sound schaffen es in die Charts.

→ Überlege, worauf sich die Begeisterung für diese mittelalterliche Welt gründet und was die Menschen darin suchen.

2 Lies den folgenden Text und vergleiche die darin angeführten Beweggründe für die Mittelalterbegeisterung unserer heutigen Zeit, aber auch jener des beginnenden 19. Jahrhunderts, mit den in Aufgabe 1 zusammengetragenen Motiven.

Sehnsucht in Zeiten des Umbruchs

Es sind immer die Zeiten des Umbruchs, in denen Mittelalter-Sehnsüchte entstehen. Im Mittelalter gab es eine klare Ordnung – zumindest wird es so übermittelt. Die Zukunft schien klar, an der Weltordnung war nicht zu rütteln. Im Gegensatz zu heute, da die Globalisierung vieles verändert. Eine Öffnung der Welt bringt Möglichkeiten, birgt aber auch Gefahren, strukturiert um, ändert Lebensbedingungen – und macht manchem Angst, Angst vor dem Verlust der klaren Strukturen, der kulturellen Wurzeln – der Zukunft.

Vom Mittelalter fasziniert, das sind nicht nur die Menschen heute. Schon vor gut 200 Jahren, mitten in der Romantik, konnten sich viele für das „düstere Zeitalter“ begeistern. Damals waren das meist junge Menschen, die sich gegen die „Rationalisierung des Lebens“ durch die Aufklärung, die Naturwissenschaften oder die Reformation wehrten. Der Mensch sei nur noch auf seine Arbeitskraft reduziert. Diese neu gewonnene Form des Verstands war ihnen schlichtweg „zu kalt“, das Gefühl zu wenig. Im Mittelalter sei diesbezüglich vieles besser gewesen.

3 Mit dem realen Leben im Mittelalter haben die neuzeitlichen Veranstaltungen in der Regel nur begrenzt etwas gemein. Informiere dich über die tatsächlichen Lebensumstände jener Zeit.

4 Von alters her wissen die Menschen, dass sie Teil einer zeitlichen Entwicklung sind. Diese versuchen sie in größere Zeiträume, sogenannte Epochen, zu untergliedern, die gemeinsame Merkmale aufweisen: politisch-kulturelle Ereignisse, Moden, Stilformen ...
→ Arbeite anhand des folgenden Textes heraus, wann, wie und warum der Begriff „Mittelalter“ entstanden ist.

Die Wurzeln des Begriffs *Mittelalter* und der bis heute mit ihm verbundenen Vorstellungswelt gewannen erst im fortschrittlichen Italien des 14. Jahrhunderts allmählich ihre Konturen. Der Prozess ihrer Entstehung basierte auf der Vorstellung von der Verschiedenartigkeit bestimmter Zeitabschnitte. Man ging damals dazu über, die Weltgeschichte in drei Zeitabschnitte zu untergliedern, deren ersteren man in der Antike und deren letzteren man in der gerade einsetzenden Renaissance (Wiedergeburt der Antike) erblickte. Es waren italienische Humanisten, die den Begriff *Mittelalter* prägten, indem sie der angehenden Renaissance distanzierend eine vorangegangene Epoche „kultureller Finsternis“, das Mittelalter, gegenüberstellten.

WISSEN

Der Begriff ***Epoche*** ist abgeleitet vom griechischen *epoché* (Haltepunkt, Ausgangspunkt). Als Epoche bezeichnet man in der Geschichte im Allgemeinen und in Literatur, Musik und Kunst im Besonderen, mehr oder minder klar eingrenzbare längere Zeitabschnitte, die grundlegende Gemeinsamkeiten aufweisen, z. B. in den Bereichen Politik, Wirtschaft, Gesellschaft oder Kultur. Die Abgrenzung der einzelnen Epochen voneinander richtet sich nach markanten historischen Ereignissen, etwa Kriege, Revolutionen, Entdeckungen, Erfindungen oder philosophische Ideen.
Im Zentrum der **Literaturgeschichte** steht das Bestreben, wichtige literarische Texte und ihre Verfasser in einen geistesgeschichtlichen und gesellschaftlichen Rahmen einzuordnen und auf die wechselseitigen Einflüsse zwischen der Entstehung literarischer Werke und dem zeithistorischen Kontext aufmerksam zu machen. Sie versucht, Zusammenhänge für die Interpretation einzelner literarischer Werke zu nutzen. Gegenstand der Betrachtungen ist die Weltliteratur oder die Literatur eines bestimmten Landes bzw. einer bestimmten Sprachgemeinschaft. Im 19. Jahrhundert haben die Forschungsarbeiten der Gebrüder Grimm zur Systematisierung der deutschen Sprache und Literatur beigetragen. Beide gelten als die Begründer der **Germanistik**, der Wissenschaft von der deutschen Sprache und Literatur.

1 Literatur als Instrument der Idealisierung erkennen

1.1 Die Protagonisten eines Heldenepos kennenlernen

Nibelungenlied (um 1200) *1. Âventiure*[1] *und Inhaltszusammenfassung*

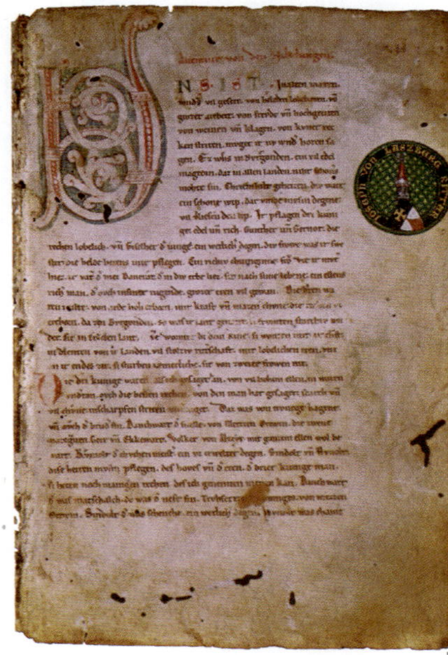

Uns ist in alten maeren wunders vil geseit
von helden lobebaeren von grôzer arebeit,
von freuden, hôchgeziten, von weinen und von klagen,
von kuener recken strîten muget ir nu hoeren sagen.

Ez wuohs in Burgonden ein vil edel magedîn,
daz in allen landen schoeners mochte sîn,
Kriemhilt was sie geheizen: sie wart ein schœne wîp.
dar umbe muosen degene vil verliesen den lîp.

Der minnelîchen meide triuten wol gezam,
ir muoten küene recken, nieman was ir gram.
âne mâzen schoene so was ir edel lîp.
der juncfrouwen tugende zierten anderiu wîp.

In alten Geschichten wird uns vieles Wunderbare berichtet: von ruhmreichen Helden, von hartem Streit, von glücklichen Tagen und Festen, von Schmerz und Klage, vom Kampf tapferer Recken: Davon könnt auch ihr jetzt Wunderbares berichten hören.

Im Land der Burgunden wuchs ein edles Mädchen heran, das war so schön, dass in keinem Land der Welt ein schöneres hätte sein können. Ihr Name war Kriemhild. Später wurde sie eine schöne Frau. Um ihretwillen mussten viele Helden ihr Leben lassen.

Das liebliche Mädchen verdiente es, geliebt zu werden. Tapfere Recken bemühten sich um seine Gunst. Niemand konnte ihr feindlich gesinnt sein; denn die Edle war unbeschreiblich schön. Die Gaben, die ihr Natur und Stand verliehen hatten, wären auch für andere Frauen eine Zierde gewesen.

Sie beschützten drei edle und mächtige Könige: Gunther und Gernot, hoch angesehene Recken, und der junge Giselher, ein ausgezeichneter Ritter. Kriemhild war ihre Schwester; die Fürsten hatten sie in ihrem fürsorglichen Schutz.
Die Herren waren freigebig, stammten aus hochadligem Geschlecht und waren von unermesslicher Kühnheit, kurzum: ungewöhnliche Recken, da in Burgund, so

[1] *Âventiure* ist ein zentraler Begriff des Mittelhochdeutschen. Er bezeichnet eine gewagte Unternehmung, eine wunderbare Begebenheit oder ein glückliches Ereignis. Von diesem Begriff leitet sich das Wort *Abenteuer* ab. Im „Nibelungenlied" wird *Âventiure* als Bezeichnung für die Erzählabschnitte verwendet, in die der Verfasser das Epos unterteilt.

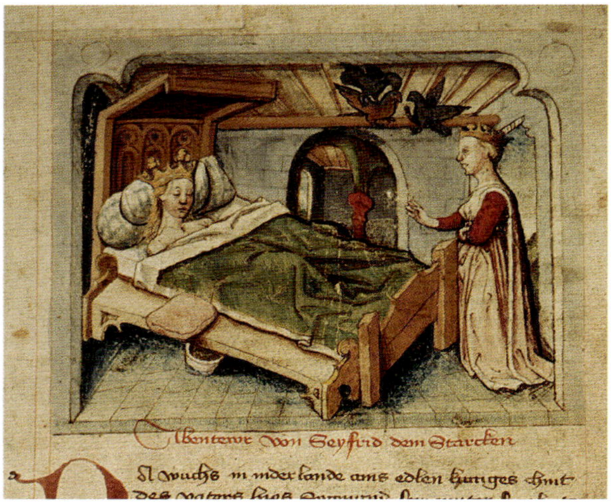

Kriemhilds Traum vom Falken, Illustration aus dem Hundeshagenschen Kodex, einer Bildhandschrift des Nibelungenliedes aus der Zeit um 1440

nannte man ihr Land. Sie vollführten später im Lande Etzels gewaltige Wunder.

In Worms am Rhein lebten sie mit ihrer Heeresmacht. Ihnen diente eine stattliche Ritterschaft aus ihrem Land ehrenvoll bis an ihr Lebensende. Sie gingen später am Hass zweier edler Herrinnen kläglich zugrunde.

Frau Ute, eine mächtige Königin, war ihre Mutter. Ihr Vater Dankrat hatte ihnen nach seinem Tode Land und Besitz vererbt, ein sehr mutiger Mann, der auch in jungen Jahren großes Ansehen erworben hatte.

Die drei Könige waren, wie ich gesagt habe, von hoher Kampfbereitschaft. Außerdem waren ihnen die besten Recken untertan, die man als stark, sehr tapfer und mutig in harten Kämpfen bezeichnete. Das waren Hagen von Tronje und auch sein Bruder, der sehr gewandte Dankwart, Ortwin von Metz, die beiden Markgrafen Gere und Eckewart sowie Volker von Alzey, voll im Besitz seiner ganzen Kraft.

Der Küchenmeister Rumold, ein vortrefflicher Mann, Sindold und Hunold waren als Gefolgsmänner der drei Könige für die Hofhaltung und ihren Glanz verantwortlich. Dazu gehörten noch viele erprobte Recken, die ich nicht alle namentlich aufzählen kann.

Dankwart war Stallmeister, der mit ihm verwandte Ortwin von Metz Truchsess[1] des Königs. Der hervorragende Sindold war Mundschenk[2]. Hunold war Kämmerer[3]. Sie alle verstanden es, das hohe Ansehen des Hofes zu hüten.

Von der Wichtigkeit dieses Hofes, der weiten Wertschätzung seiner Bewohner und ihrer Ritterlichkeit, die diese Herren lebenslang in froher Geselligkeit pflegten, könnte Euch bestimmt niemand alles berichten.

Mitten in dieser höfischen Pracht träumte Kriemhild, wie sie einen starken, schönen und wilden Falken abrichtete, den ihr zwei Adler schlugen[4]. Dass sie dies mit ansehen musste! Kein größeres Leid hätte ihr auf diese Weise zustoßen können.

Den Traum erzählte sie ihrer Mutter Ute. Sie konnte der geliebten Tochter keine günstigere Deutung geben: „Der Falke, den Du aufziehst, der ist ein Edelmann. Wenn Gott ihn nicht beschützt, wirst Du ihn schnell verlieren müssen."

„Was redet Ihr mir von einem Mann, liebste Mutter? Auf die Liebe eines Recken will ich immer verzichten. Ich will so schön bis an meinen Tod bleiben, sodass ich von der Liebe eines Mannes niemals Leid erfahren werde."

„Nun widersprich nur nicht zu heftig", antwortete ihre Mutter da. „Wenn Du jemals auf der Welt sehr glücklich wirst, so geschieht dies allein durch die Liebe eines Mannes. Du wirst eine schöne Frau, wenn Dir Gott einen vorzüglichen Ritter zum Mann bestimmt."

[1] *der Truchsess*: im Mittelalter Vorsteher der Hofverwaltung, der u.a. mit der Aufsicht über die Tafel beauftragt war

[2] *der Mundschenk*: an Fürstenhöfen für die Getränke verantwortlicher Hofbeamter

[3] *der Kämmerer*: der Aufseher über die fürstliche Vorrats- und Schatzkammer

[4] *schlugen*: hier: töteten

„Bitte sprecht nicht weiter, meine Herrin", sagte Kriemhild. „Es hat sich an vielen Frauen sehr oft gezeigt, wie schließlich Liebe mit Leid belohnt wird. Ich werde beidem aus dem Weg gehen, dann kann mir niemals etwas Schlimmes zustoßen." Kriemhild verzichtet in Gedanken auf die Liebe. So lebte sie eine ganze Zeit dahin, ohne jemanden kennenzulernen, den sie hätte lieben mögen. Später wurde sie ehrenvoll die Frau eines sehr tapferen Recken.
Der war eben dieser Falke, den sie im Traum gesehen und von der Mutter gedeutet bekommen hatte. Wie furchtbar sie das an ihren nächsten Verwandten, die ihn später erschlugen, rächen sollte! Wegen seines Todes mussten die Söhne sehr vieler Mütter sterben.

1 Stelle in einem Stammbaum dar, was du über die Zentralgestalt Kriemhild und ihr familiäres Umfeld erfährst.

2 Formuliere den Traum vom Falken, seine Deutung durch Kriemhilds Mutter und die Schlüsse, die die Tochter daraus zieht, in deinen eigenen Worten.

3 Arbeite heraus, was der Erzähler über die Burgunden-Könige, ihre Hofhaltung in Worms und ihre Gefolgsleute berichtet.
→ Welche Vorstellungen vorbildlicher ritterlicher Lebensweise vermittelt der Erzähler dabei seinem Publikum?

4 Der Erzähler bereitet seine Zuhörer bereits in dieser ersten Âventiure auf die bevorstehenden tragischen Ereignisse vor.
→ Trage die Vorausdeutungen zusammen und stelle Vermutungen über den weiteren Verlauf des Geschehens an.

WISSEN

Das Nibelungenlied ist Höhepunkt und Abschluss der germanischen Heldendichtung. In seiner uns überlieferten Form wurde es um 1200 niedergeschrieben. Zwar hat der unbekannte Bearbeiter versucht, den seit Jahrhunderten mündlich überlieferten Stoff in seine christliche Gegenwart zu übertragen, aber die Grundstimmung des Werkes ist der alte Schicksalsglaube, das heldenhafte Ertragen eines Verhängnisses.
Das Nibelungenlied ist in 39 *Âventiuren* (= Kapitel) eingeteilt. Es umfasst 2379 Strophen und besteht aus zwei Teilen. Der erste Teil reicht von Siegfrieds Werbung um Kriemhild bis zu seiner Ermordung durch Hagen. Der zweite Teil erzählt, wie Kriemhild für Siegfrieds Tod Rache übt: Sie lädt die Burgunden in das ferne Reich ihres zweiten Gatten, des Hunnenkönigs Etzel (Attila), ein und verwehrt den Ahnungslosen bei einem Festmahl die Flucht. Sie kommen alle bis auf Dietrich von Bern und seinen Waffenmeister Hildebrand um. Aber auch Kriemhild stirbt; Hildebrand tötet sie wegen ihrer maßlosen Rachsucht.
Der geschichtliche Kern sind wahrscheinlich Ereignisse aus der Zeit der Völkerwanderung (4.-6. Jh.). Das Reich der Burgunden mit dem Hauptsitz Worms und auch die Namen von Kriemhilds Brüdern sind geschichtlich bezeugt. Um 436 wurden die Burgunden von hunnischen Hilfstruppen der Römer geschlagen. Dabei fanden die Burgunden-Könige den Tod.

1.2 Die Charakterzüge eines mittelalterlichen Helden skizzieren

Nibelungenlied (um 1200) *2. Âventiure, Auszug*

Damals wuchs im Niederland der Sohn eines sehr edlen Königs heran, dessen Eltern Siegmund und Sieglinde hießen, in einer mächtigen, weithin bekannten Stadt am Niederrhein: Die war Xanten genannt. Siegfried hieß der vorzügliche, kampfgewandte junge Mann. Er suchte viele Reiche in mutiger Neugier auf. Um seine Kraft zu erproben, ritt er in viele Länder. Und wie viele ritterlich geübte Gefährten sollte er später im Burgundenland kennenlernen! [...]
Man erzog ihn mit der Sorgfalt, die am Hofe üblich war. Aber was entwickelte er auch selbst für glänzende Eigenschaften aus seinen Anlagen heraus! Dadurch wurde später das Land seines Vaters ausgezeichnet, weil man ihn in jeder Hinsicht so hervorragend beurteilte. [...]
Bald war er so kräftig, dass er die Waffen zu führen verstand. Alles, was er dazu brauchte, besaß er reichlich. Er fing an, schönen Frauen bewusst zu dienen, die ehrenvoll auf seine Werbung eingingen. [...]
Da Siegfried sich offenbar fest zu binden hoffte, rieten ihm die Verwandten und viele Gefolgsleute zu einer standesgemäßen Heirat. Da antwortete der kühne Siegfried: „So will ich Kriemhild, die schöne junge Frau aus dem Burgundenland, zur Frau nehmen, wegen ihrer unermesslichen Schönheit. Ich weiß sehr wohl: Auch jedem noch so mächtigen Kaiser würde es gut anstehen, wenn er eine Frau haben wollte, um die Zuneigung der mächtigen Königin zu werben." [...]

Als Siegfried mit seinem Gefolge am Hof in Worms eintrifft, beobachtet Hagen von Tronje das Geschehen von einem Fenster aus und berichtet König Gunther davon.

Nibelungenlied (um 1200) *3. Âventiure, Auszug*

Da fuhr Hagen fort: „Ich möchte dazu Folgendes sagen, obwohl ich Siegfried noch nie gesehen habe, so möchte ich wohl annehmen, wie immer es sich verhält, dass er der Recke sein kann, der dort stolz auf und ab geht.
Er bringt Neuigkeiten in dieses Land. Die Hand des Helden hat die tapferen Nibelungen besiegt, Schilbung und Nibelung, die Söhne eines mächtigen Königs. Mit seinen großen Kräften hat er später erstaunliche Wundertaten vollbracht.
Als der Held einmal ohne Begleiter ausgeritten war, fand er vor einem Berg, wie mir berichtet worden ist, viele kühne Männer um den Hort der Nibelungen[1] versammelt, die ihm fremd waren, bevor er sie noch kennenlernen sollte.
Der Hort der Nibelungen war aus einer Berghöhle herausgetragen worden. Nun hört die wunderbare Geschichte, wie ihn die Nibelungen teilen wollten. Das beobachtete der ritterliche Siegfried. Der Held begann sich darüber zu wundern.
Er ging so nahe heran, dass er die Helden und diese auch ihn sehen konnten. Einer

[1] *der Hort der Nibelungen*: ein sagenhafter Schatz

von ihnen sagte: ‚Hier kommt der starke Siegfried, der Held aus Niederlanden.' Sehr merkwürdige Geschichten erlebte er mit den Nibelungen.

Den Recken empfingen Schilbung und Nibelung höflich. Nach einem gemeinsamen Beschluss, baten die jungen, edlen Fürsten den wackeren Siegfried, den Schatz zu teilen, und sie drängten so lange, bis der Herr es ihnen versprach.

Er sah, wie wir berichten hören, so viele Edelsteine, die hundert Wagen nicht hätten fassen können, außerdem noch mehr rotes Gold aus dem Land der Nibelungen. Und das alles sollte der tapfere Siegfried ihnen aufteilen.

Siegfried im Nibelungenland, Illustration aus dem Hundeshagenschen Kodex

Da schenkten sie ihm das Schwert Nibelungs als Lohn. Doch mit dem Dienst, den ihnen Siegfried, der gute Held, leisten sollte, waren sie schlecht beraten. Denn er konnte die Aufgabe nicht lösen. Die Nibelungen waren deshalb zornig.

Sie hatten unter ihren Freunden, zwölf mutige Männer, die starke Riesen waren. Aber was konnte ihnen das nutzen? Sie hat nämlich später voller Wut Siegfried eigenhändig erschlagen, und außerdem bezwang er noch siebenhundert Recken aus dem Nibelungenland mit dem vortrefflichen Schwert, das Balmung hieß. Aus großer Furcht, die viele junge Recken vor dem Schwert und dem tollkühnen Mann hatten, übergaben sie ihm die Burgen und das Land dazu.

Außerdem erschlug er die beiden mächtigen Könige. Allerdings kam er danach durch Alberich in große Not. Der hatte nämlich gehofft, seine Herren sogleich rächen zu können, bis er selbst Siegfrieds große Kraft zu spüren bekam.

Da konnte es der starke Zwerg mit ihm nicht aufnehmen. Sie rannten wie zwei wilde Löwen auf den Berg zu, wo Siegfried Alberich die Tarnkappe schließlich abgewann. Damit war Siegfried, der furchterregende Mann, Herr über den Nibelungenhort.

Die zu fechten gewagt hatten, lagen alle erschlagen am Boden. Den Schatz ließ er sogleich dorthin führen und tragen, woher die Nibelungen ihn vorher geholt hatten. Der sehr starke Alberich wurde zum Kämmerer gemacht.

Dafür musste er Siegfried den Eid schwören, er wolle ihm wie ein Knecht dienen. Zu allem war Alberich bereit." So berichtete Hagen von Tronje. „Das alles hat Siegfried getan. Größere Macht hat nie ein Recke zuvor erlangt.

Ich weiß noch mehr von ihm, was mir zu Ohren gekommen ist. Einen Drachen hat der Held mit der Hand erschlagen. Er badete sich in dem Blut, und daraufhin hat er eine Hornhaut bekommen. Deshalb verwundet ihn keine Waffe. Das hat sich schon oft gezeigt.

Siegfrieds Kampf mit dem Drachen

Wir werden den Herrn möglichst freundlich empfangen, damit wir uns nicht die Feindschaft des jungen Recken zuziehen. Er ist so kühn, dass man ihn freundlich gegen sich stimmen sollte. Mit seiner Stärke hat er schon viel Wundertaten vollbracht."

1 Informiere dich über die altisländische Liedersammlung „Die Edda" und die darin enthaltene Sage von Siegfried, dem Drachentöter. Ermittle, welche Elemente daraus Eingang in das „Nibelungenlied" gefunden haben.

2 Arbeite die unterschiedlichen Facetten der Siegfried-Figur heraus: höfischer Ritter auf der einen, germanischer Sagenheld auf der anderen Seite.

3 Schreibe eine literarische Charakteristik Siegfrieds (☞ S. 99). Berücksichtige dabei auch den folgenden Auszug.

4 Suche nach Gründen, warum Siegfried späteren Generationen als Prototyp des germanischen Helden erscheinen mochte.

Um Kriemhild zu gewinnen, tritt Siegfried in den Dienst ihrer Brüder. Er führt für sie erfolgreich Krieg gegen die Sachsen und Dänen. Anschließend hilft er Gunther bei einer besonderen Mutprobe: der Brautwerbung um Brünhild, die schöne und zugleich übermenschlich starke Königin von Island. Unter dem Schutz seiner Tarnkappe besiegt Siegfried an Gunthers statt die widerspenstige Brünhild, die schließlich Gunthers Frau wird und ihm nach Worms an seinen Hof folgt. Zum Dank willigt Gunther in die Hochzeit zwischen Siegfried und Kriemhild ein.

Der Betrug Gunthers bleibt lange verborgen. Erst Jahre später, als die stolze Kriemhild mit ihrem Gemahl Siegfried zu Besuch nach Worms kommt, bringt ein Streit der beiden Frauen alles ans Licht. Brünhild muss erfahren, wie sie vor Jahren schändlich hintergangen wurde. Tief gekränkt sinnt sie auf Rache und findet in Hagen von Tronje einen treuen Verbündeten. Mit List entlockt er Kriemhild das Geheimnis, an welcher Stelle der unbezwingbare Siegfried verwundbar ist: zwischen den Schulterblättern.

Nibelungenlied (um 1200) *16. Âventiure, Auszug*

Da musste er für seine höfische Erziehung büßen. Den Bogen und das Schwert trug Hagen von ihm fort. Dann rannte er zur Linde, wo er den Speer fand. Er zielte auf ein Zeichen an der Kleidung des kühnen Mannes.

Als Herr Siegfried über die Quelle gebeugt trank, schoss Hagen durch das Kreuz hindurch, so dass aus der Wunde viel Blut vom Herzen bis an Hagens Kleidung sprang. Eine so folgenschwere Untat wird nie wieder ein Held begehen.

Hagen ließ ihm den Speer im Herzen stecken. So unbändig wild war er noch nie und nirgends auf der Welt vor einem Mann geflohen. Als Herr Siegfried seine schwere Verwundung bemerkte, sprang er tobend von der Quelle auf. Ihm ragte ein langer Gerschaft[1] aus dem Herzen hervor. Der Fürst hoffte, Bogen oder Schwert zu finden. Dann wäre Hagen seinem verräterischen Dienst entsprechend entlohnt worden.

Als der Todwunde das Schwert nicht fand, hatte er nicht mehr zur Verfügung als sein Schild. Er riss ihn von der Quelle hoch und rannte damit Hagen an. Da konnte ihm König Gunthers Gefolgsmann nicht entkommen.

Hagen tötet Siegfried. Wandfresko in den Nibelungen-Sälen der Münchner Residenz

Wie nah dem Tode er auch war, so schlug er doch mit solcher Kraft zu, dass sich aus dem Schilde viele Edelsteine herauslösten. Der Schild zerschellte völlig. Der herrliche Gast hätte sich mit Freuden gerächt. Hagen war durch Siegfrieds Hand zu Boden gestürzt. Von der Wucht dieses Schlages erdröhnte die gesamte Halbinsel laut. Hätte Siegfried das Schwert griffbereit gehabt, wäre es Hagens Tod gewesen, so groß war der Zorn des Verwundeten. Dazu hatte er wahrhaftig allen Grund.

Er war bleich geworden und konnte nicht mehr stehen. Seine Körperkraft musste dahinschwinden, denn er trug das fahle Zeichen des Todes. Später wurde er von zahllosen schönen Frauen beweint.

Da sank Kriemhilds Gemahl in die blühende Wiese. Blut sah man aus seiner Wunde unaufhörlich fließen. Da begann er in seiner großen Not die zu verfluchen, die treulos seinen Tod beschlossen hatten.

[1] *der Gerschaft*: die Spitze eines germanischen Speers

5 Stelle dar, wie Hagen Siegfried tötet, und beurteile diese Tat.

6 Erarbeite am Text, wie Siegfried nach der tödlichen Verletzung reagiert.

7 Weise anhand konkreter Textstellen nach, dass der Erzähler in diesem Abschnitt klar Position bezieht, was seine Sympathien für die Protagonisten und die Bewertung des Geschehens anbelangt.

8 Nenne mögliche Gründe für diese subjektive Darstellung der Ereignisse.

Rund um die Nibelungen

PROJEKT

- Die Burgunden herrschten in Worms. Informiere dich darüber, wie das „Nibelungenlied" die Stadt am Rhein noch heute prägt.
- Der Stoff der Nibelungen ist vielfach aufgegriffen worden. Sammle Beispiele für seine Wirkungsgeschichte.
- Visualisiere die behandelten Âventiuren, z.B. als Comic.

1.3 Sich mit der politischen Vereinnahmung eines literarischen Werkes auseinandersetzen

Nibelungentreue, *die*: bedingungslose Treue bis in den Tod. *Herkunft*: nach der im Nibelungenlied (Anfang 13. Jahrhundert) besungenen „heldischen Treue" von dem deutschen Reichskanzler Bernhard von Bülow (1849-1929) geprägte Bezeichnung für die Bündnistreue zwischen dem Deutschen Reich und Österreich-Ungarn während der Bosnienkrise 1908/09.

Richard Wagners (1813-1883) vierteiliges Opernwerk **„Der Ring des Nibelungen"** wurde von den Nationalisten des Kaiserreichs und später von den Nazis als urdeutsches Heldenepos gefeiert. Dabei hatte Wagner ganz andere Absichten. Er wollte der Sage einen überzeitlichen, metaphysischen Sinn abgewinnen: von der Entstehung der Welt bis zu ihrem Untergang in der „Götterdämmerung". [...] Bayreuth wurde zur Weihestätte der Nazis, wo laut Hitler „das Schwert geschmiedet wird, mit dem wir heute fechten." Als deutsche Soldaten in Stalingrad zu Tausenden starben, verglich sein Paladin[1] Göring ihr Schicksal mit dem der Nibelungen: „Auch sie standen in einer Halle von Feuer und Brand und löschten den Durst mit eigenem Blut – aber sie kämpften und kämpften bis zum Letzten."

[1] *der Paladin*: der treue Gefolgsmann

Paul Richter als Siegfried in der **Verfilmung „Die Nibelungen" von Fritz Lang** aus dem Jahre 1924: Der Starregisseur inszenierte den Stoff als großes Ritter- und Abenteuerkino auf dem neuesten technischen Stand der Zeit. Auf die Leinwand brachte er „kein patriotisches Festspiel", sondern ein „Hohelied der Vernichtung, wie es das deutsche Kino weder vorher noch nachher je wieder angestimmt hat". (A. Kilb, FAZ) Dass sein Werk einer von Hitlers Lieblingsfilmen war, hat Lang nicht geschmeichelt. Im Gegenteil: 1933 ging er ins Exil nach Paris und später nach Hollywood.

Judith Rauch

Umstrittener Nationalmythos (2005) *Auszug*

Das „Nibelungenlied" gilt seit Jahrhunderten als das „Lied der Deutschen". Früher wurde es als Nationalmythos hochgehalten, heute ist es umstritten. Dass dieser gesamteuropäische Stoff zum deutschen Nationalepos werden konnte, hat vor allem mit den Vertretern der deutschen Romantik zu tun, die für alles Mittelalterliche schwärmten. So stellte der Romantiker August Wilhelm Schlegel (1767-1845) das „Nibelungenlied" noch über die „Ilias" und pries vor allem den „überwältigenden Eindruck allgemeiner Zerstörung", den es hinterlässt.

Der Germanist Friedrich Heinrich von der Hagen (1780-1856) entdeckte im Charakter der Nibelungenhelden erstmals urdeutsche Tugenden: „Gastlichkeit, Biederkeit, Redlichkeit, Treue und Freundschaft bis in den Tod. Menschlichkeit, Milde und Großmut in des Kampfes Noth, Heldensinn, unerschütterlicher Standmuth, übermenschliche Tapferkeit, Kühnheit und willige Opferung für Ehre, Pflicht und Recht."

Im Befreiungskrieg gegen Napoleon (1815-1817) beriefen sich deutsche Soldaten auf Siegfried, der den „heiligen deutschen Boden" vom „fremden Gewürme" befreit.

Die Niederlage im Ersten Weltkrieg begründete Generalfeldmarschall Paul von Hindenburg mit der Dolchstoß-Legende: „Wie Siegfried unter dem hinterlistigen Speerwurf des grimmen Hagen, so stürzte unsere ermattete Front: Vergebens hatte sie versucht, aus dem versiegenden Quell der heimatlichen Kraft neues Leben zu trinken."

Das Motiv des von hinten erdolchten Soldaten fand in der Weimarer Republik durch rechte Organisationen und Parteien häufig Verwendung. Insbesondere in Kreisen der Weltkriegsteilnehmer diente der Dolchstoßvorwurf der Aufwertung des Selbstwertgefühls. Zugleich gab er dem eigenen Opfer und dem massenhaften Tod der Kameraden auf dem Schlachtfeld trotz der Niederlage zumindest einen kleinen Sinn, denn der Sieg wäre ohne den Verrat durch „vaterlandslose Sozialdemokraten" und „jüdische Geschäftemacher" zum Greifen nahe gewesen, so die Überzeugung in weiten Teilen der deutschen Bevölkerung.

1 Arbeite heraus, wie das „Nibelungenlied" zum deutschen Nationalepos wurde und in welcher Weise es später vereinnahmt wurde.

2 Erkläre, warum die Nibelungenfiguren – insbesondere Siegfried – den Nazis als Prototypen deutscher Tugendhaftigkeit und deutschen Heldentums erschienen.

2 Literatur als Ausdruck einer Wertegemeinschaft wahrnehmen

2.1 Ritterstand und ritterlich-höfische Dichtung aus heutiger Sicht kennenlernen

Simon Demmelhuber

Die Ritter: Gezähmte Gewalt (2013) *Auszug*

„Ritter, was ist das?“ Der kleine Parzival hat keine Ahnung, was ihm da im Wald begegnet: Vier Reiter, von Kopf bis Fuß gewappnet, prächtig gekleidet und von himmlischem Glanz umstrahlt. Aufgeklärt über Natur und Bewandtnis der „gottgleichen“ Erscheinung, kennt der Knabe nur noch einen Wunsch: Er will selbst Ritter werden und sich am Artushof die Sporen verdienen[1].

Wolfram von Eschenbach, der Dichter des um 1200 entstandenen Parzivalromans, schickt seinen Helden auf eine steinige Strecke voller Irrungen, Verstrickungen, Blutschuld, Gotteszweifel, Verdüsterung, Kampf und Ringen um den rechten Weg. [...] Vor allem muss er seinen Frieden finden, den mit der Welt und zuallererst den mit Gott. Am Ende gelingt ihm beides. Als Gralskönig vereint er beide Pole der ritterlichen Existenz: irdische Vollkommenheit und himmlische Gnade.

Das ist die eine Seite des Rittertums: die der literarischen Überhöhung des 13. Jahrhunderts, das Idealbild einer höfisch-ritterlichen Kultur und ihrer Tugendforderungen, die eins gewiss nicht war: gelebte Wirklichkeit. Denn die Realität des Rittertums sah anders aus. Sie kam handfester daher, blutiger, martialischer[2], weniger tugendhaft und ohne Happy End. Auf dieser Seite der Medaille präsentiert sich das Rittertum als realgeschichtliches, dem Ursprung nach militärisches Phänomen, das sich von einer berittenen und gepanzerten Heeresabteilung zu einer elitären Schicht meist adliger Reiterkrieger und schließlich zum adligen Geburtsstand entwickelte, der dann im 15. und 16. Jahrhundert seine Bedeutung vollständig verlor. [...]

Hätte es damit sein Bewenden, wäre der Ritter nicht mehr als ein militärisches Phänomen des Mittelalters und längst verdientem Vergessen anheimgefallen. Dass es anders gekommen ist, verdankt die Kriegerkaste nicht ihrer historischen Leistung auf den Schlachtfeldern, sondern der literarischen Überhöhung durch die ritterlich-höfische Kultur.

Schauplatz, Brennpunkt und Projektionsfläche dieser Überhöhung ist der hochmittelalterliche Hof (*curia*). Am Ende des 12. Jahrhunderts steigen die Sitze der geistlichen und weltlichen Herren zu Zentren des politischen und kulturellen Lebens auf. An diesen Höfen versammeln sich Bildungs- und Kriegerelite auf engstem Raum, hier fließen lateinische und volkssprachliche Traditionen zusammen, hier treffen gelehrte Kleriker auf zunehmend schriftkundige Mitglieder des Ritterstandes. Durch den regen Austausch zwischen beiden bislang getrennten Welten entsteht um die Wende des 12. zum 13. Jahrhundert mit der Ritterepik und der Minnelyrik die erste christliche Laienkultur der abendländischen Geschichte. [...]

[1] *die Sporen verdienen*: hier: Beim Ritterschlag wurden dem jungen Ritter zum Zeichen seiner neuen Würde goldene Sporen an die Stiefel geschnallt. Die Redewendung wird heute benutzt, um auszudrücken, dass man erste berufliche Erfolge für sich verbuchen kann.

[2] *martialisch*: kriegerisch

Ein beherrschender Aspekt der kollektiven Selbstfindung ist die Zügelung öffentlicher und privater Gewalt. [...] In allem gilt es, das richtige Maß, die *rehte mâze* zu finden und vollkommene Selbstbeherrschung (*zuht*) zu wahren Nur *zuht* und *mâze* können verhindern, dass persönliches Ruhm- und Ehrstreben (*êre* und *prîs*) oder Zornesausbrüche den nötigen Zusammenhalt sprengen.
Neben den affektiven und kulturellen Belangen rücken Romane wie „Erec", „Iwein" oder „Parzival" auch die politische und soziale Lebenswirklichkeit des Feudalsystems in den Blick. Ein Generalthema ist dabei das Spannungsverhältnis zwischen der geschuldeten Treue (*triuwe*) des Dieners gegen den Herrn und umgekehrt die in gerechter Entlohnung bewiesene Treue des Herrn gegen seine Vasallen und Dienstleute. Sobald eine Seite die (Vertrags-)Treue bricht, gerät das fragile Gleichgewicht unweigerlich aus den Fugen.
Einen dritten, immer wieder durchschrittenen und durchlittenen Themenkreis setzt die Suche nach dem richtigen Verhältnis zwischen Gott und Welt. Wie, so lautet die zentrale Frage, lassen sich ritterlicher Kampf, Tapferkeit und Mut mit der Sicherung des Seelenheils vereinen? [...]
Zum Inbegriff dieses literarisch in immer neuen Brechungen und Schattierungen entworfenen Spektrums ritterlicher Tugenden und Verhaltensformen wird das Leitbild der *hövescheit*, der höfischen Lebensart. Sie bündelt alle sozialen, kulturellen und musischen Kompetenzen, die den idealen Ritter und die ideale Gesellschaft ausmachen. Als Lehr- und Versuchsanstalt wahrer *hövescheit* ist die Ritterepik letztlich der literarische Schauplatz einer ständischen Selbsterziehung, auf dem die Normen einer neuen Gesellschaftsform entwickelt und diskutiert werden. Und diese Dichtung ist ein Gemeinschaftserlebnis in jeder Hinsicht: Am Hof vorgetragen, formt sie eine Gemeinschaft, die sich in einer eigentümlichen Mischung aus Utopie und Wirklichkeitsreflex zugleich angespornt und gespiegelt findet.

1 Erläutere, warum die ritterlich-höfische Dichtung des 13. Jahrhunderts bis heute unser Bild vom Ritter prägt.

2 Stelle dar, wie der Ritterstand in seiner Literatur ein überhöhtes Idealbild seiner selbst entwirft und welche Themenfelder dabei berührt werden.

→ Vergleiche Ideal und Wirklichkeit des Rittertums.

3 Arbeite heraus, welche gesellschaftliche Funktion der ritterlich-höfischen Literatur in ihrer Zeit zukommt.

2.2 Die Ideale eines Standes in seiner Literatur aufspüren

Wolfram von Eschenbach
Parzival (um 1200 - 1210) *Auszug 1*

Parzivals Abschied von seiner Mutter. Abbildung aus der Berner Parzival Handschrift aus dem Jahr 1467

Nach dem Tod ihres Mannes Gachmuret, der auf ritterlicher Fahrt umgekommen ist, zieht sich Parzivals Mutter Herzeloyde mit ihrem Sohn in die Waldeinsamkeit zurück, um ihn so von den Gefahren der Welt fernzuhalten. Eines Tages begegnet Parzival im Wald vier Rittern, die ihm von König Artus und dem sagenhaften Gralskönig Anfortas erzählen. Danach hält ihn nichts mehr zurück. Auch er will Abenteuer erleben und bestehen. Parzivals Mutter verkleidet ihn als „tumben Toren", in der Hoffnung, ihn so vor aller Welt der Lächerlichkeit preiszugeben. Aber Parzival kann sich behaupten. Um zu einer Rüstung zu kommen, tötet er in unritterlicher Manier den Roten Ritter Ither. Der greise Ritter Gurnemanz gewährt Parzival schließlich in seiner Burg Aufnahme und unterweist ihn in höfischem Benehmen und dem ritterlichen Umgang mit Waffen.

Parzival berichtete, wie er von seiner Mutter fortgeritten war, wie er Ring und Brosche erlangt und die Rüstung errungen hatte. Der Burgherr, der den Roten Ritter kannte, seufzte und betrauerte seinen Tod, und er gab nun seinem Gast den Namen „Roter Ritter".

Nachdem man die Tafel aufgehoben hatte, begann die Erziehung des ungebärdigen[1] Parzival. Der Burgherr sprach nämlich zu seinem Gast: „Ihr plappert wie ein unmündiges Kind. Warum lasst Ihr nicht endlich Eure Mutter aus dem Spiel und sprecht von andern Dingen? Haltet Euch an meine Lehren, und Ihr werdet gut dabei fahren. So will ich denn beginnen: Versäumt es nie, Euer Verhalten zu überprüfen. Ein unbedachter Mensch taugt nichts. Er steht gleichsam in der Mauser[2], verliert alles Ansehen und fährt schließlich in die Hölle.

Dô man den tisch hin dan genam,
dar nâch wart wilder muot vil zam.
der wirt sprach zem gaste sîn
„îr redet als ein kindelîn.
wan geswîgt ir iuwerre muoter gar
und nemet anderre maere war?
habt iuch an mînen rât:
der scheidet iuch von missetât.
sus hebe ich an (lât es iuch gezemen):
ir sult niemer iuch verschemen.
verschamter lîp, was touc der mêr?
der wont in der mûze rêr,
dâ im werdekeit entrîset
unde in gein der helle wîset.

Dem Äußeren nach habt ihr die Gaben zum Herrscher. Doch so hoch Ihr emporsteigt, vergesst nie, Euch der Notleidenden zu erbarmen; bekämpft ihr Elend durch Freigiebigkeit und Güte. Seid stets leutselig[3] und nicht hochmütig. Der notleidende Edle ringt mit der Scham, was bitter genug für ihn ist. Erweist Euch ihm stets hilfsbereit, denn wenn Ihr seine Not lindert, so ist Euch Gottes Gnade sicher. Ein solcher Mensch ist weit schlimmer

[1] *ungebärdig*: ungezähmt, schlecht erzogen, wild

[2] *die Mauser*: jahreszeitlicher Wechsel des Federkleids bei Vögeln

[3] *leutselig*: von anteilnehmender Freundlichkeit im Umgang mit einfachen Menschen

dran als jene, die offen um milde Gaben betteln. Ihr müsst aber auch klug hauszuhalten wissen! Sinnlose Verschwendung ist kein Zeichen echten Herrschertums, ebenso wenig allerdings das geizige Anhäufen von Schätzen. Findet stets das rechte Maß. Ich habe wohl bemerkt, dass Euch gute Lehren bitter nötig sind. Streift Euer ungebührliches Betragen ab! Stellt keine überflüssigen Fragen, doch will Euch jemand mit seiner Rede ausforschen, so seid schnell bei der Hand mit einer wohlüberlegten Antwort. Ihr habt doch Eure fünf gesunden Sinne, also gebraucht sie und kommt endlich zu Verstande. Paart stets Kühnheit mit Erbarmen, dann habt Ihr meine Lehren recht begriffen. Will sich ein bezwungener Ritter ergeben, so verschont ihn, wenn er Euch nicht solch bitteren Schmerz zugefügt hat, dass tiefes Herzeleid zurückblieb. Ihr werdet oft die Rüstung tragen. Legt Ihr sie ab, dann wascht euch die Rostspuren von Gesicht und Händen, damit Ihr einen angenehmen Anblick bietet; denn Frauen achten darauf. Seid manneskühn und frohgemut zugleich, dann werdet Ihr Ruhm gewinnen. Und schließt die Frauen in Euer Herz, das veredelt den Jüngling. Ein rechter Mann verrät sie nie! Legt Ihr es darauf an, sie zu betrügen, werdet Ihr viele hinters Licht führen können, doch Falschheit in der Liebe lässt Euer Ansehen rasch schwinden. Der tückisch schleichende Bösewicht verflucht die dürren Äste im Wald, denn sie brechen und knacken und wecken den Wächter. Kampf entbrennt oft in Gehölz und Verhau. Genauso ist es in der Liebe! Sie hat ein feines Gefühl für Falschheit und Hinterlist, und seid Ihr erst einmal in Ungnade gefallen, dann kommt Schande über Euch, und Ihr quält Euch Euer Leben lang mit bitteren Selbstvorwürfen. Nehmt Euch diese Lehren zu Herzen! Noch eins sei Euch über das Wesen der Frau gesagt: Mann und Frau sind untrennbar eins wie Sonne und Tag. Aus einem Sandkorn erblühen sie und sind nicht voneinander zu trennen. Haltet Euch das stets vor Augen!“

Parzivals Kampf mit dem Roten Ritter

Dankbar für die empfangenen Belehrungen verneigte sich der Gast vor dem Burgherrn. Er erwähnte seine Mutter nicht mehr, doch bewahrte er sie treu im Herzen. Der Burgherr sprach nun Worte, die ihm Ehre machten: „Ihr müsst jetzt lernen, wie sich ein rechter Ritter zu benehmen hat. Wie kamt Ihr angeritten! Ich kenne viele Wände, wo der Schild besser hing als an Eurem Halse. Noch ist Zeit, aufs freie Feld hinauszureiten. Dort sollt Ihr die Kunst der Waffenführung lernen.“ [...]

Der Fürst sprengte aufs Feld hinaus, wo erst die Kunst des Reitens geübt wurde. Er lehrte seinen Gast, sein Pferd mit Schenkelhilfe und mit Sporen aus dem Galopp in den Angriff zu werfen, die Lanze richtig einzulegen und sich mit dem Schild vorm Gegenstoß zu decken. „Seht“, sagte er, „so müsst Ihr’s machen!“ Parzivals Fehler korrigierte er auf diese Weise besser als mit einer Weidenrute, mit der man bösen Kindern das Fell gerbt.

Danach befahl er einen starken Ritter zu sich, der gegen Parzival zum Turnier antreten sollte. Beim ersten Lanzenstechen geleitete er seinen Schützling bis zum Kampfplatz, und nun jagte der Jüngling zum ersten Mal seine Lanze durch einen Schild, dass alle nur so staunten, denn er schleuderte den kräftigen Ritter einfach hinters Pferd. Ein zweiter Kämpfer trat an. Inzwischen hatte Parzival, von Jugendkühnheit und Jugendkraft strotzend, eine starke neue Lanze ergriffen. Der anmutige bartlose Jüngling zeigte sich als würdiger Sohn Gachmurets und bewies seine angeborene Tapferkeit. Er warf sein Pferd in voller Karriere[4] in den Angriff und zielte genau zwischen die vier Schildnägel, sodass sich des Burgherrn Ritter nicht im Sattel halten konnte; er wankte und krachte auf den Boden. Bald lagen überall Lanzensplitter umher, denn Parzival warf fünf Gegner aus dem Sattel, bis ihn der Burgherr zur Burg zurückführte. Errang er diesmal den Siegesruhm im Kampfspiel, so sollte er sich später auch im ernsthaften Kampf bewähren. Alle erprobten Ritter, die seine Angriffe beobachtet hatten, bestätigten seine Geschicklichkeit und Kraft.

[4] *in voller Karriere:* in vollem Galopp

WISSEN

In der Gestalt des **Parzival** verherrlichte Wolfram die Ideale der höfischen Ritterwelt: Durch demütiges Handeln läutert sich der ritterliche Held zur höchsten Aufgabe, dem Amt des Gralskönigs. König Artus, die Verkörperung des edlen und gerechten Herrschers, hat um sich eine Runde ritterlicher Helden versammelt. Sein Hof ist Anfang und Ziel der Heldenfahrten. Auf ihren Ausfahrten bestehen die Helden zum Teil unglaubliche Abenteuer.

Die Sage vom Gral vereinigt viele Überlieferungen. Einmal wird er als eine kostbare Schale beschrieben; er sei der biblische Abendmahlskelch oder ein Gefäß, in dem Blutstropfen Christi aufbewahrt werden. Nach einer anderen Überlieferung ist er ein wunderkräftiger Stein, den nur sehen kann, wer die höchste Vollkommenheit errungen hat.

Wolfram von Eschenbach lebte zwischen 1170 und 1220. Über sein Leben ist wenig bekannt. Wahrscheinlich war er ein einfacher Ritter oder stand in ritterlichen Diensten. Vermutlich stammte er aus Eschenbach, südlich von Ansbach, das heute seinen Namen trägt. Einige Jahre lebte er am Hofe zu Thüringen. Von sich sagt er, dass er kein gelehrter Dichter sei. Doch verstand er sicherlich Latein und Französisch, da er für sein Hauptwerk altfranzösische Vorlagen verwendete und bearbeitete. Auch muss er sehr belesen gewesen sein.

Die **Quelle** für Wolframs großes Epos in 24 812 Versen war der unvollendete *Perceval* (1180) des Franzosen Chrétien de Troyes. Dort waren bereits wichtige Stufen in der Entwicklung des Helden vorgezeichnet. Den Schluss, Parzivals endgültigen Einzug in die Gralsburg, hat Wolfram selbst hinzugefügt. In Wolframs Version des Stoffes ist die ritterlich-höfische Idealwelt der Artusrunde in die ritterlich-religiöse Idealwelt der Gralsgemeinschaft überhöht worden.

Wolfram von Eschenbach

Parzival (um 1200 - 1210) *Auszug 2*

Parzival verlässt Gurnemanz. Er kommt an den Artushof und schließlich auch zur Gralsburg Munsalwäsche. Anfortas, der Gralskönig, leidet an einer geheimnisvollen Wunde, von der er nur durch eine mitleidsvolle Frage erlöst werden kann. Doch Parzival stellt aus missverstandener Bescheidenheit diese entscheidende Frage nicht. Als er seinen Fehler erkennt, zieht er unstet durch die Lande, bis ihm der Einsiedler Trevrizent hilft.

Parzivals Ankunft auf der Gralsburg. Abbildung aus der Berner Parzival Handschrift aus dem Jahr 1467

Da sprach Parzival: „Kann man durch ritterliche Taten mit Schild und Lanze irdischen Ruhm und ewige Seligkeit erringen, dann habe ich mich stets darum gemüht. Ich bin keinem Kampf ausgewichen und habe mit wehrhafter Hand um Heldenruhm gestritten. Versteht Gott etwas von Kampftaten, dann müsste er mich zum Gral berufen, damit man mich dort kennenlernen kann. Ich werde keinem Kampf ausweichen!" Sein frommer Gastgeber aber sprach: „Ihr müsstet Euch dort vor allem in Demut üben und vor eitler Selbstüberhebung hüten! Wie leicht würdet Ihr in jugendlichem Überschwang das Gebot demütiger Selbstbeherrschung übertreten! Doch Hochmut kommt vor dem Fall!" Nach diesen Worten flossen dem Hausherrn die Augen über beim Gedanken daran, was er Parzival nun sagen wollte. Er hob an: „Herr, dort lebt ein König mit Namen Anfortas. Seine herzzerreißende Not, Lohn eitler Selbstüberhebung, sollte euch und mich armen Sünder erbarmen. Seine Jugend, seine Macht und ein Liebesverlangen, das alle Grenzen von Vernunft und Sittsamkeit überschritt, brachten ihm bitteres Leid. Solche Haltung verstößt gegen die Satzungen des Grals! Ritter und Knechte sind verpflichtet, sich vor Leichtfertigkeit zu hüten, denn Demut ist mächtiger als Hochmut. [...] Ein einziger Mensch gelangte nach Munsalwäsche, ohne dazu berufen zu sein. Er war jedoch ein Tor, und er zog sündenbeladen von dannen. Er versäumte nämlich, den Hausherrn nach der Ursache seines Elends zu fragen, obwohl er ihn deutlich genug leiden sah. Ich will niemanden schelten, aber dass er sich nicht nach dem bejammernswerten Los des Hausherrn erkundigt hat, ist eine Sünde, die er büßen muss, denn niemand lebt so elend wie Anfortas."

Im Gespräch mit Trevrizent, der sich als sein Onkel zu erkennen gibt, gewinnt Parzival Einsicht in sein Fehlverhalten. Beschämt gesteht er:

„Der Ritter, der nach Munsalwäsche kam, das jammervolle Elend sah und dennoch keine Frage stellte, war ich Unglückseliger! Herr, es war mein Vergehen!"

Parzival beim leidenden Anfortas in der Gralsburg. Wandgemälde im Sängersaal von Schloss Neuschwanstein, August Spieß, 1883/84

Da rief der Hausherr: „Was sagst du, Neffe? Nun haben wir wirklich allen Grund, aus tiefstem Herzen zu klagen und zu trauern! Du hast deinen Verstand nicht gebraucht und dein Glück verscherzt. Deine fünf Sinne, die Gott dir gab, haben versagt! Warum ließen sie dich beim Anblick der Wunde des Anfortas nicht Teilnahme empfinden? Trotz allem aber will ich dir meinen Rat nicht vorenthalten. Zunächst dies: Überlass dich nie völlig der Verzweiflung und halte deine Trauer in Grenzen! Die Menschen sind seltsame Wesen. Manchmal ist man in der Jugend weise und im Alter töricht genug, den Spiegel der Lauterkeit[1] zu trüben. Damit aber wird das reine Wollen des Anfangs beschmutzt; die frischgrünende Tugend der Jugendzeit verdorrt, und sie sollte sich doch im Alter bewähren und Wurzeln schlagen, damit der Mensch den anderen wohlgefällig ist. Sollte es mir gelingen, deine Tugend wieder grünen und dein Herz neuen rechten Mut fassen zu lassen, damit du die Wertschätzung der Menschen erringst und an Gott nicht verzweifelst, dann wirst du deine hohen Ziele erreichen und Verlorenes wiedergewinnen."

[1] *die Lauterkeit*: die Reinheit, die Anständigkeit

Der geläuterte Parzival kehrt zur Gralsburg zurück, stellt die Frage und erlöst Anfortas von seinen Leiden. Er wird selbst Gralskönig.

1 Gurnemanz und Trevrizent unterweisen Parzival in den Regeln höfischen Wohlverhaltens und ritterlicher Tugenden.

→ Fasse die Normen in einem Verhaltenskodex für Ritter zusammen. Stelle in einem eigenen Punkt das ideale Verhältnis zwischen Mann und Frau dar.

→ Nenne Gründe für die detaillierte Beschreibung der Turnierszene im Rahmen der Ausbildung Parzivals zum Ritter.

→ Überlege, inwiefern die Unterweisung der fiktiven Figur Parzival in ritterlicher Ethik zugleich eine Unterweisung des höfischen Publikums ist, das dem Vortrag des Dichters lauschte.

→ Diskutiert, ob einige der angesprochenen Tugenden auch heute noch eine gewisse Gültigkeit haben.

2 Untersuche Parzivals Selbsteinschätzung und sein Auftreten.

→ Wann befindet er sich im Widerspruch, wann im Einklang mit dem höfischen Verhaltenskodex?

3 Formuliert in Arbeitsgruppen einen Verhaltenskodex für junge Menschen von heute.

3 Sich mit der Entstehung eines literarischen Genres befassen

3.1 Die Gründe für die Entstehung der Liebeslyrik erfassen

Unbekannte Verfasserin
Dû bist mîn (um 1200)

Dû bist mîn, ich bin dîn:
des solt dû gewis sîn:
dû bist beslozzen in mînem herzen,
verlorn ist daz slüzzelîn:
dû muost och immer darinne sîn.

Miniatur aus dem Codex Manesse (um 1300)

1 „Dû bist mîn" gilt als die älteste Liebesbekundung in deutscher Sprache. Sie findet sich am Ende eines ansonsten in lateinischer Sprache verfassten Briefes einer nicht näher bekannten Dame, wohl einer Nonne, und ist als Teil einer Briefsammlung des Werinher von Tegernsee in einer um 1200 entstandenen Handschrift des Benediktinerklosters Tegernsee erhalten.
→ Übertrage die Verse in modernes Deutsch.
2 Beschreibe das Verhältnis, in dem das Du und das Ich zueinander stehen.
3 Arbeite heraus, wie das poetische Bild des Eingeschlossenseins im Herzen des anderen gedeutet werden kann.

Eva-Maria Schnurr
„Die Frau wurde idealisiert" (2015)

Eines Tages fingen die Menschen an, über die Liebe zu dichten, zu schreiben und zu sprechen. Warum? Fragen an den Mediävisten[1] Albert Classen

SPIEGEL: Historiker sagen, im 12. Jahrhundert hätten die Menschen die Liebe entdeckt, ein romantisches Gefühl, das vorher so nicht bekannt gewesen sei. Wie kann das sein?
Classen: Im frühen Mittelalter sprachen die Quellen grundsätzlich nicht über die Liebe, nicht einmal die literarischen. In dieser Zeit gab es heroische Lieder und Epen wie das Hildebrandslied oder den Beowulf. Sie alle, wie auch noch das Nibelungenlied, handeln von existenziellen Gefahren. Denen begegnete man, indem man sich als Vasall einem Mächtigen anvertraute. Die Frau als erotisches Objekt spielte da keine Rolle. Ab dem frühen 12. Jahrhundert aber begannen die weltlichen Dichter plötzlich über die Liebe zu schreiben. Das ist wirklich ein eigenartiges Phänomen.
SPIEGEL: Wie kam es zu diesem Wandel?

[1] *der Mediävist*: ein Wissenschaftler, der sich mit Geschichte, Kunst und Literatur des Mittelalters befasst

Classen: Aus verschiedenen Gründen verbesserten sich die Lebensbedingungen in Europa. Vorher lebten die Menschen am Existenzminimum und sahen sich ständig militärischen Angriffen ausgesetzt, nun aber gab es ausreichend Ressourcen und friedlichere Bedingungen: Die Bevölkerung explodierte förmlich, Städte entstanden, und insbesondere die Aristokratie hatte auf einmal Zeit. So entwickelte sich, ausgehend unter anderem vom Hof der Eleonore von Aquitanien in Südwestfrankreich, so etwas wie eine höfische Kultur.

SPIEGEL: Warum ging es dabei um die Liebe?

Classen: Zuerst einmal ging es um „Minne", das sollte man nicht mit Liebe gleichsetzen. Im Diskurs über die Minne verständigte man sich über das Zusammenleben, den idealen Umgang zwischen Mann und Frau zum Beispiel. Die Minne erlaubte es den männlichen Mitgliedern der höfischen Gesellschaft, sich aus ihrer rein maskulinen Welt zu befreien und ihre Kulturformen zu verfeinern. Wir haben es also erst einmal mit einem sozialen und nicht mit einem emotionalen Thema zu tun. Es hängt auch damit zusammen, dass die klassische römische Liebesdichtung Ovids wiederentdeckt wurde. Sogar Kleriker mischten in diesen Debatten mit. Das ging einher mit einer ungeheuren Aufwertung der Frau, sogar im religiösen Bereich, wo nun die Marienverehrung populär wurde. Die Frau wurde zunehmend als Partnerin angesehen und idealisiert.

4 Arbeite heraus, warum die weltlichen Dichter ab dem frühen 12. Jahrhundert beginnen, über die Liebe zu schreiben.

5 Erläutere, warum die *Minne* nicht mit Liebe gleichgesetzt werden darf.

WISSEN

Der **Minnesang** ist eine wesentliche Form der mittelalterlich-höfischen Lyrik im 12. bis 15. Jahrhundert. Er diente der Unterhaltung in adligen Kreisen. Der Minnesänger, ein zumeist aus dem niederen Adel stammender Dichter, der seine Werke selbst vortrug und musikalisch untermalte, wandte sich in seinem Lied in versteckten Andeutungen an eine der anwesenden adligen Damen, der er sein Leben und Fühlen im **Minnedienst** widmete.
Zu den Spielregeln der Minnelieder – eine ungefähre Übersetzung wäre Liebeslieder, **Frauenlob** – gehörte es, dass die angebetete Herrin, die *hêre frouwe*, zumeist eine verheiratete, gesellschaftlich oft höher gestellte adlige Dame war, die für den Sänger unerreichbar blieb. Der Dichter pries ihre Vollkommenheit und Reinheit, ohne auf Erfüllung seines Liebesverlangens zu hoffen. Das Verhältnis zwischen dem Werbenden und der Umworbenen und Idealisierten entsprach dem von Lehnsmann und Lehnsherrin und war geprägt von *stæte* (Beständigkeit) und *triuwe* (Treue). In den Lobpreis der Herrin mischte sich auch die sogenannte **Minneklage**, in der der Sänger seinem unerfüllten Sehnen Ausdruck verlieh. Der einzige *lon*, die einzige Zuwendung, auf die er hoffen durfte, war ein Lächeln, ein Gruß, eventuell auch eine materielle Gabe der Dame, der das Minnelied gewidmet war.

3.2 Die unterschiedlichen Formen der Minnelyrik kennenlernen

Reinmar von Hagenau
Ich wirbe umb allez daz ein man (um 1200) *Auszug*

ERKLÄRUNG

frouwe – frouwelîn – wîp
Im mittelalterlichen Sprachgebrauch ist *frouwe* die Bezeichnung für eine adlige, verheiratete Frau (Herrin). *frouwelîn* bezeichnet eine junge Dame. Es kann als schmeichelnder Begriff aber auch für die geliebte Frau stehen. *wîp* ist die wertneutrale Geschlechtsbezeichnung für *Frau*.

Ich wirbe umb allez daz ein man
ze wereltlîchen fröiden iemer haben sol.
daz ist ein wîp der ich enkan
nâch ir vil grôzen werdekeit gesprechen wol.
lob ich si sô man ander frouwen tuot,
dazn nimet eht si von mir niht für guot.
doch swer ich des, si ist an der stat
dâs ûz wîplîchen tugenden nie fuoz getrat.
daz ist in mat.

Ich bemühe mich um alles, was ein Mann
zu irdischem Glück immer haben muss.
Das ist eine Frau, von der ich gar nicht
so sprechen kann, wie es ihre Vollkommenheit verlangt.
Preise ich sie wie andere Frauen,
so nimmt sie das von mir doch nicht als gut genug an.
Ich versichere dennoch,
sie hat nie einen Schritt aus dem Kreis weiblicher Tugenden hinausgetan.
Das setzt sie alle matt.

Si ist mir liep, und dunket mich
daz ich ir volleclîche gar unmære sî.
nu waz dar umbe? daz lîd ich,
und bin ir doch mit triuwen stæteclîchen bî.
waz obe ein wunder lîhte an mir geschiht,
daz si mich eteswenne gerne siht?
sâ denne lâze ich âne haz,
swer giht daz ime an fröiden sî gelungen baz:
der habe im daz. [...]

Miniatur aus dem Codex Manesse (um 1300)

Sie ist mir lieb, doch scheint mir,
dass ich ihr vollkommen gleichgültig bin.
Was tut's! Das ertrage ich
und bin ihr dennoch stets mit meiner Treue nah.
Wie, wenn vielleicht ein Wunder an mir geschieht,
dass sie mich irgendwann einmal doch gerne sieht?
So lasse ich es denn auch neidlos geschehen,
wenn jemand behauptet, er habe größere Freuden erlangt.
Mag er! [...]

Und ist daz mirs mîn sælde gan
deich abe ir redendem munde ein küssen mac versteln,
gît got deichz mit mir bringe dan,
sô wil ichz tougenlîche tragen und iemer heln.
und ist daz siz für grôze swære hât
und vêhet mich dur mîne missetât,
waz tuon ich danne, unsælic man?
dâ heb i'z ûf und legez hin wider dâ ichz dâ nan,
als ich wol kan.

Und sollte mir mein Glück vergönnen,
dass ich von ihrem Munde, während sie spricht, einen Kuss stehlen kann,
gibt Gott, dass ich ihn dann mit mir fortbringe,
so will ich ihn heimlich bei mir tragen und immer verbergen.
Sollte sie das aber für eine schwere Kränkung halten
und mich meiner Untat wegen hassen,
was tu ich dann, ich Unglücklicher?
Dann nehme ich ihn und lege ihn wieder dorthin, woher ich ihn nahm,
wozu ich gewiss imstande bin.

1 Untersuche das Verhältnis zwischen Mann und Frau in diesem Gedicht.

2 Informiere dich auf den Seiten 158, 178 und 181 über den Begriff *Minne*. Bestimme, welcher Form der Minne Reinmars Gedicht zugeordnet werden kann.

Walther von der Vogelweide

Under der linden

Under der linden an der heide,
dâ unser zweier bette was,
Dâ mugt ir vinden
schône beide gebrochen
bluomen unde gras.
vor dem walde in einem tal,
tandaradei
schône sanc diu nahtegal.

Ich kam gegangen zuo der ouwe:
do was mîn friedel komen ê.
Dâ wart ich enpfangen, hêre frouwe,
daz ich bin sælic iemer mê.
Kuste er mich? wol tûsentstunt!
tandaradei
seht, wie rôt mir ist der munt.

Unter der Linde auf der Heide,
wo unser beider Lager war,
da kann man sehn
liebevoll gebrochen
Blumen und Gras.
Vor dem Wald in einem Tal
tandaradei
sang schön die Nachtigall.

Ich kam gegangen zu der Wiese,
da war mein Liebster schon vor mir
gekommen. Da wurde ich empfangen
– Heilige Jungfrau! –
dass es mich immer glücklich machen wird
Ob er mich küsste? Wohl tausendmal,
tandaradei, seht wie rot mein Mund ist!

Dô het er gemachet alsô rîche
von bluomen eine bettestat.
Des wirt noch gelachet inneclîche,
kumt iemen an daz selbe pfat.
Bî den rôsen er wol mac,
tandaradei
merken wâ mirz houbet lac.

Da hatte er bereitet in aller Pracht
von Blumen ein Lager.
Daran wird sich freuen von Herzen,
wer daran vorübergeht.
An den Rosen kann er noch
– tandaradei –
Sehen wo mein Kopf lag.

Daz er bî mir læge, wessez iemen,
(nu enwelle got!) sô schamt ich mich.
Wes er mit mir pflæge, niemer niemen
bevinde daz wan er und ich –
Und ein kleinez vogellîn,
tanderadei
daz mac wol getriuwe sîn'.

Dass er bei mir lag, wüsste es jemand
(da sei Gott vor!), so schämte ich mich.
Was er tat mit mir, niemals soll jemand
das erfahren als er und als ich –
Und die liebe Nachtigall,
tandaradei;
die wird gewiss verschwiegen sein.

3 Kläre, wer in diesem Gedicht spricht und worüber gesprochen wird. Bestimme auch den Zeitpunkt des Geschehens.

4 Arbeite am Text heraus, wodurch deutlich wird, dass es sich bei diesem Gedicht um *niedere Minne* handelt.

5 Erläutere, welche Rolle die Gesellschaft für das lyrische Ich spielt.

6 Vergleiche die Frauenbilder in den Gedichten von Reinmar von Hagenau und Walther von der Vogelweide.

WISSEN

Die sogenannte **hohe Minne**, der sich beispielsweise der Wiener Hofpoet Reinmar von Hagenau (* etwa 1160, † vor 1210) und anfänglich auch dessen Schüler Walther von der Vogelweide (* um 1170, † um 1230) verpflichtet fühlten, folgte strengen gesellschaftlichen Konventionen. Die Verehrte war eine verheiratete adlige Dame. Sie verhielt sich stets ablehnend, wodurch das Zustandekommen einer Liebesbeziehung von vornherein ausgeschlossen war. Walther erkannte schon bald die Unnatürlichkeit dieses modischen Spiels. In einem seiner Lieder fragte er: „Sagt mir jemand, was Minne ist?" und gab selbst die Antwort: „Minne ist zweier Herzen Wonne: Teilen beide gleich, dann ist Minne da." Minne sei Minne, wenn sie wohl tue. Tue sie aber weh, so sei es eine „Wahn-Minne", da sie keine wirkliche Zuneigung zweier Liebender beschreibe, sondern sich nur in verzehrender Klage erginge. In seinen Liedern der **niederen Minne** fand Walther einen neuen Ton. Darin besang er in stimmungsvollen Naturbildern das Liebesglück, das an keinen Stand gebunden war, denn: „Nie ergriff wahre Liebe solche, die nur nach Vermögen und äußerer Schönheit lieben." Viele seiner schönsten Gedichte handeln von der wahren Liebe zwischen Mann und Frau.

8 Die Epoche des Barock kennenlernen

Zwischen Lebensgenuss und Weltabkehr

„Ich selbst bin Ewigkeit, wenn ich die Zeit verlasse
Und mich in Gott und Gott in mich zusammenfasse."
Angelus Silesius

„Was sind wir Menschen doch! Ein Wohnhaus grimmer Schmerzen, ein Ball des falschen Glücks, ein Irrlicht dieser Zeit."
Andreas Gryphius

„Das Leben ist
Ein Laub, das grünt und falbt geschwind,
Ein Staub, den leicht vertreibt der Wind.
Ein Schnee, der in dem Nu vergehet."
Georg Philipp Harsdörffer

„Was sind doch alle Sachen
Die uns ein Herze machen
Als schlechte Nichtigkeit?"
Andreas Gryphius

„Mensch, werde wesentlich; denn wenn die Welt vergeht,
So fällt der Zufall weg, das Wesen, das besteht."
Angelus Silesius

Einführung

BASIS-INFO

Der Begriff der/das **Barock** stammt aus dem **Portugiesischen** (barocco: unregelmäßige, schiefrunde Perle) und wurde erst im 19. Jahrhundert als Bezeichnung für die Kunst des 17. Jahrhunderts verwendet, und zwar in eher abwertender Absicht. Mit *Barock* verbinden wir heute eher **Musik**, **Malerei** und **Architektur**. Barocke Schlösser etwa zeichnen sich durch **auffällige Schnörkel** und **übertriebenen Pomp** aus.
Diese verschwenderische Pracht steht ganz im Gegensatz zum **Dreißigjährigen Krieg** (1618–1648), der das Zeitalter des Barock entscheidend prägte. Die protestantische Reformation, die auf Martin Luther (1483–1546) zurückging, stand der katholischen Restauration, die auf die Wiederherstellung der alten Verhältnisse bestand, unerbittlich gegenüber. Der Glaubenskrieg wütete schließlich in ganz Europa, weil es dabei nicht zuletzt auch um weltliche Herrschaftsansprüche ging. Erst der **Westfälische Friede** (1648) setzte dem Kriegstreiben ein Ende. Besonders betroffen von der Auseinandersetzung war die deutsche Bevölkerung, die von 15 bis 17 Millionen Menschen auf etwa 10 bis 11 Millionen zurückging. Ganze Landstriche wurden verwüstet, Krankheiten wie Pest und Cholera brachen in Folge des Krieges aus, Hunger und Not gehörten zum Alltag der Menschen. Wen mag es da verwundern, dass sich die **Kriegserfahrung** nicht nur auf das Lebensgefühl der Menschen, sondern auch auf die literarische Produktion auswirkte?
Das barocke Lebensgefühl war von einer ausgeprägten **Antithetik** bestimmt: Diesseits und Jenseits, Schein und Sein, Lebenslust und Weltabkehr. Durch den Krieg waren den Menschen die Vergänglichkeit allen irdischen Seins (**vanitas**) und der Gedanke, dass das Leben endlich ist (**memento mori** = denke daran, dass du sterben musst), ständig präsent. Dies führte dazu, dass einerseits in der Hoffnung auf ein Leben nach dem Tod Askese und Hinwendung zu Gott gefordert wurde, andererseits gerade aus der Erfahrung der Vergänglichkeit dazu angehalten wurde, das Leben zu genießen (**carpe diem** = nutze und genieße den Tag).
In diesem Spannungsfeld positionierten sich auch die Dichter des Barock, die mit ihren kunstvoll gestalteten Werken vor allem die Menschen beeinflussen wollten, ganz im Sinne der antiken Tradition. **Sprachschmuck** in Anlehnung an die antike Rhetorik, **Bilderreichtum**, **Allegorie** (z. B. die Sanduhr als Bild für die Vergänglichkeit) und **Emblem** (Sinnbild) prägen die Barockliteratur. In der Lyrik wurde das **Sonett** bevorzugt, vielleicht auch aus dem Bedürfnis heraus, dem Chaos eine feste Ordnung entgegenzusetzen. Im Bereich der Prosa wird **„Der Abentheuerliche Simplicissimus Teutsch"** (1669) von Hans Jakob Christoph von Grimmelshausen (1622–1676) oft als Vorläufer des Entwicklungsromans bezeichnet. Er ist stark autobiografisch geprägt und orientiert sich am **Schelmenroman** (z. B. Cervantes' „Don Quijote"), der aus Spanien nach

Deutschland gekommen war. Das Theater gestaltete in **Märtyrerdramen** die Glaubensstärke des Helden gegen einen tyrannischen Herrscher. In sogenannten **Sprachgesellschaften** bemühte man sich um die Pflege der deutschen Sprache, die das Lateinische als Literatursprache ersetzen sollte. Zu diesem Zweck entstand auch das erste Werk der deutschen Literaturtheorie: Das **„Buch von der deutschen Poeterey“** (1624) von Martin Opitz, eine Art Anleitung zum Verfassen von guter Literatur.
Während Deutschland nach dem Dreißigjährigen Krieg in rund 300 Fürstentümer zersplittert war, herrschte in Versailles der absolutistische König **Ludwig XIV.** (1643–1715). Frankreich konnte sich als neue europäische Großmacht durchsetzen und behielt diese Vormachtstellung, bis Napoleon 1806 eine Neuordnung des deutschen Reiches bewirkte.

BASIS-INFO

Ludwig XIV = Louis XIV = Sonnenkönig

1 Was ist der Mensch? – Was ist die Welt? Diese Fragen beschäftigten die Menschen im Zeitalter des Barock.
→ Beantworte sie zunächst für dich.
→ Untersuche dann, welche Antworten die Eingangszitate geben. Überlege, welche äußeren Ereignisse zu dieser Lebenshaltung geführt haben.

1 Das Lebensgefühl einer Epoche kennenlernen

1.1 Kriegserfahrungen

Andreas Gryphius
Tränen des Vaterlandes, anno 1636

Andreas Gryphius (1616–1664)

Wir sind doch nunmehr ganz, ja mehr denn ganz verheeret[1]!
Der frechen Völker Schar, die rasende Posaun,
Das vom Blut fette Schwert, die donnernde Kartaun[2]
Hat aller Schweiß und Fleiß und Vorrat aufgezehret.

Die Türme stehn in Glut, die Kirch ist umgekehret,
Das Rathaus liegt im Graus[3], die Starken sind zerhaun,
Die Jungfraun sind geschänd't, und wo wir hin nur schaun,
Ist Feuer, Pest und Tod, der Herz und Geist durchfähret.

Hier durch die Schanz[4] und Stadt rinnt allzeit frisches Blut.
Dreimal sind schon sechs Jahr, als unser Ströme Flut,
Von Leichen fast verstopft, sich langsam fort gedrungen.

Doch schweig ich noch von dem, was ärger als der Tod,
Was grimmer denn die Pest und Glut und Hungersnot,
Dass auch der Seelenschatz[5] so vielen abgezwungen.

[1] *verheeret*: durch ein Heer zerstört worden
[2] *die Kartaun*: schweres Kriegsgeschütz
[3] *im Graus*: im Staub, im Schutt
[4] *die Schanz*: eine Verteidigungsanlage einer Stadt, ein Schutzwall
[5] *der Seelenschatz*: damit ist einerseits der Schatz der Seele gemeint, aber andererseits auch der christliche Glaube. Im Dreißigjährigen Krieg bestimmt der Herrscher den Glauben der Bevölkerung: *cuis regio, eius religio* = wessen Gebiet, dessen Glaube.

1 Arbeite am Gedicht heraus, welche Folgen der Krieg für Mensch und Gesellschaft hat.

2 Untersuche den gedanklichen Aufbau des Gedichtes und vergleiche zu diesem Zweck den ersten und letzten Vers.

3 Bestimme die im Gedicht verwendeten sprachlichen Mittel (☞ S. 268 ff.) und erläutere ihre Funktion.

4 Bei dem Gedicht handelt es sich um ein Sonett. Weise die Merkmale am Gedicht nach.

WISSEN

Das **Sonett** (lat. *sonare = tönen*, ital. *sonetto*, dt. Lehnübersetzung aus dem 17. Jh.: *Klinggedicht*) besteht aus zwei Vierzeilern (= Quartetten) und zwei Dreizeilern (= Terzetten), die unterschiedlich gereimt sind. Bevorzugte Versform ist der Alexandriner mit einer festen Zäsur nach der dritten Hebung. Charakteristisch für das Grundmuster sind die Symmetrie, der Parallelismus der Satzglieder, die Antithetik und die Häufung der Beispiele. Es gibt eine strenge gedankliche Struktur: Auf These und Antithese in den Quartetten folgt in den Terzetten die Synthese.

Friedrich von Logau

Abgedankte Soldaten (1654)

Würmer im Gewissen,
Kleider wohl zerrissen,
Wohlbenarbte Leiber,
Wohlgebrauchte Weiber,
Ungewisse Kinder,
Weder Pferd noch Rinder,
Nimmer Brot im Sacke,
Nimmer Geld im Packe,
Haben mitgenommen,
Die vom Kriege kommen:
Wer denn hat die Beute?
Eitel fremde Leute.

Des Krieges Buchstaben (undatiert)

Kummer, der das Mark verzehret,
Raub, der Hab und Gut verheeret,
Jammer, der den Sinn verkehret,
Elend, das den Leib beschweret,
Grausamkeit, die Unrecht lehret,
Sind die Frucht, die Krieg gewähret.

5 Untersuche beide Gedichte von Friedrich von Logau und arbeite heraus, welche Kritik am Kriegsgeschehen geübt wird.

6 Analysiere die Form beider Gedichte (☞ S. 240 f.) und ihren Bezug zum Inhalt.

7 Bei dem zweiten Gedicht handelt es sich um ein Akrostichon. Verfasse ein ähnliches Gedicht zu *Angst*, *Flucht*, *Hass* oder einem Begriff deiner Wahl.

WISSEN

Das **Akrostichon** (griech. *akros* = das *Äußerste*, *stichos* = *Vers*) ist ein antikes Schreibspiel, bei dem die Buchstaben eines Wortes senkrecht untereinander geschrieben werden. Zu jedem Buchstaben wird ein Vers gebildet, der zu dem Begriff passt.

Hans Jakob Christoph von Grimmelshausen

Der Abentheuerliche Simplicissimus Teutsch (1669)

Inhalt: Simplicissimus lebt fernab von der Welt auf einem Bauernhof. Als dieser eines Tages von schwedischen Reitern geplündert wird, flieht Simplicissimus in den Wald, wo er bei einem Einsiedler aufwächst und in der christlichen Lehre unterwiesen wird. Nach dessen Tod zieht er in die Welt und erlebt die unterschiedlichsten Abenteuer. Die Wechselfälle des Schicksals setzen ihm zu, er wird beraubt, ist krank und arm und muss sich durchs Leben schlagen. Schließlich entsagt er der Welt und zieht sich als Einsiedler zurück.

Der realistische Roman trägt autobiografische Züge. In einer kunstvoll aufgebauten und fast schon symmetrisch angelegten Reihung von Abenteuern wird die Gesellschaft auf ironische Art und Weise aus der Sicht des Einfältig-Dummen kritisiert.

Titelkupfer einer Ausgabe des „Simplicissimus Teutsch“ (1669)

Neueingerichter und vielverbesserter
Abentheurlicher
SIMPLICISSIMUS
Das ist:
Beschreibung deß Lebens eines seltzamen Vaganten/genant Melchior Sternfels von Fuchshaim / wie / wo und welcher gestalt Er nemlich in diese Welt kommen / was er darin gesehen / gelernet / erfahren und außgestanden / auch warum er solche wieder freywillig quittiret hat.
Uberauß lustig/und männiglich nützlich zulesen.
An Tag geben
Von
GERMAN SCHLEIFHEIM
von Sulsfort.

Mompelgart/
Gedruckt bey Johann Fillion/
Im Jahr M DC LXIX.

Titelseite einer Ausgabe des „Simplicissimus Teutsch“ (1669)

8 Beschreibe die emblematische Struktur des Titelblattes (☞ S. 195) und erläutere, welche Erwartungen im Hinblick auf Inhalt und Form des Romans geweckt werden.
9 Lies den folgenden Textauszug aus dem „Simplicissimus“ und schlage dir unbekannte Begriffe im Wörterbuch der Brüder Grimm (http://dwb.uni-trier.de) nach.

Das 4. Kapitel

Simplicii Residenz wird erobert, geplündert und zerstört, darin die Krieger jämmerlich hausen

Wiewohl ich nicht bin gesinnet gewesen, den friedliebenden Leser mit diesen Reutern in meines Knans Haus und Hof zu führen, weil es schlimm genug darin hergehen wird: So erfordert jedoch die Folge meiner Histori, dass ich der lieben Posterität hinterlasse, was für Grausamkeiten in diesem unserm Teutschen Krieg hin und wieder verübet worden, zumalen mit meinem eigenen Exempel zu bezeugen, dass alle solche Übel von der Güte des Allerhöchsten, zu unserm Nutz, oft notwendig haben verhängt werden müssen: Denn lieber Leser, wer hätte mir gesagt, dass ein Gott im Himmel wäre, wenn keine Krieger meines Knans Haus zernichtet und mich durch solche Fahung[1] unter die Leut gezwungen hätten, von denen ich ge-

[1] *die Fahung*: die Gefangennahme

nugsamen Bericht empfangen? Kurz zuvor konnte ich nichts anders wissen noch mir einbilden, als dass mein Knan, Meuder, ich und das übrige Hausgesind allein auf Erden sei, weil mir sonst kein Mensch noch einzige andere menschliche Wohnung bekannt war, als diejenige, darin ich täglich aus- und einging: Aber bald hernach erfuhr ich die Herkunft der Menschen in diese Welt, und dass sie wieder daraus müssten; ich war nur mit der Gestalt ein Mensch, und mit dem Namen ein Christenkind, im übrigen aber nur eine Bestia! Aber der Allerhöchste sah meine Unschuld mit barmherzigen Augen an, und wollte mich beides zu seiner und meiner Erkenntnis bringen: Und wiewohl er tausenderlei Weg hierzu hatte, wollte er sich doch ohn Zweifel nur desjenigen bedienen, in welchem mein Knan und Meuder, andern zum Exempel, wegen ihrer liederlichen Auferziehung gestraft würden.

Jan Breughel, Die Schlacht bei Arbela (1602)

Das erste, das diese Reuter taten, war, dass sie ihre Pferd einstellten, hernach hatte jeglicher seine sonderbare Arbeit zu verrichten, deren jede lauter Untergang und Verderben anzeigte, denn obzwar etliche anfingen zu metzgen, zu sieden und zu braten, dass es sah, als sollte ein lustig Bankett gehalten werden, so waren hingegen andere, die durchstürmten das Haus unten und oben, ja das heimlich Gemach war nicht sicher, gleichsam ob wäre das gülden Fell von Kolchis[1] darinnen verborgen; Andere machten von Tuch, Kleidungen und allerlei Hausrat große Päck zusammen, als ob sie irgends ein Krempelmarkt anrichten wollten, was sie aber nicht mitzunehmen gedachten, wurde zerschlagen, etliche durchstachen Heu und Stroh mit ihren Degen, als ob sie nicht Schaf und Schwein genug zu stechen gehabt hätten, etliche schütteten die Federn aus den Betten, und fülleten hingegen Speck, andere dürr Fleisch und sonst Gerät hinein, als ob alsdann besser darauf zu schlafen gewesen wäre; andere schlugen Ofen und Fenster ein, gleichsam als hätten sie ein ewigen Sommer zu verkündigen, Kupfer und Zinnengeschirr schlugen sie zusammen, und packten die gebogenen und verderbten Stück ein, Bettladen, Tisch, Stühl und Bänk verbrannten sie, da doch viel Klafter dürr Holz im Hof lag, Hafen und Schüsseln musste endlich alles entzwei, entweder weil sie lieber Gebraten aßen, oder weil sie bedacht waren, nur ein einzige Mahlzeit allda zu halten; unser Magd ward im Stall der-

[1] *Kolchis*: Goldenes Vlies; in der gr. Mythologie das goldene Fell eines Widders, das die Argonauten eroberten.

maßen traktiert, dass sie nicht mehr daraus gehen konnte, welches zwar eine Schand ist zu melden! den Knecht legten sie gebunden auf die Erd, stecketen ihm ein Sperrholz ins Maul, und schütteten ihm einen Melkkübel voll garstig Mistlachenwasser in Leib, das nenneten sie ein Schwedischen Trunk, wodurch sie ihn zwangen, eine Partei anderwärts zu führen, allda sie Menschen und Vieh hinwegnahmen, und in unsern Hof brachten, unter welchen mein Knan, mein Meuder und unser Ursele auch waren.

Da fing man erst an, die Stein von den Pistolen, und hingegen an deren Statt der Bauren Daumen aufzuschrauben, und die armen Schelmen so zu foltern, als wenn man hätt Hexen brennen wollen, maßen sie auch einen von den gefangenen Bauren bereits in Backofen steckten, und mit Feuer hinter ihm her waren, ohnangesehen er noch nichts bekannt hatte; einem andern machten sie ein Seil um den Kopf und reitelten es mit einem Bengel zusammen, dass ihm das Blut zu Mund, Nas und Ohren heraus sprang. In Summa, es hatte jeder seine eigene Invention, die Bauren zu peinigen, und also auch jeder Bauer seine sonderbare Marter. Allein mein Knan war meinem damaligen Bedünken nach der glückseligste, weil er mit lachendem Mund bekennete, was andere mit Schmerzen und jämmerlicher Weheklag sagen mussten, und solche Ehre widerfuhr ihm ohne Zweifel darum, weil er der Hausvater war, denn sie setzten ihn zu einem Feuer, banden ihn, dass er weder Händ noch Füß regen konnte, und rieben seine Fußsohlen mit angefeuchtem Salz, welches ihm unser alte Geiß wieder ablecken, und dadurch also kitzeln musste, dass er vor Lachen hätte zerbersten mögen; das kam so artlich, dass ich Gesellschaft halber, oder weil ichs nicht besser verstund, von Herzen mitlachen musste. In solchem Gelächter bekannte er seine Schuldigkeit, und öffnet' den verborgenen Schatz, welcher von Gold, Perlen und Kleinodien viel reicher war, als man hinter Bauren hätte suchen mögen. Von den gefangenen Weibern, Mägden und Töchtern weiß ich sonderlich nichts zu sagen, weil mich die Krieger nicht zusehen ließen, wie sie mit ihnen umgingen: Das weiß ich noch wohl, dass man teils hin und wider in den Winkeln erbärmlich schreien hörte, schätze wohl, es sei meiner Meuder und unserm Ursele nit besser gangen als den andern. Mitten in diesem Elend wendet ich Braten, und half nachmittag die Pferd tränken, durch welches Mittel ich zu unserer Magd in Stall kam, welche wunderwerklich zerstrobelt aussah, ich kennete sie nicht, sie aber sprach zu mir mit kränklicher Stimm: „O Bub lauf weg, sonst werden dich die Reuter mitnehmen, guck dass du davonkommst, du siehest wohl, wie es so übel“; mehrers konnte sie nicht sagen.

10 Erläutere, wie das Kriegsgeschehen Simplicissimus' Einstellung zu Gott beeinflusst.

11 Beschreibe das Verhalten der Soldaten mit eigenen Worten.

12 Untersuche die Kommentare des Erzählers und erkläre, welche Wirkung dadurch erzielt wird.

13 Überlege, warum der Autor für die Darstellung des Krieges die Narrenperspektive gewählt hat.

1.2. Weltabkehr und Diesseitsbejahung

Andreas Gryphius
Menschliches Elende (1663)

Was sind wir Menschen doch! Ein Wohnhaus grimmer Schmerzen,
Ein Ball des falschen Glücks, ein Irrlicht dieser Zeit,
Ein Schauplatz herber Angst, besetzt mit scharfem Leid,
Ein bald verschmelzter Schnee und abgebrannte Kerzen.

Dies Leben fleucht[1] davon wie ein Geschwätz und Scherzen.
Die vor uns abgelegt des schwachen Leibes Kleid
Und in das Totenbuch der großen Sterblichkeit
Längst eingeschrieben sind, sind uns aus Sinn und Herzen.

Gleich wie ein eitel[2] Traum leicht aus der Acht hinfällt[3]
Und wie ein Strom verscheußt[4], den keine Macht aufhält,
So muss auch unser Nam, Lob, Ehr und Ruhm verschwinden.

Was itzund[5] Atem holt, muss mit der Luft entfliehn,
Was nach uns kommen wird, wird uns in Grab nachziehn.
Was sag ich? wir vergehn, wie Rauch von starken Winden.

[1] *fleuchen*: fliegen

[2] *eitel*: hier: vergänglich

[3] *aus der Acht hinfällt*: sich der Aufmerksamkeit entzieht

[4] *verscheußt*: verfließen, sich auflösen

[5] *itzund*: jetzt

1 Erläutere Gryphius' Menschenbild, indem du die einzelnen Metaphern auflöst.

2 Untersuche, inwiefern es eine Steigerung in Gryphius' Gedankengang gibt.

3 Was sind wir Menschen doch? – Beantworte diese Frage aus der Sicht eines Menschen des 21. Jahrhunderts und wähle dazu entsprechende Metaphern.

„Apokalyptische Landschaft" von Ludwig Meidner

4 Beantworte für dich schriftlich in wenigen Sätzen die Frage „Was ist die Welt?"

5 Diskutiert die Gültigkeit der folgenden Zitate:

Da heißt die Welt ein Jammertal
Und deucht mir doch so schön.
Hat Freuden ohne Maß und Zahl,
Lässt keinen leer ausgehn.

Johann Martin Miller (1750-1814)

Schaut nicht so bedeppert in diese Grube.
Nur immer rein in die gute Stube.
Paar Schaufeln Erde und wir haben
Ein Jammertal hinter uns zugegraben.

Peter Rühmkorf (1929-2008)

Was ist die Welt? Ein ewiges Gedicht.
Daraus der Geist der Gottheit strahlt und glüht,
Daraus der Wein der Weisheit schäumt und sprüht,
Daraus der Laut der Liebe zu uns spricht.

Hugo von Hofmannsthal (1874-1929)

Christian Hofmann von Hofmannswaldau

Die Welt (1679)

Was ist die Welt und ihr berühmtes Glänzen?
Was ist die Welt und ihre ganze Pracht?
Ein schnöder Schein in kurzgefassten Grenzen,
Ein schneller Blitz bei schwarzgewölkter Nacht,
Ein buntes Feld, da Kummerdisteln grünen,
Ein schön Spital, so voller Krankheit steckt,
Ein Sklavenhaus, da alle Menschen dienen,
Ein faules Grab, so Alabaster[1] deckt.
Das ist der Grund, darauf wir Menschen bauen
Und was das Fleisch für einen Abgott hält.
Komm, Seele, komm und lerne weiter schauen,
Als sich erstreckt der Zirkel dieser Welt!
Streich ab von dir derselben kurzes Prangen,[2]
Halt ihre Lust für eine schwere Last:
So wirst du leicht in diesen Port gelangen,
Da Ewigkeit und Schönheit sich umfasst.

Christian Hofmann von Hofmannswaldau (1616–1679)

[1] *der Alabaster*: eine Gipsart, durchscheinend weiß wie Milchglas

[2] *das Prangen*: das Strahlen, der Glanz

6 Arbeite am Gedicht heraus, wie der Autor die Welt sieht.

7 Untersuche, mit welchen Bildern und Vergleichen Hofmann von Hofmannswaldau arbeitet.

8 Stelle dar, zu welcher Schlussfolgerung der Dichter gelangt, und erläutere in diesem Zusammenhang auch die letzten beiden Verse.

9 Greife deine Überlegungen aus Aufgabe 4 auf und vergleiche sie mit denen des Dichters.

Martin Opitz

Carpe diem[1] (1624)

Martin Opitz (1597–1639)

Ich empfinde fast ein Grauen,
dass ich, Plato[2], für und für
bin gesessen über dir.
Es ist Zeit hinauszuschauen
und sich bei den frischen Quellen
in dem Grünen zu ergehn.
wo die schönen Blumen stehn
und die Fischer Netzte stellen!

Wozu dienet das Studieren
als zu lauter Ungemach!
Unterdessen lauft die Bach
unsers Lebens, das wir führen,
ehe wir es inne werden,
auf ihr letztes Ende hin;
dann kömmt ohne Geist und Sinn
dieses alles in die Erden.

Holla, Junger, geh und frage,
wo der beste Trunk mag sein,
nimm den Krug und fülle Wein!
Alles Trauren, Leid und Klage,
wie wir Menschen täglich haben,
eh uns Clotho[3] fortgerafft,
will ich in den süßen Saft,
den die Traube gibt, vergraben.

Kaufe gleichfalls auch Melonen
und vergiss des Zuckers nicht,
schaue nur, dass nichts gebricht!
Jener mag der Heller[4] schonen,
der bei seinem Gold und Schätzen
tolle sich zu kränken pflegt
und nicht satt zu Bette legt;
ich will, weil ich kann, mich letzen[5]!

Bitte meine guten Brüder
auf die Musik und ein Glas!
Kein Ding schickt sich, dünkt mich[6], bass
als gut Trank und gute Lieder.
Lass ich gleich nicht viel zu erben,
ei, so hab ich edlen Wein!
Will mit andern lustig sein,
muss ich gleich alleine sterben.

[1] *Carpe diem*: ergreife, nütze den Tag

[2] *Plato*: griechischer Philosoph 429–347 v. Chr.

[3] *Clotho*: Schicksalsgöttin, die den Lebensfaden spinnt, Lachesis bestimmt dessen Länge, Atropos schneidet ihn ab

[4] *der Heller*: frühere deutsche Geldmünze

[5] *mich letzten*: mich amüsieren

[6] *dünkt mich*: scheint mir

10 Zu welcher Erkenntnis gelangt das lyrische Ich in den ersten beiden Strophen?
→ Arbeite am Text heraus, welche Schlussfolgerung das lyrische Ich aus dieser Erkenntnis zieht.

11 Erkläre, weshalb dieses Gedicht typisch für die Epoche des Barock ist.

12 In einem 2004 unter dem Titel „Der Glanz und der Tod" erschienenen Spiegel-Artikel heißt es: „Auch wir kennen die angstvolle Ahnung weltumspannender Nichtigkeit und Flüchtigkeit, grundiert von akuter Wirtschaftskrise, nicht enden wollenden Selbstmordattentaten, religiösen Zweifeln, drohenden Klimakatastrophen und den durch zahlreiche Publikationen aktualisierten Erinnerungen an die tödlichen Materialschlachten des 20. Jahrhunderts; und zugleich ist uns jene – auch medienbedingte – Ich-Schwäche vertraut, die hektisch Zuflucht sucht bei der penetrantesten Schönheits- und Körperobsession aller möglichen Porno-, Sex- und Wellness-Varianten."
→ Vergleiche Opitz' Sicht mit dem hier entworfenen Bild unserer Gesellschaft.

1.3 Bildlichkeit im Barock

Theodor Kornfeld
Die Sanduhr (1685)

Wiss' alle Stunde woll / und richte deine Sachen;

Die Zeit vergehet /
Und bald entstehet
Der Rechnungs-Tag
Von aller Sach;
Sey fromm /
Und kom.

Der Sand versincket /
Uns damit wincket /
Wir sollen fort
Zum andern Orth /
Gott uns leite /
und bereite!

Das du in letzter Stund kanst gute Rechnung machen

Eugen Gomringer
Schweigen (1953)

schweigen	schweigen	schweigen
schweigen	schweigen	schweigen
schweigen		schweigen
schweigen	schweigen	schweigen
schweigen	schweigen	schweigen

1 Verdeutliche, inwiefern die Form der Gedichte „Die Sanduhr" (☞ S. 272) und „Schweigen" die inhaltliche Aussage unterstützt.
2 Schreibe einen Gegentext, der den Gedanken des *carpe diem* thematisiert.
3 Vergleiche das barocke Figurengedicht mit dem modernen Gedicht.
4 Wähle ein Thema wie *Friede*, *Hektik* oder *Glück* und gestalte selbst ein Figurengedicht.

WISSEN

Schon in der Antike entstanden **Figurengedichte**. Im Barock wurden sie aufgrund ihrer Symbolik wieder sehr beliebt. Auch Dichter des 20. Jahrhunderts zeigen eine enge Beziehung zum Barock, indem sie das Visuelle betonen. Die moderne **visuelle Poesie** ist eine Unterform der **konkreten Poesie**, die die phonetischen, visuellen und akustischen Möglichkeiten der Sprache nutzt. Wörter, Buchstaben und Satzzeichen stehen für sich und wirken „konkret". Vertreter dieser Art von Poesie sind z. B. Ernst Jandl (☞ S. 120) und Eugen Gomringer.

Embleme

Sic Orbis iter
Miraris Cancri dorso Consistere mundum?
Desine, Retrogrado mundana negocia Cursu
Progredi amant, neque habent bene, quae rectissima nobis
Semper eunt. Quodcunque feret, FER, die voluntas

So ist der Lauf der Welt
Du wunderst dich, dass die Welt auf des Krebses Rücken ruht?
Hör auf, denn die weltlichen Handlungen lieben es, im Rückwärtsgang voranzuschreiten;
Und die Dinge, die für uns stets allzu gerade ausgehen,
Gehen nicht gut aus. Was auch immer des Tages Willen Ertrag ist, ertrage es!

5 Beschreibe eingehend den Aufbau und das Bild des Emblems.
6 Die Überschrift des Bildes lautet *Sic Orbis iter – So ist der Lauf der Welt*. Versuche einen Zusammenhang zwischen Bild und Überschrift herzustellen.
7 Erschließe inhaltlich die textnahe Übersetzung des Emblems und erläutere, inwiefern die Aussage des Emblems charakteristisch für das Zeitalter des Barock ist.
8 Suche im Internet nach weiteren Emblemen des Barock und deute Bild und Textteil schriftlich.

WISSEN

Das **Emblem** (griech. *emblema*: das Eingesetzte, Mosaik- oder Einlegearbeit) ist eine Kunstform, die aus drei Teilen besteht: Bild (*pictura*), Überschrift/ Motto (*inscriptio*) und Sinnspruch (*subscriptio*). Im Barock erfuhr das Emblem eine Blütezeit, denn es vermittelte durch das Zusammenspiel von Bild und Text Lebensweisheiten und Botschaften auf anschauliche Weise.
Bei der **Allegorie** (von griech. *allegorein*: bildlich reden) wird für einen abstrakten Gedanken ein konkretes, anschauliches Bild gesucht: z. B. die Sanduhr zur Veranschaulichung der Vergänglichkeit oder der Sensenmann als bildliche Darstellung des Todes.

2 Ein Gedicht interpretieren

2.1 Die Texterschließung

Andreas Gryphius
Es ist alles eitel (1637)

Du siehst, wohin du siehst, nur Eitelkeit[1] auf Erden,
Was dieser heute baut, reißt jener morgen ein;
Wo jetzund[2] Städte stehn, wird eine Wiese sein,
Auf der ein Schäferskind wird spielen mit den Herden.

Was jetzund prächtig blüht, soll bald zertreten werden.
Was jetzt so pocht[3] und trotzt, ist morgen Asch und Bein[4];
Nichts ist, das ewig sei, kein Erz, kein Marmorstein.
Jetzt lacht das Glück uns an, bald donnern die Beschwerden.

Der hohen Taten Ruhm muss wie ein Traum vergehn.
Soll denn das Spiel der Zeit, der leichte Mensch, bestehn?
Ach, was ist alles dies, was wir vor köstlich achten,

Als schlechte Nichtigkeit, als Schatten, Staub und Wind,
Als eine Wiesenblum, die man nicht wiederfindt!
Noch will, was ewig ist, kein einig[5] Mensch betrachten.

[1] *die Eitelkeit*: die Nichtigkeit, Leere; hier: Vergänglichkeit

[2] *jetzund*: jetzt

[3] *pochen* = hochmütig auf etwas bestehen, beharren

[4] *Asch und Bein* = Asche und Gebein, Staub und Knochen

[5] *einig*: kein einziger

Antonio de Pereda y Salgado, Allegorie der Vergänglichkeit (um 1640)

1 Lies den Text laut vor. Notiere dann deinen ersten Eindruck. Halte fest, wie das Gedicht auf dich wirkt, was dir nach dem ersten Lesen auffällt und was du nicht verstehst.

2 Untersuche den Titel und seine Bedeutung für das ganze Gedicht.

3 Analysiere jede Strophe im Hinblick auf die Aussage und die verwendeten klanglichen Mittel (Reimschema, Metrum, Rhythmus) und die sprachlich-rhetorischen Mittel (Wortwahl, Satzbau, Bildlichkeit). Markiere diese Auffälligkeiten im Gedicht und halte deine Ergebnisse in einer Tabelle nach dem Muster auf Seite 198 fest.

4 Ordne abschließend das Gedicht einer lyrischen Gattung zu (Lied, Sonett, Hymne…). Untersuche, inwiefern Inhalt und Form zusammenspielen und welche Wirkung und Deutung sich daraus ergeben.

Andreas Gryphius
Es ist alles eitel (1637)

Du siehst, wohin du siehst, nur Eitelkeit auf Erden,	a	Wiederholungen Anrede des Lesers	Metrum: 6-hebiger Jambus mit Zäsur in der Mitte = Alexandriner
Was dieser heute baut, reißt jener morgen ein;	b	Parallelismus im Satzbau Antithetik: Zeitverweise, Beispiele für Vergänglichkeit	
Wo jetzund Städte stehn, wird eine Wiese sein,	b		
Auf der ein Schäferskind wird spielen mit den Herden.	a	Fazit	Reimschema: abba = umarmender Reim
Was jetzund prächtig blüht, soll bald zertreten werden.		Antithetik: Zeitverweise, Beispiele für Vergänglichkeit:	
Was itzt so pocht und trotzt, ist morgen Asch und Bein;		die Natur der Mensch die Materie	
Nichts ist, das ewig sei, kein Erz, kein Marmorstein.			
Jetzt lacht das Glück uns an, bald donnern die Beschwerden.		Personifikation des Glücks	

	Inhalt	Form	Deutung / Wirkung
Titel	Bedeutung von eitel: nichtig, leer, vergänglich → Inwiefern ist alles nichtig?	einfacher Aussagesatz: Titel als Behauptung / These	Allgemeingültigkeit der Aussage, der Leser erwartet die Begründung der Aussage.
Vers 1	überall Vergänglichkeit auf der Erde → keine Ausnahmen	Du-Anrede, die wiederholt wird; Wortwiederholung (*siehst*)	Der Leser wird direkt angesprochen → Eindringlichkeit; der Titel wird wiederholt und noch verstärkt.
2	Was heute gebaut wird, reißt ein anderer morgen ein → Bauwerke, Gebäude haben keinen Bestand	Gegensatz in der Wortwahl (*heute / morgen*; *bauen / einreißen*); sechshebiger Jambus mit Zäsur nach der 3. Hebung (Metrum: Alexandriner)	Gegensätzlichkeit (Antithetik) in der Aussage, die durch Form verstärkt wird.
3	Nicht nur einzelne Gebäude, sondern auch ganze Städte haben keinen Bestand	siehe Vers 2; Parallelismus im Satzbau	Verstärkung und Erweiterung der Aussage: Alles ist vergänglich, und was durch die Menschen geschaffen wurde (Zivilisation), wird durch die Natur wieder vereinnahmt.
4	Naturidylle: ein spielendes Schäferkind dort, wo sich früher eine Stadt befand	Sechshebiger Jambus, ohne Zäsur; Reimschema der 1. Strophe: Paarreim → *Erden* reimt auf *Herden* → Natur, die Welt wird aufeinander bezogen, der Mensch gehört nicht dazu.	Erstes Fazit, wohin die Vergänglichkeit führt, nämlich zu einem naturnahen Zustand; Gegensatz: Zivilisation – Natur; Fehlende Zäsur → Fazit und Auflockerung des strengen Alexandriners, der das naturbelassene Leben unterstreicht.

5 Erschließe die beiden Terzette durch Textmarkierungen und Randnotizen und führe die Tabelle in ähnlicher Form für die Strophen 2 bis 4 fort.

6 Vergleiche deinen ersten Eindruck mit deinen Analyseergebnissen.

→ Untersuche, welche Einsichten oder Erkenntnisse das Gedicht vermittelt.

7 „Noch will, was ewig ist, kein einig Mensch betrachten." (Vers 14)

→ Kläre, was in diesem Zusammenhang als *ewig* betrachtet werden kann.

Lyrische Texte erschließen

METHODE

→ Durch lautes Vorlesen einen **ersten Eindruck** gewinnen
→ **Wirkung**, Auffälligkeiten und Verständnisschwierigkeiten festhalten
→ Die **Bedeutung des Titels** klären und eine erste Deutung des Gedichtes formulieren
→ Die einzelnen Strophen durch genaues, **markierendes Lesen** erschließen
→ Den **Inhalt** der einzelnen Strophen zusammenfassen
→ Die **Form** untersuchen und ihre Wirkung bestimmen:
- klangliche Mittel: Reimschema (Paarreim, Kreuzreim, umarmender Reim), Metrum (Jambus: xx́; Trochäus: x́x; Daktylus: x́xx; Anapäst: xxx́), Rhythmus
- sprachlich-rhetorische Mittel: Wortwahl (Wiederholung, Alliteration...), Satzbau (Parallelismus, Anapher, Ellipse ...), Bildlichkeit (Metapher, Vergleich, Personifikation , Symbol...)
☞ Liste rhetorischer Mittel S. 268 ff.

→ Inhalt und Form in ihrem **Zusammenwirken** deuten
→ Das Gedicht einer **Gattung** (Ballade, Sonett ...) oder einer **Gedichtart** (Erlebnis- oder Stimmungslyrik, politische Lyrik ...) zuordnen
→ **Wissen über den Autor und den zeitgeschichtlichen Hintergrund** zur Deutung heranziehen
→ Den ersten Eindruck mit den Analyseergebnissen vergleichen und zu einer **Gesamtdeutung** des Gedichtes gelangen

Textimmanentes und textübergreifendes Vorgehen

WISSEN

Eine **Interpretation** ist die Untersuchung, Beschreibung und Deutung eines Textes. Die **textimmanente Interpretation** berücksichtigt Inhalt und Aufbau sowie sprachliche Mittel und Gattungszugehörigkeit. Davon ausgehend wird versucht, den Text zu deuten und die Aussageabsicht des Autors zu erschließen. Das eigene Verständnis eines Textes kann von der Intention des Autors abweichen, da Texte zu verschiedenen Zeiten unterschiedlich gedeutet werden können, was in der Wirkungs- oder Rezeptionsgeschichte eines Textes festgehalten wird. Der Text bietet ein Sinnpotential, das erst durch den Leser oder den Rezipienten und dessen Vorstellungskraft konkretisiert wird.
Die **textübergreifende Interpretation** geht über den Text hinaus und zieht Wissen über die **Biografie des Autors**, die **Entstehungszeit des Textes** sowie über seine **Wirkungsgeschichte** und die **Quelle(n)** bzw. die **Stoffgeschichte** hinzu, um die Deutung abzusichern und zu vertiefen. So kann z.B. die Stoffgeschichte zum Faust-Stoff Informationen dazu liefern, welche Veränderungen Goethe bei seiner Bearbeitung des Stoffes vorgenommen hat.

2.2 Eine Gedichtinterpretation schreiben

Ausgehend von deinen Vorarbeiten kannst du jetzt eine Gedichtinterpretation schreiben, die in Einleitung, Hauptteil und Schluss gegliedert sein sollte.

Einleitung
In der Einleitung werden Angaben zu Autor, Textart, Gattung, Entstehungszeit, Thema und eventuell zum historischen Hintergrund gegeben.

Beispiel: In dem von Andreas Gryphius verfassten Sonett „Es ist alles eitel“, erstmals gedruckt 1637, veranschaulicht der Dichter mit zahlreichen Beispielen, dass alles, was dem Menschen viel bedeutet, vergänglich ist. Das Thema „Vergänglichkeit“ ist typisch für das Barockzeitalter, das vom Dreißigjährigen Krieg geprägt war. Insofern spiegelt das Gedicht Gryphius’ Erfahrungen wider, aber auch die Einsicht, dass es etwas gibt, „was ewig ist“.

1 Verfasse eine Einleitung zu einem der behandelten Barockgedichte.

Hauptteil
Im Hauptteil werden die zentralen Ergebnisse deiner Texterschließung festgehalten. Inhalt und Form werden beschrieben und gedeutet. Dabei kannst du linear vorgehen, d.h. das Gedicht Strophe für Strophe analysieren. Du kannst dich aber auch an verschiedenen Aspekten orientieren, die im Gedicht angesprochen werden, und diese gebündelt behandeln. Jede Deutung muss am Text belegt werden (Zitieren ☞ S. 251 ff.)

2 Lies den folgenden Hauptteil und entscheide, ob eine lineare oder aspektorientierte Analyse vorliegt.

Der Titel „Es ist alles eitel“ bedarf zunächst einer Klärung: „Eitel“ hat im Barock nicht die Bedeutung von „eingebildet“, sondern von „vergänglich, nichtig“. Der Titel stellt also eine Behauptung auf, die eine Begründung fordert.
Im ersten Vers des ersten Quartetts greift Gryphius diese These auf und unterstreicht ihre Allgemeingültigkeit durch die Wiederholung des Verbs „sehen“: „Du siehst, wohin du siehst...“. Nichts auf der Welt scheint von der Vergänglichkeit verschont zu bleiben, was den Leser, der auch direkt angesprochen und dadurch zum Mitdenken angeregt wird, zunächst einmal erstaunt: Wirklich nichts? Im Folgenden belegt Gryphius seine These durch konkrete Beispiele, die sich zunächst auf das vom Menschen Geschaffene beziehen: Gebäude und ganze Städte, die für die menschliche Zivilisation stehen und für den heutigen Leser oft mehr als tausend Jahre alt sind. Um die Vergänglichkeit zu verdeutlichen, arbeitet Gryphius mit gegensätzlichen Aussagen, wobei die Antithetik

noch durch die Wahl des Metrums verstärkt wird: Alexandriner mit einer deutlichen Zweiteilung durch eine Zäsur nach der dritten Hebung. Doch was bleibt zurück, wenn sogar Städte untergehen: eine idyllische Natur, die im letzten Vers des ersten Quartetts beschrieben wird.
Für das erste Quartett hat Gryphius den umarmenden Reim gewählt, sodass „Erden" auf „Herden" reimt und dadurch Elemente der Natur aufeinander bezogen werden.

3 Führe die Interpretation weiter, indem du die nächsten Strophen in gleicher Weise beschreibst und deutest.

Schluss
Im Schluss werden die Interpretationsergebnisse zusammengefasst. Ein Zusammenhang zur Biografie oder zum historischen Hintergrund kann hergestellt werden. Abschließend beurteilst du den Text und begründest, ob und inwiefern die Aussage/Intention heute noch aktuell ist.

Beispiel: In vielen Beispielen verdeutlicht Gryphius die Erfahrung der Vergänglichkeit, die ihn zu der Einsicht geführt hat, dass nur der Glaube die Rettung für den Menschen ermöglicht: Der Vergänglichkeit des irdischen Seins wird damit die Ewigkeit Gottes gegenübergestellt. Diese Einsicht geht auf die Kriegserlebnisse Gryphius' zurück, der schon als Kind beide Eltern im Krieg verloren hat. Aber über persönliche Erfahrungen hinaus spiegelt sich in diesem Gedicht die Grundstimmung des Barock: *vanitas* und *memento mori.* Eine mögliche Rettung ist im Barock nur durch die Rückbesinnung auf das Ewige, auf Gott möglich.
Auch wenn uns heute der Gedanke einer Rettung durch den Glauben fremd erscheint, so regt doch das Gedicht zum Nachdenken darüber an, was wichtig ist und was wir der Vergänglichkeit entgegenzusetzen haben.

Eine Gedichtinterpretation schreiben

METHODE

→ **Einleitung**: Angaben zu Autor, Textart, Gattung, Entstehungszeit, Thema und gegebenenfalls zum historischen Hintergrund
→ **Hauptteil**: Inhalt und Form entweder linear oder thematisch geordnet beschreiben und deuten; Aussagen am Text belegen
→ **Schluss**: Ergebnisse zusammenfassen; Zusammenhang zur Biografie oder zum historischen Hintergrund herstellen; Gedicht abschließend beurteilen und Aktualität bewerten
→ **Überarbeitung**: Text auf Sprachrichtigkeit und schlüssige Darstellung hin überprüfen

2.3 Gedichte zum Thema Krieg vergleichen

Georg Heym
Nach der Schlacht (1910)

In Maiensaaten liegen eng die Leichen,
Im grünen Rain[1], auf Blumen, ihren Betten.
Verlorne Waffen, Räder ohne Speichen,
Und umgestürzt die eisernen Lafetten[2].

Aus vielen Pfützen dampft des Blutes Rauch,
Die schwarz und rot den braunen Feldweg decken.
Und weißlich quillt der toten Pferde Bauch,
Die ihre Beine in die Frühe strecken.

Im kühlen Winde friert noch das Gewimmer
Von Sterbenden, da in des Osten Tore
Ein blasser Glanz erscheint, ein grüner Schimmer,
Das dünne Band der flüchtigen Aurore[3].

[1] *der Rain*: der Feldrand

[2] *die Lafette*: das Unterteil eines Geschützes

[3] *die Aurore*: die Morgenröte

Pablo Picasso: Guernica (1937)

Erich Kästner
Stimmen aus dem Massengrab (1928)

Da liegen wir und gingen längst in Stücken.
Ihr kommt vorbei und denkt: Sie schlafen fest.
Wir aber liegen schlaflos auf dem Rücken,
weil uns die Angst um Euch nicht schlafen lässt.

Wir haben Dreck im Mund. Wir müssen schweigen.
Und möchten schreien, bis das Grab zerbricht!
Und möchten schreiend aus den Gräbern steigen!
Wir haben Dreck im Mund. Ihr hört uns nicht.

Ihr hört nur auf das Plaudern der Pastoren,
wenn sie mit ihrem Chef vertraulich tun.
Ihr lieber Gott hat einen Krieg verloren
und lässt euch sagen: Lasst die Toten ruhn!

Ihr dürft die Angestellten Gottes loben.
Sie sprachen schön am Massengrab von Pflicht.
Wir lagen unten, und sie standen oben.
„Das Leben ist der Güter höchstes nicht."

Da liegen wir, den toten Mund voll Dreck.
Und es kam anders, als wir sterbend dachten.
Wir starben. Doch wir starben ohne Zweck.
Ihr lasst Euch morgen, wie wir gestern, schlachten.

Vier Jahre Mord, und dann ein schön Geläute!
Ihr geht vorbei und denkt: Sie schlafen fest.
Vier Jahre Mord, und ein paar Kränze heute.
Verlasst Euch nie auf Gott und seine Leute!
Verdammt, wenn ihr das je vergesst!

1 Interpretiere eines der beiden Gedichte unter inhaltlichen und formalen Aspekten. Orientiere dich bei der Interpretation an dem Methodenkästchen „Lyrische Texte erschließen" (☞ S. 199).
2 Vergleiche das von dir gewählte Gedicht mit „Tränen des Vaterlandes" von Andreas Gryphius (☞ S. 186). Arbeite Gemeinsamkeiten und Unterschiede heraus. (☞ S. 123)
3 Suche weitere Kriegsgedichte aus verschiedenen Epochen heraus. Interpretiere sie und vergleiche sie mit den bereits behandelten Gedichten.

PROJEKT

Carpe Diem 3.0

Yolo, Alter

Ihre Eltern legten sich noch eine Fußmatte mit dem Aufdruck „Carpe Diem" vor die Tür, „Nutze den Tag". Ihre Kinder können damit nichts anfangen. „Yolo" ist ihr Motto: „You only live once". Meint in etwa das Gleiche – und ist das Jugendwort des Jahres.

München – „Yolo" ist zum Jugendwort des Jahres 2012 gekürt worden. Eine sechsköpfige Jury des Langenscheidt-Verlags wählte dieses im Internet häufig benutzte Wort unter 40 000 Einsendungen aus. „Yolo" ist ein Akronym und steht für „You only live once" (Du lebst nur einmal).
Innerhalb der Jury war man sich einig: Der Wettbewerb zeige, dass der Einfluss des Internets auf den Sprachgebrauch weiter wachse.

„Carpe Diem" und „Memento Mori" werden heute in vielen Bereichen verwendet.

→ Starte im Internet eine Recherche, in welchem Zusammenhang diese Begriffe heute genutzt werden.

→ Untersuche, für welches Lebensgefühl die Abkürzung „Yolo" steht. Vergleiche die Lebenseinstellung junger Menschen von heute mit jener aus dem Barock („Carpe Diem").

→ Informiere dich, welchen Stellenwert das „Memento Mori" heutzutage in der Mode- und Körperkultur innehat. Gibt es eine Übereinstimmung mit dem Begriffsverständnis des Barock?

→ Sammle Liedtexte, in denen die beiden Haltungen zum Ausdruck kommen, und analysiere die Aussage dieser Texte.

PROJEKT

Barock

In diesem Kapitel hast du das Wichtigste über die Epoche des Barock kennengelernt, aber das ist nicht alles, was den Barock ausmacht. Wenn du dich intensiver mit der Epoche beschäftigen willst, kannst du die im Kapitel angeschnittenen Aspekte vertiefen. Für eine weiterführende Bearbeitung bieten sich folgende Themen an:

→ Beschäftige dich mit dem geschichtlichen Hintergrund: Gegenreformation und Dreißigjähriger Krieg, Absolutismus und Ludwig XIV. ...
→ Setze dich intensiver mit einem der vorgestellten Dichter des Barock auseinander.
→ Befasse dich mit barocker Mystik und den Sinngedichten von Angelus Silesius.
→ Untersuche die Rolle der Sprachgesellschaften im Barock.
→ Sammle und deute weitere Embleme oder gestalte selbst ein Emblem.

Informiere dich über
→ das Barocktheater (Märtyrerdrama, Jesuitendrama).
→ die barocke Architektur (Kirchen, Schlösser, Gartenanlagen ...).
→ die barocke Musik (Händel, Bach ...).
→ die barocke Malerei (Velásquez, Rubens, Rembrandt ...).
→ die Mode im Barock.
→ die Naturwissenschaft zur Zeit des Barock (Galilei und Kepler ...).

Du kannst deine Beschäftigung mit dem Barock in einem Portfolio (☞ S. 101) festhalten.

Ihr könnt auch mit anderen Fächern zusammenarbeiten und zum Beispiel im Kunstunterricht selber ein Stillleben zur Vergänglichkeit malen.

Basilika in der Marktgemeinde Sankt Florian, nahe Linz

Schloss von Versailles (Baubeginn 1623)

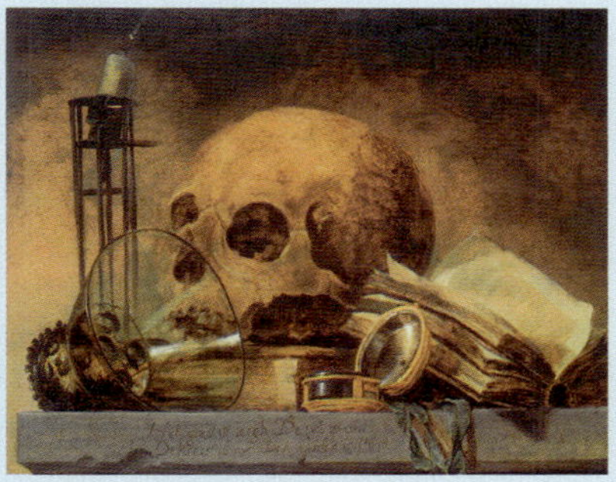

Pieter Claesz, Stillleben 1656

Fuge von Johann Sebastian Bach

9

Die Ideen der Aufklärung erfassen
Visionen der Vernunft

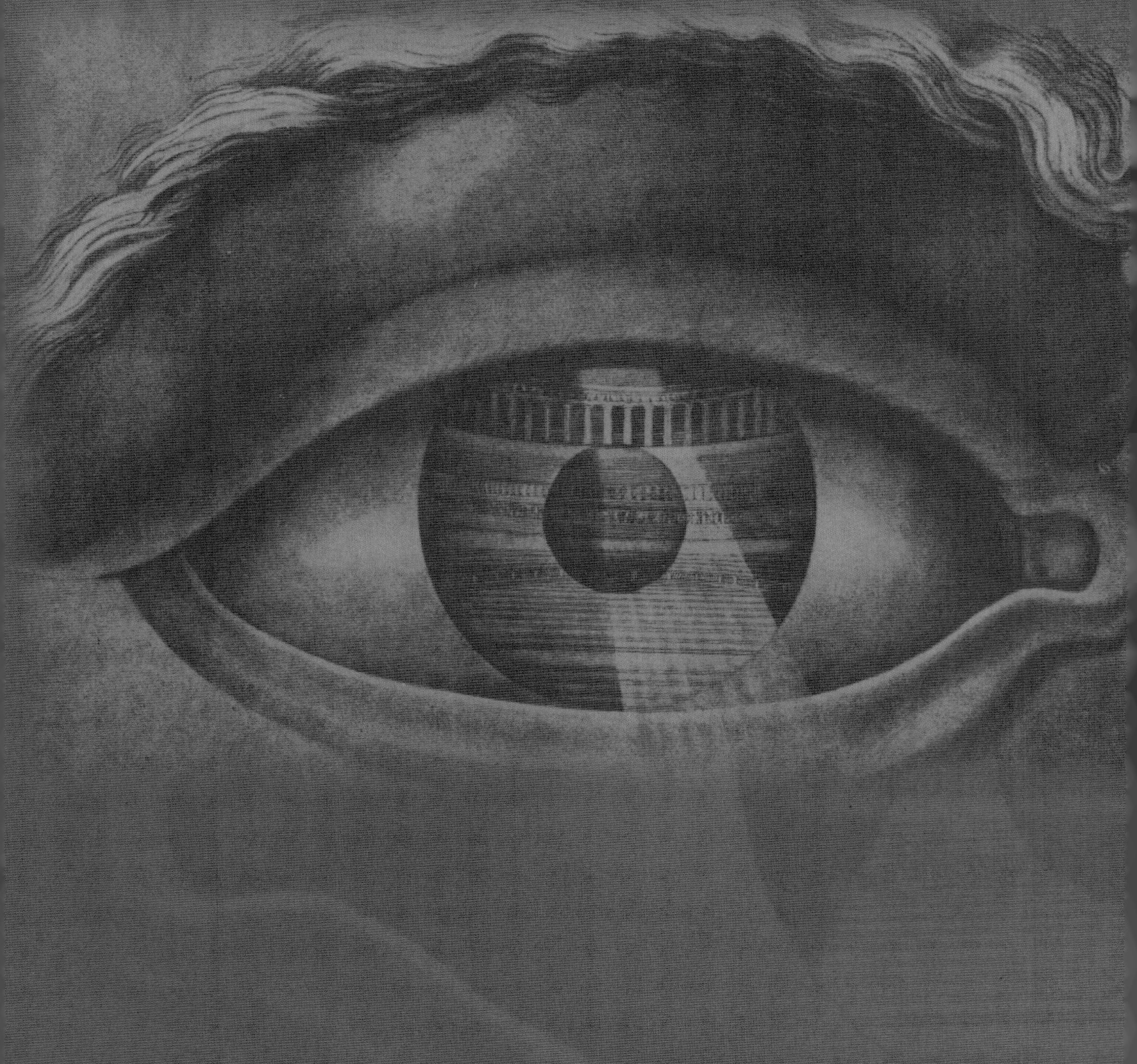

Eine Radierung des französischen Architekten Claude-Nicolas Ledoux aus dem Jahr 1804. Im Spiegelbild des Auges zeigt sich der Innenraum des von ihm entworfenen Theaters in Besançon.

Man spricht viel von Aufklärung und wünscht mehr Licht.
Mein Gott, was hilft aber alles Licht, wenn die Leute entweder keine Augen haben oder die, die sie haben, vorsätzlich verschließen?

Georg Christoph Lichtenberg (1742–1799)

Einführung

BASIS-INFO

Die **Aufklärung** (in Frankreich „Siècle des lumières“; in England „Enlightenment“) war eine gesamteuropäische Erscheinung von ca. 1720 bis 1800. Sie erstreckte sich auf alle Bereiche des privaten und öffentlichen Lebens. Der Königsberger Philosoph Immanuel Kant charakterisierte sie als den „Ausgang des Menschen aus seiner selbst verschuldeten Unmündigkeit“. Das Bestreben, sich von kirchlicher und staatlicher Bevormundung zu befreien und sich auf das eigene kritische Urteil zu verlassen, ist ein bezeichnendes Merkmal des 18. Jahrhunderts: Philosophen beriefen sich auf das kritische Urteil des denkenden Ichs (**Rationalismus**) und Naturwissenschaftler gingen davon aus, dass alle natürlichen Phänomene im Wechselverhältnis von Ursache und Wirkung durch genaue Beobachtung zu erklären seien (**Empirismus**). Staatsrechtler sahen den Staat nicht mehr als gottgewollte Ordnung, sondern als ein Gebilde, dessen Grundlage ein **Gesellschaftsvertrag**, eine Vereinbarung unter gleichberechtigten Vertragspartnern ist. Allerdings war die politische Wirklichkeit davon noch weit entfernt. Das 18. Jahrhundert war die Zeit der uneingeschränkten absolutistischen Fürstenherrschaft. Das Bürgertum blieb politisch machtlos. Nur in einzelnen Territorien, wie z. B. in Preußen, gab es Formen eines **aufgeklärten Absolutismus**. Letztlich aber waren die Freiheitsideen nicht mehr aufzuhalten und führten 1776 zur amerikanischen Unabhängigkeitserklärung und 1789 zur Französischen Revolution.
Ein Grundanliegen der Literatur dieser Zeit war die aufklärende Belehrung. Die **Fabeln** erlebten eine große Renaissance, da in und mit ihnen Lebensweisheiten sehr sinnfällig erklärt werden konnten. Auch die Lyrik hatte oft lehrhaften Charakter. Die Bühne wandelte sich zu einer politischen und moralischen Lehrkanzel. Lessings Stück „Nathan der Weise“ wurde zum Synonym für religiöse Toleranz. Mit dem **Bürgerlichen Trauerspiel** (z. B. „Emilia Galotti“) schuf er eine neue Form des Dramas, das dem aufstrebenden Bürgertum Rechnung trug. Fortan war die bürgerliche Existenz nicht nur Thema der Komödie, sondern auch der Tragödie.
Das Gedankengut der Aufklärung wurde auch durch **Moralische Wochenschriften**, die ersten periodisch erscheinenden Zeitungen, und durch enzyklopädische Nachschlagewerke verbreitet. Die Aufklärung war aber keine nur vom Verstand bestimmte Bewegung. Die „Empfindsamkeit“ betonte und pries zur gleichen Zeit die mitmenschlichen Gefühle und Empfindungen wie Freundschaft, Mitleid und Menschenliebe. Der bekenntnishafte **Briefroman** und der **Bildungsroman** wurden zur bevorzugten Erzählform.

1 Sammelt eure Eindrücke zum Aufmacherbild des Kapitels.
2 Erläutert das Zitat von Georg Christoph Lichtenberg.
→ Nehmt Stellung zur Aussage und bezieht sie auf konkrete Beispiele der Gegenwart.

1 Die Welt im Lichte der Vernunft betrachten

1.1 Einen Epochenbegriff genauer untersuchen

Immanuel Kant
Beantwortung der Frage: Was ist Aufklärung? (1784)
Auszug 1

Aufklärung ist der Ausgang des Menschen aus seiner selbst verschuldeten Unmündigkeit. Unmündigkeit ist das Unvermögen, sich seines Verstandes ohne Leitung eines anderen zu bedienen. *Selbst verschuldet* ist diese Unmündigkeit, wenn die Ursache derselben nicht am Mangel des Verstandes, sondern der Entschließung und des Mutes liegt, sich seiner ohne Leitung eines anderen zu bedienen. *Sapere aude*! Habe Mut, dich deines eigenen Verstandes zu bedienen! ist also der Wahlspruch der Aufklärung.

Immanuel Kant (1724–1804) gilt als der bedeutendste deutsche Philosoph. Der Professor aus Königsberg, der 1786 zum Rektor der dortigen Universität ernannt wurde, befasste sich in seiner „Kritik der reinen Vernunft" (1781) mit der Frage, was menschliches Erkennen ist. In seiner 1788 erschienenen Schrift „Kritik der praktischen Vernunft" vertritt er die Ansicht, dass der Mensch einerseits durch die Vernunft wisse, was er tun soll, andererseits aber die Freiheit habe, es zu tun oder nicht.

1 Im Dezember 1783 rief die Berlinische Monatsschrift ihre Leser zur Beantwortung der Frage auf: „Was ist Aufklärung?" Der Text ist der erste Absatz aus Kants Diskussionsbeitrag.
→ Notiere die Schlüsselbegriffe und formuliere anschließend die zentralen Aussagen mit eigenen Worten.
→ Gliedere die Fortsetzung des Textes in Sinnabschnitte. Notiere jeweils die Zeilen und einen Schlüsselbegriff, der den Inhalt zusammenfasst.

Fortsetzung „Was ist Aufklärung?" *Auszug 2*

Faulheit und Feigheit sind die Ursachen, warum ein so großer Teil der Menschen, nachdem sie die Natur längst von fremder Leitung freigesprochen (*naturaliter maiorennes*[1]), dennoch gerne zeitlebens unmündig bleiben; und warum es anderen so leicht ward, sich zu deren Vormündern aufzuwerfen. Es ist so bequem, unmündig zu sein. Habe ich ein Buch, das für mich Verstand hat, einen Seelsorger, der für mich Gewissen hat, einen Arzt, der für mich die Diät beurteilt, usw., so brauche ich mich ja nicht selbst zu bemühen. Ich habe nicht nötig zu denken, wenn ich nur bezahlen kann; andere werden das verdrießliche Geschäft schon für mich übernehmen. Dass der bei weitem größte Teil der Menschen (darunter das ganze schöne Geschlecht) den Schritt zur Mündigkeit, außer dem dass er beschwerlich ist, auch für sehr gefährlich halte: Dafür sorgen schon jene Vormünder, die die Oberaufsicht über sie gütigst auf sich genommen haben. Nachdem sie ihr Hausvieh zuerst dumm gemacht haben und sorgfältig verhüteten, dass diese ruhigen Geschöpfe ja keinen Schritt außer dem Gängelwagen, darin sie sie einsperrten, wagen durften, so zeigen sie ihnen nachher die Gefahr, die ihnen droht, wenn sie es ver-

[1] *naturaliter maiorennes*: von Natur aus mündig, volljährig

Vergleich der Menschen mit dem Vieh.

suchen, allein zu gehen. Nun ist diese Gefahr zwar eben so groß nicht, denn sie würden durch einigemal Fallen wohl endlich gehen lernen; allein ein Beispiel von der Art macht doch schüchtern und schreckt gemeinhin von allen ferneren Versuchen ab.

Es ist also für jeden einzelnen Menschen schwer, sich aus der ihm beinahe zur Natur gewordenen Unmündigkeit herauszuarbeiten. Er hat sie sogar lieb gewonnen und ist vor der Hand wirklich unfähig, sich seines eigenen Verstandes zu bedienen, weil man ihn niemals den Versuch davon machen ließ. Satzungen und Formeln, diese mechanischen Werkzeuge eines vernünftigen Gebrauchs oder vielmehr Missbrauchs seiner Naturgaben, sind die Fußschellen einer immerwährenden Unmündigkeit. Wer sie auch abwürfe, würde dennoch auch über den schmalsten Graben einen nur unsicheren Sprung tun, weil er zu dergleichen freier Bewegung nicht gewöhnt ist. Daher gibt es nur Wenige, denen es gelungen ist, durch eigene Bearbeitung ihres Geistes sich aus der Unmündigkeit heraus zu wickeln und dennoch einen sicheren Gang zu tun. [...]

Wenn denn nun gefragt wird: Leben wir jetzt in einem *aufgeklärten* Zeitalter? so ist die Antwort: Nein, aber wohl in einem *Zeitalter der Aufklärung*. Dass die Menschen, wie die Sachen jetzt stehen, im Ganzen genommen, schon imstande wären, oder darin auch nur gesetzt werden könnten, in Religionsdingen sich ihres eigenen Verstandes ohne Leitung eines anderen sicher und gut zu bedienen, daran fehlt noch sehr viel. Allein dass jetzt ihnen doch das Feld geöffnet wird, sich dahin frei zu bearbeiten, und die Hindernisse der allgemeinen Aufklärung, oder des Ausganges aus ihrer selbst verschuldeten Unmündigkeit allmählich weniger werden, davon haben wir doch deutliche Anzeigen. In diesem Betracht ist dieses Zeitalter das Zeitalter der Aufklärung, oder das Jahrhundert *Friederichs*.

Ein Fürst, der es seiner nicht unwürdig findet, zu sagen: Dass er es für **Pflicht** halte, in Religionsdingen den Menschen nichts vorzuschreiben, sondern ihnen darin volle Freiheit zu lassen, der also selbst den hochmütigen Namen der **Toleranz** von sich ablehnt, ist selbst aufgeklärt und verdient von der dankbaren Welt und Nachwelt als derjenige gepriesen zu werden, der zuerst das menschliche Geschlecht der Unmündigkeit wenigstens von Seiten der Regierung entschlug und jedem frei ließ, sich in allem, was Gewissensangelegenheit ist, seiner eigenen Vernunft zu bedienen. Unter ihm dürfen verehrungswürdige Geistliche unbeschadet ihrer Amtspflicht ihre vom angenommenen Symbol hier oder da abweichenden Urteile und Einsichten in der Qualität der Gelehrten frei und öffentlich der Welt zur Prüfung darlegen; noch mehr aber jeder andere, der durch keine Amtspflicht eingeschränkt ist. Dieser Geist der Freiheit breitet sich außerhalb aus, selbst da, wo er mit äußeren Hindernissen einer sich selbst missverstehenden Regierung zu ringen hat. Denn es leuchtet dieser doch ein Beispiel vor, dass bei Freiheit für die öffentliche Ruhe und Einigkeit des gemeinen Wesens nicht das Mindeste zu besorgen sei. Die Menschen arbeiten sich von selbst nach und nach aus der Rohheit heraus, wenn man nur nicht absichtlich künstelt, um sie darin zu erhalten. [...]

Königsberg in Preußen, den 30. September 1784

2 Stelle Kants Gedankengang in einem Strukturbild dar.

Ein Strukturbild erstellen

METHODE

Mit einem **Strukturbild** oder einer Strukturskizze können **komplexe Sachverhalte**, Prozesse, Ereignisse oder Handlungen grafisch übersichtlich dargestellt werden.

→ **Arbeite** die grundlegenden Begriffe, Zahlen oder Ereignisse des Sachverhaltes **heraus** und **notiere** sie.

→ **Lege fest**, was als Ursache und was als Wirkung des Sachverhalts zu sehen ist.

→ **Lege** eine Skizze **an**, in der dieser Ursache- und Wirkungszusammenhang durch Pfeile, Gleichheitszeichen o. Ä. sowie Ober- und Unterordnung der Einzelaspekte grafisch sichtbar wird.

3 Erkläre, warum es den Menschen schwerfällt, sich aus ihrer Unmündigkeit zu befreien.

4 Erläutere, worin für Kant der Unterschied zwischen einem „aufgeklärten Zeitalter" (Z. 40) und einem „Zeitalter der Aufklärung" (Z. 41) besteht.

5 Friedrich der Große gilt als Vertreter eines „aufgeklärten Absolutismus". Überprüfe am Text, ob Kant diese Einschätzung teilt, und wie er die Amtsführung Friedrichs beurteilt.

6 Erörtert die Frage, ob und inwiefern wir heute in einem „aufgeklärten Zeitalter" leben.

7 Der Kategorische Imperativ von Kant lautet:

> **Handle so, dass die Maxime deines Willens jederzeit zugleich als Prinzip einer allgemeinen Gesetzgebung gelten könne!**
>
> *(§ 7 Grundgesetz der reinen praktischen Vernunft)*

Handle so, dass dein Handeln als Gesetzgebung benutzt werden könnte.

Was du nicht willst, das man dir tut, das füg auch keinem anderen zu!

→ Erkläre mit eigenen Worten, welches Verhalten Kant von den Menschen fordert.

→ Erläutere, inwieweit sich die Ziele der Aufklärung an diesem Zitat nachweisen lassen.

→ Diskutiert, ob dieses Ideal heute noch immer Gültigkeit hat.

8 Recherchiere die ersten Artikel der „Erklärung der Menschen- und Bürgerrechte" („Déclaration des Droits de l´Homme et du Citoyen") vom 26. August 1789. Überlege, wie Kants Forderung hier eine politische Umsetzung findet.

9 In allen Bereichen der Wissenschaften, der Kultur und der Technik setzte ein Wandel ein. Informiere dich über grundlegenden Veränderungen, die die Zeit prägten.

→ Stelle die wichtigen Persönlichkeiten des 18. Jahrhunderts und ihre epochemachenden Entdeckungen und Erfindungen vor.

Christoph Martin Wieland (1733–1813) war einer der größten deutschen Erzähler des 18. Jahrhunderts und Herausgeber des *Teutschen Merkur*, einem der beliebtesten Journale seiner Zeit.

Christoph Martin Wieland

Was ist Aufklärung? Sechs Antworten auf sechs Fragen (1789) *Auszug*

„Was ist Aufklärung?" Das weiß jedermann, der vermittelst eines Paars sehender Augen erkennen gelernt hat, worin der Unterschied zwischen hell und dunkel, Licht und Finsternis besteht. [...] Sobald Licht gebracht wird, klären sich die Sachen auf, werden sichtbar und können voneinander unterschieden werden. [...]

„Durch welche sicheren Mittel wird sie befördert?" Das unfehlbarste Mittel zu machen, dass es heller wird, ist, das Licht zu vermehren. [...] Alle Gegenstände unsrer Erkenntnis sind entweder geschehene Dinge oder Vorstellungen, Begriffe, Urteile und Meinungen. Geschehene Dinge werden aufgeklärt, wenn man bis zur Befriedigung eines jeden unparteiischen Forschers untersucht, ob und wie sie geschehen sind. Die Vorstellungen, Begriffe, Urteile und Meinungen der Menschen werden aufgeklärt, wenn das Wahre vom Falschen daran abgesondert, das Verwickelte entwickelt, das Zusammengesetzte in seine einfachen Bestandteile aufgelöst, das Einfache bis zu seinem Ursprunge verfolgt und überhaupt keiner Vorstellung oder Behauptung, die jemals von Menschen für Wahrheit angegeben worden ist, ein Freibrief gegen die uneingeschränkteste Untersuchung gestattet wird. Es gibt kein anderes Mittel, die Masse der Irrtümer und schädlichen Täuschungen, die den menschlichen Verstand verfinstert, zu vermindern, als dieses, und es kann kein anderes geben.

Die Rede kann also auch hier nicht von Sicherheit oder Unsicherheit sein. Niemand kann etwas dabei zu befürchten haben, wenn es heller in den Köpfen der Menschen wird, – als diejenigen, deren Interesse es ist, dass es dunkel darin sei und bleibe. [...]

„Wer ist berechtigt, die Menschheit aufzuklären?" Wer es kann! – „Aber wer kann es?" – Ich antworte mit einer Gegenfrage, wer kann es nicht? [...] So wird es wohl dabei bleiben müssen, dass jedermann – von Sokrates oder Kant bis zum obskursten aller übernatürlich erleuchteten Schneider und Schuster – ohne Ausnahme berechtigt ist, die Menschheit aufzuklären, wie er kann, sobald ihn sein guter oder böser Geist dazu treibt. Man mag die Sache betrachten, von welcher Seite man will, so wird sich finden, dass die menschliche Gesellschaft bei dieser Freiheit unendlichmal weniger gefährdet ist, als wenn die Beleuchtung der Köpfe und des Tuns und Lassens der Menschen als Monopol [...] behandelt wird.

10 Vergleicht Wielands Aussagen zur Aufklärung mit denen von Kant (☞ S. 209 f.). Arbeitet Gemeinsamkeiten und Unterschiede heraus.

11 Erläutere, wie Wieland die Licht-Metaphorik nutzt, um seine Darlegungen zu veranschaulichen.

1.2 Verkleidete Wahrheiten entschlüsseln

Christian Fürchtegott Gellert
Das Kutschpferd (1746)

Christian Fürchtegott Gellert (1715–1769) war zu Lebzeiten einer der meistgelesenen Dichter.

Ein Kutschpferd sah den Gaul den Pflug im Acker ziehn
Und wieherte mit Stolz auf ihn.
„Wann", sprach es, und fing an, die Schenkel schön zu heben,
Wann kannst du dir ein solches Ansehn geben?"
Und wann bewundert dich die Welt?"
„Schweig", rief der Gaul, „und lass mich ruhig pflügen;
Denn baute nicht mein Fleiß das Feld,
Wo würdest du den Hafer kriegen,
Der deiner Schenkel Stolz erhält?"
Die ihr die Niedern so verachtet,
Vornehme Müßiggänger, wisst,
Dass selbst der Stolz, mit dem ihr sie betrachtet,
Dass euer Vorzug selbst, aus dem ihr sie verachtet,
Auf ihren Fleiß gegründet ist.
Ist der, der sich und euch durch seine Händ' ernährt,
Nichts Bessers als Verachtung wert?
Gesetzt, du hättest bessre Sitten,
So ist der Vorzug doch nicht dein,
Denn stammtest du aus ihren Hütten,
So hättest du auch ihre Sitten,
Und was du bist, und mehr, das würden sie auch sein,
Wenn sie wie du erzogen wären.
Dich kann die Welt sehr leicht, ihn aber nicht entbehren.

Gotthold Ephraim Lessing
Der Esel mit dem Löwen (1759)

Als der Esel mit dem Löwen des Aesopus, der ihn statt seines Jägerhorns brauchte, nach dem Walde ging, begegnete ihm ein andrer Esel von seiner Bekanntschaft und rief ihm zu: Guten Tag, mein Bruder!
Unverschämter!, war die Antwort.
Und warum das?, fuhr jener Esel fort. Bist du deswegen, weil du mit einem Löwen gehst, besser als ich? Mehr als ein Esel?

1 Interpretiere Gellerts Fabel „Das Kutschpferd".
→ Fasse die Handlung zusammen und untersuche den Aufbau der Fabel. (☞ S. 237)
→ Diskutiert unter Einbeziehen des Entstehungsdatums, wer im übertragenen Sinn die Handelnden und die Adressaten des lyrischen Sprechers sein könnten.
→ Formuliere die Lehre der Fabel in einem Satz.

2 Vergleiche Lessings und Gellerts Fabeln unter formalen Aspekten und unter dem inhaltlichen Aspekt der Ständekritik.

3 Erarbeite anhand des untenstehenden theoretischen Textauszugs eine Definition der Fabel, die formale und inhaltliche Merkmale berücksichtigt.

4 Überprüfe anhand von Lessings Fabel „Der Esel mit dem Löwen"(☞ S. 213), ob er seine Ansichten zur Fabel praktisch umgesetzt hat.

5 Überlege, warum die Dichter der Aufklärung die Fabel wählen.

6 Beschreibe und deute die Bilder von Wilhelm von Kaulbach am Ende der Seite.

Gotthold Ephraim Lessing
Fabel-Abhandlungen (1759) *Auszug*

Wenn wir einen allgemeinen moralischen Satz auf einen besondern Fall zurückführen, diesem besondern Falle die Wirklichkeit erteilen, und eine Geschichte daraus dichten, in welcher man den allgemeinen Satz anschauend erkennt: So heißt diese Erdichtung eine Fabel. [...]
Die Fabel hat unsere klare und lebendige Erkenntnis eines moralischen Satzes zur Absicht. Nichts verdunkelt unsere Erkenntnis mehr als die Leidenschaften. Folglich muss der Fabulist die Erregung der Leidenschaften so viel als möglich vermeiden. Wie kann er aber anders z. B. die Erregung des Mitleids vermeiden, als wenn er die Gegenstände desselben unvollkommener macht und anstatt der Menschen Tiere oder noch geringere Geschöpfe annimmt?

Wilhelm von Kaulbach, Reineke im Schlafgemach

Wilhelm von Kaulbach, Reineke Fuchs als Sieger

Gotthold Ephraim Lessing
Der Besitzer des Bogens (1759)

Ein Mann hatte einen trefflichen Bogen von Ebenholz, mit dem er sehr weit und sicher schoss und den er ungemein wert hielt. Einst aber, als er ihn aufmerksam betrachtete, sprach er: „Ein wenig zu plump bist du doch! Alle deine Zierde ist die Glätte. Schade!“ – „Doch dem ist abzuhelfen!“, fiel ihm ein. „Ich will hingehen und den besten Künstler Bilder in den Bogen schnitzen lassen.“ – Er ging hin; und der Künstler schnitzte eine ganze Jagd auf den Bogen; und was hätte sich besser auf einen Bogen geschickt als eine Jagd? Der Mann war voller Freude. „Du verdienest diese Zierraten, mein lieber Bogen!“
Indem will er ihn versuchen; er spannt, und der Bogen – zerbricht.

Gotthold Ephraim Lessing (1729–1781) ist einer der berühmtesten Schriftsteller seiner Zeit. Er macht das Schreiben zu seinem Beruf, ein für die damalige Zeit sehr riskantes Unterfangen. Trotz seines hohen Bekanntheitsgrades hat er kaum Einkünfte und ist auf die Unterstützung von Freunden angewiesen. Lessing macht sich nicht nur als Fabeldichter, sondern vor allem als Theaterschriftsteller einen Namen.

7 Untersuche den Aufbau der Fabel und erläutere die Moral.

Gotthold Ephraim Lessing
Über die Wahrheit (1777) *Auszug*

Ein Mann, der Unwahrheit unter entgegengesetzter Überzeugung in guter Absicht ebenso scharfsinnig als bescheiden durchzusetzen sucht, ist unendlich mehr wert als ein Mann, der die beste, edelste Wahrheit aus Vorurteil, mit Verschreiung seiner Gegner, auf alltägliche Weise verteidigt. [...]
Nicht die Wahrheit, in deren Besitz irgendein Mensch ist oder zu sein vermeinet, sondern die aufrichtige Mühe, die er angewandt hat, hinter die Wahrheit zu kommen, macht den Wert des Menschen. Denn nicht durch den Besitz, sondern durch die Nachforschung der Wahrheit erweitern sich seine Kräfte, worin allein seine immer wachsende Vollkommenheit bestehet. Der Besitz macht ruhig, träge, stolz –
Wenn Gott in seiner Rechten alle Wahrheit und in seiner Linken den einzigen immer regen Trieb nach Wahrheit, obschon mit dem Zusatze, mich immer und ewig zu irren, verschlossen hielte und spräche zu mir: Wähle! Ich fiele ihm mit Demut in seine Linke und sagte: Vater gib! Die reine Wahrheit ist ja doch nur für dich allein!

8 Erläutere Lessings Auffassung von Wahrheit.
→ Diskutiert, ob und inwieweit sich seine Ansichten mit den Ideen der Aufklärung vereinbaren lassen.
9 Beschreibe, wie der Mensch nach Lessings Vorstellung sein sollte.

PROJEKT

Fabeln in der Aufklärung

→ Suche unter *http://gutenberg.spiegel.de/* weitere Fabeln aus der Zeit der Aufklärung und stelle sie in der Klasse vor.
→ Unter dem Titel „Der Tanzbär" gibt es je eine Fabel von Gellert, Lessing und Pfeffel. Beschaffe dir die Texte und vergleiche sie. Arbeite heraus, wie sich darin die Entwicklungen des 18. Jahrhunderts widerspiegeln.

(1)
Wenn ein Buch und ein Kopf zusammenstoßen und es klingt hohl, ist das allemal im Buch?

(2)
Darf ein Volk seine Staatsverfassung ändern, wenn es will? Über diese Frage ist sehr viel Gutes und Schlechtes gesagt worden. Ich glaube, die beste Antwort darauf ist: Wer will es ihm wehren, wenn es entschlossen ist?

(3)
Es ist ja doch nun einmal nicht anders: Die meisten Menschen leben mehr nach der Mode als nach der Vernunft.

(4)
Es ist fast unmöglich, die Fackel der Wahrheit durch ein Gedränge zu tragen, ohne jemandem den Bart zu sengen.

(5)
Wir verbrennen zwar keine Hexen mehr, aber dafür jeden Brief, worin eine derbe Wahrheit gesagt ist.

10 Klärt die Bedeutung der einzelnen Aphorismen von Georg Christoph Lichtenberg und diskutiert, welche davon heute noch gültig sind.

WISSEN

Das Wort **Aphorismus** stammt aus dem Griechischen und bedeutet *genau bestimmen, abgrenzen*. Aphorismen deuten auf etwas hin, ohne es direkt auszusprechen. Anhand bestimmter Stilmittel wie Doppeldeutigkeit, Paradoxie und Ironie (☞ S. 269 f.) zeigen und veranschaulichen sie etwas, stellen aber keine Behauptungen auf.
Aphorismen enthalten typischerweise einen **geistreichen, betont subjektiven Gedanken** moralischer, philosophischer, psychologischer oder ästhetischer Art. Sie sind zwar **in sich abgeschlossen** und aus ihrem jeweiligen Umfeld herauslösbar, regen aber den Leser zum **Weiterdenken** oder zum Widerspruch an. Der erste Aphoristiker war Hippokrates, der in aphoristischer Form medizinische Lehrsätze aufstellte.
Die **literarisch-philosophische Gattung** entwickelte sich erst später. Zu ihren Meistern gehören vor allem die französischen Moralisten des 17. und 18. Jahrhunderts wie La Rochefoucauld und La Bruyère. Eine lange Tradition hat der Aphorismus im deutschen Sprachraum. Auf Lichtenberg (Sudelbücher) im 18. Jahrhundert folgen u. a. Goethe, Friedrich Schlegel, Novalis, Schopenhauer, Nietzsche und Adorno.

2 Leitgedanken der Aufklärung und ihr Weiterwirken erfassen

2.1 Toleranz und Menschlichkeit als zentrale Motive der Aufklärung erkennen

Zu Lessings „Nathan der Weise“

„Nathan der Weise“ am Theater Aachen 2010, Regie: Ludger Engels, Karsten Meyer als Saladin, Thorsten Borm als Nathan

„Ich muss versuchen, ob man mich auf meiner alten Kanzel, auf dem Theater, wenigstens noch ungestört will predigen lassen“, schrieb Lessing 1778 an Elise Reimarus, als ihm die Zensur jede weitere Äußerung im Fragmentenstreit verbot. 1779 erscheint das Ergebnis seiner Auseinandersetzung mit Orthodoxie und religiöser Intoleranz: „Nathan der Weise“. In der Exposition (☞ S. 233) des von Lessing „dramatisches Gedicht“ genannten Schauspiels erfährt der Zuschauer Ort und Zeit der Handlung: Jerusalem, die Stadt der drei Weltreligionen *Christentum*, *Judentum* und *Islam* zur Zeit der Kreuzzüge unter der Herrschaft des Sultans Saladin. Im Mittelpunkt der Handlung steht der jüdische Kaufmann Nathan, genannt „der Weise“, der gerade von einer Geschäftsreise in seine Heimatstadt zurückkehrt. Er erfährt, dass seine Tochter Recha von einem Tempelherrn vor dem Feuertod gerettet worden ist. Der Tempelherr selbst verdankt sein Leben der unerwarteten Begnadigung durch den Sultan Saladin, der sich durch den Anblick des jungen Mannes an seinen verstorbenen Bruder Assad erinnert fühlt. Nathan bringt den Tempelherrn dazu, seine Tochter zu besuchen. Saladin, der die Freigiebigkeit und Klugheit des Juden Nathan auf die Probe stellen will, fragt ihn nach der „wahren Religion“. Nathan antwortet mit der Ringparabel (☞ S. 218 ff.) Der Tempelherr hat sich in Recha verliebt, doch Nathan ist gegen die Verbindung, weil er in ihm einen nahen Verwandten des Mädchens vermutet, denn Recha ist eine Christin, die Nathan als Kind aufgenommen hat. Schließlich stellt sich heraus, dass der Tempelherr Rechas Bruder ist und zudem der Sohn von Saladins Bruder Assad. Das Stück endet in „stummer Wiederholung allseitiger Umarmungen“.

1 Informiere dich im Internet über den sogenannten Fragmentenstreit.
→ Wer oder was löste ihn aus?
→ Wie endete er und warum wird er als zentraler Disput der Aufklärung eingestuft?
→ Welche Bedeutung hat das Theater in diesem Zusammenhang für Lessing?

Gotthold Ephraim Lessing

Die Ringparabel aus dem Drama „Nathan der Weise“ (1779) *Auszug 1*

Der mohammedanische Sultan Saladin, der in finanziellen Nöten steckt, ruft auf den Rat seiner Schwester Sittah den Juden Nathan zu sich. Er will ihn in eine Falle locken, um an dessen Geld zu kommen. Nathan antwortet auf die Frage nach der wahren Religion mit einer Parabel.

2 Kläre, was eine Parabel (☞ S. 238) ist, und grenze diese Literaturform vom Gleichnis und von der Fabel ab.

3. Aufzug, 7. Auftritt *(Auszug)*

Nathan Vor grauen Jahren lebt’ ein Mann in Osten,
Der einen Ring von unschätzbarem Wert
Aus lieber Hand besaß. Der Stein war ein
Opal, der hundert schöne Farben spielte,
Und hatte die geheime Kraft, vor Gott
Und Menschen angenehm zu machen, wer
In dieser Zuversicht ihn trug. Was Wunder,
Dass ihn der Mann in Osten darum nie
Vom Finger ließ; und die Verfügung traf,
Auf ewig ihn bei seinem Hause zu
Erhalten? Nämlich so. Er ließ den Ring
Von seinen Söhnen dem geliebtesten;
Und setzte fest, dass dieser wiederum
Den Ring von seinen Söhnen dem vermache,
Der ihm der liebste sei; und stets der liebste,
Ohn’ Ansehn der Geburt, in Kraft allein
Des Rings, das Haupt, der Fürst des Hauses werde. –
Versteh mich, Sultan.
Saladin Ich versteh dich. Weiter!
Nathan So kam nun dieser Ring, von Sohn zu Sohn,
Auf einen Vater endlich von drei Söhnen;
Die alle drei ihm gleich gehorsam waren,
Die alle drei er folglich gleich zu lieben
Sich nicht entbrechen konnte. Nur von Zeit
Zu Zeit schien ihm bald der, bald dieser, bald
Der dritte, – sowie jeder sich mit ihm
Allein befand, und sein ergießend Herz
Die andern zwei nicht teilten, – würdiger
Des Ringes; den er denn auch einem jeden
Die fromme Schwachheit hatte, zu versprechen.

Das ging nun so, solang es ging. – Allein
Es kam zum Sterben, und der gute Vater
Kömmt in Verlegenheit. Es schmerzt ihn, zwei
Von seinen Söhnen, die sich auf sein Wort
Verlassen, so zu kränken. – Was zu tun? –
Er sendet in geheim zu einem Künstler,
Bei dem er, nach dem Muster seines Ringes,
Zwei andere bestellt, und weder Kosten
Noch Mühe sparen heißt, sie jenem gleich,
Vollkommen gleich zu machen. Das gelingt
Dem Künstler. Da er ihm die Ringe bringt,
Kann selbst der Vater seinen Musterring
Nicht unterscheiden. Froh und freudig ruft
Er seine Söhne, jeden insbesondre;
Gibt jedem insbesondre seinen Segen, –
Und seinen Ring, – und stirbt. – Du hörst doch, Sultan?
Saladin *(der sich betroffen von ihm gewandt)*
Ich hör, ich höre! – Komm mit deinem Märchen
Nur bald zu Ende. – Wird's?
Nathan Ich bin zu Ende.
Denn was noch folgt, versteht sich ja von selbst. –
Kaum war der Vater tot, so kömmt ein jeder
Mit seinem Ring, und jeder will der Fürst
Des Hauses sein. Man untersucht, man zankt,
Man klagt. Umsonst; der rechte Ring war nicht
Erweislich; –
(nach einer Pause, in welcher er des Sultans Antwort erwartet)
Fast so unerweislich, als
Uns itzt – der rechte Glaube.
Saladin Wie? das soll
Die Antwort sein auf meine Frage? ...

Klaus Pohl als Derwisch und Klaus Maria Brandauer als Nathan am Burgtheater in Wien 2004

3 Fasse den Inhalt mit eigenen Worten zusammen.
→ Beschreibe, welche Fähigkeiten der Ring besitzt.
→ Stelle dar, vor welchem Problem der Vater steht und wie er es löst.

4 Schreibe die Szene aus der Perspektive Nathans weiter, indem du die Frage des Sultans beantwortest.

5 Nathan spricht dem Sultan gegenüber von einem Geschichtchen, das er ihm erzählen werde, Saladin bezeichnet es als Märchen. Bewerte die Bedeutung dieser Begriffe für die Interpretation des Textes.

6 Die Ringparabel steht im dritten Akt. Kläre, welche Bedeutung dieser Akt im klassischen Drama hat und warum Lessing die Ringparabel hier positioniert. (☞ S. 233)

Die Ringparabel aus dem Drama „Nathan der Weise“ (1779) *Auszug 2*

Nathan Soll
Mich bloß entschuldigen, wenn ich die Ringe,
Mir nicht getrau zu unterscheiden, die
Der Vater in der Absicht machen ließ,
Damit sie nicht zu unterscheiden wären.
Saladin Die Ringe! – Spiele nicht mit mir! – Ich dächte,
Dass die Religionen, die ich dir
Genannt, doch wohl zu unterscheiden wären.
Bis auf die Kleidung; bis auf Speis' und Trank! [...]
Nathan Lass auf unsre Ring'
Uns wieder kommen. Wie gesagt: die Söhne
Verklagten sich; und jeder schwur dem Richter,
Unmittelbar aus seines Vaters Hand
Den Ring zu haben. – Wie auch wahr! – Nachdem
Er von ihm lange das Versprechen schon
Gehabt, des Ringes Vorrecht einmal zu
Genießen. – Wie nicht minder wahr! – Der Vater,
Beteu'rte jeder, könne gegen ihn
Nicht falsch gewesen sein; und eh' er dieses
Von ihm, von einem solchen lieben Vater,
Argwohnen lass': eh' müss' er seine Brüder,
So gern er sonst von ihnen nur das Beste
Bereit zu glauben sei, des falschen Spiels
Bezeihen; und er wolle die Verräter
Schon auszufinden wissen; sich schon rächen.
Saladin Und nun der Richter? – Mich verlangt zu hören,
Was du den Richter sagen lässest. Sprich!
Nathan Der Richter sprach: Wenn ihr mir nun den Vater
Nicht bald zur Stelle schafft, so weis' ich euch
Von meinem Stuhle. Denkt ihr, dass ich Rätsel
Zu lösen da bin? Oder harret ihr,
Bis dass der rechte Ring den Mund eröffne? –
Doch halt! Ich höre ja, der rechte Ring
Besitzt die Wunderkraft beliebt zu machen;
Vor Gott und Menschen angenehm. Das muss
Entscheiden! Denn die falschen Ringe werden
Doch das nicht können! – Nun; wen lieben zwei
Von Euch am meisten? – Macht, sagt an! Ihr schweigt?
Die Ringe wirken nur zurück? und nicht
Nach außen? Jeder liebt sich selber nur
Am meisten? – Oh, so seid ihr alle drei

Inszenierung von „Nathan der Weise“ am Rostocker Volkstheater 2001, Kathrin Stephan (Mitte) als Nathan, Undine Cornelius (links) als Saladin und Vera Teltz (rechts) als Sittah

Betrogene Betrüger! Eure Ringe
Sind alle drei nicht echt. Der echte Ring
Vermutlich ging verloren. Den Verlust
Zu bergen, zu ersetzen, ließ der Vater
Die drei für einen machen. [...]
Und also, fuhr der Richter fort, wenn ihr
Nicht meinen Rat, statt meines Spruches, wollt:
Geht nur! – Mein Rat ist aber der: ihr nehmt
Die Sache völlig wie sie liegt. Hat von
Euch jeder seinen Ring von seinem Vater:
So glaube jeder sicher seinen Ring
Den echten. – Möglich; dass der Vater nun
Die Tyrannei des einen Rings nicht länger
In seinem Hause dulden wollen! – Und gewiss;
Dass er euch alle drei geliebt, und gleich
Geliebt: indem er zwei nicht drücken mögen,
Um einen zu begünstigen. – Wohlan!
Es eifre jeder seiner unbestochnen
Von Vorurteilen freien Liebe nach!
Es strebe von euch jeder um die Wette,
Die Kraft des Steins in seinem Ring' an Tag
Zu legen! komme dieser Kraft mit Sanftmut,
Mit herzlicher Verträglichkeit, mit Wohltun,
Mit innigster Ergebenheit in Gott
Zu Hilf'! Und wenn sich dann der Steine Kräfte
Bei euern Kindes-Kindeskindern äußern:
So lad ich über tausend tausend Jahre
Sie wiederum vor diesen Stuhl. Da wird
Ein weisrer Mann auf diesem Stuhle sitzen
Als ich; und sprechen. Geht! – So sagte der
Bescheidne Richter.

Inszenierung von „Nathan der Weise" am Salzburger Landestheater 2010, Sascha Oskar Weis als Saladin und Gero Nievelstein als Nathan

7 Vergleicht eure Ergebnisse aus Aufgabe 4, Seite 219 mit dem Original und benennt Unterschiede und Gemeinsamkeiten.

8 Erkläre, welche Bedeutung die Ringe in Nathans Geschichte haben.

→ Inwiefern antwortet diese Parabel auf die Fragen nach der „wahren Religion"?

→ Welche Bedeutung kommt in diesem Zusammenhang dem Rat des Richters zu?

9 Arbeite am Text heraus, welche Aufgabe der Religion Lessing zufolge im gesellschaftlichen Zusammenleben zukommt. Welche soziale Utopie entwirft er?

10 Die drei großen Weltreligionen stehen auch heute noch im Mittelpunkt zahlreicher gesellschaftspolitischer und kriegerischer Auseinandersetzungen. Informiere dich darüber und schreibe ein Vorwort für ein Programmheft, in dem du die aktuelle Bedeutung des Schauspiels „Nathan der Weise" darlegst.

2.2 Bürgerliche Wertvorstellungen im Drama erkennen

WISSEN

Das bürgerliche Trauerspiel

Die **griechische Tragödie** war durch einen strengen Aufbau, durch die **Einheit von Ort, Zeit und Handlung** und durch die **Ständeklausel** gekennzeichnet. Letztere besagt, dass nur Könige und Adelige Hauptpersonen einer Tragödie sein können, denn wenn einer Person von hohem Stande ein Unglück widerfahre, bewirke dies eine größere Erschütterung, als wenn es sich um Personen eines einfachen Standes handle (**tragische Fallhöhe**).
Lessing setzt sich in seiner „Hamburgischen Dramaturgie" kritisch mit der klassischen Tragödie auseinander und entwickelt das **bürgerliche Trauerspiel**, das Personen bürgerlichen Standes in den Mittelpunkt stellt. Nur wenn die Gestalten auf der Bühne aus dem Erfahrungshorizont der Zuschauer stammten, könnten diese die Schicksalsschläge der handelnden Personen auch als eigenes mögliches Schicksal erkennen, so Lessings Überzeugung. Das Bürgertum vertritt hier die Normen von Tugend und Moral und wird oft dem korrupten Adel gegenübergestellt, der seine Machtposition willkürlich ausnutzt. Insofern ist das bürgerliche Trauerspiel auch **Ausdruck des erstarkenden bürgerlichen Selbstverständnisses und Selbstbewusstseins** im Zeitalter der Aufklärung, das sich allerdings noch nicht im politischen Geschehen manifestiert.
Mit „Emilia Galotti" (1772) verfasst Lessing das erste bedeutende bürgerliche Trauerspiel. Auch Schillers Drama „Kabale und Liebe" (1784) zählt zu dieser Gattung, doch taucht hier schon eine erste Kritik am Bürgertum selbst auf. Da die Sprache des Gefühls in Schillers Werk in den Vordergrund rückt, zählt „Kabale und Liebe" schon zur Epoche des Sturm und Drang, die die Ideen der Aufklärung radikalisiert und erweitert.
Im 18. Jahrhundert wird im bürgerlichen Trauerspiel die Kritik an engstirniger bürgerlicher Moralvorstellung und an einem veräußerlichten Ehrbegriff immer lauter, so z. B. in „Maria Magdalena" von Friedrich Hebbel (1844).

Friedrich Schiller
Kabale und Liebe, I. Akt, 1. Szene (1784) *Auszug 1*

In seinem 1784 gedruckten und uraufgeführten Stück „Kabale und Liebe" (ursprünglich Luise Millerin) sind Ferdinand, Major und Sohn des Präsidenten von Walter, und Luise, Tochter des Musikus Miller, ineinander verliebt. Aufgrund der Standesgrenzen hat diese Liebe jedoch kaum Zukunft. Außerdem will der Präsident, der durch eine Intrige (Kabale) an die Macht gekommen ist, dass sein Sohn eine Verbindung mit einer anderen Frau, Lady Milford, eingeht. Dadurch verspricht er sich politische und persönliche Vorteile.

Die Darstellung der höfischen Welt, in der der Adel auch vor Erpressung und Mord nicht zurückschreckt, steht der Darstellung der bürgerlichen Welt gegenüber. Das Bürgertum besitzt zwar die besseren Argumente, aber es hat noch nicht die gesellschaftliche Macht, sie auch durchzusetzen und gegen absolutistische Willkür zu behaupten. Ferdinand und Luise stehen durch ihre Liebe zwischen den Ständen und gehen an der Wirklichkeit zugrunde.

Detlef Heintze als Miller, Nationaltheater Weimar, 2005

Zimmer beim Musikus.
Miller steht eben vom Sessel auf und stellt sein Violoncell auf die Seite. An einem Tisch sitzt Frau Millerin noch im Nachtgewand und trinkt ihren Kaffee.

Miller *(schnell auf- und abgehend)* Einmal für allemal! Der Handel wird ernsthaft. Meine Tochter kommt mit dem Baron ins Geschrei[1]. Mein Haus wird verrufen. Der Präsident[2] bekommt Wind, und kurz und gut, ich biete dem Junker[3] aus[4].

Frau Du hast ihn nicht in dein Haus geschwatzt – hast ihm deine Tochter nicht nachgeworfen.

Miller Hab' ihn nicht in mein Haus geschwatzt – hab' ihm 's Mädel nicht nachgeworfen; wer nimmt Notiz davon? – Ich war Herr im Haus. Ich hätt' meine Tochter mehr coram nehmen[5] sollen. Ich hätt' dem Major besser auftrumpfen sollen – oder hätt' gleich alles Seiner Excellenz, dem Herrn Papa, stecken sollen. Der junge Baron bringt's mit einem Wischer[6] hinaus, das muss ich wissen, und alles Wetter kommt über den Geiger.

Frau *(schlürft eine Tasse aus)* Possen! Geschwätz! Was kann über dich kommen? Wer kann dir was anhaben? Du gehst deiner Profession nach und raffst Scholaren[7] zusammen, wo sie zu kriegen sind.

Miller Aber, sag mir doch, was wird bei dem ganzen Commerz[8] auch herauskommen? – Nehmen kann er das Mädel nicht – [...] Da liegt der Has im Pfeffer. Darum, just eben darum muss die Sach noch heut auseinander. Der Präsident muss es mir Dank wissen, wenn er ein rechtschaffener Vater ist. Du wirst mir meinen rothen plüschenen Rock ausbürsten, und ich werde mich bei Seiner Excellenz anmelden lassen. Ich werde sprechen zu seiner Excellenz: Dero Herr Sohn haben ein Aug auf meine Tochter; meine Tochter ist zu schlecht zu Dero Herrn Sohnes Frau, aber zu Dero Herrn Sohnes Hure ist meine Tochter zu kostbar, und damit basta! – Ich heiße *Miller*.

1 Arbeite am Text heraus, welche Probleme Miller durch die Verbindung seiner Tochter mit dem Sohn des Präsidenten aufkommen sieht.

2 Untersuche Millers Haltung hinsichtlich der Standesgrenzen.

[1] *ins Geschrei kommen*: hier: ins Gerede kommen

[2] *der Präsident*: hier: leitender Minister und direkter Untergebener des Fürsten

[3] *der Junker*: Sohn eines adligen Herrn, gemeint ist Ferdinand

[4] *ausbieten*: Hausverbot erteilen

[5] *coram nehmen*: zur Rede stellen

[6] *ein Wischer*: hier: ein Tadel, ein Verweis

[7] *die Scholaren*: die Schüler

[8] *der Commerz*: die Angelegenheit, der Verkehr

Friedrich Schiller
Kabale und Liebe, II. Akt, 6. Szene (1784) *Auszug 2*

Ferdinand weigert sich, Lady Milford zu heiraten, und versucht ihr in einem Gespräch seine Gründe darzulegen. Der Präsident sucht dagegen die direkte Konfrontation mit der Familie Miller und stattet ihr einen Besuch ab. Auch Ferdinand ist zugegen.

Präsident [...] *(Zu Luisen)* Wie lang kennt Sie den Sohn des Präsidenten?
Luise Diesem habe ich nie nachgefragt. Ferdinand von Walter besucht mich seit dem November.
Ferdinand Betet sie an.
Präsident Erhielt Sie Versicherungen[1]? [...]
Ferdinand Vor wenig Augenblicken die feierlichste im Angesicht Gottes.
Präsident *(zornig zu seinem Sohn)* Zur Beichte deiner Torheit wird man dir schon das Zeichen geben. *(Zu Luisen)* Ich warte auf Antwort.
Luise Er schwur mir Liebe.
Ferdinand Und wird sie halten.
Präsident Muss ich befehlen, dass du schweigst? – Nahm Sie den Schwur an?
Luise *(zärtlich)* Ich erwiderte ihn.
Ferdinand *(mit fester Stimme)* Der Bund ist geschlossen.
Präsident Ich werde das Echo hinauswerfen lassen. *(Boshaft zu Luisen.)* Aber er bezahlte Sie doch jederzeit bar?
Luise *(aufmerksam)* Diese Frage verstehe ich nicht ganz.
Präsident *(mit beißendem Lachen)* Nicht? Nun! ich meine nur – Jedes Handwerk hat, wie man sagt, einen goldenen Boden – auch *Sie*, hoff' ich, wird Ihre Gunst nicht verschenkt haben – oder war's Ihr vielleicht mit dem bloßen *Verschluss*[2] gedient? Wie?
Ferdinand *(fährt wie rasend auf)* Hölle! was war das?
Luise *(zum Major mit Würde und Unwillen)* Herr von Walter, jetzt sind Sie frei.
Ferdinand Vater! Ehrfurcht befiehlt die Tugend auch im Bettlerkleid.
Präsident *(lacht lauter)* Eine lustige Zumutung! Der Vater soll die Hure des Sohns respektieren.
Luise *(stürzt nieder)* O Himmel und Erde!
Ferdinand *(mit Luisen zu gleicher Zeit, indem er den Degen nach dem Präsidenten zückt, den er aber schnell wieder sinken lässt)* Vater! Sie hatten einmal ein Leben an mich zu fordern – Es ist bezahlt. *(Den Degen einsteckend.)* Der Schuldbrief der kindlichen Pflicht liegt zerrissen da –
Miller *(der bis jetzt furchtsam auf der Seite gestanden, tritt hervor in Bewegung, wechselweise vor Wut mit den Zähnen knirschend und vor Angst damit klappernd)* Euer Exzellenz – Das Kind ist des Vaters Arbeit – Halten zu Gnaden[3] – Wer das Kind eine Mähre[4] schilt, schlägt den Vater ans Ohr, und Ohrfeig um Ohrfeig – Das ist so Tax bei uns – Halten zu Gnaden.

[1] *die Versicherungen*: eine Zusicherung der Ehe

[2] *der Verschluss*: hier: vulgär für den Geschlechtsakt

[3] *Halten zu Gnaden*: wenn Sie nichts dagegen haben

[4] *eine Mähre*: ein liederliches Mädchen

Frau Hilf, Herr und Heiland! – Jetzt bricht auch der Alte los – über unserm Kopf wird das Wetter zusammenschlagen.

Präsident *(der es nur halb gehört hat)* Regt sich der Kuppler auch? – Wir sprechen uns gleich, Kuppler.

Miller Halten zu Gnaden. Ich heiße Miller, wenn Sie ein Adagio[5] hören wollen – mit Buhlschaften[6] dien' ich nicht. So lang der Hof da noch Vorrat hat, kommt die Lieferung nicht an uns Bürgersleut'. Halten zu Gnaden.

Frau Um des Himmels willen, Mann! Du bringst Weib und Kind um.

Berliner Ensemble: Sabin Tambrea als Ferdinand, Antonia Bill als Luise

Ferdinand Sie spielen hier eine Rolle, mein Vater, wobei Sie sich wenigstens die Zeugen hätten ersparen können.

Miller *(kommt ihm näher, herzhafter)* Deutsch und verständlich. Halten zu Gnaden. Euer Exzellenz schalten und walten im Land. Das ist meine Stube. Mein devotestes Kompliment, wenn ich dermaleins ein pro memoria[7] bringe, aber den ungehobelten Gast werf' ich zur Tür hinaus – Halten zu Gnaden.

Präsident *(vor Wut blass)* Was? – Was ist das? *(Tritt näher.)*

Miller *(zieht sich sachte zurück)* Das war nur so meine Meinung, Herr – Halten zu Gnaden.

Präsident *(in Flammen)* Ha, Spitzbube! Ins Zuchthaus spricht dich deine vermessene Meinung – Fort! Man soll Gerichtsdiener holen. *(Einige vom Gefolge gehen ab; der Präsident rennt voll Wut durch das Zimmer.)* Vater ins Zuchthaus – an den Pranger Mutter und Metze[8] von Tochter! – Die Gerechtigkeit soll meiner Wut ihre Arme borgen. Für diesen Schimpf muss ich schreckliche Genugtuung haben – Ein solches Gesindel sollte meine Pläne zerschlagen und ungestraft Vater und Sohn aneinander hetzen? – Ha, Verflucht! Ich will meinen Hass an eurem Untergang sättigen, die ganze Brut, Vater, Mutter und Tochter, will ich meiner brennenden Rache opfern. [...]

[5] *Adagio*: langsames, ruhiges Musikstück

[6] *die Buhlschaft*: das Liebesverhältnis

[7] *pro memoria*: eine Eingabe, ein Gesuch

[8] *die Metze*: die Hure

3 Analysiere, wie der Präsident mit der Familie Miller und mit seinem Sohn umgeht.
→ Was wird dadurch über die Regierungsweise des Präsidenten ausgesagt?
→ Welches Bild vom Bürgertum hat der Präsident?

4 Arbeite am Text heraus, wie Miller auf die Äußerungen des Präsidenten reagiert. Beachte dazu auch die Regieanweisungen.

5 Untersuche, welche Haltung Ferdinand, Luise und Frau Miller im Verlauf des Gesprächs einnehmen.

Friedrich Schiller
Kabale und Liebe, V. Akt, 5. Szene (1784) *Auszug 3*

Der Präsident sorgt dafür, dass Luises Eltern ins Gefängnis kommen. Dann zwingt er Luise, einen falschen Liebesbrief zu schreiben. Er verspricht ihr dafür, den Eltern die Freiheit zu schenken. Ferdinand beginnt an Luises Liebe zu zweifeln und plant, sich und Luise zu töten. Miller übergibt er einen Beutel mit Goldstücken als Kompensation dafür, dass er ihm die Tochter nehmen wird, und für die Zeit, die er mit Luise verbringen durfte.

Ferdinand [...] Aber warum nimmt Er Sein Geld nicht?
Miller Was, Herr? Die ganze allmächtige Börse? Wohin denken Euer Gnaden?
Ferdinand Auf meine Schuldigkeit – Da! *(Er wirft den Beutel auf den Tisch, dass Goldstücke herausfallen.)* Ich kann den Quark nicht eine Ewigkeit so halten.
Miller *(bestürzt)* Was beim großen Gott? Das klang nicht wie Silbergeld. [...] Hier liegt ja – oder bin ich verhext, – oder – Gott verdamm' mich! Da greif ich ja das bare gelbe leibhafte Gottesgold – Nein Satanas! Du sollst mich nicht darankriegen!
Ferdinand Hat er den Alten oder Neuen getrunken, Miller?
Miller *(grob)* Donner und Wetter! Da schauen Sie nur hin! – Gold!
Ferdinand Und was weiter?
Miller Ins Henkers Namen – ich sage – ich bitte Sie um Gottes Christi willen – Gold!
Ferdinand Das ist nun freilich etwas Merkwürdiges.
Miller *(nach einigem Stillschweigen zu ihm gehend, mit Empfindung)* Gnädiger Herr, ich bin ein schlichter gerader Mann, wenn Sie mich etwa zu einem Bubenstück anspannen wollen – denn so viel Geld lässt sich, weiß Gott, nicht mit etwas Gutem verdienen.
Ferdinand *(bewegt)* Sei Er ganz getrost, lieber Miller. Das Geld hat Er längst verdient, und Gott bewahre mich, dass ich mich mit Seinem guten Gewissen dafür bezahlt machen sollte.
Miller *(unterdessen mit unverwandten Augen auf das Gold hingeheftet, voll Entzückung)* Bleibt's also mein? Bleibt's [...] Und Herr! meine Tochter! [...] dem Mädel soll der Segen bekommen; was ich ihn nur an den Augen absehen kann, soll sie haben [...] und soll mir Französisch lernen aus dem Fundament und Menuett-Tanzen und Singen, dass man's in den Zeitungen lesen soll; und eine Haube soll sie tragen wie die Hofratstöchter und einen Kidebarri[1], wie sie's heißen, und von der Geigerstochter soll man reden auf vier Meilen weit [...].

[1] *Kidebarri*: „cul de Paris", d. h. eine Mode, die den Hintern künstlich vergrößert

Ferdinand bleibt alleine mit Luise zurück. Er gibt ihr das Gift in einer Limonade zu trinken. Im Sterben gesteht Luise ihm die Wahrheit.

6 Analysiere, wie Miller auf das unerwartete Geldgeschenk reagiert.
→ Inwiefern wird dabei schon eine Kritik am Bürgertum deutlich?

2.3 Die Bedeutung der Aufklärung in unserer Zeit erfassen

Herbert Schnädelbach
Aufklärung heute? (2004) *Auszug*

Nach dem Ende des schrecklichen 20. Jahrhunderts mit seinen blutigen totalitären Programmen scheint zumindest im Westen die Existenz von Öffentlichkeit nicht mehr das Problem des Projekts der Aufklärung zu sein. Im Zeitalter Kants musste es in der auch von ihm erhofften Form scheitern, weil der öffentliche Gebrauch der Vernunft damals nur ganz wenigen offenstand und nur einen Bruchteil der Bevölkerung erreichte. Heute ist es gerade umgekehrt: Die Massenmedien dringen bis in den letzten geografischen und mentalen Winkel vor, und mit dieser Art von Öffentlichkeit stellt sich die Frage der Aufklärung ganz anders: Was heißt in der Medien- und Informationsgesellschaft „Ausgang aus der Unmündigkeit" und Vernunftgebrauch „ohne fremde Leitung"? Das Problem der Aufklärung heute ist nicht Informationsmangel wie im 18. Jahrhundert, sondern das der Desinformation im Informationsüberfluss, der durchaus geeignet ist, Informationsunterdrückung zu cachieren[1]. Was sind Fakten in der Mediengesellschaft? Gibt es sie überhaupt noch, oder ist nicht längst hinter der Informationsfassade die Wirklichkeit unerreichbar geworden? Den Terminus *Wissensgesellschaft* halte ich für reine Ideologie, denn wenn Wissen dasselbe ist wie wahre, gerechtfertigte Überzeugung, dann ist doch zu fragen, wie wir heute wissen können, was in der riesigen Informationsflut wahr ist und was nicht, und mit welchen Gründen wir dazwischen unterscheiden sollen. Genau das aber hatte die Aufklärungsbewegung einmal unter Mündigkeit verstanden: die Fähigkeit zum eigenen kritischen Urteil. Was soll in der Mediengesellschaft daraus werden, wenn die Tatsachen einmal ganz hinter den Informationen verschwunden sein werden?

So bleibt auch in unserer Gegenwart das Thema „Aufklärung" auf der Tagesordnung und Kants Rede vom „Ausgang aus der Unmündigkeit" aktuell, weil auch „nach der Aufklärung" immer wieder neue Unmündigkeiten entstanden sind und entstehen werden.

[1] *cachieren*: verstecken

1 Erarbeite, wie sich für den Verfasser das Problem der Aufklärung im Vergleich zum Zeitalter Kants verlagert hat.
→ Wie begründet er seinen kritischen Blick auf die Massenmedien?
→ Wie beurteilt er den Begriff „Wissensgesellschaft"?
→ Nimm Stellung zu seinen Aussagen.

2 Sammelt Beispiele dafür, dass auch „‚nach der Aufklärung' immer wieder neue Unmündigkeiten" entstehen (vgl. Z. 28 f.).

Thomas Schulz
Das Morgen-Land (2015) *Auszug*

Der technologische Fortschritt im vergangenen Jahrzehnt war atemberaubend, aber trotzdem wohl erst der Anfang. Denn es geht nicht geradlinig, sondern exponentiell[1] voran. Der Fortschritt wird schneller und größer werden, wie eine Lawine, die ganz oben als kleiner Schneeball anfängt und dann immer gewaltiger den Berg hinabdonnert.

Das iPhone existiert erst seit sieben Jahren, aber heute scheint fast vergessen, wie die Welt vorher war. Selbstfahrende Autos galten eben noch als verrückt, aber heute wundert sich kaum einer mehr. Das Wissen der Welt in einer digitalen Karte konzentriert und abrufbar? Normal. [...] Ganze Horden von Ingenieuren rennen der Künstlichen Intelligenz hinterher. Und die Wissenschaftler machen Fortschritte. Lernende Maschinen, kluge Roboter: alles keine Science-Fiction mehr.

Aber noch immer wird missverstanden, was das bedeutet, vor allem von der Politik. Vor allem von denen, die sich Gedanken darüber machen müssten, ob sie die Zukunft politisch noch mitgestalten – oder lediglich als Zuschauer danebenstehen wollen, während andere eine globale Revolution veranstalten.

Denn was gerade geschieht, ist viel mehr als der Siegeszug einer neuen Technologie, viel mehr als ein Wirtschaftsphänomen. Es geht nicht nur um „das Internet" oder „die sozialen Netzwerke", auch nicht um Geheimdienste und Edward Snowden und die Frage, was Google mit den Daten macht. Nicht darum, dass Zeitungen reihenweise dichtmachen und Jobs durch Software ersetzt werden. Dass ein Messaging-Dienst 19 Milliarden Dollar wert ist und 20-Jährige ganze Industrien aufrollen. Im Gange ist ein gesellschaftlicher Wandel, dem sich am Ende niemand wird entziehen können. Es ist eine Umwälzung, lediglich vergleichbar mit der Industrialisierung des 19. Jahrhunderts – nur dass alles viel schneller geht. Wie der Wechsel von der Handarbeit zur maschinellen Produktion vor über hundert Jahren mehr hat entstehen lassen als bloß Fabriken, so verändert die Digitalisierung nicht bloß Branchen, sondern die Art, wie wir denken und wie wir leben. Nur dass der Wandel dieses Mal zentral gesteuert wird – von nur wenigen hundert Köpfen.

Zwar sind auch mächtige Eliten an sich nichts Neues. Fabrikanten und Ölbarone haben das 19. Jahrhundert dominiert. Später waren es die Banker und Hedgefonds-Manager, die sich berufen sahen, die Geschicke der Welt zu bestimmen, die sich selbst und ohne Ironie zu Masters of the Universe ernannten. Doch deren Ära taumelt gerade dem Ende entgegen.

Die neue Weltregierung hat ihr Hauptquartier nicht mehr an der Wall Street, sondern im Silicon Valley: dem rund 80 Kilometer langen Tal südlich von San Francisco, Ursprung der Chipindustrie und der Computerrevolution, in dem sich die Anführer der digitalen Revolution versammelt haben. Sie sind Gründer und Unternehmenschefs wie Sergey Brin (Google), Tim Cook (Apple) und Mark Zuckerberg (Facebook), Aufsteiger wie Travis Kalanick von Uber und Joe Gebbia von Airbnb. [...].

[1] *exponentiell*: sich immer schneller steigernd

Die neuen Masters of the Universe unterscheiden sich grundlegend von ihren Vorgängern: Es geht ihnen nicht in erster Linie ums Geld. Macht durch Reichtum genügt ihnen nicht. Sie wollen nicht bloß bestimmen, was wir konsumieren, sondern wie wir konsumieren und wie wir leben. Sie wollen nicht nur eine Branche erobern, sondern alle. Sie stolpern nicht in die Zukunft, sondern sie sind Ideologen mit einer klaren Agenda. Und das ist es, was sie über alle schwindelerregenden Erfolgsgeschichten hinaus tatsächlich einzigartig macht. [...]

Die Weltveränderer aus dem Valley wollen, dass die Menschheit an ihrer Hightech-Heilslehre genesen soll. Sie glauben an eine bessere Zukunft durch Technologie wie ein überzeugter Hindu an die Wiedergeburt. Sie sind überzeugt, dass ihre Arbeit zum Wohl der Menschheit sein wird, dass sie die Zivilisation in großen Schritten vorwärtsbringen. Doch sie wollen nicht, dass ihnen dabei jemand reinredet. Sie verabscheuen die Politik und halten Regulierung nicht nur für ein Hindernis, sondern für einen Anachronismus[2]. Wenn der schönen, neuen Welt gesellschaftliche Werte wie Privatsphäre und Datenschutz im Weg stehen – dann müssen eben neue Werte her. [...]

Die Valley-Vordenker machen keinen Hehl aus ihren Plänen. Sie sagen ganz offen: Wir wollen nach unseren Ideen die Welt gestalten. Und sie sind überzeugt, dass die Umwälzungen der vergangenen Jahre kaum mehr als eine Ouvertüre waren.

Müssen wir uns diesen neuen Welteroberern entgegenwerfen? [...] Oder sollen wir das Hightech-Heil einfach nur dankbar annehmen? Müssen wir uns ängstigen vor einem völlig technologisierten Morgen-Land oder es herbeisehnen als Weg zu mehr Wohlstand?

[2] *der Anachronismus*: durch die Zeit überholte Idee

3 Beschreibe, wie der Autor den durch die Digitalisierung hervorgerufenen gesellschaftlichen Wandel darstellt. Deute den Titel und stelle dar, inwiefern wir an einer ähnlichen Zeitenwende stehen wie im ausgehenden 18. Jahrhundert.

4 Arbeite heraus, wie der Verfasser die „Anführer der digitalen Revolution" (Z. 37) in seinem Text beschreibt.

→ Informiere dich über die im Text genannten Unternehmensgründer und ihre Firmen.

→ Setze dich kritisch mit dem Bild auseinander, das Thomas Schulz von ihnen entwirft. Ziehe dabei auch Parallelen zum absolutistischen Selbstverständnis des 18. Jahrhunderts.

5 Diskutiert, wie sich Politik und Konsumenten angesichts der im Text beschriebenen Entwicklung verhalten sollen/müssen.

Wissenspeicher

Zum Lernbereich „Sprechen und Zuhören"

Das **Sprechen** ist zunächst der Vorgang des vorwiegend auf zwischenmenschliche Interaktion ausgerichteten Gebrauchs der menschlichen Stimme, wobei artikulierte Sprachlaute erzeugt werden. Neben dem Gebrauch von Wörtern wird Sprechen auch auf andere Kommunikationsformen ausgeweitet, z. B. dem Sprechen mit den Händen in einer Gebärdensprache, mit Gesichtsmuskeln (Mimik) oder mit Bildern.
Daneben meint Sprechen auch das zielgerichtete Sprechen über ein Thema, vor einer bestimmten Gruppe, das der Information und dem Meinungsaustausch dient.
Allen gelingenden Interaktionen gemeinsam ist das **Zuhören**, im Sinne von einander zuhören, einander verstehen. Dabei meint Zuhören mehr als Schweigen und Warten, bis der andere ausgeredet hat. Echtes Zuhören geht Hand in Hand mit Empathie und Achtung vor dem Gegenüber sowie Nachfragen bei Unklarheiten oder Verständnisproblemen.
Die **Analyse von Gesprächssituationen in Texten** ist zudem eine Möglichkeit, die Textaussage zu verstehen. Dabei wird der Blick vertieft auf die Figurenkonstellation und die Kommunikationsprozesse gelenkt.

Fachbegriffe zum Lernbereich „Sprechen und Zuhören"

- **Kommunikation**: bezeichnet den Austausch von Informationen zwischen zwei oder mehreren Personen. Als elementare Notwendigkeit menschlicher Existenz und wichtigstes soziales Bindemittel kann Kommunikation über Sprache, Mimik, Gestik, durch schriftlichen Austausch, Medien etc. stattfinden. Zu unterscheiden sind
  - interpersonale Kommunikation (unmittelbar und mittelbar zwischen Personen),
  - Massen-Kommunikation (wenige, meist Journalisten, bereiten Informationen auf, die von vielen Lesern konsumiert werden) und
  - Gruppen-Kommunikation (innerhalb bestimmter, organisierter sozialer Gruppen, Verbände, Parteien).

  Je nach Theorie rücken verschiedene Aspekte von Kommunikation in den Fokus der Betrachtung. Der Kommunikationswissenschaftler Paul Watzlawick zum Beispiel sieht in der **Beziehungsseite**, im Gegensatz zur **Inhaltsseite** (oder Sachinformation), den Schlüssel für das Gelingen von Kommunikation. Dabei geht er von fünf Grundannahmen (Axiomen) aus, die zeigen, dass die Gesprächspartner in der Regel in konstruierten, d. h. in von ihnen selbst „erdachten" Wirklichkeiten kommunizieren.

Methoden im Lernbereich „Sprechen und Zuhören“

- **Aktiv zuhören**: bedeutet, sich in den Gesprächspartner einzufühlen und ihm Interesse zu signalisieren, z. B. durch nonverbale und verbale Reaktionen (Nicken, *aha, ach so* ...) ohne Unterbrechung des Partners, durch Wiederholen des Gesprächsbeitrags mit eigenen Worten (Paraphrasieren), durch Nachfragen bei Unklarheiten und Senden von Ich-Botschaften statt Du-Botschaften (*Ich empfinde deine Äußerungen als abwertend mir gegenüber, stimmt das?* statt *Du bist aggressiv.*).

- **Pro-Kontra-Diskussion**: Streitgespräch zwischen zwei Parteien, die gegensätzliche Meinungen vertreten. Im Verlauf der Diskussion werden Argumente ausgetauscht, die durch Beispiele gestützt werden und die jeweilige Position untermauern. Zum Schluss kann eine Synthese gezogen werden. (☞ S. 49)

- **Debatte**: Form der Diskussion, die durch einen Gesprächsmoderator geleitet wird. Die Pro- und Kontra-Argumente werden in kurzen **Reden/Plädoyers** sprachlich ausgefeilt vorgetragen, ohne dass jemand, der anderer Meinung ist, mit Gegenargumenten unterbrechen kann. Anschließend besteht die Möglichkeit für eine Erwiderung und für Fragen aus dem Plenum. (☞ S. 50)

- **Präsentation**: Präsentationen finden in vielfältigen Situationen statt und haben dabei das Ziel, die Zuhörer und Zuschauer zielgerichtet zu informieren und sie von einer Sache zu überzeugen. Dabei kommen vier zentrale Aspekte zum Tragen:
  1. eine faktische Information
  2. die Überzeugungskraft
  3. der direkte Bezug zum Publikum
  4. ein konkretes Präsentationsziel

  Eine zentrale Rolle für das Gelingen der Präsentation spielen dabei die Mittel zur Veranschaulichung (**Präsentationsmedien**). Diese dienen einerseits dazu, komplexes Wissen besser und schneller verständlich zu machen, andererseits wecken und erhalten sie das Interesse des Publikums. Als Präsentationsmedien eignen sich – je nach Präsentation unterschiedlich – folgende Medien:
  - Tafel
  - Flipchart
  - Tageslichtprojektor
  - Pinnwand
  - Beamer bei computergestützter Präsentation

  Als **Kriterien für eine erfolgreiche Präsentation** gelten daher:
  - die fachliche Qualität und Verständlichkeit der Inhalte
  - der Umgang mit dem Medium
  - die Wirkung des Präsentierenden

  Folgende **Teilschritte sind bei der Durchführung** immer einzuhalten:
  - Thema und Ziel der Präsentation bestimmen
  - inhaltliche Recherche durchführen
  - Informationen bearbeiten
  - Inhalte und Medien festlegen
  - Grundstruktur der Präsentation festlegen
  - sich die Rolle des Präsentierenden bewusst machen
  - Medien fachkompetent anwenden

Wissenspeicher

Zum Lernbereich „Umgang mit Texten und Medien“

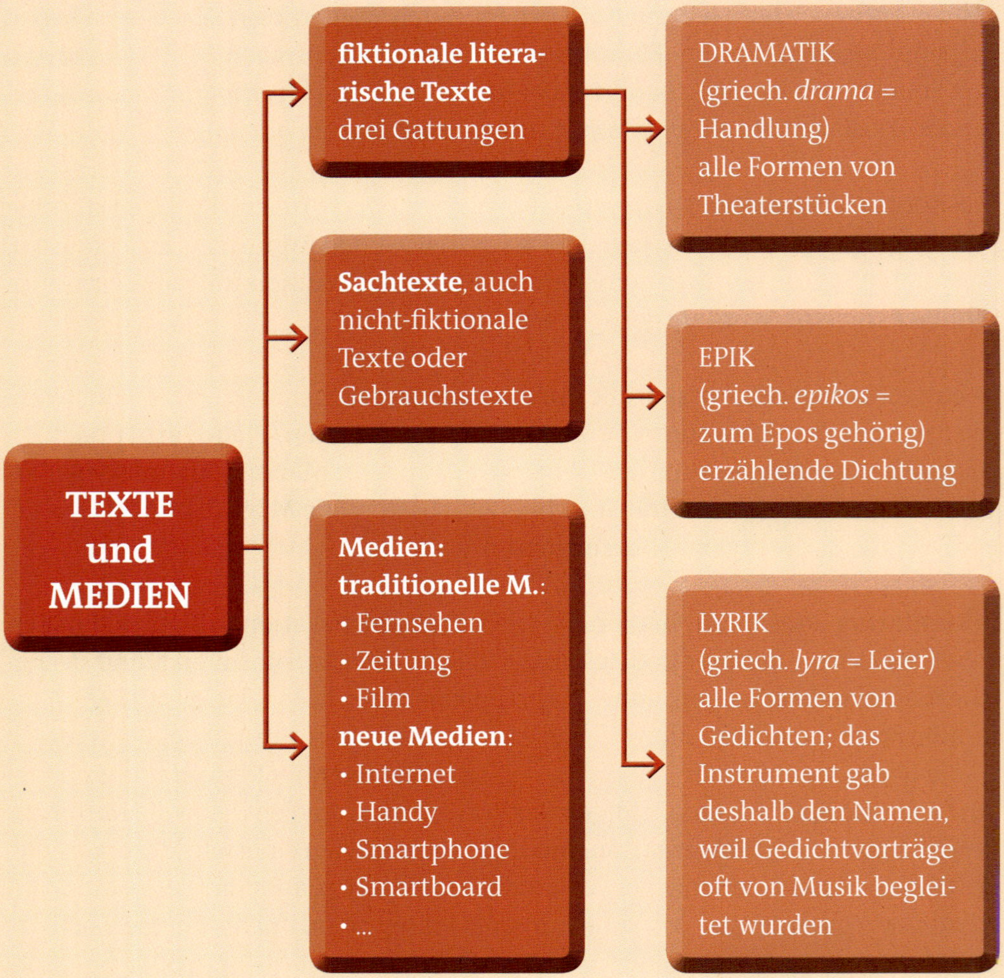

Dramatik (☞ Kapitel 6)

Dramatik dient als Sammelbegriff für alle Arten von Dichtung, die auf eine Aufführung auf der Bühne ausgerichtet sind. Dramatische Texte sind in **Szenen** (Auftritt der Personen) und **Akte** (Aufzug des Vorhangs) gegliedert. Mit einer sogenannten Szenenübersicht erhält man einen Überblick über den Gang der Handlung. Der Begriff *Szene* bezeichnet aber auch den Ort der Handlung. In einer **Szenen- oder Bühnenanweisung** beschreibt der Verfasser des Dramas, wie die Szene gestaltet werden soll.
Unabhängig vom jeweiligen Dramentyp weisen alle Dramen bestimmte einheitliche Gestaltungsmerkmale auf, nämlich die **szenische Aufführung**, in der sich die

Handlung hauptsächlich in Dialogform entwickelt, und den **dramatischen Konflikt**, der sich in einer Person z. B. durch den Widerstreit unterschiedlicher Werte oder in der Auseinandersetzung zwischen verschiedenen Figuren abspielen kann. Die erste Theorie des Dramas stammt von **Aristoteles**, der in seiner Poetik als Hauptmerkmal dramatischer Dichtung **Geschlossenheit** (also die **Einheit von Ort, Zeit und Handlung**) forderte. Auf der Poetik des Aristoteles fußt auch die Dramentheorie von **Gustav Freytag**, nach dem das **geschlossene fünfaktige (Ziel-) Drama** pyramidenförmig aufgebaut ist:

I. Akt: **Exposition** (Einleitung, Hintergründe und Voraussetzungen des dramatischen Konflikts)

II. Akt: **steigende Handlung mit erregendem Moment** (ruft die Verwicklung hervor)

III. Akt: **Höhepunkt** und **Peripetie** (Wendepunkt)

IV. Akt: **fallende Handlung mit retardierendem** (verzögerndem) **Moment**

V. Akt: **Katastrophe** bzw. **Lösung**

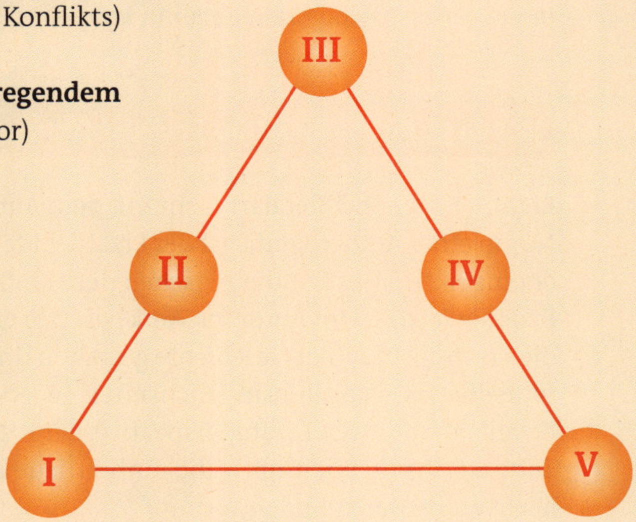

Mit der Abkehr von der normativen Poetik entstand das **Drama der offenen Form**.

Als bekanntester Vertreter ist das **Epische Theater** von **Bertolt Brecht** zu nennen, das in den 20er Jahren des zwanzigsten Jahrhunderts entwickelt wurde. Das Geschehen zielt nicht auf Höhepunkt, Katastrophe und Lösung ab. Gegenstand des Spiels ist der „veränderliche und veränderbare Mensch", der Zuschauer soll nicht mitleiden, sondern aus der Distanz kritisch Stellung beziehen und so zum Besseren verändert werden. Um diese Wirkung zu erzielen, erfand Brecht den Verfremdungseffekt (V-Effekt). Dieser V-Effekt wird durch kritische Kommentare des Sprechers, musikalische Einlagen und häufig auch durch umgangssprachliche Ausdrucksweise oder Einsatz von Dialekt erreicht.

Neben dem offenen und geschlossenen Drama lassen sich Dramen zudem unterscheiden nach dem Ausgang des Dramas zwischen **Tragödie**, **Komödie**, Schauspiel und modernen Dramenformen (neben dem epischen auch noch **das absurde und das dokumentarische Drama**), nach dem Aufbau zwischen Zieldrama (auf die Katastrophe am Ende zielend) und analytischem Drama (vorausgegangene Katastrophe wird enthüllt) oder nach der Stoffwahl (**bürgerliches Trauerspiel** etc.).

Epik (☞ Kapitel 3 und 4)

Epik ist der Sammelbegriff für unterschiedliche Texte erzählender Literatur. Es gibt verschiedene Möglichkeiten, Epik zu klassifizieren. So unterschiedet man z. B. zwischen den epischen Langformen, **Epos** und **Roman**, und den epischen Kurzformen, **Novelle**, **Erzählung**, **Kurzgeschichte**, **Parabel**, **Anekdote** usw.
Charakteristisch für epische Texte ist die Vermittlung eines Geschehens an einen Zuhörer bzw. Leser durch einen fiktiven Erzähler.
Die Vergegenwärtigung des der Vergangenheit angehörigen Geschehens (meist episches Präteritum als Erzähltempus, seltener historisches Präsens) kann in breiterer Form (epische Breite) oder in knappem Bericht erfolgen.

Fachbegriffe zur Epik / zur Erzählstruktur von Texten

- **Erzähler**: Der Erzähler darf nicht mit dem Autor des Textes gleichgesetzt werden. Nur in einer Autobiografie ist der Erzähler identisch mit dem Autor. Ansonsten ist er eine fiktive Gestalt, die zwischen der Handlung und dem Leser vermittelt. Der Erzähler ist das vom Autor ins Werk gesetzte Erzählinstrument, mit dessen Hilfe er die Erzählform seiner Geschichte gestalten und strukturieren kann. So sind unterschiedliche Gestaltungsmöglichkeiten gegeben bei der Wahl der Erzählform, der Erzählsituation, der Erzählperspektive, der Erzählhaltung, der Erzählweise und der Zeitgestaltung. Wichtig ist die einheitliche und konsequente Verwendung der leicht zu verwechselnden Termini.

- **Erzählform**: Damit wird die Unterscheidung zwischen den beiden grundsätzlich möglichen Erzählern bezeichnet: Ich-Erzähler und Er-Erzähler. Im Falle einer **Ich-Erzählung** ist der Erzähler eine am Geschehen beteiligte Figur, die von sich erzählt. Der **Er-Erzähler** erzählt von anderen.

- **Erzählsituation** (auch Erzählverhalten): Grundsätzlich können sich sowohl Ich-Erzähler als auch Er-Erzähler auktorial, personal und neutral verhalten; so nennt man die drei unterschiedlichen Erzählsituationen.
  - Der **auktoriale** Erzähler verfügt frei über das Geschehen und die Personen. Er steht außerhalb des Geschehens, weiß alles und macht durch Reflexionen, Analysen und Leseransprachen auf sich aufmerksam. Man spricht auch vom **allwissenden Erzähler**.
  - Der **personale** Erzähler erzählt in der 3. Person aus der Sicht einer oder mehrerer Figuren, in die er sich hineinversetzt, deren Gedanken und Gefühle er zu erfassen versucht und aus deren Sicht heraus er das Ganze erzählt. Er ist Teil der Geschichte.
  - Der **neutrale** Erzähler erzählt aus der Distanz, bezieht keine Stellung und ist als Figur nicht fassbar. Er berichtet über das Geschehen.

In vielen Texten ändert sich die Erzählsituation, sodass Mischformen entstehen können. Dennoch kann man häufig eine vorherrschende Erzählsituation in den Mittelpunkt der Analyse rücken.

- **Erzählperspektive**: Mit der Erzählsituation verknüpft ist die Frage, von welchem Standort der Erzähler auf das Geschehen blickt, ob er in die Figuren hineinschauen kann, also **Innensicht** hat, oder ob er „nur" die **Außensicht** einnehmen kann. Während alle drei Erzähler, also der auktoriale, der personale und der neutrale Erzähler, alle Figuren von außen schildern können, kann der personale Erzähler nur die Innensicht d e r Figur darstellen, aus dessen Perspektive er erzählt. Der auktoriale und der neutrale Erzähler können sowohl die Innensicht als auch die Außensicht darstellen.

- **Erzählhaltung**: Der Erzähler kann auch unabhängig von der Erzählsituation verschiedene Erzählhaltungen einnehmen. Je nachdem, ob er eher begeistert, zustimmend und wohlwollend etc. oder eher kritisch, ironisch oder ablehnend etc. erzählt, beeinflusst er die Textrezeption des Lesers.

- **Erzählweise** (auch Erzähltechnik oder Darbietungsformen des Erzählens): Die Erzählweise variiert ebenfalls in Abhängigkeit von den Erzählsituationen: Beim neutralen (objektive Darstellung) und auktorialen (kommentierende/reflektierende Darstellung) Erzähler können die Figuren durch sogenannte **Figurenrede** zu Wort kommen:

Figurenrede				
äußere Rede		innere Rede		
direkte Rede; wörtliches Wiedergeben dessen, was eine Person sagt: *Sie sagte: „Ich muss ihn sehen."*	indirekte Rede; Gedanken/Aussagen werden sinngemäß wiedergegeben: *Sie sagte, sie müsse ihn sehen.*	innerer Monolog; Wiedergabe von Gefühlen aus der Sicht der 1. Person im Präsens: *Ich muss ihn sehen.*	erlebte Rede; 3. Person, Indikativ, oft Präteritum: *Sie musste ihn sehen.*	Bewusstseinsstrom; assoziative Folge von Eindrücken, Bildern, Gedanken: *Er, immer er. Im Kopf. Ihn sehen.*

Der Erzähler kann die Gedanken der Figuren aber auch im **Erzählerbericht** schildern: *Ihre Gedanken wurden von dem Wunsch beherrscht, ihn sehen zu wollen.*

- **Figur**: Die Figuren sind die Träger der Handlung. Um sie genauer zu betrachten, kann man drei Aspekte näher untersuchen:
  1. die Beziehungen der Figuren untereinander → **Figuren-Konstellation**
  2. die Merkmale der Figur (offen, geschlossen, vielschichtig, dynamisch, statisch) → **Figuren-Konzeption**
  3. direkte oder indirekte Darstellung ihres Charakters → **Figuren-Charakterisierung**

- **Zeitgestaltung** (Erzähltempo): Auch die Wiedergabe der Zeit spielt für die Struktur eines Erzähltextes eine wesentliche Rolle. Je nachdem wie die **erzählte Zeit** (also die Zeitspanne, über die sich das erzählte Geschehen erstreckt) und die **Erzählzeit** (in welcher Zeit das Geschehen erzählt wird bzw. gelesen werden kann) zueinander in Beziehung stehen, unterscheidet man:
  - Zeitdeckung: Erzählzeit = erzählte Zeit
  - Zeitraffung: Erzählzeit < erzählte Zeit
  - Zeitdehnung: Erzählzeit > erzählte Zeit

  Nicht zu verwechseln ist die Erzählzeit mit dem Erzähltempus (in der Regel: Präteritum), in dem Erzählungen meist verfasst sind.
  Darüber hinaus können im Zusammenhang mit der Zeitgestaltung eines Textes auch noch mögliche **Rückblenden** und **Vorausdeutungen** von Interesse sein.

Epische Textsorten

- **Anekdote**: zeigt Charaktereigenschaften oder bestimmte typische Verhaltensweise von Einzelnen, ganzer Gesellschaftsschichten oder berühmter Personen. Der Verfasser ist in der Regel unbekannt und der Wahrheitsgehalt des erzählten Geschehens meist nicht zu prüfen. Der Aufbau folgt häufig einem Schema:
  - kurze Vorstellung der Person
  - Beschreibung der Begebenheit
  - überraschende, oft witzige Wende (Pointe)

  Aufgrund des häufig humorvollen Endes eignet sich die Anekdote gut, Schwächen von Menschen aufzuzeigen, ohne diesen zu verletzen. Bekannte Verfasser von Anekdoten sind **Heinrich von Kleist** (1777–1811), **Johann Peter Hebel** (1760–1826) oder **Bertolt Brecht** (1898–1956).

- **Epos**: Großform erzählender Dichtung. Im Unterschied zum Roman, dessen Vorläufer es ist, ist das Epos in gebundener Rede verfasst. Ursprünglich werden die Epen mündlich erzählt, erst später werden sie niedergeschrieben und erhalten ihre endgültige Gestalt. Ihr Stoff sind die Mythen und Sagen, sie erzählen von der Entstehung der Welt, vom Wirken der Götter und von den Helden der Vorzeit. Die Götter- und Heldenepen, z. B. Homers „Ilias“ und „Odyssee“, sind als poetische Vorstufe der Geschichtsschreibung anzusehen. Dem heldischen Stoff entspricht der feierliche Ton der Sprache. Im Mittelalter erlebte das Epos als höfischer Versroman eine Blüte, z. B. „Parzival" (um 1200) oder das „Nibelungenlied"(1210). (☞ Kapitel 7)

- **Fabel**: Handlung wird meist von sprechenden Tieren getragen, die typische menschliche Verhaltensweisen und Eigenschaften verkörpern. Fabeln wollen unterhalten, aber auch auf Fehlverhalten aufmerksam machen. Am Ende einer Fabel steht deshalb meist eine Moral. Die Fabel ist eine sehr alte literarische Form, die bekanntesten Fabeldichter waren der Grieche **Aesop** (6. Jh. vor Chr.), **Phaedrus** (griechischer Sklave in Rom) und **Jean de la Fontaine** (18. Jh.). (☞ Unterkapitel Fabeln 1.2 aus Kapitel 9)

- **Erzählung**: meist längerer, ästhetisch konzipierter Text, der nicht die Breite eines Romans aufweist und keinen spezifischen dramatischen Aufbau wie etwa die Novelle besitzt. Wie im Roman können – je nach Entstehungszeit und/oder Autorenintention – verschiedene Erzählkonzepte zur Anwendung kommen. (☞ Kapitel 3)

- **Kurzgeschichte**: Textsorte mit einem ersten Höhepunkt in Deutschland nach dem Zweiten Weltkrieg, zeigt Parallelen mit der amerikanischen Short Story. In der Regel gilt: Auf wenige Seiten beschränkter Erzähltext mit offenem Anfang und offenem Schluss. Im Mittelpunkt steht ein Wendepunkt im Leben eines Durchschnittsmenschen oder auch Außenseiters. Die Sprache ist nüchtern und alltäglich. Die Handlung spielt in der Welt und Zeit, in der die Kurzgeschichte entstanden ist. Entsprechend der künstlerischen Freiheit sind im Einzelnen Abweichungen möglich. Bekannte Vertreter sind **Wolfgang Borchert** (1921–1947) und **Heinrich Böll** (1917–1985). (☞ Kapitel 3)

- **Märchen**: meist kürzere fantastische Prosaerzählung, frei erfunden, ohne Bezug zu einer bestimmten Zeit oder einem bestimmten Ort. Es geschehen Dinge und es treten Gestalten auf, die in der realen Welt wunderbar erscheinen. Bestimmte Merkmale sind für Märchen typisch:
  - Es treten gute und böse Gestalten als Gegenspieler auf.
  - Es gibt eine Heldenfigur, die Abenteuer und Prüfungen zu bestehen hat.
  - Meist spielen besondere Gegenstände, Kräfte oder magische Zahlen eine wichtige Rolle (z. B. die Zahlen 3 und 7).
  - Auch Sprüche und Verse kommen vielfach vor.
  - Raum und Zeit bleiben unbestimmt (*Es war einmal ...*).
  - Die meisten Märchen gehen gut aus, d. h. dem Helden gelingt es, die Aufgaben und Prüfungen zu bestehen, das Böse wird besiegt.

  Viele Märchen stammen aus dem Orient, aber auch in allen anderen Ländern dieser Erde wurden und werden Märchen erzählt. Die bekanntesten deutschen Märchen wurden von den **Brüdern Grimm** (Jacob Grimm [1785–1863] und Wilhelm Grimm [1786–1859]) nach mündlicher Überlieferung gesammelt und herausgegeben. Üblich ist die Unterscheidung zwischen **Volksmärchen** und **Kunstmärchen**.

Das Kunstmärchen ist im Gegensatz zum anonymen, meist mündlich überlieferten Volksmärchen den verschiedenen Strömungen innerhalb der Literaturgeschichte unterworfen. Es gewinnt seit der Romantik an Bedeutung.

- **Novelle**: hat ihren Höhepunkt in Deutschland während des 19. Jahrhunderts. Als „Väter" der Novelle gelten der Italiener **Boccaccio** („Das Dekameron", um 1350) und der Spanier **Cervantes** („Exemplarische Novellen", 1613).
  Goethe nannte die Novelle „eine sich ereignete, unerhörte Begebenheit", d. h., die Handlung konzentriert sich meistens auf einen Einzelfall, der ungewöhnlich und deshalb als „Neuigkeit" erwähnenswert ist. Dieses bestimmte Ereignis nimmt meistens eine ungewöhnliche Wende. Folgende Merkmale sind zu nennen:
  - Es treten Personen auf, die sich in einer schwierigen oder entscheidenden Situation befinden, die in einen Konflikt verwickelt sind, der ihnen unlösbar zu sein scheint.
  - Der Konflikt kann in einem einzigen Ereignis zusammengefasst sein oder über mehrere Etappen laufen.
  - Der Höhepunkt oder Wendepunkt kann durch Dingsymbole vorbereitet und augenfällig gemacht werden.
  - Es wird nicht breit ausladend erzählt, sondern mit Blick auf das Wichtigste. Die Novelle steht dem Drama näher als dem Roman; sie hat eine klare Szeneneinteilung; das Geschehen kann sich dramatisch zuspitzen.

- **Parabel**: selbstständige lehrhafte Erzählung, die das „Gemeinte" mit einem **Gleichnis** erzählt. Bekannteste Parabel der deutschen Literatur dürfte **Lessings** Ringparabel im Drama „Nathan der Weise" (1779) sein. Den Brückenschlag zwischen Erzähltem und Gemeintem muss der Leser bzw. das Publikum selbst leisten. Die Parabel bietet zwar Vergleichsansätze an, aber sie verbindet das Dargestellte nicht durch einen direkten Hinweis mit dem Gemeinten. (☞ Kapitel 9)

- **Roman**: wichtigste epische Großform. Seine Anfänge liegen im Ritterroman des 16. Jahrhunderts. Im Laufe der Zeit hat sich eine große Vielfalt entwickelt. Vom Inhalt her unterscheidet man deshalb zum Beispiel **historische Romane**, **Briefromane**, **Schelmenromane**, **Frauenromane**, **Kriminalromane**, **Gegenwartsromane**, **Gesellschaftsromane** etc.
  Neben dieser inhaltlichen Klassifizierung basieren andere Einteilungen stärker auf Unterschieden in Aufbau, Struktur und Umgang mit verschiedenen Erzählsystemen im Roman. So grenzt man den modernen Roman gegenüber dem traditionellen Roman nicht nur aufgrund der unterschiedlichen Entstehungszeit voneinander ab, sondern sieht wesentliche Unterschiede in folgenden Aspekten:
  - Vorhandensein oder Fehlen eines chronologischen Handlungsablaufs
  - Vorhandensein oder Fehlen einer klaren Erzählperspektive
  - unterschiedliche Figurenkonzepte (positive Helden gegenüber offenen/vielschichtigen Charakteren)

- Einsatz vielschichtiger Erzählweise im modernen Roman (Rückblenden, innerer Monolog, erlebte Rede etc.) als Ausdruck einer gewandelten Wahrnehmung von Realität

Entwicklungsgeschichtlich erreicht der traditionelle Roman eine erste Blüte durch Goethes klassischen **Bildungsroman** „Wilhelm Meister"; im 19. Jahrhundert folgt im poetischen Realismus ein weiterer Höhepunkt der Gattungsgeschichte. Die Wurzeln des modernen Romans, zeitlich in der Regel im 20. Jahrhundert verortet, finden sich bei James Jocye „Ulysses" oder den Franzosen Proust und Gide. Bedeutende deutsche Vertreter sind u. a. Alfred Döblin, Franz Kafka, Günter Grass etc. Seit dem 18.Jahrhundert ist der Roman die beliebteste Form literarischer Unterhaltung und bietet eine kaum überschaubare Fülle von Inhalten und Unterarten, z. B. Abenteuer-, Entwicklungs-, Kriminal- und Science-Fiction-Romane. (☞ Kapitel 4)

- **Satire**: Ihr Formenreichtum (als Märchen, Lyrik, Kurzprosa, Rede ...) führt dazu, dass es keine einheitliche Definition der Satire gibt. Auch eine Festlegung, welche Textsorten unter den Begriff fallen, ist nicht möglich. Nach Erich Kästner verhalten sich „Satire und Wirklichkeit zueinander wie ein Gegenstand zu seiner Abbildung in einem Zerrspiegel". Der Spiegel selbst kann als Bild für die sprachliche Gestaltung des Textes stehen. Aufgabe des Betrachters ist es, den so veränderten Gegenstand zu identifizieren und sich ein Bild dieses Gegenstandes zu machen, das durch das Erkennen des Objektes im Zerrspiegel von dem Bild abweicht, das er zuvor besaß. Die Verzerrung und damit die Sichtbarmachung der Missstände geschieht durch Stilmittel, die eine Verfremdung zur Folge haben, da der Text von dem normalerweise zu Erwartenden abweicht. Als Stilmittel werden gerne rhetorische Mittel eingesetzt, die „Verdrehungen" bewirken, also z. B. Gefährliches wird als harmlos, negative Merkmale werden als besonders positiv usw. dargestellt.

Methoden bei der Analyse epischer Texte

- **Standbild**: Methode zur szenischen Interpretation eines Textes. Das Standbild steht repräsentativ entweder für einen Moment aus einem Text oder für den gesamten Text.
  Ausdrucksmittel sind – jeweils „eingefroren" (Freeze-Methode) – Körperhaltung, Mimik, Gestik, Stellung der Figuren zueinander. Über die Diskussion eines Standbildes oder die begründete Veränderung von Details erreicht man ein Interpretationsergebnis.

- **Szenische Lesung**: Methode zur szenischen Interpretation eines Textes. Sie ist angesiedelt zwischen Lesen und Schauspielern. Der zugrundeliegende meist dramatische Textausschnitt wird mit verteilten Rollen mimisch und gestisch unterstützt gelesen. Dabei können neben Ton und Licht auch einige wenige charakterisierende Kostümteile und Requisiten sowie eine einfache Raumgestaltung eingesetzt werden.

Lyrik (☞ Kapitel 5)

Im Unterschied zu anderen literarischen Texten handelt es sich um **Texte in gebundener Form**, d.h. um in Versen verfasste Texte. Der strenge Formenbau hat jedoch im Laufe des letzten Jahrhunderts an Bedeutung verloren, sodass Gedichte zunehmend **freiere Formen** aufweisen. Dennoch sind Inhalt und Form bei der Analyse immer im Zusammenhang zu betrachten. Oft werden in Gedichten **persönliche Empfindungen** verarbeitet und es herrscht eine **hohe sprachliche Dichte** vor.
Ein Merkmal aller lyrischen Formen ist deren besondere klangliche Gestaltung, z.B. durch die Verwendung von Anaphern o.Ä.
In Gedichten ist vieles nicht wörtlich (übertragene Bedeutung) zu verstehen, da eine bildliche Sprache verwendet wird. Der Satzbau ist oft ungewöhnlich, teilweise werden verkürzte Sätze bzw. Ellipsen verwendet. Auch in der Rechtschreibung und Zeichensetzung setzen sich Gedichte oft über die gängigen Normen hinweg.
Einteilen lassen sich lyrische Texte z.B. nach ihrem Gegenstand (politische Lyrik, Liebeslyrik, Naturlyrik etc.) oder nach Umfang und Art des Anteils subjektiven Empfindens und Erlebens (Stimmungslyrik, Erlebnislyrik, Gedankenlyrik etc.).

Fachbegriffe zur Lyrik

- **Enjambement** (auch Zeilensprung): Die Gedichtzeilen werden als **Verse** bezeichnet. Fällt das Versende mit dem Ende der gebunden zu lesenden Sinneinheit zusammen, spricht man von **Zeilenstil**. Geht dagegen die Sinneinheit über das Versende hinaus in die nächste Verszeile, spricht man von einem **Enjambement** oder Zeilensprung. Als **Hakenstil** bezeichnet man eine Folge von Enjambements, sodass die Verse durch die übergreifenden Satzbögen „verhakt" erscheinen.

- **Lyrisches Ich**: bezeichnet den Sprecher im Gedicht und ist – wie der Erzähler in epischen Texten – nicht mit dem Autor/der Autorin gleichzusetzen. Mitunter tritt auch ein **lyrisches Du** auf, das vom Sprecher im Gedicht angesprochen wird.

- **Motiv**: zentrales Element des Stoffes, das bei der Gestaltung des Textes immer wieder aufgegriffen wird und eine wichtige Bedeutung im jeweiligen Werk spielt. Je nach Gattung – das Auftreten von Motiven ist nicht auf bestimmte Gattungen beschränkt – können Motive u.a. sein: Lebenssituationen (Tod, Geburt, Hochzeit etc.), seelische Zustände von Figuren (Reue, Trauer, Liebe, Freude, Zorn etc.), Gegenstände und Lebewesen (Hut, Schirm, Hund etc.) oder auch Figurenkonstellationen (Stiefkinder, Waise etc.).

- **Reim**: Wenn man vom Reim im Gedicht spricht, bezieht man sich in der Regel auf den **Endreim**, also den Gleichklang von mindestens zwei Versenden.

Daneben gibt es den sogenannten **Stabreim** (auch: Alliteration) und den sogenannten **Binnenreim**, bei dem Wörter innerhalb eines Verses einen Reim bilden (z. B. *Sie blüht und glüht und leuchtet.*).
Beim Endreim unterscheidet man u. a. folgende Reimschemata:

- **Paarreim**: aabb
- **Kreuzreim**: abab
- **umschließenden oder umarmenden Reim**: abba

Von einem **unreinen Reim** spricht man, wenn ein unvollständiger Gleichklang der letzten betonten Vokale vorliegt (z. B. *Blick – Glück* oder auch *ruft – Luft*).

◆ **Versmaß/Metrum**: ist die Abfolge regelmäßig wiederkehrender **Hebungen** und **Senkungen** in einem Gedicht, die mitunter vom Rhythmus überlagert wird. Die kleinste **metrische Einheit** ist der **Versfuß**. Man unterscheidet:

- den **Jambus**: x x́ *Der Acker leuchtet weiß und kalt*
- den **Trochäus**: x́ x *Schön wie niemals sah ich jüngst die Erde*
- den **Daktylus**: x́ x x *Seltsam, im Nebel zu wandern*
- den **Anapäst**: x x x́ *Wie mein Glück, ist mein Land*

Mehrere Versfüße ergeben das Versmaß (Metrum).
Häufig vorkommende **Sonderformen** sind:

- der **Blankvers** (fünfhebiger Jambus ohne Reim)
- der **Alexandriner** (sechshebiger Jambus mit Zäsur in der Mitte)
- der **Hexameter** (sechshebiger Daktylus mit auftaktlosem Beginn und unregelmäßiger Anzahl von Senkungen)
- der **Pentameter** (unvollständiger Hexameter mit Zäsur)
- der **Knittelvers** (vierhebiger Jambus mit Reim)

Endet der Vers mit einer betonten Silbe, nennt man den **Versausgang** (= **Kadenz**) **männlich** oder **stumpf**; endet er mit einer unbetonten Silbe, nennt man ihn **weiblich** oder **klingend**.
Freie Rhythmen sind völlig ungebunden; sie haben weder Reim noch Metrum.

◆ **Rhythmus** ist die Überlagerung des Metrums eines lyrischen Textes durch eine am Sinn orientierte Betonung. Der Rhythmus eines Textes wird also nicht durch die Versfüße vorgegeben. Sie stellen nur das Grundgerüst dar, das durch natürliche Sprechpausen verändert wird. Diese Sprechpausen orientieren sich am Sinn des Textes. Daneben spielen auch Sprechtempo und Betonungsstärke eine Rolle. So entstehen unter anderem Haupthebungen, Nebenhebungen, Pausen.

	Wie du	*so*	*schwebst,*		*du*	*kleiner*	*Stern!*
Metrum:	| x / x́ |	x	x́	| * |	x/ x́ |	x	x́ |
Rhythmus:	| x / x̀ |	x	x̀	| * |	x/ x̀ |	x	x̀ |

* = Pause
x́ = Haupthebung
x̀ = Nebenhebung
/ = kleine Pause
Die Sprecheinheiten (zwischen / und /) heißen **Kola** (**Singular: Kolon**).

Lyrische Textsorten

- **Ballade**: wird auch Erzählgedicht genannt, da es eine literarische Form ist, die epische, dramatische und lyrische Elemente vereinigt. Erzählt wird ein dramatisches, ungewöhnliches Geschehen, das auch Elemente aus Sagen, Mythen und geschichtlichen Ereignissen verarbeiten kann. Im Unterschied zu Kunstballaden entstanden Volksballaden ursprünglich aus Volksliedern.

- **Hymne**: schildert inhaltlich oftmals die festliche Preisung (eines) Gottes. Die Hymne kann jedoch auch eingesetzt werden, um eine Ortschaft, eine real existierende Person oder aber einen Umstand oder ein Gefühl zu besingen. Sie hat keine feste Form, oft wird der freie Vers eingesetzt. Die Inversion ist ein gängiges stilistisches Mittel und so ist die Hymne stilistisch stark mit der Ode vergleichbar.

- **Lied**: setzt sich aus mehreren, gleich gebauten Strophen mit recht kurzen Versen und einem Refrain (Kehrreim) zusammen. Das Wort stammt ursprünglich aus dem Germanischen und bedeutet etwas Gesungenes, eigentlich den gesungenen Zauberspruch. Zur lyrischen Form des Liedes gehören der frühgermanische Heldengesang genauso wie der mittelalterliche Minnesang oder Kirchenlieder Luthers, Volklieder aus dem 19. Jahrhundert und die Texte der heutigen Rock- und Popmusik. Die Themen sind unterschiedlich, es gibt zum Beispiel Liebeslieder oder politische Lieder.

- **Ode**: Die antike Ode hatte eine strenge, sehr kunstvoll gebaute Strophenform. Ursprünglich war sie reimlos. In der deutschen Dichtung erscheint sie auch mit Reim. Die einzelnen Odenformen sind nach den verschiedenen antiken Versmaßen benannt: alkäische, asklepiadeische und sapphische Strophe bzw. Ode. Der strengen Form entspricht der feierliche Inhalt.

- **Sonett**: ein aus 14 Verszeilen bestehendes Gedicht, das in Deutschland vorwiegend nach dem Reimschema abba/abba ccd/eed konstruiert wurde. Die beiden ersten Strophen (Aufgesang) haben stets vier Verse (Quartette), die beiden letzten Strophen (Abgesang) drei Verse (Terzette). Oft unterstützt die strenge formale Gliederung den gedanklichen Aufbau des Gedichts. Die strenge Form steht im Zusammenhang mit der Zeit, in der Sonette bevorzugt gedichtet wurden. So verwendeten Dichter im Barock, z. B. **Andreas Gryphius**, zur Zeit des Dreißigjährigen Krieges und Dichter im Expressionismus vor dem Ersten Weltkrieg die Form, da sie Halt und Ordnung in Krisenzeiten versprach. Der formstrenge Bau regt auch in der Moderne immer wieder zu Sonett-Parodien an. (☞ Kapitel 8)

Sach- und Gebrauchstexte (Kapitel 2)

Nicht-fiktionale Texte sind keine von einem Dichter erfundenen Texte, sondern sie beziehen sich auf reale Inhalte. Dieses Merkmal verbindet eine große Vielfalt an unterschiedlichen Texten. So sind manche reine **Gebrauchstexte** wie Kochrezepte, Bastel- oder Spielanleitungen. Daneben begegnen einem Sachtexte als **journalistische Textsorten** in Zeitungen in **Printform oder in digitaler Form** in Online-Ausgaben von Zeitungen oder in anderen Formen im Internet. Inhalt dieser Texte sind oft Themen aus Politik, Gesellschaft, Wirtschaft oder Wissenschaft, hier können durchaus – durch persönliche Eindrücke oder Meinungen geprägt – literarische Züge vorhanden sein. Nach ihrer jeweiligen kommunikativen Intention unterscheidet man Sach- und Gebrauchstexte auch noch wie folgt:

Intentionen von Sachtexten

- **informieren:** Nachricht, Bericht, Interview, Reportage ...
- **kommentieren:** Kommentar, Glosse, Leserbrief ...
- **appellieren:** offener Brief, Werbetext ...

In der Regel sind die genannten Formen von Sach- und Gebrauchstexten in fortlaufender Textform, also **kontinuierlich**, verfasst. Anders verhält es sich bei einer besonderen Untergruppe der Sachtexte, den sogenannten **diskontinuierlichen Texten** wie Schaubilder, Diagramme o. Ä. Sie werden deshalb als diskontinuierlich bezeichnet, weil ihre Leserichtung nicht wie sonst im Deutschen üblich eindeutig von links oben nach rechts unten vorgegeben ist, sondern weil das Auge zwischen unterschiedlichen Einstiegsmöglichkeiten und Leserichtungen und -reihenfolgen „wählen" kann.

Sach- und Gebrauchstextarten

◆ **Bericht**: orientiert sich an Tatsachen, ist also sachgebunden und meist dem zeitlichen Ablauf folgend gegliedert. Der Bericht versucht, möglichst objektiv zu sein, persönliche Gedanken, Gefühle und Wertungen auszuklammern. Die Zeitstufe, in der er verfasst wird, ist gewöhnlich das Präteritum. Meist werden dem Bericht die folgenden Merkmale zugeordnet:

- Sachlichkeit im Inhalt und in der Sprache
- Genauigkeit
- Übersichtlichkeit im Aufbau
- einfacher Satzbau
- Verwendung von Konjunktionen, um Zusammenhänge zu verdeutlichen
- Tempus: Präteritum

- **Blog** (auch **Web-Log**, engl., Wortkreuzung aus engl. *World Wide Web* und *Log* für Logbuch): auf einer Website geführtes und zumeist öffentlich einsehbares Tagebuch oder Journal, in dem mindestens eine Person, der Web-Logger, kurz Blogger, Aufzeichnungen führt, Sachverhalte protokolliert oder Gedanken niederschreibt. Der Herausgeber oder Blogger steht, anders als etwa bei Netzzeitungen, als wesentlicher Autor über dem Inhalt, häufig sind die Beiträge aus der Ich-Perspektive geschrieben. Das Blog bildet ein für Autor und Leser einfach zu handhabendes Medium zur Darstellung von Aspekten des eigenen Lebens und von Meinungen zu spezifischen Themen.

- **Diagramm – diskontinuierliche Textform**: grafische Darstellung von Daten, Sachverhalten oder Informationen. Je nach der Zielsetzung und Datenmenge sowie -inhalt werden unterschiedliche Typen eingesetzt. Häufig vorkommende Diagramme sind **Säulendiagramm**, **Balkendiagramm** und **Kreisdiagramm**.

- **Essay**: meist kürzere Abhandlung in Prosa (aber umfangreicher als ein Feuilletonartikel) über einen wissenschaftlichen Gegenstand, eine aktuelle Frage des geistigen, kulturellen oder sozialen Lebens o. Ä.
  - in leicht zugänglicher, doch stilistisch-künstlerisch anspruchsvoller Form, die einem Essay auch über den konkreten Anlass hinweg zeitlosen, bleibenden Wert gibt (im Gegensatz zu anderen eher unterhaltenden journalistisch-feuilletonistischen Formen; daher eine gewisse Nähe des Essays zu literarischen Texten);
  - für die ein ganz individueller, den Gegenstand von verschiedenen Seiten beleuchtender subjektiver Zugang des Autors typisch ist, der sich auch in Sprache und Wortwahl niederschlägt;
  - mit einer eher locker-mosaikhaften und sprunghaft-assoziativen Gedankenführung, also ohne eine systematische und erschöpfende Abhandlung des Gegenstands (im Gegensatz zur objektiven, sprachlich nüchternen wissenschaftlichen Abhandlung);
  - wobei trotzdem der Versuch (*frz. essai = [Kost-]Probe, Versuch*) unternommen wird, auch durch Kritik an etablierten Meinungen, zumindest Bruchstücke von Wahrheit und Erkenntnis zu finden, die dauerhaft Gültigkeit besitzen.

- **Karikatur – diskontinuierliche Textform**: komisch überzeichnete Darstellung von Menschen oder gesellschaftlichen Zuständen, auch mit politischem bzw. propagandistischem Hintergrund. Karikaturen sind meist eine bildliche Form der Satire. Die Karikatur übertreibt bewusst, spitzt zu und verzerrt charakteristische Züge eines Ereignisses oder einer Person, um durch den aufgezeigten Kontrast zur Realität und die dargestellten Widersprüche den Betrachter der Karikatur zum Nachdenken zu bewegen.

- **Kommentar**: erörtert ein Geschehen oder einen Sachverhalt, ist meist namentlich gekennzeichnet und erscheint in vielen Zeitungen deutlich vom Nachrichtenteil getrennt. Der Kommentar argumentiert und appelliert.

Wichtige Formen: der **Leitartikel** (repräsentativer Kommentar einer Zeitung, an bestimmter Stelle platziert) und die **Glosse** (kurzer, ironischer Meinungstext, oft aggressiv und doppelbödig, der häufig mit verschiedenen Stilebenen und Stilmitteln arbeitet)

- **Leserbrief**: eine mit dem Namen versehene Meinungsäußerung eines Lesers/einer Leserin z. B. zu einem Zeitungs- oder Zeitschriftenartikel. Zeitungen behalten sich oft Kürzungen vor, Leserbriefe können sowohl sachlich als auch emotional abgefasst sein. Der Abdruck eines Leserbriefs kann Anlass einer öffentlichen Leserdiskussion sein.

- **Reportage**: spezielle Form des Berichts, die neben Tatsachen auch das persönlich gefärbte Erlebnis mit einbezieht. Das subjektive Element wird z. B. durch Informationen zum Hintergrund, durch Zitate, Beobachtungen und Empfindungen erreicht. Das Erlebnis des Reporters wird spürbar.

- **Rezension** (auch: Besprechung, Kritik): gehört zu den meinungsbildenden Texten. Darin werden kulturelle Ereignisse oder Veröffentlichungen wie Bücher, Filme, Kunstwerke, Konzerte, Bild- und Tonträger sowie Computerspiele oder Software besprochen. Rezensionen haben vielfältige Funktionen: informieren, Hintergrundwissen vermitteln, bewerten und Orientierung schaffen.

- **Schaubild** (auch Chart oder Informationsgrafik) – **diskontinuierliche Textform**: vermittelt Zusammenhänge zwischen Begriffen, Kategorien und Aussagen durch ihre grafische Anordnung und Verknüpfung. Schaubilder erfüllen drei zentrale Funktionen:

1. Motivationsfunktion: Bilder können Aufmerksamkeit und Neugier wecken.
2. Gedächtnisstützende Funktion: Als Reproduktionshilfe können Schaubilder das Behalten und Erinnern von Informationen unterstützen.
3. Strukturierungsfunktion: Schaubilder geben einen Überblick über einen Sachverhalt und ermöglichen eine Orientierung im Lernstoff.

Formen von Schaubildern sind z. B.:

- Zeitachsen: chronologische Anordnung von Ereignissen an einer Zeitachse
- Flussdiagramme: Darstellung von Abläufen und Prozessen
- Organigramme/Strukturdiagramme: Anzeigen des Beziehungsgeflechts zwischen Personen oder Gruppen

Auflösung Aufgabe 2/Seite 36 (Kapitel 2):
Für das dritte Bild unten wurden 64 Frauenporträts ineinandergeblendet, das sechste Bild der unteren Reihe bildet das Mittel aus 32 Männerfotos. Solche am Computer erschaffenen Mischwesen werden von Testpersonen für attraktiver gehalten als real existierende Menschen.

Medium: Film (☞ Kapitel 4)

Heutzutage handelt es sich bei **Filmen** im Kino oder Fernsehen meist um farbige Bilderfolgen, die vertont und musikalisch untermalt sind. Der Film steht als Kunstform der Literatur nahe, wie auch dem konzeptionell verwandten Theater.
Abhängig von Art, Inhalt oder Gestaltungsmerkmalen kann der Film einem oder mehreren **Filmgenres** wie Kriminalfilm, Komödie, Science-Fiction-Film, Horrorfilm, Kriegsfilm, Liebesfilm etc. zugeordnet werden.
Filme, die das Leben einer bestimmten Person beschreiben, nennt man Biografien. Wenn eine Person ihren eigenen Lebenslauf niederschreibt oder in anderer Form vorstellt, spricht man von einer Autobiografie.

Filmtechnische Fachbegriffe

- **Handlung/Dramaturgie**: Verhältnis der Figuren, Konflikte, Wendungen in der Handlung
- **Inszenierung**: Hintergrund, vor dem der Film spielt (vertraute Realität, historisches oder exotisches Setting ...)
- **Musik/Geräusche**: musikalisches Leitmotiv; Musik zur Akzentuierung oder Untermalung der Handlung; realistische oder künstliche Geräusche, Zusammenhang mit der Handlung
- **Einstellungsgrößen**: Kameraeinstellungen, durch die der Regisseur bestimmt, was man in einer Filmszene sehen und wahrnehmen soll:
  - Totale: Überblick über den Ort des Geschehens sowie räumliche Orientierung
  - Halbtotale: Figuren in voller Körpergröße mit einem Teil der Umgebung
  - Amerikanische: Figur vom Bauch aufwärts bis zum Kopf (wie in amerikanischen Western der Revolverheld vor dem Duell)
  - Nahaufnahme: Figur sehr genau von der Brust aufwärts (auch Mimik und damit Gefühle der Figur erkennbar, Einzelheiten wie Schmuck)
  - Detailaufnahme: Teilaspekte in Nahaufnahme (z. B. die Falten im Gesicht, der Fleck auf dem Hemd)
  - Großaufnahme: nur eine Sache im Bild, sodass nichts anderes als dieser eine Teil zu sehen ist (Gesicht einer Figur; Geldschein, der auf dem Tisch liegt)
- **Perspektiven** zeigen Personen oder Sachen, die gefilmt werden sollen, in
  - Normalperspektive: Betrachter auf gleicher Augenhöhe
  - Froschperspektive: Person oder Sache soll groß, mächtig oder bedrohlich erscheinen, die Kamera filmt von unten
  - Vogelperspektive: Person oder Sache soll klein, unbedeutend oder einsam erscheinen, Kamera filmt von oben
- **Schnitt/Montage**: Bearbeitung des aufgenommenen Bild- und Tonmaterials zum fertigen Film

Wissenspeicher

Zum Lernbereich „Schreiben“

Der Schreibprozess bei allen Aufsatzformen im Deutschunterricht

Unabhängig von der jeweils gestellten Schreibaufgabe empfiehlt es sich, einem immer gleichen Arbeits- und Schreibablauf zu folgen.

1. **Arbeitsschritt: Vorarbeiten**
   Abhängig von der jeweiligen Themenstellung variieren diese Vorarbeiten. Sie können sein:
   - Analyse der Themenfrage (zentrale Begriffe bestimmen, Reichweite erfassen)
   - Beachtung des verwendeten Operators (z. B. *Interpretieren Sie …, Analysieren Sie …, Erläutern Sie …, Erörtern Sie …* etc.)
   - Aktives mehrmaliges Lesen eines vorgegebenen Textes oder Textausschnittes: Einteilen in Sinnabschnitte, Markieren bzw. Exzerpieren der wichtigsten Textstellen, Begriffserklärung und Festhalten der Schlüsselwörter, Herausarbeiten der Kerngedanken und/oder der Struktur des Textes, Bereitstellen von wörtlichen Zitaten aus dem zu analysierenden Text …
   - Vergegenwärtigung des benötigten (Grund-)Wissens für die Bearbeitung der Schreibaufgabe, z. B. die Einbeziehung von literarischem Grundwissen, Kenntnissen zu exemplarischen Werken, Erkenntnissen aus der Sekundärliteratur …

2. **Arbeitsschritt: Stoffsammlung**
   In Abhängigkeit von der jeweiligen Aufsatzform kann die Stoffsammlung erfolgen durch:
   - Aktivieren von Vorwissen durch Brainstorming, Clustering und Mind-Mapping
   - Ermitteln möglichst vieler Aspekte des Themas durch Antworten auf W-Fragen
   - Sammeln von Argumenten (aus einem vorgegebenen Text oder eigene) und Gegenargumenten (zu einer vorgegebenen Argumentation)
   - Erschließen aller nötigen Analysemerkmale des vorgegebenen literarischen Textes oder Sachtextes
   - Verknüpfen der formalen und sprachlichen Merkmale mit dem Inhalt bzw. der Textintention

3. **Arbeitsschritt: Stoffordnung/Gliederung/Schreibplan**
   - Sinnvolle Ordnung des Materials
   - Streichung von Überflüssigem
   - Entwicklung einer Gliederung
   - Gleichzeitige Benutzung der Gliederung als Schreibplan

4. **Arbeitsschritt: Abfassen des Aufsatzes**
   - Unabhängig von der jeweiligen Aufsatzform erfolgt der Aufsatz immer im Rahmen der Dreigliederung: Einleitung – Hauptteil – Schluss.
   - Wie diese drei Teile inhaltlich zu füllen sind, hängt allerdings von der jeweiligen Aufsatzform ab.

5. **Arbeitsschritt: Überarbeiten**
   Überprüfung des Aufsatzes in Bezug auf:
   - sprachliche Richtigkeit (orthographisch, grammatisch und stilistisch)
   - formale Korrektheit (z. B. richtiges Zitieren)
   - logische Schlüssigkeit
   - sprachliche und inhaltliche Kohärenz (eindeutiger und richtiger Zusammenhang von aufeinanderfolgenden Sätzen)
   - formale Korrektheit der Gliederung (einheitlicher Sprachstil, logische Nummerierung)

Texte analysieren und interpretieren

◆ **Literarische Texte interpretieren**

Das Verständnis vor allem schwieriger literarischer Texte lässt sich mithilfe ihrer sorgfältigen Lektüre und einer genauen Untersuchung, besonders der Schlüsselstellen, wesentlich vertiefen. Nicht selten werden so auch zunächst nicht erkannte Bedeutungsebenen eröffnet. In der Interpretation werden dann die Befunde sinnvoll zueinander in Beziehung gesetzt. Unabhängig von der Textsorte sollte sich das Vorgehen bei der Erschließung an folgenden Prinzipien orientieren:

- Zunächst sollten die Informationen verwendet werden, die dem Text zu entnehmen sind (**textimmanente Interpretation**), ergänzt durch die Kenntnis gattungsspezifischer Gestaltungsmittel.
- Hintergrundwissen über Autor, Epoche und Thema kann als Zusatzmaterial zur Stützung der eigenen Befunde herangezogen werden.
- Eine Analyse der verwendeten Stilmittel berücksichtigt immer auch deren Funktion: Was bewirkt ein sprachliches Merkmal in Hinblick auf den thematischen Kontext, die ästhetische Qualität, die Aussage einer Passage?
- Hierfür sind Zitate und Textbelege zu sammeln und in die eigene Darstellung und Argumentation zu integrieren.
- Ein wichtiges Ziel ist es aufzuzeigen, inwieweit Inhalt, Aufbau, Form und Sprache zusammenhängen.
- Zu berücksichtigen ist der mögliche Gegenwarts- und Aktualitätsbezug des Stoffs.

Methoden zur Interpretation der verschiedenen Textsorten:

→ Gedichte interpretieren (☞ S. 118, 199, 201)
→ Epische Texte interpretieren (☞ S. 81)

→ Dramenszenen interpretieren (☞ S. 154)
→ Einen Film analysieren (☞ S. 100)
→ Werke aus einem Themenfeld miteinander vergleichen (Lyrik ☞ S. 123; Sachtexte ☞ S. 37ff.)

◆ **Gestaltendes/produktionsorientiertes/szenisches Interpretieren**
Einen Text kann man auch mithilfe produktiver, gestaltender Aufgaben erschließen und analysieren. Die wichtigste Voraussetzung dafür ist das Sich-Einfühlen in Figuren oder Situationen des Textes sowie die Übernahme einer anderen Perspektive und das Füllen sogenannter Leerstellen des Textes mit der Vorstellungskraft des Lesers. Zentrale Formen beim gestaltenden Interpretieren sind:
- innerer Monolog
- Tagebucheintrag
- Brief
- Dialog

Folgende Kriterien sollten eingehalten werden:
- inhaltlicher Bezug zum Ausgangstext
- Stimmigkeit von Aufbau, Gedankenführung und Figurenzeichnung
- Verwendung zentraler Sprachmerkmale des Ausgangstextes
- Einhaltung der Textsortenmerkmale
- Kreativität der gestalterischen Arbeit
- Sprachrichtigkeit

Der kreative interpretatorische Ansatz bei Dramentexten führt zum szenischen Interpretieren, bei dem vor allem das innere Geschehen der Figuren durch bestimmte Methoden (Standbild, Beiseite Sprechen, Rollen-Ich) sichtbar gemacht und damit interpretiert wird.
→ Prosatexte gestaltend interpretieren (☞ S. 61ff.)
→ Dramentexte szenisch interpretieren

◆ **Sachtexte und Reden analysieren**
Sachtexte sind Gebrauchstexte, deren zentrales Anliegen darin besteht, Fakten zu einem Gegenstand zu liefern und/oder Stellung dazu zu beziehen, etwa in Zeitungen und Zeitschriften. Die Analyse eines solchen Textes muss sich folglich sowohl mit dem **Informationsgehalt** als auch mit dem **Argumentationsverlauf** und der **Intention des Autors** auseinandersetzen. Das gilt für die Analyse von Reden im besonderen Maß. In der Regel ist bei der Sachtextanalyse eine **persönliche Stellungnahme** gefordert. Vor der schriftlichen Ausarbeitung muss die Auseinandersetzung mit dem Text erfolgen, am besten mithilfe von Markierungen, Unterstreichungen und Randbemerkungen.
→ Einen Sachtext zusammenfassen (☞ S. 45)
→ Die sprachliche Gestaltung eines Sachtextes analysieren (☞ S. 46)
→ Verfassen einer Sachtextanalyse (☞ S. 48)
→ Einen Sachtext bewerten

Erörtern/Argumentieren (☞ Kapitel 2)

Beim Erörtern handelt es sich um eine Form des Argumentierens. Einer **textbezogenen Erörterung** geht dabei die Analyse bzw. Erschließung der Textgrundlage voraus. Das **themenbezogene Erörtern** bezieht sich meist auf Sachverhalte aus dem weiteren eigenen (auch literarischen) Erfahrungsbereich oder auf Probleme von gesellschaftlicher Bedeutung, die es in ihrer Komplexität erst einmal zu erschließen gilt, ehe die unterschiedlichen Standpunkte diskutiert werden können.
Folgende Abfolge der Arbeitsschritte hat sich bewährt:

- Thema analysieren: Reichweite erfassen, zentrale Begriffe bestimmen und durchdringen
- Stoff sammeln: Vorwissen aktivieren, möglichst viele Aspekte des Themas erfassen, durch Antworten auf W-Fragen erweitern
- Stoffsammlung strukturieren: zusammengehörende Stichpunkte unter Oberbegriffen erfassen, Gliederungslogik entwickeln, ggf. ergänzen
- Grobgliederung/Schreibplan erstellen: Thesen formulieren; Argumente, Beispiele und Belege zuordnen; sachlogisch anordnen; ähnliche Zahl von Unterpunkten anstreben
- Einleitung so formulieren, dass an deren Ende das gestellte Thema steht und zum Hauptteil überleitet; Hinweis auf die Aktualität des Themas oder die eigenen Erfahrungen damit, aber ohne Argumente vorwegzunehmen
- im Hauptteil umfassend und differenziert argumentieren, Thesen durch Argumente erhärten und mit Beispielen und Belegen stützen, mögliche Gegenargumente einbeziehen, eigene Werthaltung deutlich machen, auf flüssige Überleitungen achten
- am Schluss keine Argumente wiederholen, ggf. Ausblick auf Folgen

Gängige Formen des Erörterns sind:

- **steigernd**, **linear** oder **einlinig entwickelnd**: wenn ein Sachaspekt oder mehrere Sachaspekte eines Themas (Ursachen, Folgen, mögliche Gegenmaßnahmen) der Wichtigkeit folgend entwickelt werden
- **dialektisch** oder **kontrovers**: wenn auf eine Entscheidungsfrage mit einer Abwägung der Vor- und Nachteile des thematisierten Gegenstands für die eigene Stellungnahme geantwortet wird

Je nach Argumentation unterscheidet man:
Autoritätsargument, Analogieargument, Faktenargument, normatives Argument, Evidenzargument und Logikargument.

Methoden im Lernbereich „Schreiben“

- **Brainstorming**: Methode der Ideensammlung; spontanes, freies und ungesteuertes Sammeln von Einfällen zu einem bestimmten Wort, Thema, Begriff etc.

- **Cluster**: Methode der Ideensammlung; vorstrukturierende Anordnung von Assoziationsketten, meist als Äste von einem Mittelpunkt ausgehend.
- **Exzerpt**: Ergebnis des Exzerpierens; darunter versteht man das Herausschreiben zentraler Aussagen, Argumente, Informationen aus einem Text. Es kann stichwortartig oder satzförmig erfolgen – je nach Verwendungszweck des Exzerpts.
- **Mind-Map**: Methode der optischen Gliederung von Ideensammlungen, bei der ein Thema nach Ober- und Unterpunkten aufgeschlüsselt wird. Die gedankliche Ordnung wird mithilfe von verzweigten Ästen veranschaulicht.
- **Portfolio**: Methode zur Diagnose und Dokumentation der eigenen Lernentwicklung; z. B. Sammelmappe mit eigenen Texten bzw. überarbeiteten Fassungen zur Beobachtung des eigenen Lernfortschritts und zur gezielten Fehlerbeseitigung. (☞ S. 101)
- **Schreibkonferenz**: Methode der Überarbeitung selbstverfasster Texte in Kleingruppen; dabei liest jeder jeden Fremdtext und kommentiert ihn – meist auf der Grundlage eines Kriterienkatalogs – mit dem Ziel der Verbesserung. Anschließend überarbeitet der Verfasser seinen Text mithilfe der Verbesserungsvorschläge.
- **Schreibplan**: Methode zur Stoffordnung bei einer Schreibaufgabe; strukturierte Notizen zur Konzeption einer schriftlichen Arbeit.
- **Textcollage**: Methode des kreativen Umgangs mit Texten. Bei einer Textcollage werden verschiedene Texte ineinander geschrieben. Die Textcollage als literarisches Mittel montiert unterschiedliche Sprachebenen, Sprachstile oder Inhalte mit dem Ziel, unterschiedliche Handlungs- und Bewusstseinsebenen zu verknüpfen. Als Interpretationsmethode können durch die Erstellung einer Textcollage (z. B. Mischung verschiedener Erzählperspektiven) unterschiedliche Lesarten einer Textstelle sichtbar gemacht werden.

Zitieren

Für jedes **Zitat aus der Primär- und Sekundärliteratur** ist die **Quelle** anzugeben[1], also der genaue Ort, von dem dieses Zitat stammt, auch wenn der Autor inhaltlich nur sinngemäß wiedergegeben wird.

Jedes **wörtliche Zitat** ist in Anführungszeichen („…") und in seinem genauen Wortlaut wiederzugeben. Vorgenommene Kürzungen werden durch drei Punkte in eckigen Klammern […] gekennzeichnet. Kleinere Veränderungen gegenüber dem Originalwortlaut, die vorgenommen werden, um z. B. beim Einbau des Zitats in den eigenen Text einen grammatikalisch richtigen Satz entstehen zu lassen, müssen ebenfalls in eckige Klammern gesetzt werden.

[1] Alle im Folgenden aufgeführten Möglichkeiten zu zitieren, Anmerkungen einzufügen bzw. bibliographische Angaben zu machen, sind auf den Seiten 253 f. veranschaulicht.

Bei einer **sinngemäßen Wiedergabe** (auch: Paraphrase) muss durch die Verwendung des Konjunktivs I oder durch Verweise auf den Namen des Autors deutlich werden, dass es sich um den Gedankengang eines anderen handelt.

Die **Form der Quellenangabe** – egal ob sie als Fußnote am Ende der jeweiligen Seite oder aber am Ende einer Arbeit in einem separaten Anhang steht – entspricht den bibliographischen Angaben. Ist eine Arbeit schon einmal ausführlich zitiert worden, können weitere Verweise in eine gekürzte Form gebracht werden. Wird auf eine Quelle in der unmittelbar darauf folgenden Fußnote erneut verwiesen, wird die Abkürzung ebd. (= ebenda) verwendet.

Paraphrasierende, also nicht wörtliche Zitate erhalten in der Fußnote den Zusatz vgl. (vergleiche).

Fußnoten werden u. a. verwendet, um dort die Quelle eines Zitats zu platzieren. Sie können aber auch zur Entlastung des eigenen Textes (z. B. für Worterklärungen etc.) genutzt werden.

Bibliographische Angaben machen[2]

bei Büchern:

- mit einem Verfasser:
  Verfassername, Vorname: Titel. Erscheinungsort: Verlag, Erscheinungsjahr
- mit zwei Verfassern:
  Verfassername 1, Vorname 1/Verfassername 2, Vorname 2: Titel. Erscheinungsort: Verlag, Erscheinungsjahr
- mit mehreren Verfassern:
  Verfassername 1, Vorname 1 [u. a.]: Titel. Erscheinungsort: Verlag, Erscheinungsjahr
- mit einem Herausgeber:
  Herausgebername, Vorname (Hg.): Titel. Erscheinungsort: Verlag, Erscheinungsjahr
- mit mehreren Aufsätzen (Sammelbände):
  Verfassername, Vorname: Titel. In: Verfasser bzw. Herausgeber des Buches: Buchtitel. Angabe der Bandnummer, Erscheinungsort: Verlag, Erscheinungsjahr, Seitenangabe für den entsprechenden Aufsatz

bei Aufsätzen in Zeitschriften:

- *Verfassername, Vorname: Titel. In: Titel der Zeitschrift , Nummer (Jahr), Seitenangabe*

bei Internetquellen:

- *Verfassername, Vorname: Titel. In: URL, zuletzt besucht am ...*
  Sind Autor und Titel nicht ersichtlich, reicht die Angabe von URL und Zugriffsdatum. Wegen der Schnelllebigkeit des Internets kann es sinnvoll sein, einen Ausdruck der Seite im Anhang der Arbeit beizufügen.

[2] Die formale Gestaltung von bibliographischen Angaben variiert von Fach zu Fach, auch von Autor zu Autor. Wichtig ist, ein einmal gewähltes Verfahren konsequent anzuwenden.

Beispieltext:

Das 1844 von Heinrich Heine verfasste Gedicht „Die schlesischen Weber“ thematisiert in einer aggressiv appellierenden Atmosphäre grundlegende Kritik an den politischen Umständen und Autoritäten der vorrevolutionären Zeit von 1848, indem der Ruf nach politischem Wandel durch die Stimmen schlesischer Weber umgesetzt wird.

Heines politisches Gedicht ist als „Seismograph seiner Zeit“[1] zu deuten: Die Weber streben nach Deutschlands Untergang, indem sie an dessen Leichentuch arbeiten. Der „[dreifache] Fluch“[2], den sie in das Tuch hineinweben, ist eine direkte Anklage gegen die drei höchsten Instanzen der damaligen Ordnung, Gott, König und Vaterland[3]. Schlussendlich soll ganz „Altdeutschland“[4] – „[...] in dem sich die preußische Monarchie durch restaurative Kräfte versucht zu behaupten.“[5] – vom Leichentuch begraben werden.

Nach Simoneit greife Heine die Weberaufstände von 1844 auf, um auf die im Rahmen der Industrialisierung entstandenen Missstände von Ausbeutung und Lohnverfall aufmerksam zu machen.[6] Im Gedicht finden sich zahlreiche Verweise auf das soziale Elend, z. B. in Vers 7 auf die zu erleidenden Hungersnöte; die soziale Stellung der Weber wird mit Hunden verglichen, derer man sich bedenkenlos entledigt: „Und uns wie Hunde erschießen lässt –“[7].

Jedoch wird auf diese Weise nicht Hoffnungslosigkeit verdeutlicht, sondern der Wille zu „Revolution statt Resignation“[8]. Dem Untergang Deutschlands wird entgegengestrebt („Wir weben emsig Tag und Nacht –“[9]). Die Unaufhaltsamkeit dieses Strebens ist formal vielfältig umgesetzt. So steigert sich die kämpferisch appellierende Stimmung, was an dem Wandel der Kommunikationssituation

[1] Vgl. Lyrik als „Seismograph der Zeitgeschichte“. In: Bach, Klaus [u.a.]: Historische Einordnung der Literatur – eine Absage an reine Werkimmanenz. München: Elagy Verlag, 2006, S. 231

[2] Die schlesischen Weber, Strophe 1/Vers 4; Strophe 5/Vers 24

[3] Vgl. ebd. Strophe 2/Vers 6; Strophe 3/Vers 11; Strophe 4/Vers 16

[4] ebd., Strophe 5/Vers 23

[5] Breitbach, Maria: Der Vormärz und die Märzrevolution. In: GeschichteGegenwart. Zeitschrift für Historiker, 5 (2009), S. 89

[6] Vgl. Simoneit, Hans: Heine und die literarische Strömung des Vormärz. In: Lörchner, Michal (Hg.): Heinrich Heine. Leben und Werk. Bd. 3, Stuttgart: Zentrumsverlag, 2003, S. 132

[7] Die schlesischen Weber, Strophe 3/Vers 14

1 Anmerkung zur Wortbedeutung

2 Zitat aus Primärtext mit kenntlich gemachter syntaktischer Anpassung

3 sinngemäße Wiedergabe der Primärquelle

4 7 9 10 Zitat aus Primärquelle

5 wörtliches Zitat mit Einbindung in den Fließtext und kenntlich gemachter Kürzung des Wortlauts

6 sinngemäße Wiedergabe aus der Sekundärliteratur durch Konjunktiv und Verfassername kenntlich gemacht

8 wörtliches Zitat aus Sekundärliteratur

1 Buchquelle mit mehreren Verfassern

2 4 7 9 10 Primärquelle

3 unmittelbar folgender Verweis auf in vorheriger Fußnote bereits genannte Quellenangabe mit vgl. angeschlossen

5 Aufsatzquelle in einer wissenschaftlichen Zeitschrift

6 ausführlich genannter Einzeltitel; Aufsatzquelle aus mehrbändigem Sammelwerk mit einem Herausgeber

Schreiben

deutlich wird: Zunächst schildert ein verdeckter Sprecher die Ausgangssituation. Er zeichnet ein aggressives und zugleich emotional abgestumpftes Bild der arbeitenden Weber; sie verrichten ihre Arbeit nahezu mechanisch. Die Härte der Situation wird durch die schnell aufeinanderfolgenden Silbenbetonungen sowie die Ellipse im ersten Vers unterstrichen. Die Aggressivität der Weber drückt sich auch in der Metapher des Zähnefletschens aus, welche die Arbeiter im zweiten Vers mit wilden Tieren gleichsetzt. Die Wut der Weber bricht sich Bahn, sodass sie selbst das Wort ergreifen, verdeutlicht an den Anführungszeichen ab Vers 3. Sie betonen, am Untergang der bestehenden gesellschaftlichen Strukturen mitzuwirken, was die Metapher des Leichentuchs als Endprodukt ihres Webens symbolisiert. Indem die Weber nun selbst ihre Klagen vorbringen, entsteht Unmittelbarkeit und Nähe zum Leser. Diese Wirkung wird durch den gewählten Sprachstil, der Nähe zur Umgangssprache aufweist („Er hat uns geäfft, gefoppt und genarrt –“[10]), verstärkt. Nach Karl Schneise ist dies exemplarisch für den Autor: „Heine traf den Ton, da er schrieb, wie die Bevölkerung sprach. Das Vermögen, Sprache als Spiegel der Missstände und Ungerechtigkeiten zu formen, sucht ihresgleichen.“[11]

Besonderen Wert erhält das „Weberlied“[12], indem es – so erklärt Simoneit – im Gegensatz zu anderen Gedichten der Zeit nicht nur die unwürdigen Lebensbedingungen beklagt, sondern die politisch-gesellschaftlichen Missverhältnisse – die Übermacht von Kirche und Adel sowie die Nichtexistenz einer bürgerlich-demokratischen Ordnung – kritisiert.[13] Die ausgesprochenen drei Flüche sind direkte Angriffe gegen Gott, den König und das Vaterland und konkretisieren die Ursachen und das Ziel des bezweckten politischen Umsturzes. Heines literarisches Werk sei somit beispielhaft für die politische Lyrik des Vormärz, indem es den monarchischen Bestrebungen eine liberal-nationale Bewegung entgegenstelle.[14] [...]

11 wörtliches auf Doppelpunkt folgendes nachgestelltes Zitat aus Sekundärliteratur

12 Entlastung des eigentlichen Textes

13 erneute sinngemäße Wiedergabe eines bereits genannten Autors

14 sinngemäße Wiedergabe aus der Sekundärliteratur nur durch Konjunktiv kenntlich gemacht

8 ausführliche genannter Einzeltitel; Buchquelle mit zwei Verfassern

11 Internetquelle

12 14 durch Autorennamen und Jahreszahl verkürzt zitierte wiederholte Quelle

13 sinngemäßes Zitat eines bereits genannten Autors, allerdings in einer anderen Buchquelle

[8] Lindi, Joanna/Bachmann, Christof: Die Rezeptionsgeschichte von Heines „Weberlied“. Köln: Verlag am Rhein, 1997, S. 67
[9] Die schlesischen Weber, Strophe 5/Vers 22
[10] ebd., Strophe 2/Vers 9
[11] Schneise, Karl: Heinrich Heine und die Nähe zum gemeinen Volk. In: http://www.bkldo.html#art1, zuletzt besucht am 06.12.2010
[12] Das Gedicht „Die schlesischen Weber“ von Heine wird aufgrund seiner Nähe zur Liedform auch als „Weberlied“ bezeichnet, vgl. Lindi/Bachmann, 1997, S. 88 ff.
[13] Vgl. Simoneit, Hans: Politische Gedichte des Vormärz. Stuttgart: LWVerlag, 2009, S. 9
[14] Vgl. Lindi/Bachmann, 1997, S. 163

Wissenspeicher

Zum Lernbereich „Reflexion über Sprache“

Zeichensetzung

Das Komma

Das Komma wird im Deutschen nicht gesetzt, um Sprechpausen zu bezeichnen, sondern um grammatische Gliederungen von Sätzen anzuzeigen.

1 Mit einem Komma trennt man gleichrangige **Wörter**, **Wortgruppen** oder **Teilsätze** voneinander ab, die nicht durch *und* bzw. *oder* verbunden werden:

- *Klaus besorgte Getränke, Knabbereien und was man sonst noch benötigte.*

Achtung: Das Komma steht **nicht**, wenn bei mehreren aufgezählten Adjektiven das letzte Adjektiv mit dem zugehörigen Nomen einen Gesamtbegriff bildet:

- *nach neuesten wissenschaftlichen Erkenntnissen*

2 **Einschübe**, **Zusätze**, **Appositionen** und **sonstige herausgehobene Satzteile** grenzt man mit Komma ab:

- *Wir treffen uns am Freitag, den 25.7., im Foyer der Bank zu diesem Termin.*
- *Gerne würde ich Ihren Betrieb kennenlernen, vor allem die Vertriebsabteilung.*
- *Hans, sein Sandkastenfreund, hatte leider aus Krankheitsgründen abgesagt.*
- *Sabine, kommst du endlich?*

3 **Sind selbstständige Sätze** mit *und* bzw. *oder* verbunden, kann ein Komma gesetzt werden, um die Struktur des Satzes deutlich zu machen.

- *Sabine las ein Buch, Maria schlief(,) und Paul spülte das Geschirr.*

4 Das Komma trennt in **Satzgefügen Haupt-** und **Nebensätze** voneinander. Es ist darauf zu achten, dass Nebensätze innerhalb von übergeordneten Sätzen auch immer mit einem abschließenden Komma enden.

- *Ich weiß nicht, wann Peter zurückkam, und ich will es auch gar nicht wissen.*

5 **Das Komma bei Infinitiv- und Partizipialgruppen**

→ Infinitivgruppen werden dann obligatorisch durch Kommas abgetrennt, wenn sie durch die Konjunktionen *um, ohne, als, statt, anstatt* und *außer* eingeleitet sind oder wenn sie sich auf ein Wort im übergeordneten Satz beziehen.

- *Bernd war zu müde, um sich für den Abend noch etwas vorzunehmen.*
- *Die Mühe, seiner Mitschülerin bei der Vorbereitung zu helfen, hatte sich gelohnt.*
- *Maren freute sich darauf, Bastian nächste Woche endlich wiederzusehen.*

→ Partizipialgruppen müssen durch Kommas abgetrennt werden, wenn sie zwischen Subjekt und Prädikat geschoben werden, einen Zusatz bilden oder wenn im übergeordneten Satz ein Wort auf sie verweist (siehe auch Infinitivgruppen).

- *Thomas' Mutter, von einem Taschendieb beraubt, erlitt einen Herzinfarkt.*
- *Der Angeklagte hörte sein Urteil, scheinbar unberührt, und verließ den Gerichtssaal.*
- *Äußerlich gefasst, so verließ er den Gerichtssaal.*

Achtung: In allen anderen Fällen können Infinitivgruppen und Partizipialgruppen mit Kommas vom Satz getrennt sein, müssen es aber nicht.

Rechtschreibung

Groß- und Kleinschreibung

1 Generelle Großschreibung liegt vor bei:

- Satzanfängen: *Es geht ihm ...*
- Nomen und Nominalisierungen (Substantivierungen): *Haus, das Ich, die Kleinste, das Nötigste*
- Eigennamen: *Jan, Karin, München, der Eiffelturm*
- der Höflichkeitsanrede: *... vielen Dank für Ihre guten Wünsche ...*
- substantivischen Zeitangaben: *am Nachmittag, gestern Abend (aber: morgens)*

Achtung: Adjektive werden großgeschrieben:

- wenn es sich um Ableitungen von geographischen Eigennamen auf -er handelt: *der Mainzer Bahnhof*
- als Bestandteile von Eigennamen: *das Schwarze Meer, die Deutsche Bahn*

2 Groß- oder Kleinschreibung ist möglich:

- wenn es sich bei Adjektiven um Bestandteile von festen Begriffen handelt, können sie groß- oder kleingeschrieben werden: *das Schwarze/schwarze Brett ...*
- bei der Anrede mit Du/du und allen seinen Formen im Brief: *... vielen Dank für Deine/deine guten Wünsche ...*

3 Generelle Kleinschreibung liegt vor bei:

- Superlativen: *am höchsten, die meiste Zeit ...*
- folgenden Pronomen auch als Substantivvertreter: *einiges, beide, jede/r ...*
- folgenden Zahladjektiven: *viel, wenig, das eine, das andere ...*
- Adjektiven, die sich auf ein vorangehendes oder nachstehendes Nomen beziehen: *Ich habe mir eine rote und eine schwarze Bluse gekauft. Die rote gefällt Maria besser.*
- adjektivischen Ableitungen von Eigennamen auf -isch: *afrikanische Wüsten, hessische Minister ...*

Getrennt- und Zusammenschreibung

Grundsätzlich ist für die Entscheidung, ob man aufeinander bezogene Wörter getrennt oder zusammenschreibt, wichtig, ob man die Wörter als Zusammensetzung oder als Wortgruppe wertet.

1 Zusammenschreibung

- Nomen, Adjektive, Präpositionen oder Adverbien können mit Verben untrennbare Zusammensetzungen bilden:
  - Nomen + Verb: *Er maßregelt den Kollegen. Wie hast du das denn geschlussfolgert?* Das Nomen wird dann nicht mehr als eigenständiges Wort wahrgenommen.
  - Adjektiv + Verb: *Sie hat sich gelangweilt. Damit hatte er noch nie geliebäugelt.*
  - Präposition/Adverb + Verb (Betonung auf dem Verb): *Er übersétzt Romane.*
- Manche Adverbien oder Präpositionen können als Verbzusatz mit Verben auch trennbare Zusammensetzungen bilden. Man schreibt sie nur im Infinitiv, Partizip oder in Endstellung im Nebensatz zusammen: *Er weiß, dass du mitarbeitest. aber: Er arbeitet gerne mit.*
  Tatsächlich ist es oftmals schwer zu unterscheiden, ob Adverb bzw. Präposition jeweils a) als Verbzusatz fungiert (Zusammensetzung → Zusammenschreibung) oder b) ein selbstständiges Wort ist (Wortgruppe → Getrenntschreibung). Dabei hilft die Betonung:
  a) Betonung auf dem Verbzusatz: *dabéisitzen (Dabéisitzen wollte sie nicht.)*
  b) Betonung auf beiden Bestandteilen gleich stark: *dábei sítzen (Dábei wollte sie nicht immer sítzen, sondern auch mal stehen.)*
- Nomen + Verb können trennbare Zusammensetzungen bilden, wenn die Bedeutung des Nomens verblasst ist: *eislaufen, kopfstehen ...*
- Adjektiv + Verb schreibt man zusammen, wenn sie gemeinsam eine neue, idiomatisierte Gesamtbedeutung bilden: *kaltstellen, freisprechen, richtigstellen ...*
- Verbindungen von gleichrangigen Adjektiven schreibt man zusammen: *dummdreist, nasskalt ...*

2 Zusammen- oder Getrenntschreibung

- Adjektiv + Verb, wenn das Adjektiv das Ergebnis der Tätigkeit bezeichnet: *blankputzen/blank putzen, klein schneiden/kleinschneiden, blaufärben/blau färben ...*
- Verb + lassen oder bleiben in übertragener Bedeutung: *stehen lassen/stehenlassen, sitzen bleiben/sitzenbleiben ...*
- Bei folgenden Fällen: *achtgeben/Acht geben, achthaben/Acht haben, haltmachen/Halt machen, maßhalten/Maß halten, kennenlernen/kennen lernen ...*
- Wenn eine Verbindung aus Nomen, Adjektiv oder Adverb mit einem adjektivisch gebrauchten Partizip sowohl als Zusammensetzung oder als syntaktische Fügung angesehen werden kann: *ratsuchende Bürger/Rat suchende Bürger, die alleinerziehende Mutter/die allein erziehende Mutter ...*

3 Getrenntschreibung

- Verb + Verb werden in der Regel getrennt geschrieben: *laufen lernen, baden gehen ...*
- Adjektiv + Verb werden getrennt geschrieben, wenn das Adjektiv erweitert oder morphologisch komplex ist: *ganz nahe kommen, schachmatt setzen, bewusstlos schlagen ...*
- Verbindungen mit *sein* werden getrennt geschrieben: *fertig sein, vonnöten sein, vorüber sein ...*
- Adverb + Verb werden getrennt geschrieben, wenn beide Teile gleich betont sind: *dabei sitzen, zusammen stehen* (siehe „Betonung" unter 1.)
- Nomen + Verb werden nach wie vor getrennt geschrieben, wenn die Bedeutung des Nomen als solche noch voll erhalten ist: *Auto fahren, Rad fahren ...*

Fremdwörter

1 Die Schreibung von **(einfachen) Fremdwörtern** im Deutschen folgt keinen einheitlichen Regeln. Dabei spielt auch die Herkunftssprache der Wörter eine Rolle.

- Grundsätzlich gilt: Je länger ein Wort dem deutschen Wortschatz angehört und je häufiger es gebraucht wird, desto mehr passt es sich in Lautung und Schreibung dem Deutschen an: *Bluse* (frz.), *Kapuze* (lat.), *Fenster* (lat.) ...
- Manche Wörter befinden sich bezüglich dieser Anpassung an die deutsche Rechtschreibung in einer Übergangsphase und sie kommen deshalb in verschiedenen Schreibweisen vor: *Sauce/Soße, Portrait/Porträt ...*
- Daneben gibt es aber seit der Rechtschreibreform von 2006 weitere Fälle, in denen ebenfalls Schreibvarianten zulässig sind:
  - das *ph* in: *Geographie/Geografie – Graphik/Grafik – Mikrophon/Mikrofon ...*
  - die Wortbestandteile -tial und -tiell: *Potential/Potenzial – essentiell/essenziell – Differential/Differenzial ...*
  - weitere Einzelschreibvarianten: *Spaghetti/Spagetti – Joghurt/Jogurt – Delphin/Delfin – Mayonnaise/Majonäse – Yoga/Joga – Bouquet/Bukett – Facette/Fassette – Necessaire/Nessessär – Sketch/Sketsch – Chicorée/Schikoree – Thunfisch/Tunfisch ...*

Grundsätzlich gilt bei diesen Varianten: Je stärker ein Wort einem Bildungs- oder Fachwortschatz zugeordnet wird, desto wahrscheinlicher ist die Beibehaltung der fremden Schreibung.

2 Die Schreibung von **mehrgliedrigen Fremdwörtern** entspricht in der Regel der Schreibung in der Fremdsprache, lediglich die Nomengroßschreibung wird angeglichen: *Eau de Toilette, Cordon bleu*

- Einfache Zusammensetzungen werden wie in der Fremdsprache zusammengeschrieben: *Teamwork, Brainstorming*

- Ist das Erstglied ein Adjektiv, kann das Wort auch zusammengeschrieben werden, wenn der erste Bestandteil die alleinige Betonung trägt:
  Sóftdrink (*Sóft Drínk*); ansonsten schreibt man getrennt: *Néw Ecónomy*
- Mehrteilige Zusammensetzungen mit Wortgruppen werden mit Bindestrichen und darin vorkommende Nomen groß geschrieben:
  Abend-Make-up, Ad-hoc-Beschluss, Do-it-yourself-Bewegung
- Bei Fremdwörtern aus dem Englischen, die aus Verb + Präposition/Adverb bestehen, schreibt man meist mit Bindestrich oder zusammen:
  Know-how/Knowhow – Feed-back/Feedback

3 Für die **Pluralbildung bei Fremdwörtern aus dem Englischen** gilt im Deutschen auch die deutsche Pluralbildung auf -s und zwar ohne weitere Veränderungen des Singulars (unabhängig von der jeweiligen Regel im Englischen):

Fremdwort aus dem Englischen im Singular	deutscher Plural
Baby, Party, Hobby, Rowdy ...	*Babys, Partys, Hobbys, Rowdys ...*
Teenie, Hippie ...	*Teenies, Hippies ...*

Achtung: Der Plural des Kunstwortes *Handy* lautet regelgerecht ebenfalls *Handys*.

Stolpersteine in der deutschen Rechtschreibung

dass-das

Das ist entweder a) ein Artikel, b) ein Demonstrativpronomen oder c) ein Relativpronomen. Es kann durch dieses/jenes oder welches ersetzt werden.

a) *Jenny freut sich auf das (dieses) Geburtstagsfest.*
b) *Siehst du das Haus am Waldrand? Meinst du das (jenes) mit der blauen Tür?*
c) *Das Mädchen, das (welches) dort an der Ecke steht, ist nicht meine Schwester.*

Dass ist dagegen Konjunktion und kann nicht ersetzt werden.
Er weiß, dass du ihn morgen anrufen wirst.

Nominalisierungen

Das Deutsche hat – neben dem Luxemburgischen – als einzige Sprache der Welt die Nomengroßschreibung (inklusive der Eigennamengroßschreibung, die es beispielsweise auch im Englischen gibt).
Alle anderen Wortarten werden dagegen in der Regel kleingeschrieben. Allerdings können generell alle Wortarten nominalisiert (substantiviert) werden und müssen dann ebenfalls großgeschrieben werden.

Indikatoren für ihren Status als Nomen sind:
- Artikel: *das Ich, auf ein Neues, das Nötigste, das Mein und Dein, ein Nichts ...*
- adjektivische Attribute: *das intime Du, das sichere Auftreten, das unendliche Sein*
- die Funktion als kasusbestimmtes Satzglied: *die Platte mit Gebratenem, Gleiches mit Gleichem vergelten*
- Indefinitpronomen vor Adjektiven: *etwas Schönes, nichts Neues, wenig Aufregendes ...*

Apostroph-Schreibungen

Seit einigen Jahren nimmt die Tendenz zu, im Deutschen Apostrophe zu setzen, wo die Regel diese nicht erlaubt oder nicht erlaubt hat. Denn die Regeln der Apostroph-Schreibung passen sich dem Gebrauch zunehmend an.
Man unterscheidet deshalb folgende Fallgruppen:

Wo ein Apostroph gesetzt werden <u>kann</u>:	Wo ein Apostroph <u>nicht</u> gesetzt werden <u>darf</u>:	Wo ein Apostroph gesetzt werden <u>muss</u>:
• wenn das Pronomen es zu -s verkürzt wird: *Sag's mir!* • wenn der unbestimmte Artikel *ein/eine* zu *-n* verkürzt wird: *so'n Blödsinn* • bei gewerblichen Namen von Gaststätten etc.: *Gerti's Weinbar* (neu!)	• bei Verschmelzung von Präposition und bestimmtem Artikel: *vorm Tor, fürs Kind ...* • beim Plural -s: *Parks, Autos, Singles ...* • auch bei Abkürzungen im Plural: *DVDs, LKWs ...* • beim Genitiv von Vor- und Familiennamen: *Annas Tasche, Meyers Auto*	• bei Auslassungen im Wortinnern: *Ku'damm* • beim Genitiv von Namen, die auf *s, ss, ß, tz, z* und *x* enden: *Grass' Romane, Herrn Weiß' Auto* Dies gilt aber nicht, wenn ein bestimmter Artikel (plus Attribut) vorausgeht: *die Romane des Günter Grass*

Tages- und Wochenzeiten

- Besteht die Zeitangabe aus Nomen (z. B. Wochentag) und Nomen (Tageszeit) schreibt man **zusammen** und **groß**: *Samstagnacht*.
- Besteht die Zeitangabe aus Nomen und Zeitadverb, schreibt man **zusammen** und **klein**: *dienstagabends, mittwochfrüh*.
- Besteht die Zeitangabe aus einer Verbindung der **Adverbien** *heute, gestern, vorgestern, morgen, übermorgen* + **Nomen** (Tageszeitangabe), schreibt man **getrennt**, wobei das **Adverb klein-** und das **Nomen groß**geschrieben wird: *morgen Vormittag, gestern Abend*.

Wortarten

Gruppen im Wortschatz des Deutschen mit ähnlichen Eigenschaften und Verwendungsweisen werden einer Wortart zugerechnet. Man ordnet die Wortarten den beiden Gruppen **flektierbar** (veränderbar) und **unflektierbar** (unveränderbar) zu. Bei den flektierbaren unterscheidet man wiederum solche, die nach Genus, Numerus und Kasus verändert (dekliniert) werden, und solche, die nach Person, Numerus, Tempus, Genus verbi und Modus verändert (konjugiert) werden.

flektierbar		unflektierbar
konjugierbar	**deklinierbar**	
Verben	Nomen Adjektive Artikel Pronomen Numerale	Adverbien Präpositionen Konjunktionen Interjektionen

Syntax: Sätze, Satzglieder und Attribute

Satzglieder und Gliedsätze

Die Bausteine von Sätzen sind **Satzglieder**.

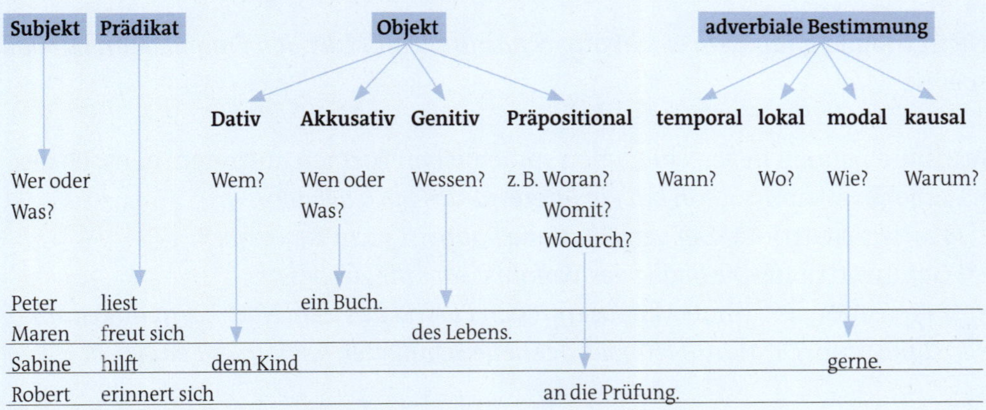

Man erkennt **Satzglieder** daran, dass sie sich innerhalb eines Satzes umstellen lassen, ohne dass sich der Sinn des Satzes verändert (Umstellprobe).

Subjekte, alle Objekte und adverbiale Bestimmungen können auch in Form von **Gliedsätzen** (= Nebensätzen) vorkommen. Man kann sie genauso erfragen:
***Wer Klassenbester ist**, wird noch bekannt gegeben.*
(Wer oder was wird noch bekannt gegeben? → Subjektsatz)

*Ich weiß, **dass ich nichts weiß**.*
(Wen oder was weiß ich? → Objektsatz)

*Er freut sich darüber, **dass er ihn morgen sehen wird**.*
(Worüber freut er sich? → Präpositionalobjektsatz)

Die häufigsten Gliedsätze sind **Adverbialsätze**. Wie adverbiale Bestimmungen unterscheidet man:
Finalsätze, Modalsätze, Temporalsätze, Kausalsätze, Konditionalsätze ...
*Er blieb im Bett liegen, **weil er sich sehr krank fühlte**.*
(Warum blieb er im Bett liegen? → Kausalsatz)

Attribute und Attributsätze (Gliedteilsätze)

Attribute sind keine selbstständigen Satzglieder, sondern nur **Teile von Satzgliedern**. Man erkennt sie daran, dass sie nur in Verbindung mit ihrem Bezugswort (auch: Kern) im Satz umgestellt werden können:
*Marc trifft den **Freund aus dem Nachbargymnasium** beim Fußballspielen.*
(Bezugswort) (Attribut)
Auch möglich: *Beim Fußballspielen trifft Marc den Freund aus dem Nachbargymnasium.*
Nicht möglich: *Aus dem Nachbargymnasium trifft Marc den Freund beim Fußballspielen.*

Attribute können in verschiedenen sprachlichen Formen auftreten, nämlich als:
- Adjektivattribut: *Sarah hat ein **interessantes** Buch gelesen.*
- Partizipialattribut: *Der **verschlossene** Raum ist nicht zugänglich.*
- Genitivattribut: *Die Bilanz **des Vorjahrs** war sehr viel besser.*
- Präpositionalattribut: *Markus trifft den Freund **aus dem Nachbargymnasium**.*
- Apposition: *Dr. Martin Hunold, **der neue Schulleiter**, hat sich gut eingelebt.*

Nebensatzförmige Attribute nennt man analog **Attributsätze** oder auch **Gliedteilsätze**, weil sie Teile von Satzgliedern sind. Für sie gilt ebenfalls: Nur in Verbindung mit dem Bezugswort (Kern) umstellbar!
*Marc trifft den **Freund, der das Nachbargymnasium besucht**, beim Fußballspielen.*
(Bezugswort) (Attributsatz/Gliedteilsatz)
Beim Fußballspielen trifft Marc den Freund, der das Nachbargymnasium besucht.

Satzarten

	Aussagesatz	Fragesatz	Aufforderungs- und Ausrufesatz
Satzschlusszeichen	Punkt.	Fragezeichen?	Ausrufezeichen!
Absicht	mitteilen, aussagen, erzählen ... wollen ...	fragen, etwas wissen wollen, etwas erfahren	befehlen, bitten, wünschen, auffordern ...

Wenn man mehrere **selbstständige Sätze** (**Hauptsätze**) miteinander verbindet, entsteht eine **Satzreihe**; die Sätze können durch nebenordnende **Konjunktionen** (*und, oder, weder ... noch* etc.) miteinander verbunden werden.

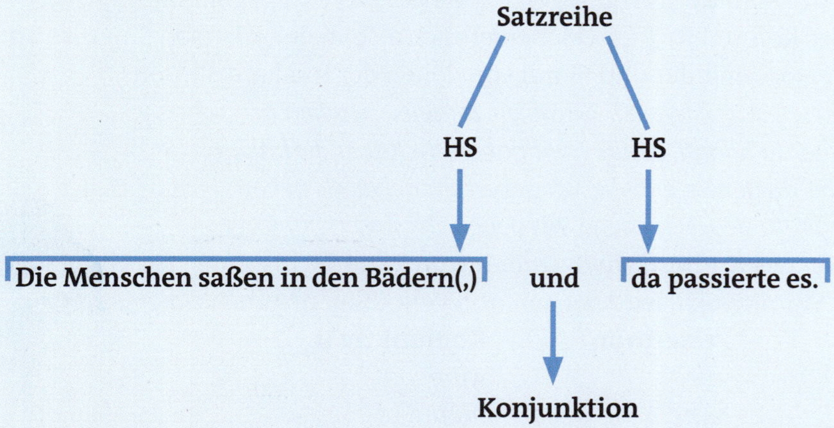

Werden **unselbstständige Sätze** (**Nebensätze**) mit Hauptsätzen verbunden, entstehen **Satzgefüge**. Zwischen Hauptsatz und Nebensatz steht ein Komma. Die Verbindungen stellen unterordnende Konjunktionen her.

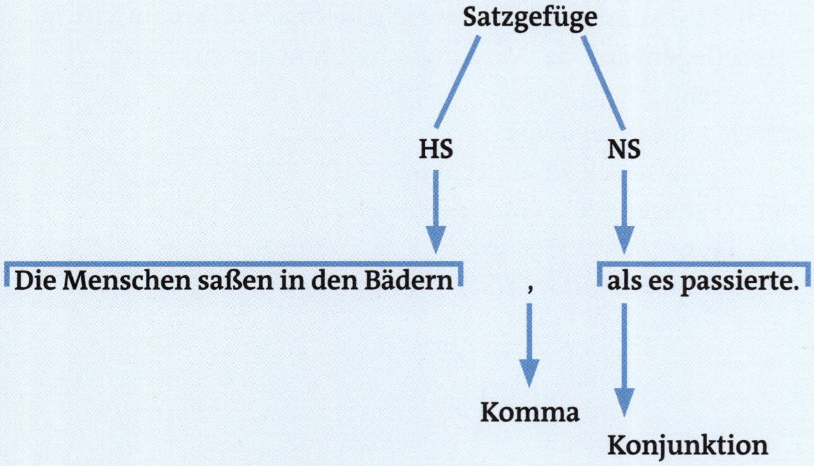

Modus: Redewiedergabe und andere Konjunktivverwendungen

Man unterscheidet im Deutschen **drei Modi** (**Pl. von Modus**):
- Indikativ: *er geht, wir sind geschwommen, er hatte geglaubt ...*
- Konjunktiv: *er gehe, wir seien geschwommen, er hätte geglaubt, er läge ...*
- Imperativ: *Geh! Geht! Gehen Sie!*

Die Bildung des Konjunktivs

Man unterscheidet im Deutschen zwischen dem Konjunktiv I und dem Konjunktiv II.

- Die **Formen des Konjunktiv I** werden gebildet, indem an den Infinitivstamm des Verbs die Konjunktivendungen (*-e, -est, -e, -en, -et, -en*) gehängt werden. Die Formen des Konjunktiv I unterscheiden sich also in der 3. Person Singular und in der 2. Person Singular und Plural von denen des Indikativ Präsens.

sein: ich sei, du seiest, er/sie/es sei, wir seien, ihr seiet, sie seien
haben: ich habe, du habest, er habe, wir haben, ihr habet, sie haben
geben: ich gebe, du gebest, er gebe, wir geben, ihr gebet, sie geben
siegen: ich siege, du siegest, er siege, wir siegen, ihr sieget, sie siegen

- Die **Formen des Konjunktiv II** werden vom Präteritumstamm des Verbs abgeleitet. Der Stammvokal wird bei den unregelmäßigen Verben umgelautet:

Infinitiv	**Präteritum**	**Konjunktiv II**
sein	*war*	*wäre*
haben	*hatte*	*hätte*
geben	*gab*	*gäbe*
siegen	*siegte*	*siegte*

- Bei **Gleichheit** zum Indikativ wird auf die Ersatzfom „würde + Infinitiv“ ausgewichen: *er siegte* (Konjunktiv II = Indikativ) → *er würde siegen.*
- Anders als im Indikativ (6 Tempora) unterscheidet man im Konjunktiv nur den **Konjunktiv der Gegenwart, der Vergangenheit und der Zukunft**:

Konjunktiv I der Gegenwart: *er gehe*
Konjunktiv II der Gegenwart: *er ginge*
Konjunktiv I der Vergangenheit: *er sei gegangen*
Konjunktiv II der Vergangenheit: *er wäre gegangen*
Konjunktiv I der Zukunft: *er werde gehen*
Konjunktiv II der Zukunft: *er würde gehen*

Die Verwendungen des Konjunktivs im Deutschen

→ **Der Konjunktiv I in der indirekten Rede**

In der Regel wird in indirekter Rede der Konjunktiv I verwendet. Nur wenn der Konjunktiv I gleich mit dem Indikativ ist, tritt zunächst der Konjunktiv II an die Stelle des Konjunktivs I. Wenn diese Form veraltet klingt oder gleich mit dem Präteritum ist, wird auch auf die Ersatzform mit „würde + Infinitiv" ausgewichen:
Paul sagt: *„Wir backen Brot."* → Paul sagt, *sie backen Brot.* (Ind. Präsens = KI) → Paul sagt, *sie backten Brot.* (Ind. Präteritum = KII) → Paul sagt, *sie büken Brot.* (veralteter KII) → (Paul sagt, *sie würden Brot backen*).
Neben der Verwendung des Konjunktivs ist in der indirekten Rede noch die Verschiebung der Pronomen zu beachten:
Martin sagt: *„**Ich** bin müde, ich gehe nach Hause."* → *Martin sagt, **er** sei müde und gehe nach Hause.*

→ **Der Konjunktiv in Konditionalsätzen**

In Konditionalsätzen werden Ursache und Folge zueinander in Beziehung gesetzt. Man unterscheidet dabei zwischen Realis, Potentialis und Irrealis:

Realis	Potentialis	a) Irrealis der Vergangenheit b) Irrealis der Gegenwart
Wenn Hanna lernt, kann sie die Versetzung noch schaffen.	*Wenn Hanna lernte, könnte sie die Versetzung noch schaffen.* (auch: *Wenn Hanna lernen würde, ...*)	*a) Wenn Hanna gelernt hätte, hätte sie die Versetzung noch schaffen können.* *b) Wenn ich reich wäre, machte ich eine Weltreise. (auch: ...würde ich ... machen.)*
Der Sprecher weist das Geschehen in Haupt- und Nebensatz als erfüllbar aus. (Realis)	Der Sprecher weist die Verwirklichung des Geschehens in Haupt- und Nebensatz zum Sprechzeitpunkt als möglich aus. (Potentialis)	a) Die Verwirklichung des Geschehens in Haupt- und Nebensatz wird vom Sprecher als unerfüllbar – weil in der Vergangenheit liegend – ausgewiesen. (Irrealis der Vergangenheit) b) Der Kontext oder das Vorwissen weist das Geschehen in Haupt- und Nebensatz als unerfüllbar/irreal aus. (Irrealis der Gegenwart)
Modus: Indikativ	Modus: Konjunktiv II der Gegenwart oder Ersatzform	a) Modus: Konjunktiv II der Vergangenheit b) Modus: Konjunktiv II der Gegenwart oder Ersatzform

→ Andere Verwendungen des Konjunktivs im Deutschen

Beispiel	Funktion	Form
Er tut so, als wüsste er alles. *Es scheint so, als würde es kälter.*	hypothetischer Komparativsatz	Konjunktiv II
Auch wenn ich Zeit hätte, ginge ich nicht mit dir ins Kino. *Ich würde nicht im See baden, selbst wenn ich schwimmen könnte.*	irrealer Konzessivsatz	Konjunktiv II
Er spricht zu leise, als dass man ihn verstehen könnte/kann. *Die Häuser sind zu baufällig, als dass man sie sanieren könnte/kann.*	irrealer Konsekutivsatz	Im „als dass-Satz" kann der Konjunktiv II oder der Indikativ stehen.
Wenn der Winter doch schon vorbei wäre! *Ich wünschte, es wäre Sommer.*	irrealer Wunschsatz	Konjunktiv II
Ich möchte dich etwas fragen. *Würden Sie bitte weitergehen?*	höfliche Frage, Aufforderung	Konjunktiv II

Stolpersteine in der deutschen Grammatik

Prädikat-Subjekt-Kongruenz

Subjekt und finites Verb (finiter oder gebeugter Teil des Prädikats) eines Satzes stimmen in Person und Numerus, bei nominalen Bestandteilen des Prädikats auch im Genus und Kasus überein. Probleme gibt es erfahrungsgemäß bei der Numerus-Übereinstimmung (Kongruenz) in folgenden Fällen:

Das finite Verb des Satzes steht ausschließlich im Singular.	
Beispiel	**Fallbeschreibung**
Frau Müller mit ihrer Tochter kommt auch.	Subjekt im Singular mit substantivischem Attribut, das mit Präposition angeschlossen ist
Ein(e) Menge/Reihe/Anzahl/Dutzend Leute war da.	eine singularische Mengenangabe, bei der das Gezählte im Plural angeschlossen ist
Ein Kilo Mehl reicht für den Kuchen.	eine singularische Maßangabe mit dem gemessenen „Stoff" im Singular

Das finite Verb kann im Singular oder im Plural stehen.	
Ein Kilo Tomaten reicht/reichen für den Salat.	eine singularische Maßangabe mit dem gemessenen „Stoff" im Plural
Ein Drittel der Mitglieder stimmt/stimmen ab.	auf eine singularische Prozent- oder Bruchzahl folgt ein Genitiv im Plural
Niemand, weder Klaus noch Sabine, hat/hatten etwas gesehen.	auf ein Subjekt im Singular folgt eine Apposition im Plural oder aneinander-gereihte einzelne Teile

Das finite Verb steht in der Regel im Plural.	
Es kommen der Vater und seine Schwester. (= Der Vater und seine Schwester kommen.)	bei mehrteiligem Subjekt, wenn das *es* nur ein Platzhalter ist, der bei Umstellung wegfällt.
2 Kilo Fleisch/Bananen im Monat sind genug.	bei pluralischer Maßangabe mit gemessenem „Stoff" im Singular oder Plural
„Die Manns" haben mir gut gefallen.	bei pluralischem Titel von Büchern, Stücken, Zeitungen mit bestimmtem Artikel

Deklination von Appositionen

Eine Apposition ist eine nähere substantivische Bestimmung zu einem Bezugswort, mit dem es in der Regel in Genus, Numerus und Kasus übereinstimmt (kongruiert). In einigen Fällen kommt es dabei zu Deklinationsproblemen.

Nachgetragene Appositionen	
Das Leben dieses Mannes, eines hervorragenden Künstlers, ...	Die nachgetragene Apposition enthält ein Artikelwort und wird im Kasus an das Bezugswort angeglichen.
am Freitag, dem 25. 6. oder den 25. 6., ...	Der Wochentag in Datumsangaben kann als Apposition mit gleichem Kasus oder als selbstständige Zeitangabe im Akkusativ stehen.
Unmittelbar beim Bezugswort stehende Appositionen	
eine Gruppe junger Kollegen/Neugieriger	Appositionen mit Adjektiv oder substantivierte adjektivische Appositionen nach Mengenangaben stehen in der Regel im Genitiv.
ein Glas guter Wein	Bei anderen subst. Mengenangaben gilt heute eher Kasusgleichheit als Genitivverwendung.

Sprachliche (rhetorische) Mittel

Sprachliche Mittel, insbesondere in der antiken Rhetorik gezielt und bewusst zur Ausschmückung der Rede eingesetzt (rhetorisch), finden sich heute nicht nur in Rede und Literatur, sondern auch in der Alltags- und insbesondere der Werbesprache (W), hier oft auch kombiniert, um besondere Eindringlichkeit zu erzielen.

Allegorie	bildliche Veranschaulichung eines abstrakten Begriffs, oft als allgemein eingeführte Form der Personifikation	*Fortuna* (Glück), *Justitia* (Gerechtigkeit), *Sensenmann* (Tod)
Alliteration (Stabreim, Anreim)	zwei oder mehrere Wörter stimmen im betonten Anlaut überein	*durch dick und dünn,* W: *Mars macht mobil*
Allusion	Anspielung	*du weißt, was ich meine*
Anakoluth	Abweichen vom z. T. schon ausgeführten Satzplan, Satzbruch	*Korf erfindet eine Mittagszeitung, welche, wenn man sie gelesen hat, macht sie satt.* (Morgenstern)
Anapher	Wiederholung desselben Wortes oder derselben Wendung am Anfang von Sätzen oder Satzteilen, Versen oder Strophen	*Aufgestanden ist er, welcher lange schlief. Aufgestanden ist er aus Gewölben tief.* (Heym) W: *Gut zum Himmel. Gut zur Erde. Gut zum Kochen: unser erdgas*
Antithese	Gegenüberstellung von gegensätzlichen Begriffen und Gedanken, auch als Ersatz für einen Oberbegriff	*Gut und Böse,* W: *Heiß geliebt und kalt getrunken*
Apostrophe	direkte Anrede von Personen (auch von sich selbst) oder Dingen	*Gott, du bist mein Zeuge. Karl, lass dich nicht provozieren!*
Archaismus	Verwendung eines veralteten sprachlichen Ausdrucks	*(ab)hold, Knabe, Weib*
Assonanz	ähnliche Klangform von zwei oder mehreren Wörtern durch Gleichklang nur der Vokale („Halbreim")	*kehren und Segen, Ottos Mops trotzt.* (Jandl)
Asyndeton	Reihung von Begriffen, Satzteilen oder Sätzen ohne Bindewort	*Alles rettet, rennet, flüchtet.* (Schiller), W: *Quadratisch. Praktisch. Gut.*
Chiasmus	spiegelbildliche Überkreuzstellung von Satzbestandteilen	*Die Kunst ist lang und kurz ist unser Leben.* (Goethe)

↳ N. + Adj | Adj + N.

Chiffre	einfache, meist bildhafte Wörter oder Wendungen, die unabhängig von ihrer ursprünglichen Bedeutung einen vom Autor gesetzten Sinn erhalten, der nur aus dem Textzusammenhang erschlossen werden kann	*Flug* (für den Prozess des Dichtens als Aufbruch in Unbekanntes, Unendliches bei Loerke); *Stadt* (für Hoffnungslosigkeit bei Trakl); *Ein Wort, ein Satz: aus Chiffren steigen erkanntes Leben, jäher Sinn ...*; (Benn)
Ellipse	Auslassen von leicht ergänzbaren Wörtern und Satzteilen	*Was nun?*
Epipher	Wiederholung desselben Wortes oder derselben Wendung am Ende von Sätzen oder Satzteilen bzw. Versen	*Vielleicht haltet ihr uns für Idioten, jedenfalls macht ihr uns zu Idioten.*
Euphemismus	Beschönigung	*suboptimal* (statt *schlecht*), *Minuswachstum* (statt *Rückgang*)
Geminatio	dasselbe Wort mit Nachdruck doppelt gesetzt	*Das Spiel ist aus, aus!*
Hyperbel	Übertreibung	*im Schneckentempo, tausendmal*
Inversion	Umkehrung der geläufigen syntaktischen Wortstellung	*Aufsteigt der Strahl ...* (C. F. Meyer)
Ironie	eine besondere Form der Verstellung: Sprecher sagt das Gegenteil dessen, was er eigentlich meint	*Du siehst ja heute wieder besonders frisch aus!*
Klimax/ Antiklimax	Reihung vom schwächeren zum stärkeren Begriff bzw. umgekehrt	*Doktoren, Magister, Schreiber und Pfaffen* (Goethe); *Urahne, Großmutter, Mutter und Kind* (Schwab)
Litotes	Umschreibung bzw. Untertreibung eines Sachverhalts durch Verneinung des Gegenteils	*Die Veranstaltung war nicht gerade ein Erfolg.* W: *Nichts ist unmöglich.*
Metapher	verkürzte bildhafte Übertragung, bei der das *wie* entfällt	*Flussarm, Tischbein, Die Intellektuellen sind das Salz in der Suppe des Volkes.* (P. Glotz)
Metonymie	Verwendung eines Wortes im übertragenen Sinn für einen verwandten Begriff, der im unmittelbaren zeitlichen, räumlichen oder ursächlichen Zusammenhang steht	*Das Weiße Haus* (die amerikanische Regierung) *wollte dazu nicht Stellung nehmen.* *Lorbeer* (statt *Ruhm*), *Eisen* (statt *Dolch, Schwert*)

Neologismus	Neuwortbildung	W: *Guten Happetit!*
Onomatopoesie	Lautmalerei	*knistern, knarren, knirschen, lallen, zischen*
Oxymoron	Verbindung sich widersprechender Begriffe zu einer Einheit	*beredtes Schweigen, schwarze Milch* (Celan)
Paradoxon	unerwartete, widersprüchlich anmutende Gedankenwendung	*Man muss viel wissen, um einzusehen, wie wenig man weiß.*
Parallelismus	übereinstimmende syntaktische Konstruktion in zwei oder mehreren aufeinanderfolgenden Sätzen, Satzteilen oder Versen	*Als ich noch ein Kind war, redete ich wie ein Kind, dachte ich wie ein Kind, urteilte ich wie ein Kind.* (Bibel)
Periphrase	Umschreibung	*Er tat, was er tun musste.* (seine Pflicht)
Personifikation	Belebung eines Dinges oder eines Abstraktums	*Not und Elend gingen Hand in Hand.* / Die Sonne lacht
Pleonasmus	eigentlich überflüssiger Zusatz zu einem Begriff, da er in diesem schon enthalten ist	*der gewöhnliche Alltag, alter Greis, verworrenes Chaos*
rhetorische Frage	Scheinfrage, auf die man keine Antwort erwartet, weil diese sich von selbst versteht	*Glauben Sie, ich sähe das nicht?* W: *Erledigen Sie Ihre Bankgeschäfte etwa nicht zu Hause?*
Symbol	eingeführtes Bild, das auf eine abstrakte Vorstellung verweist	*weiße Taube* (Frieden), *Blaue Blume* (Poesie)
Synästhesie	Vermischung/Verschmelzung unterschiedlicher Sinneswahrnehmungen	*golden wehn die Töne nieder* (Brentano), W: *Da werden Ihre Ohren Augen machen!*
Vergleich	Verbindung zweier Bereiche über ihren gemeinsamen Gehalt mit der Vergleichspartikel *wie*	*Er schimpfte wie ein Rohrspatz.* W: *Nichts bewegt Sie wie ein Citroën.*

Originalgedichte zum Nachlesen

Hier die Originalfassungen der beiden Gedichte von Seite 119.

Hugo von Hofmansthal
Siehst du die Stadt (1890)

Siehst du die Stadt, wie sie da drüben ruht,
Sich flüsternd schmieget in das Kleid der Nacht?
Es gießt der Mond der Silberseide Flut
Auf sie herab in zauberischer Pracht.

Der laue Nachtwind weht ihr Atmen her,
So geisterhaft, verlöschend leisen Klang:
Sie weint der Traum, sie atmet tief und schwer,
Sie lispelt, rätselvoll, verlockend bang ...

Die dunkle Stadt, sie schläft im Herzen mein
Mit Glanz und Glut, mit qualvoll bunter Pracht:
Doch schmeichelnd schwebt um dich ihr Widerschein,
Gedämpft zum Flüstern, gleitend durch die Nacht.

Paul Wühr
Sehr gern (1990)

Sehr gern wenn Sie wollen bin ich
da und auch auf dieser Straße
hat man uns schon getroffen und
sagen Sie waren Sie schon hier oder
kennen Sie die Gabelsberger seit
wie viel und waren Sie nicht damals
als der den ich vergessen habe dort
drüben herüberschaute und sein
Taschentuch oder sind das Sie gewesen
wie ich hoffe als ich auf dieser Straße
sein wollte

Für die bessere Lesbarkeit hier zwei Fassungen des Gedichts „Die Sanduhr“ von Seite 194 in lateinischer Schrift.

Theodor Kornfeld
Die Sanduhr (1685)

Die Zeit vergehet
Und bald entstehet
Der Rechnungstag
Von aller Sach(e)
Sei fromm
Und komm

Der Sand versinket
Uns damit winket
Wir sollen fort
Zum andern Ort
Gott uns leite
Und bereite!

Miss alle Stunde wohl
Und richte deine Sachen;

Dass du in letzter Stund
kannst gute Rechnung machen

Die Zeit vergehet
Und bald entstehet
Der Rechnungstag
Von aller Sach(e)
Sei fromm
Und komm

Und bereite!
Gott uns leite
Zum andern Ort
Wir sollen fort
Uns damit winket
Der Sand versinket

Miss alle Stunde wohl Und richte deine Sachen;

Dass du in letzter Stund kannst gute Rechnung machen

Autoren- und Quellenverzeichnis

20 **Balve, Johannes**: Die Sprachen der Welt, aus: ders.: Das Wichtigste über Literatur & Sprache. dtv einfach wissen, München, 2006, S. 52–56, gekürzt

61 **Berg, Sybille**: Hauptsache weit, aus: dies.: Das Unerfreuliche zuerst. Herrengeschichten. Köln, Kiepenheuer & Witsch, 2001, S. 123–125

113 **Bergengruen, Werner**: Die heile Welt, aus: Hackelsberger, Luise N. (Hrsg.): Werner Bergengruen, Meines Vaters Haus. Gesammelte Gedichte, Arche Literatur Verlag, Zürich und Hamburg, 1992, S. 25

128 **Böttcher, Bas**: Dran glauben, aus: http://www.basboettcher.de/teleliebe.html, online am 07.04.2015

129 **Bas Böttcher und Wolf Hogekamp**: Vom Slam zum Clip, aus: dies.: (Hrsg.): Poetry Clips [Vol. 1] DVD, Lingua-Video, 2005, „Die Texte", S. 23, zitiert nach: http://www.lehrer-online.de/511051.php, online am 07.04.2015

77 **Brecht, Bertolt**: Die unwürdige Greisin, aus: ders.: Gesammelte Werke, Frankfurt/Main, Suhrkamp Verlag, 1967, Bd. 11, S. 315 ff.

108 **Clausen, Christine**: Schönheitssuche in der zerfetzten Welt, aus: Die Weltwoche vom 28.08.1197, S. 17

170 **Demmelhuber, Simon**: Die Ritter: Gezähmte Gewalt, zusammengestellt aus den Radiobeiträgen: http://www.br.de/radio/bayern2/wissen/radiowissen/geschichte/ritter-ritterschaft-mittelalter-kreuzzuege100.html, http://www.br.de/radio/bayern2/wissen/radiowissen/geschichte/ritter-ritterkultur100.html und http://www.br.de/radio/bayern2/wissen/radiowissen/geschichte/ritter-kunst-tugend100.html, online am 27.04.2015

10 **De Staël, Germaine**: Ein Mensch, der... aus: Hellwig, Gerhard (Hrsg.): Das große Buch der Zitate, Orbis Verlag, München, 1990, S. 392

144 **Freud, Sigmund**: Kleine Schriften I - Kapitel 8: Zur sexuellen Aufklärung der Kinder (Offener Brief an Dr. M. Fürst), aus: http://gutenberg.spiegel.de/buch/kleine-schriften-i-7123/8, online am 30.06.2015, gekürzt

121 **Fried, Erich**: Gespräch über Bäume, aus: Conrady, Karl Otto (Hrsg.): Das große deutsche Gedichtbuch, Athenäum Verlag, Frankfurt/Main, 1987, S. 954

35 **Gandhi, Mahatma**: Für den wahren Künstler..., aus: http://www.zitateaphorismen.de/zitate/thema/Gesicht/1130, online am 19.11.2010

213 **Gellert, Christian Fürchtegott**: Das Kutschpferd, aus: http://gutenberg.spiegel.de/buch/-3720/61, online am 23.06.2015

10 **Gilles, Peter**: D`Sprooch ass méi wéi Grammaire..., aus: Peter Gilles am Gespréich: „Als Konzept ass d'Lëtzebuergescht ëppes zimlech ‚Helleges'", Interview von Vesna Andonovic, Luxemburger Wort vom 19.04.2014, Beilage „175 Jahre Unabhängigkeit", S. 8 f.

155 **Göpfert, Peter Hans**: Hans Otto Theater Potsdam: „Frühlings Erwachen", aus: http://www.kulturradio.de/rezensionen/buehne/2014/HOT-Potsdam-Fruehlings-Erwachen.html, online am 03.02.2015, gekürzt und verändert

10 **Goethe, Johann Wolfgang**: Wer fremde Sprachen nicht kennt..., aus: Hellwig, Gerhard (Hrsg.): Das große Buch der Zitate, Orbis Verlag, München, 1990, S. 393

124 Das Veilchen, aus: ders.: Werke, Hamburger Ausgabe, Bd. 1: Gedichte und Epen I, C. H. Beck, München, 16. Aufl., 1996, S. 78 f.

194 **Gomringer, Eugen**: Schweigen, aus: Conrady, Karl Otto (Hrsg.): Das große deutsche Gedichtbuch, Athenäum Verlag, Frankfurt/Main, 1987, S. 972

188 **Grimmelshausen, Hans Jakob Christoph von**: Der Abentheuerliche Simplicissimus Teutsch, aus: http://commons.wikimedia.org/wiki/File:Der_abenteuerliche_Simplicissimus.png, online am 16.07.2014

183 **Gryphius, Andreas**: „Was sind wir Menschen doch..." und „Was sind doch alle Sachen...", Auszüge aus: Tränen des Vaterlandes, aus: Conrady, Karl Otto (Hrsg.): Das große deutsche Gedichtbuch, Athenäum Verlag, Frankfurt/Main, 1987, S. 108–110

186 Tränen des Vaterlandes, aus: ebd. S. 83

191 Menschliches Elend, aus: ebd. S. 101

196 Es ist alles eitel, aus: ebd. S. 94

183 **Harsdörffer, Georg Philipp**: Das Leben ist..., aus: ders.: Das Leben des Menschen, zitiert nach: Conrady, Karl Otto (Hrsg.): Das große deutsche Gedichtbuch, Athenäum Verlag, Frankfurt/Main, 1987, S. 117

202 **Heym, Georg**: Nach der Schlacht, aus: http://gutenberg.spiegel.de/buch/2980/83, online am 16.07.2014

192 **Hofmannswaldau, Christian Hofmann von**: Die Welt, aus: Conrady, Karl Otto (Hrsg.): Das große deutsche Gedichtbuch, Athenäum Verlag, Frankfurt/Main, 1987, S. 136–138

119 **Hofmannsthal, Hugo von**: Siehst du die Stadt, aus: aus: Wende, Waltraud (Hrsg.): Großstadtlyrik, Reclam Verlag, Stuttgart, 1999, S. 52

192 Was ist die Welt?, aus: http://www.zeno.org/Literatur/M/Hofmannsthal,+Hugo+von/Gedichte/Die+Gedichte+1891-1898/Was+ist+die+Welt, online am 09.10.2015

10 **Humboldt, Wilhelm von**: Die Sprache ist gleichsam die äußerliche Erscheinung..., aus: ders.: Über die Verschiedenheit des menschlichen Sprachbaus und ihren Einfluss auf die geistige Entwicklung des Menschen, zitiert nach: Coulmas, Florian: Sprache und Staat. Studien zur Sprachplanung, Walter de Gruyter, Berlin, New York, 1985, S. 11

120 **Jandl, Ernst**: wien : heldenplatz, aus: Wende, Waltraud (Hrsg.): Großstadtlyrik, Reclam Verlag, Stuttgart, 1999, S. 226

39 **Jardin, Catrin**: Körperkult – ein gefährlicher Trend, aus: Bremer Zeitung vom 30.3.2007, S. 22

71 **Jenny, Zoë**: Die Fähre, aus: Eckert, Katrin (Hrsg.): Binnenwelten. Stimmen aus der Schweiz, Pendo Verlag AG, Zürich, 1998, S. 13–21

102–107 Das Blütenstaubzimmer, Frankfurter Verlagsanstalt GmbH, Frankfurt/Main, 1997, S. 1 ff.

58 **Kaléko, Mascha**: Mit zunehmendem Alter und abnehmendem Verstande, aus: dies.: In meinen Träumen läutet es Sturm, dtv Verlag, München, 2002, S. 91

209 **Kant, Immanuel**, Beantwortung der Frage: Was ist Aufklärung?, zitiert nach: http://www.immanuel-kant.net/philosophie-werke/zeitalter-der-aufklarung/programm/, online am 23.06.2015

211 „Handle so..." (Kategorischer Imperativ), ebd.

122 **Kaschnitz, Marie Luise**: Hiroshima, aus: Conrady, Karl Otto (Hrsg.): Das große deutsche Gedichtbuch, Athenäum Verlag, Frankfurt/Main, 1987, S. 892

203 **Kästner, Erich**: Stimmen aus dem Massengrab, aus: http://www.deutschelyrik.de/index.php/stimmen-aus-dem-massengrab.html, online am 16.07.2014

18 **Kipphoff, Petra**: Mit den Augen denken, aus: http://www.zeit.de/1982/05/mit-den-augen-denken, online am 24.05.2014, Auszug

194 **Kornfeld, Theodor**: Die Sanduhr, aus: http://unterrichtsprojekt.net/barock/kornfeld-theodor-ein-sand-uhr/, online am 16.07.2014

213 **Lessing, Gotthold Ephraim**: Der Esel mit dem Löwen, aus: http://stiftung-rosenkreuz.org/text/gotthold-ephraim-lessing-der-esel-mit-dem-lowen/, online am 23.06.2015

214 Fabel-Abhandlungen, aus: ders.: Literaturtheoretische Schriften, Reclam Verlag, Stuttgart, 2006, S. 43

215 Der Besitzer des Bogens, aus: http://gutenberg.spiegel.de/buch/gotthold-ephraim-lessing-fabeln-1184/22, online am 23.06.2015

217 „Ich muss versuchen, ob man mich....", in: „auf meiner alten Kanzel" - zitiert aus dem Brief Lessings an Elise Reimarus vom 3. September 1778, aus: Jens, Walter (Hrsg.): Kindlers Neues Literatur Lexikon. Band 10, S. 326

215 Über die Wahrheit, aus: http://gutenberg.spiegel.de/buch/gotthold-ephraim-lessing-aufs-1166/1, online am 23.06.2015

218 Die Ringparabel, aus: ders.: „Nathan der Weise", Studienausgabe Reclam Verlag, Stuttgart, 2013, S. 85 ff.

207, 216 **Lichtenberg, Georg Christoph**: „Man spricht so viel von Aufklärung...", aus: ders.: Sudelbücher, Heft L (469), zitiert nach: http://gutezitate.com/zitat/251217, online am 23.6.2015

18 **Löbner, Sebastian**: Sprache als System von Zeichen, aus: ders.: Semantik. Eine Einführung, de Gruyter Verlag, Berlin, 2003, S. 192 ff.

187 **Logau, Friedrich von**: Abgedankte Soldaten, aus: Conrady, Karl Otto (Hrsg.): Das große deutsche Gedichtbuch, Athenäum Verlag, Frankfurt/Main, 1987, S. 96–97

187 Des Krieges Buchstaben, aus: ebd. S. 88

47 **Maak, Niklas**: Sharing Economy: Du musst es unbedingt mit allen teilen. aus: http://www.faz.net/aktuell/feuilleton/sharing-economy-du-musst-es-unbedingt-mit-allen-teilen-12831443.html; FAZ.net, online am 04.03.2014

124 **Maurer, Doris**: Nur ein einziger Kuss, aus: Die Zeit 03/2003, zitiert nach: http://www.zeit.de/2003/03/A-Buff, online am 04.04.2012

86–97 **Mann, Thomas**: Buddenbrooks, S. Fischer Verlag, Frankfurt/Main, 2004, S. 35 ff.

117 **Marti, Kurt**: vorzug von parlamentswahlen, aus: Dencker, Klaus Peter (Hrsg.): Poetische Sprachspiele. Vom Mittelalter bis zur Gegenwart, Reclam Verlag, Stuttgart, S. 196

16 **Middelhoff, Paul, Müller, Ann-Katrin**: Leicht kompliziert, aus: Der Spiegel, 19/2014, S. 37, gekürzt und leicht verändert

192 **Miller, Johann Martin**: Da heißt die Welt ein Jammertal.., aus: www.aphorismen.de/zitat/175761, online am 09.10.2014

63 **Mohl, Nils**: Tanzen gehen, aus: ders.: Ich wäre tendenziell für ein Happy End, Leipzig, Plöttner Verlag, 2009, S. 73–78

35 **Musil, Robert**: Wahrscheinlich ist Schönheit ..., aus: http://www.zitate-aphorismen.de/zitate/thema/Wahrscheinlich_-_Wahrscheinlichkeit/1697, online am 19.11.2010

193 **Opitz, Martin**: Carpe Diem, aus: Cysarz, Herbert (Hrsg.): Deutsche Barock-Lyrik, Reclam, Stuttgart, 1968, S. 87 f.

130 **Poromka, Wiebke**: Der Dichter auf verlorenem Posten, aus: http://www.zeit.de/kultur/literatur/2015-03/jan-wagner-leipziger-buchpreis-lyrik, online am 07.04.2015

11 **Poschmann, Marion**: die breite masse, zitiert nach: http://www.zeit.de/2011/48/Lyrik, online am 07.04.2015

127 **Pusch, Luise F.**: Goethe und sein lesbisches Veilchen, aus: comments/goethe-und-sein-lesbisches-veilchen/v.24.04.2010, online am 16.12.2011

169 **Rauch, Judith**: Umstrittener Nationalmythos, aus: dies.: Sagenhelden sind unsterblich, in: PM-Perspektive 3/2005, S. 47 u. 49, gekürzt und angepasst

35 **Rathenau, Walther**: Schönheit ist Gesetzmäßigkeit, aus: http://www.zitateonline.de/literatur zitate/allgemein/17981/schoenheit-ist-gesetz maessigkeit-schoenheit.html, online am 19.11.2010

179 **Reinmar von Hagenau**: Ich wirbe umb allez daz ein man, aus: http://www.pohlw.de/literatur/sadl/ma/rein-min.htm, online am 30.06.2015

192 **Rühmkorf, Peter**: Schaut nicht so bedeppert..., aus: http://www.welt.de/kultur/article2083818/Spottdrossel-Zum-Tode-von-Peter-Ruehmkorf.html, online am 09.10.2014

51 **Schäfer, Susanne**: Unsere zweite Haut, aus: http://www.zeit.de/zeit-wissen/2013/01/Nach haltige-Kleidung, veröffentlicht in Zeit Wissen, Nr. 1. 2013, online am 22.06.2015

27 **Scheffen, Jean-Louis**: Der Dialekt, der eine Sprache wurde, aus: Luxemburger Wort vom 24.02.2014, S. 2 f., gekürzt und angepasst

126 **Schill, Hans**: Ein traditionelles Frauenschicksal, in: ders.: Der Lyrik auf den Versen [sic!], aus: Pegasus | Nr. 92, Dezember 2008 / Januar 2009, S. 2, zitiert nach: http://www.nja.ch/images/Veilchen.pdf, online am 07.04.2015

115 **Schiller, Friedrich**: Freiheit, aus: Briefwechsel zwischen Goethe und Schiller, zitiert nach: http://gutenberg.spiegel.de/buch/briefwechsel-zwischen-schiller-und-goethe-erster-band-3659/4, online am 07.04.2015

222 Kabale und Liebe. Ein bürgerliches Trauerspiel, Reclam Universal-Bibliothek Nr. 33, Stuttgart, 1983, S. 43–46 und S. 97–100

227 **Schnädelbach, Herbert**, Aufklärung heute?, aus: Analytische und postanalytische Philosophie, Suhrkamp Verlag, Frankfurt/ Main, 2004, S. 35 f.

177 **Schnurr, Eva-Maria**: „Die Frau wurde idealisiert", aus: Die Menschen im Mittelalter. Herrscher, Ketzer, Minnesänger. Der Spiegel Geschichte, Spiegel-Verlag, 1/2015, S. 24 f.

115 **Schubart, Christian Friedrich Daniel**: Freiheit, aus: Conrady, Karl Otto (Hrsg.): Das große deutsche Gedichtbuch, Athenäum Verlag, Frankfurt/Main 1987, S. 208

228 **Schulz, Thomas**, Das Morgen-Land, aus: Der Spiegel, 10/2015, S. 20–29, zitiert nach: http://www.spiegel.de/spiegel/print/d-132040357.html, online am 23.06.2015

29 **Sick, Bastian**: Kommt „ausgepowert" aus dem Französischen?, aus: http://www.spiegel.de/kultur/zwiebelfisch/ 0,1518,372394,00.html vom 9.11.2005, online am 22.06.07

111 **Silbermond**: Irgendetwas bleibt, Text: Stefanie Kloss, Andreas Jan Nowak, Thomas Stolle, Johannes Stolle © Arabella Musikverlag GmbH, Berlin, EMI Music Publishing Germany GmbH & Co. KG, Hamburg

183 **Silesius, Angelus**: „Ich selbst bin Ewigkeit..." und „Mensch werde wesentlich...", aus: ders.: Der Mensch ist Ewigkeit; Zufall und Wesen, zitiert nach Conrady, Karl Otto (Hrsg.): Das große deutsche Gedichtbuch, Athenäum Verlag, Frankfurt/Main, 1987, S. 128–129

42 **Trapp, Wilhelm**: Rätsel der Schönheit, aus: http://www.zeit.de/2000/45/200045_koerper_schoenhe.xml, online am 22.11.2010

116 **Tucholsky, Kurt**: Beschlagnahmefreies Gedicht, aus: Conrardy, Karl Otto (Hrsg.): Das große deutsche Gedichtbuch, Athenäum Verlag, Frankfurt/Main, 1987, S.781

57 **Uelecke, Jens**: Schluss mit dem Geschnatter. aus: http://www.zeit.de/zeit-wissen/2009/04/Kiosk-Schluss-Mit,veröffentlicht am 03.06.2009 in Zeit Wissen Nr. 04/2009, online am 22.06.2015

177 **Unbekannte Verfasserin**: Dû bist mîn, aus: http://www.staff.uni-mainz.de/pommeren/Gedichte/dubistmin.html, online am 27.04.2015

17 **Vieweg, Martin**: Sprachforschung: Global verständliche Frage-Ausdrücke, aus: http://www.wissenschaft.de/kultur-gesellschaft/geisteswissenschaften/-/journal_content/56/12054/2448934/Sprachforschung%3A-Global-verst%C3%A4ndliche-Frage-Ausdr%C3%BCcke/ online am 11.05.2014, gekürzt

115 **Von Fallersleben, August Heinrich Hoffmann**: Lied der Deutschen, zitiert nach: http://gutenberg.spiegel.de/buch/august-heinrich-hoffmann-von-fallersleben-gedichte-3569/1, online am 07.04.2015

130 **Wagner, Jan**: giersch, aus: http://www.zeit.de/2011/11/Gedicht-1/seite-3, online am 07.04.2015

60 **Weiler, Jan**: „Carla ist sehr gut im Chillen..." aus: ders.: Das Pubertier, Reinbek bei Hamburg, Kindler-Rowohlt Verlag GmbH, 2014, S. 13 f.

60 **Walser, Martin**: „[...]„dass jede Leserin und jeder Leser ein Naturrecht [...], aus: ders.: Vormittag eines Schriftstellers, Suhrkamp Verlag, Frankfurt/Main, 1994, S.165 ff.

114 **Walther von der Vogelweide**: Der Reichston, aus: Conrady, Karl Otto (Hrsg.): Das große deutsche Gedichtbuch, Athenäum Verlag, Frankfurt/Main, 1987, S. 26 f.

180 Under der linden, aus: Conrady, Karl Otto (Hrsg.): Das große deutsche Gedichtbuch. Frankfurt/Main, Athenäum 1987, S. 21–22, deutsche Übersetzung von Peter Wapnewski

135–152 **Wedekind, Frank**: Frühlings Erwachen. Eine Kindertragödie, Stuttgart, Reclam Verlag, 1971, S. 5–6, 6–12, 19–22, 28–31. 43–47, 51–55

212 **Wieland, Christoph Martin**, Was ist Aufklärung? Sechs Antworten auf sechs Fragen, aus: Erenz, Benedikt und Ullrich, Volker (Hrsg.): DIE ZEIT: Zeit-Geschichte: Aufbruch in die Moderne – Aufklärung, Nr. 2/2010, Zeitverlag, Hamburg, S. 6 f.

67 **Wohmann, Gabriele**: Denk immer an heut nachmittag, aus: dies.: Ländliches Fest, Darmstadt/Neuwied, Luchterhand Verlag 1979, S. 60–62

172 **Wolfram von Eschenbach**: Parzival, Mittelhochdeutscher Text nach der Ausgabe von Karl Lachmann. Übersetzung und Nachwort von Wolfgang Spiewok. Reclams Universal-Bibliothek Nr. 3681, Reclam, Ditzingen, 2014, S. 70–75, S. 98–101 und S. 290–299

119 **Wühr, Paul**: Sehr gern, aus: Grüß Gott. Rede. Gedichte. Hauser Verlag, München und Wien, 1990, S. 18

13 **Zeh, Jana**: Äh, voll fett, Digger! – Jugendliche spielen mit Sprache http://www.n-tv.de/wissen/Jugendliche-spielen-mit-Sprache-article3112321.html, online am 11.05.2014, gekürzt und angepasst

Ohne Autor

32 Ahrensfelde, aus: http://www.mehrow.de/Presse_und_Literatur/NiederbarnimerKreisblatt/NB_Kreisblatt_1903.html, online am 16.07.2014

216 Aphorismen, aus: Georg Christoph Lichtenberg: Aphorismen, Essays, Briefe. Herausgegeben von Kurt Batt, Dieterich'sche Verlagsbuchhandlung, 4. Auflage, Leipzig 1985, S. 73 ff.

32 Bedrohte Worte: Herzeleid, aus: http://woman.brigitte.de/leben-lieben/beruf-gesellschaft/bedrohte-worte-1040977/3.html, online am 16.07.2014

85 Besuch in einer elften Klasse an einem Hamburger Gymnasium..., aus: Goos, Hauke, Voigt, Claudia, Lesen und lesen lassen, Der Spiegel 50/2014, S. 64–72, Auszug S. 67, gekürzt

169 Das Motiv des von hinten erdolchten Soldaten..., aus: https://www.dhm.de/lemo/kapitel/weimarer-republik/innenpolitik/dolchstosslegende.html, online am 27.04.2015, gekürzt und angepasst

163 Das Nibelungenlied ist der Höhepunkt.., aus: Buchners Kompendium Deutsche Literatur von Hans Gerd Rötzer, Gerhard C. Krischker und Klaus Will, Buchner Verlag, Bamberg, 2015, S.12

35 Deine Schönheit braucht keine Mittel....lateinische Lebensweisheit, aus: http://www.zitate aphorismen.de/zitate/thema/Liebe/57/18, online am 19.11.2010

21 Die Entstehung und Entwicklung des Deutschen, Informationen entnommen aus: Luther, Martin: Sendbrief (Quelle: https://www.dbg.de/fileadmin/user_upload/Dokumente/Service/Downloads/Puplikationen/martinluther.pdf, online am 15.07.2014) ; Der Namen der Winde (Quelle: http://de.wikipedia.org/wiki/Windrose#Karl_der_Gro.C3.9Fe, online am 15.07.2014); Brüder Grimm (Quelle: http://www.grimm2013.nordhessen.de/de/werk und http://www.wasistwas.de/nc/aktuelles/artikel/link//84270f6208/article/die-brueder-grimm-und-das-deutsche-woerterbuch.html), Quellen online am 22.01.2015

160 Die Wurzeln des Begriffs Mittelalter, aus: http://www.mittelalterliche-geschichte.de/mahist/index.php?id=11&lang=de&tpl=3 und http://www.mittelalterliche-geschichte.de/mahist/index.php?id=12&lang=de&tpl=3, online am 21.02.2015, gekürzt und bearbeitet

32 Ein Lehrling..., aus: http://www.mehrow.de/Presse_und_Literatur/NiederbarnimerKreisblatt/NB_Kreisblatt_1903.html, online am 16.07.2014

153 In der Schweiz erstattete..., aus: Tagesanzeiger vom 7.4.2013 „Sex sollte nicht zensiert werden." von Monica Müller, zitiert nach: http://www.tages anzeiger.ch/zuerich/stadt/Sex-sollte-nicht-zensiert-werden/story/12555569?track, online am 03.02.2015

37 Jugendliche im Schönheitswahn, aus: Weser Kurier, Nr. 44 (257), 31. Oktober 2005, S. 8

32 Junger Fleischer..., aus: http://www.mehrow.de/Presse_und_Literatur/NiederbarnimerKreisblatt/NB_Kreisblatt_1904.html, online am 16.07.2014

32 Krummensee, aus: http://www.mehrow.de/Presse_und_Literatur/NiederbarnimerKreisblatt/NB_Kreisblatt_1903.html, online am 16.07.2014

161–167 Nibelungenlied (Auszüge), aus: Schulze, Ursula (Hrsg.): Das Nibelungenlied. Mittelhochdeutsch/Neuhochdeutsch, Nach der Handschrift B. Ins Neuhochdeutsche übersetzt und kommentiert von Siegfried Grosse, Reclams Universalbibliothek Nr. 18914, Stuttgart, 2010, 2011

168 Nibelungentreue (Lexikontext), aus: http://www.duden.de/rechtschreibung/Nibelungentreue, online am 27.04.2015, bearbeitet

168 Paul Richter als Siegfried in der Verfilmung..., aus: Kilb, Andreas: „Ihr kennt die deutsche Seele nicht", Feuilleton der Frankfurter Allgemeinen Zeitung, am 29.04.2010, gekürzt

168 Richard Wagners (1813–1883) vierteiliges Opernwerk..., aus: Rauch, Judith: Sagenhelden sind unsterblich, in: PM-Perspektive 3/2005, Gruner+Jahr Wissen GmbH, Hamburg, S. 49, gekürzt und angepasst

85 Schon gewusst?, Textauszüge aus: Der Buchmarkt in Deutschland: Zahlen und Fakten, http://www.boersenverein.de/de/182716, online am 26.01.2015, gekürzt und bearbeitet und 28 Fakten rund ums Buch und die Frankfurter Buchmesse (Bild-Artikel), aus: http://www.bild.de/geld/wirtschaft/frankfurt-buchmesse/28-fakten-zur-frankfurter-buchmesse-38057782.bild.html, online am 26.01.2015, gekürzt und bearbeitet

37 Schönheit ist ein abstrakter Begriff ..., aus: http://de.wikipedia.org/wiki/Sch%C3%B6nheit, online am 22.11.2010

159 Sehnsucht in Zeiten des Umbruchs, aus: http://www.br.de/fernsehen/bayerisches-fernsehen/sendungen/jetztmalehrlich/jetztmalehrlich-faszination-mittelalter-100.html, online am 21.02.2015, gekürzt und bearbeitet

195 Sic orbis iter, aus: http://wolfenbuettelheute.de/wordpress/wp-content/uploads/2012/07/2012-07-26-Crayfish.jpg, online am 22.01.2015

10 Solange eine Sprache lebendig ist ..., Tschechisches Sprichwort, aus: Hellwig, Gerhard (Hrsg.): Das große Buch der Zitate, Orbis Verlag, München, 1990, S. 392

10 „Sprachen sind eine der größten ...", aus: „Vom Aussterben bedrohte Sprachen und Sprachenvielfalt in der Europäischen Union", Themenpapier, Zusammenfassung. IP/B/CULT/IC/2013–030, März 2013, zitiert nach: http://www.europarl.europa.eu/RegData/etudes/note/join/2013/495851/IPOL-CULT_NT%282013%29495851%28SUM01%29_DE.pdf, S. 4, online am 22.01.2015

40 Wie es uns gefällt (mit Grafiken), aus: Geo, Nr. 10/2008, Gruner & Jahr A. G., Hamburg, S. 146 ff.

204 Yolo, aus: http://www.spiegel.de/schulspiegel/jugendwort-des-jahres-2012-jury-kuert-yolo-a-869201.html, online am 13.10.2014

Textsortenverzeichnis

Aphorismen
Darf ein Volk ... 216
Es ist fast unmöglich ... 216
Es ist ja doch nun einmal ... 216
Lichtenberg, Georg Christoph: Man spricht viel von Aufklärung ... 207
Wenn ein Buch ... 216
Wir verbrennen zwar keine Hexen ... 216

Briefe
Freud, Sigmund: Kleine Schriften I – Kapitel 8: Zur sexuellen Aufklärung der Kinder 144

Dramatische und dialogische Texte
Lessing, Gotthold Ephraim: Nathan der Weise 217
Schiller, Friedrich: Kabale und Liebe 222, 224, 226
Wedekind, Frank: Frühlings Erwachen 135, 136, 139, 141, 146, 150

Epos
Nibelungenlied 161, 164, 166
Wolfram von Eschenbach: Parzival 172, 175

Erzählungen/Kurzprosa/sonstige Prosa
Berg, Sybille: Hauptsache weit 61
Brecht, Bertolt: Die unwürdige Greisin 77
Jenny, Zoë: Die Fähre 71
Mohl, Nils: Tanzen gehen 63
Wohmann, Gabriele: Denk immer an heut nachmittag 67

Fabeln
Gellert, Christian Fürchtegott: Das Kutschpferd 213
Lessing, Gothold Ephraim: Der Esel mit dem Löwen 213
Lessing, Gotthold Ephraim: Der Besitzer des Bogens 215

Gedichte
Bergengruen, Werner: Die heile Welt 113
Böttcher, Bas: Dran glauben 128
Dû bist mîn 177
Fried, Erich: Gespräch über Bäume 121
Goethe, Johann Wolfgang: Das Veilchen 124
Gomringer, Eugen: Schweigen 194
Gryphius, Andreas: Tränen des Vaterlandes 186
Gryphius, Andreas: Menschliches Elende 191
Gryphius, Andreas: Es ist alles eitel 196
Heym, Georg: Nach der Schlacht 202
Hoffmann von Fallersleben, August Heinrich: Lied der Deutschen 115
Hofmann von Hofmanswaldau, Christian: Die Welt 192
Hofmansthal, Hugo von: Siehst du die Stadt 119, 271
Jandl, Ernst: wien : heldenplatz 120
Kaléko, Mascha: Mit zunehmendem Alter 58
Kaschnitz, Marie Luise: Hiroshima 122
Kästner, Erich: Stimmen aus dem Massengrab 203
Kornfeld, Theodor: Die Sanduhr 194, 272
Logau, Friedrich von: Abgedankte Soldaten 187
Logau, Friedrich von: Des Krieges Buchstaben 187
Marti, Kurt: vorzug von parlamentswahlen 117
Opitz, Martin: Carpe diem 193
Poschmann, Marion: die breite masse 117
Reinmar von Hagenau: Ich wirbe umb allez daz ein man 179
Schiller, Friedrich: Freiheit 115
Schubart,Christian Friedrich Daniel: Freiheit 115
Sic orbis iter – So ist der Lauf der Welt 195
Tucholsky, Kurt: Beschlagnahmefreies Gedicht 116
Wagner, Jan: giersch 130
Walther von der Vogelweide Der Reichston 114
Walther von der Vogelweide: Under der linde 180
Wühr, Paul: Sehr gern 119, 271

Glosse
Pusch, Luise F.: Goethe und sein lesbisches Veilchen 127
Uelecke, Jens: Schluss mit dem Geschnatter 57
Weiler, Jan: Das Pubertier 60

Interviews
Schnurr, Eva-Maria: „Die Frau wurde idealisiert" 177

Kommentar
Jardin, Catrin: Körperkult – ein gefährlicher Trend 39

Lexikonartikel
Die Wurzeln des Begriffs Mittelalter 160
Nibelungentreue 168
Schönheit 37

Literatur- und kunsttheoretische Texte
Böttcher, Bas; Hogekamp, Wolf: Vom Slam zum Clip 129
Lessing, Gotthold Ephraim: Fabel-Abhandlungen 214
Maurer, Doris: Nur ein einziger Kuss 125
Poromka, Wiebke: Der Dichter auf verlorenem Posten 130
Schill, Hans: Ein traditionelles Frauenschicksal 126

nicht-kontinuierliche Texte
Wie es uns gefällt 40

Parabeln
Lessing, Gotthold Ephraim: Die Ringparabel aus dem Drama „Nathan der Weise" 218, 220

Philosophische/ethische Texte
Kant, Immanuel: Beantwortung der Frage: Was ist Aufklärung? 209
Kant, Immanuel: Der Kategorische Imperativ 211
Lessing, Gotthold Ephraim: Über die Wahrheit 215
Schnädelbach, Herbert: Aufklärung heute? 227
Wieland, Christoph Martin: Was ist Aufklärung? Sechs Antworten auf sechs Fragen 212

Rezensionen
Göpfert, Peter Hans: Hans Otto Theater Potsdam: „Frühlings Erwachen" 155

Romane/Romanausschnitte
Grimmelshausen, Hans Jakob Christoph von: Der Abentheuerliche Simplicissimus Teutsch 187, 188
Jenny, Zoë: Das Blütenstaubzimmer 102, 104, 105, 106
Mann, Thomas: Buddenbrooks 86, 88, 91, 95

Sachtexte/nicht fiktionale Texte
Das Kreuz mit der Justiz 15
Demmelhube, Simon: Die Ritter: Gezähmte Gewalt 170
„Die Namen der Winde" 24
Eine Aufgabe für Generationen 26
Eine Grenzbefestigung mit Folgen 23
Maak, Niklas: Sharing Economy: Du musst es unbedingt mit allen teilen 47
Middelhoff, Paul; Müller, Ann-Katrin: Leicht kompliziert 16
Rauch, Judith: Umstrittener Nationalmythos 169
Richar Wagners „Ring der Nibelungen" 168
Schon gewusst? 85
Trapp, Wilhelm: Rätsel der Schönheit 42
Verfilmung „Die Nibelungen" von Fritz Lang 168
Zeh, Jana: Äh, voll fett, Digger! – Jugendliche spielen mit Sprache 13

Songtexte

Silbermond: Irgendwas bleibt 111

Sprachtheoretische Texte

Balve, Johannes: Die Sprachen der Welt 20
Besuch in einer elften Klasse 85
Die Entstehung und Entwicklung des Deutschen 21
Kipphoff, Petra: Mit den Augen denken 18
Löbner, Sebastian: Sprache als System von Zeichen 18
Scheffen, Jean-Louis: Der Dialekt, der eine Sprache wurde 27
Sehnsucht in Zeiten des Umbruchs 159
Sick, Bastian: Kommt „ausgepowert" aus dem Französischen? 29
Vieweg, Martin: Sprachforschung: Global verständliche Frage-Ausdrücke 17

Zeitungsartikel/journalistische Beiträge

Claussen, Christine: Schönheitssuche in der zerfetzten Welt 108
Jugendliche im Schönheitswahn 37
Schäfer, Susanne: Unsere zweite Haut 51
Schulz, Thomas: Das Morgen-Land 228
Yolo, Alter 204

Zitate

Gandhi, Mahatma: Für den wahren Künstler ... 35
Gilles, Peter: D'Sprooch ass méi wéi Grammaire a Literatur ... 11
Goethe, Johann Wolfgang: Wer fremde Sprachen nicht kennt ... 10
Gryphius, Andreas: Was sind wir Menschen doch ... 183
Gryphius, Andreas: Was sind doch alle Sachen ... 183
Harsdörffer, Georg Philipp: Das Leben ist ... 183
Humboldt, Wilhelm von: Die Sprache ist gleichsam die äußerliche Erscheinung des Geistes der Völker ... 10
Lateinische Lebensweisheit: Deine Schönheit braucht keine Mittel ... 35
Musil, Robert: Wahrscheinlich ist Schönheit ... 35
Rathenau, Walther: Schönheit ist Gesetzmäßigkeit ... 35
Silesius, Angelus: Ich selbst bin Ewigkeit ... 183
Silesius, Angelus: Mensch werde wesentlich ... 183
Staël, Germaine de: Der Mensch, der vier Sprachen kann ... 10
Themenpapier des Europäischen Parlaments: Sprachen sind ... 11
Tschechisches Sprichwort: Solange eine Sprache lebendig ist ... 11

Bildnachweis

S. 10/11 © Ulrich Leive/Leive-bibel.de, Osnabrück
S. 13 dieKleinert.de/Andreas Prüstel, München • dpa Picture-Alliance/dieKleinert.de/Martin Guhl, Frankfurt • dpa Picture-Alliance/dieKleinert.de/Schwarwel, Frankfurt • dpa Picture-Alliance/Gernot Gunga, Frankfurt
S. 14 Catprint Media GmbH, Langenhagen
S. 19 akg-images, Berlin /© VG Bild-Kunst, Bonn 2015 • Kunstsammlung NRW, Düsseldorf/Achim Kukulies, Düsseldorf/© VG Bild-Kunst, Bonn 2015 • Onlyworld.net/images.de/© VG Bild-Kunst, Bonn 2015
S. 23 Konzept C.A. Jost, Kartographie/L Vermo Geo/Rheinland-Pfalz
S. 24 Coverpicture/MW
S. 25 www.wikimedia.org
S. 27 Christiane Schmitz, Luxemburg
S. 30 dpa Picture-Alliance/Gero Breloer, Frankfurt • dpa Picture-Alliance/J. W. Alkes, Frankfurt
S. 31 DB Vertrieb GmbH, Frankfurt
S. 32 www.woman.brigitte.de
S. 34 Andrea Dever • Andreas Gerster • Georg Vollmer • Christine Frank
S. 41 thinkstock/Stockbyte/© Comstock • www.wikimedia.org/MauritsV/CC BY-SA 2.0 • www.wikimedia.org/Steve Erans/CC BY-SA 2.0
S. 43 www.kunstam.de/Frank Speth, norddeutscher Bildhauer und Maler, Quickborn
S. 45 thinkstock/iStock/© Scrolfula
S. 49 www.populareconomics.org
S. 51 dpa Picture-Alliance/Imaginechina/Zhang Lianxun, Frankfurt
S. 58/59 i.motion, Bamberg
S. 60 Jan Weiler, Das Pupertier, Reinbek 2014
S. 61 dpa Picture-Alliance/Elmar Kremser/SVEN SIMON, Frankfurt
S. 62 www.wikimedia.org/Kevin Poh, PetalingJaya, Malaysia/CC BY-SA 2.0 // thinkstock/© Creatas
S. 63 © a_mo
S. 65 iStockphoto/© twilightproductions
S. 67 agk-images, Berlin
S. 71 dpa Picture-Alliance/Erwin Elsner, Frankfurt
S. 72 www.wikimedia.org/Bambi79
S. 77 Ullstein-Bild/dpa, Berlin
S. 76 La S.P.A.C.E./Farena Films
S. 82/83 dpa Picture-Alliance/ZB/Waltraud Grubitzsch, Frankfurt
S. 86 Ullstein-Bild, Berlin
S. 88 www.wikimedia.org/Andreas Geick/CC BY-SA 4.0
S. 89 Interfoto/Friedrich, München
S. 90 www.wikimedia.org/Kresspahl/CC BY-SA 3.0
S. 91 Bavaria Film GmbH/Colonia Media GmbH/Pirol Film Production GmbH/Stefan Falke, München
S. 98 Deutsches Historisches Museum, Berlin (2)
S. 100 dpa Picture-Alliance/Bavaria Film/Stefan Falke, Frankfurt
S. 101 Coverartwork nach Zoë Jenny, Das Blütenstaubzimmer, btb Verlag, Verlagsgruppe Random House GmbH, München – S. 101
S. 110/111 fotolia/© Heinrich • fotolia/© Gina Sandess • Nadine Sailer, Kirchenlamitz • Topham Picturepoint/Keystone/GB Kent, Berlin
S. 113 fotolia/© Orlando Florin Rosu
S. 114 dpa Picture-Alliance/Artcolor/Toni Schneiders, Frankfurt
S. 115 dpa Picture-Alliance/akg-images • www.wikimedia.org
S. 116 dpa Picture-Alliance/akg-images, Frankfurt
S. 119 bpk/Nationalgalerie/SMB/Jörg P. Anders, Berlin/© Estate of George Grosz, Princeton, N.J./VG Bild-Kunst, Bonn 2015
S. 121 www.wikipedia.org/National Museum of the U. S. Air Force
S. 125 dpa Picture-Alliance/akg-images, Frankfurt
S. 128 © Gerald Zörner/www.gezett.de, Berlin
S. 132 Schauspielbühnen in Stuttgart/© Sabine Haymann, Stuttgart (2)
S. 132/133 Thomas Dashuber Fotografie, München
S. 133 Schauspielbühnen in Stuttgart/© Sabine Haymann, Stuttgart
S. 137 © Michel Haus Jörg Michel, Mannheim
S. 141 Swetlana Schönfeld (Frau Bergmann) und Anna Graenzer (Wendla Bergmann), Inszenierung: Claus Peymann am BERLINER ENSEMBLE (2008); Foto: (c) Monika Rittershaus
S. 142 Swetlana Schönfeld (Frau Bergmann) und Anna Graenzer (Wendla Bergmann), Inszenierung: Claus Peymann am BERLINER ENSEMBLE (2008); Foto: (c) Monika Rittershaus
S. 145 www.wikimedia.org
S. 148 © Rupert Larl/Tiroler Landestheater und Orchester, Insbruck
S. 151 Traute Hoess (Frau Gabor) und Gerd Kunath (Herr Gabor), Inszenierung: Claus Peymann am BERLINER ENSEMBLE (2008); Foto: (c) Monika Rittershaus
S. 156/157 armstreet.de/http://armstreet.de/shop/ruestungen/mittelalter-fingerhandschuhe-die-wache-des-koenigs-aus-rostfreiem-stahl
S. 159 Agentur Sündenfrei, Torgau • dpa Picture-Alliance/ZB/Jens Kalaene, Frankfurt
S. 161 bpk/Hermann Buresch, Berlin
S. 162 www.wikimedia.org
S. 165 www.wikimedia.org
S. 166 www.wikimedia.org
S. 167 Sarah Peters/image BROKER/OKAPIA, Frankfurt
S. 168 akg-images, Berlin • akg-images/askivi UG, Berlin • dpa Picture-Alliance/KPA, Frankfurt
S. 169 Deutsches Historisches Museum, Berlin
S. 171 dpa Picture-Alliance/akg-images, Frankfurt
S. 172 Burgerbibliothek Bern/Cod. AA91, fol. 23r, Bern
S. 173 akg-images, Berlin
S. 175 Burgerbibliothek Bern/Cod. AA91, fol. 47r, Bern
S. 176 Bayrische Verwaltung der staatlichen Schlösser, Gärten und Seen, München/Schloß Neuschwanstein, Sängersaal (R. 14)
S. 177 akg-images/Album/Prisma, Berlin
S. 179 www.wikimedia.org/http://digi.ub.uni-heidelberg.de/diglit/cpg848/0160
S. 18 www.wikimedia.org/The Yorck Project
S. 186 dpa Picture-Alliance/bifab, Frankfurt
S. 188 akg-images, Berlin
S. 189 www.wikimedia.org/Jean-Pol GRANMONT
S. 191 © Ludwig Meidner-Archiv/Jüdisches Museum der Stadt Frankfurt am Main, Frankfurt am Main
S. 192 www.zeno.org
S. 193 dpa Picture-Alliance/Quagga Illustrations, Frankfurt
S. 195 © Herzog August Bibliothek/Sig: Uk 40, Wolfenbüttel
S. 196 akg-images/Erich Lessing, Berlin
S. 202 akg-images, Berlin/© Succession Picasso/VG Bild-Kunst, Bonn 2015
S. 204 thinkstockphoto/iStockphoto/© Nelosa
S. 205 5000 Meisterwerke der Malerei • dpa Picture-Alliance/Wolfgang Kluge, Frankfurt • Musée National de Versailles et des Triamos, Château de Versailles • www.wikimedia.org/Fb78/CC BY-SA 2.0
S. 206/207 www.wikimedia.org
S. 209 bpk/Lutz Braun, Berlin
S. 212 www.wikimedia.org
S. 213 www.wikimedia.org/Alte Nationalgalerie
S. 214 akg-images, Berlin
S. 215 bpk/Das Gleimhaus, Halberstadt/Ulrich Schrader, Berlin
S. 217 Wil van Jersel, Amsterdam
S. 219 dpa Picture-Alliance/epa apa Barbara Gindl, Frankfurt
S. 220 dpa Picture-Alliance/ZB/Bernd Wüstneck
S. 221 Salzburger Landestheater/© Christian Schneider, Salzburg
S. 223 Deutsches Nationaltheater, Weimar/Kurt Kalischke/www.new-pictures.de/© 2005 new pictures
S. 225 Sabin Tambrea und Antonis Bill in KABALE UND LIEBE von Friedrich Schiller, Inszenierung: Claus Peymann am BERLINER ENSEMBLE (2013), Foto: (c) Monika Rittershaus
S. 227 Getty Images/UpperCut Images, München
S. 229 neurovigil.com

Sachregister

Akrostichon 187
Aktives Zuhören 231
Allegorie 195, 268
Analyse
- Dramenszene 154
- Gedicht 118, 196-201
- Prosatext 81

Anekdote 234, 236
Aphorismus 216
Apostroph 260
Appositionen 267
Argumentieren (auch → Erörtern) 51-57
Argumenttypen 52
Aufklärung 206-229

Ballade 242
Barock 182-205
Bedeutungswandel 30 ff.
Belletristik 84
Bericht 243
Bibliographieren 252-254
Bildlichkeit 76, 194 f.
Blog (Web-Log) 244
Brainstorming 250
Buchmarkt 85
Bürgerliches Trauerspiel 222, 233

Charakterisierung, direkt indirekt 89, 140, 166
Charakteristik, literarische 99
Charakter-Profil 93 f.
Chiffre 269
Cluster 251

Dass-das-Schreibung 259
Debatte 50, 231
Diagramm 244
Dialekt 27
Diskutieren 49, 231
Drama 132-155, 217-226, 232 f.
- episches 134, 233
- geschlossene Form 134, 233
- offene Form 134

Einstellungsgrößen 246
Emblem 195
Endreim 240
Enjambement 240
Epik 84-109, 233-239
Epoche 160
Epos 236
Erörtern 51-57, 250
Erzähler 70, 234
Erzählform 70, 234
Erzählhaltung 70, 235
Erzählperspektive 70, 235
Erzählsituation
- auktorial 70, 234
- personal 70, 234
- neutral 70, 234

Erzählstruktur 70
Erzählte Zeit → Zeitgestaltung
Erzählverhalten → Erzählsituation
Erzählweise 235
Erzählzeit → Zeitgestaltung
Essay 244
Exposition 134, 233
Exzerpt 251

Fabel 213-215, 237
Fachsprachen 13-16
Figurengedicht 194
Figurenkonstellation 75 f., 153
Figurenrede 235
Film 246
Filmanalyse 100
Fremdwörter 258

Gedichte → Lyrik
Gedichtvergleich 123, 203
Geräuschkulisse 246
Germanistik 160
Gesprächsanalyse 230
Gestik und Mimik 144
Gleichnis → Parabel
Groß- und Kleinschreibung 256

Hakenstil → Enjambement
Hochdeutsch 23
Humanismus 158
Hymne 242

Inhaltsangabe 42-45
Innerer Monolog 66, 235
Interpretieren
- aspektorientiert 154
- dramatische Texte 132-155, 217-226, 248
- epische Texte 77-81, 248
- gestaltend 102 f., 249
- lyrische Texte 118, 127, 186-203, 248
- vergleichend 115, 118, 121-123, 201
- von Prosatexten 81, 248
- textimmanent 81, 199, 248

Jugendsprache 13-15

Karikatur 13 f., 244
Komik 149
Kommentar 244
Kommunikation 230
Komödie 233
Konflikt, dramatischer 134, 233
Kurzprosa 58-81, 234, 237

Leerstellen 66
Lernportfolio 101
Lesestrategien 44
Lied 242
Literaturgeschichte 160, 184 f, 208
Lyrik 112-131, 186-203, 240-242
Lyrisches Ich 240
Lyrische/poetische Sprache

Metapher 76, 269
Minnelyrik 177-181
Mittelalter 156-181
Mittelalterliche Literatur 160
Morphologie 33
Motiv 76, 240

Nibelungenlied 163
Nibelungentreue 168

Parabel 218-221, 234, 238
Parataxe (Satzreihe) 263
Peripetie 134, 233
Poetry Slam 128 f.
Portfolio 101, 251

Raumgestaltung 67, 108,
Reimschema 197-199, 240
Renaissance 158
Retardation 134, 233
Rezension 155, 245
Rhetorische Mittel 268-270
Roman 82-109, 234, 238

Sachtexte
- analysieren 37-41, 47-50, 249
- bewerten 47-50
- zusammenfassen 42-45

Satzbau → Syntax 261 f.
Sonett 186, 242
Sprache 27
Sprachfamilie 21
Sprachgeschichte 20-28
Sprachliche (rhetorische) Mittel 268-270
Sprachtheorien 17-19
Sprachwandel 33
- Lexik
- Morphologie
- Phonologie
- Pragmatik
- Semantik

Sprachwissenschaft (Linguistik) 12
Strukturbild 211
Szenenanweisungen 144

Textimmanente/textübergreifende Interpretation 199
Textüberarbeitungsverfahren 248
Tragödie 222, 233

Verfilmung 100
Vergleich 76, 270
Versmaß 197-199, 241

Wiederholung 76

Zeitgestaltung 69, 107, 236
Zeitdeckung 69, 236
Zeitdehnung 69, 236
Zeitraffung 69, 236
Zitieren 251 f.